슈퍼 석세스

일러두기

· 이 책의 영어판 원서는 1999년에 초판 1쇄, 2009년에 중판을 발행했습니다. 본 한국어판은
  2009년 발행된 중판을 번역했습니다. 그래서 2009년의 시점으로 이야기되고 있음을 알립니다.
· 본문 속 괄호 안의 일부 문장은 저자가 2015~2016년에 추가로 첨언한 내용을 번역·삽입한 것입니다.

슈퍼 석세스

초판 1쇄 발행 2021년 12월 3일
초판 2쇄 발행 2022년 1월 25일

지은이 댄 페냐 / **옮긴이** 황성연·최은아

펴낸이 조기흠
기획이사 이홍 / **책임편집** 최진 / **기획편집** 이수동, 이한결
마케팅 정재훈, 박태규, 김선영, 홍태형, 배태욱, 임은희 / **제작** 박성우, 김정우
교정교열 책과이음 / **디자인** 이슬기

펴낸곳 한빛비즈 (주) / **주소** 서울시 서대문구 연희로2길 62 4층
전화 02-325-5506 / **팩스** 02-326-1566
등록 2008년 1월 14일 제 25100-2017-000062호

ISBN 979-11-5784-556-9 03320

이 책에 대한 의견이나 오탈자 및 잘못된 내용에 대한 수정 정보는 한빛비즈의 홈페이지나
이메일(hanbitbiz@hanbit.co.kr)로 알려주십시오. 잘못된 책은 구입하신 서점에서 교환해드립니다.
책값은 뒤표지에 표시되어 있습니다.

⌂ hanbitbiz.com ⓕ facebook.com/hanbitbiz ⓝ post.naver.com/hanbit_biz
▶ youtube.com/한빛비즈 ⓘ instagram.com/hanbitbiz

YOUR FIRST 100 MILLION

Copyright ⓒ 2016 by Daniel S. Peña, Sr.

All rights reserved.

Korean translation copyright ⓒ 2021 by Hanbit Biz, Inc.

This Korean translation rights arranged with GUTHRIE CASTLE LTD through EYA(Eric Yang Agency).

이 책의 한국어판 저작권은 EYA(Eric Yang Agency)를 통해 GUTHRIE CASTLE LTD와
독점 계약한 한빛비즈(주)에 있습니다.

저작권법에 의해 보호를 받는 저작물이므로 무단 복제 및 무단 전재를 금합니다.

지금 하지 않으면 할 수 없는 일이 있습니다.
책으로 펴내고 싶은 아이디어나 원고를 메일(hanbitbiz@hanbit.co.kr)로 보내주세요.
한빛비즈는 여러분의 소중한 경험과 지식을 기다리고 있습니다.

SUPER
슈퍼 석세스
폭발적 성장을 위한 50조 사업가의 대성공 원칙
SUCCESS

댄 페냐 지음 | 황성연·최은아 옮김

HB 한빛비즈
Hanbit Biz, Inc.

당신의 꿈을 이뤄줄 첫 발걸음

축하합니다! 당신은 실행력이 탁월한 사람이 갖춰야 할 능력은 물론, 빈손으로 시작해서 엄청나게 성공적인 사업을 구축하기 위한 단계적 틀과 방법론을 설명하는 특별한 책을 선택했습니다. 이 책에서 설명하는 내용은 직설적이지만 매우 강력합니다. 이 책의 작가 댄 페냐는 꿈과 성공에 대한 열정 외엔 아무것도 없이 시작해서 최고 수준의 성공을 이뤄낸 과정을 간단명료하게 설명했습니다. 꿈은 있지만 돈이나 자본금이 없는 사람들에게 이 책을 강력 추천합니다.

이 책은 댄 페냐가 좋아질 수밖에 없는 문체로 쓰였습니다. 페냐는 구차한 포장이나 망설임 없이 사실을 있는 그대로 말하고 있습니다. 때때로 당신은 페냐가 마구잡이식에다 변화무쌍한 오늘날의 기업 환경에서 우리가 실행력이 탁월한 사람이 되고 각자의 꿈을 이루는 데 필요한 것들을 묘사하는 방식에 충격을 받을 수도 있습니다. 페냐는 자신의 교훈과 방법론을 'QLA', 즉 '퀀텀 리프 어드밴티지Quantum Leap

Advantage'라고 부르는데, 이것은 거의 40년 동안 그가 개인적으로 일구어온 전 세계적 성공에 바탕을 두었습니다.

여러 해를 거치면서 페냐는 나에게 매우 좋은 친구가 되어주었습니다. 나는 페냐의 말이 종종 지나치게 솔직해서 사람들의 눈살을 찌푸리게 한다는 사실을 알고 있습니다. 하지만 실제로 성공해본 사람으로부터 성공하는 데 꼭 필요한 것이 무엇인지 듣는 즐거움을 누리는 기회는 흔하지 않습니다. 그리고 당신은 그 말이 이론이 아니라는 걸 쉽게 알아차릴 수 있을 것입니다. 페냐가 자기 자신은 물론, 자신이 코칭과 멘토링을 해주었던 사람들의 삶에서 가져온 실제 사례를 이야기하고 있기 때문입니다. 페냐는 당신이 매일 살아가고 있는 것과 같은 현실 세계에서 일해왔고, 모든 역경을 이겨내고 성공했습니다. 하지만 더 중요한 것은, 수많은 열성적인 추종자들이 QLA를 성공적으로 사용해서 그들의 꿈과 목표를 달성했다는 사실입니다!

이 책을 읽으십시오. 그것이 당신의 꿈을 이루고 성공한 사람이 되기 위한 첫 번째 발걸음이 될 것입니다.

행운을 빕니다.

클라우스 클라인펠트Klaus Kleinfeld

지멘스Siemens 전 CEO

두려움의 대가 vs. 용기에 대한 보상

오늘날 금융계는 대공황 이후 최악의 경제위기에 직면한 채 붕괴하고 있다. 금융계에서 부유하면서도 청렴하다고 여겨져온 인사들이 수십 억 달러 규모의 부정을 예사로 저질러왔음이 밝혀졌고, 이는 전 세계 수백만 명의 '보통 사람들'에게 영향을 끼쳤다.

역사상 최대 규모의 다단계 금융사기 행각을 벌인 버니 메이도프 Bernie Madoff는 '가는 세로줄 무늬 옷을 입은 해적들' 가운데 가장 비열 한 인물로, 가까운 동료와 오랜 친구조차 속이면서 약 500억 달러 규 모의 사기를 쳤다. 2009년 3월, 버니는 변호사들이 그의 동결 자산 을 놓고 다투는 동안 구금되어 있었다. 법정에서 자기 차례를 기다리 던 버니는 이렇게 말했다. "그게 뭐 어쨌다고?" 피해자들은 외쳐댔다. "우리가 평생 모은 돈이 사라졌어."

우리는 과거를 바꿀 수 없고, 오직 그것으로부터 회복할 뿐이다. 그 리고 아마도 과거가 우리에게 주는 잔인한 교훈을 배울 뿐이다. 그중 첫 번째 교훈은 두려움으로 인한 마비에는 큰 대가를 치러야 하지만, 용기 있는 결심에 대한 보상은 헤아릴 수 없다는 것이다.

한편 금융 파탄이라는 대학살 속에는 감히 수익을 기대할 수 있는 몇몇 주식이 숨겨져 있다. 예를 들어 우리의 투자회사인 B2C는 정상적인 투자보다는, 전 세계적으로 가치가 저평가되어 있고 대부분 배당금을 지급하는 주식을 찾는 역투자에 좀 더 집중하고 있다. 우리는 약세장이 시장에 나와 있는 할인 상품을 과감히 쓸어 담을 수 있는 절호의 기회라고 생각한다.

기업 인수, 드림팀 구축, '퀀텀 리프Quantum Leap'(비약적 도약) 확장이라는 거친 물살로 모험을 떠나려는 당신에게 내가 해주고 싶은 조언은 용기를 내라는 것이다. 혼란 속에서 단단히 버티고 변화를 일으키라는 것이다. 당신이 지금부터 읽어나갈 방법론을 따르라는 충고도 함께. 당신이 상상했던 것보다 더 빨리, 이번 천 년 첫 10년간의 재정적 악몽은 가혹하긴 하지만 희미해진 기억이 될 것이다.

그리고 당신은 어느새 당신이 될 수 있을 거라고 믿었던 대성공을 거둔 사람이 되어 있을 것이다.

댄 페냐

"언제나 불공평한 이점을 갖고
사업에 뛰어들 수 있도록 노력하라."

퀀텀 리프 어드밴티지

당신은 아직까지 이런 자기계발서를 읽어보지 못했을 것이다.

이 책을 읽고 있는 당신은 아마도 유튜브에서 내가 강연하는 모습을 보았을 것이다. 당신은 심지어 내 성에 와봤을 수도 있고, 어쩌면 사업 파트너일 수도 있다. 그렇다면 당신은 이 책이 내가 '퀀텀 리프 어드밴티지' 세미나에서 청중에게 말하는 방식으로 쓰였다는 것을 즉시 알아차릴 수 있을 것이다. 당신은 또한 이 책이 모두를 위한 책이 아니라는 점을 이해할 것이다. 실제로 성공(그리고 그것이 가져오는 부)은 모두를 위한 것이 아니기 때문이다. 하지만 내가 여러 해 동안 사람들의 머릿속에 각인시켜온 모든 퀀텀 리프 전략을 이 책 한 권에 담아두었으므로 분명히 유용한 도움을 받을 수 있을 것이다.

미국과 영국, 유럽 전역의 서점과 도서관의 경제경영 섹션은 성공적인 기업가가 되는 방법을 알려주는 책으로 가득하다. 그중 일부는 상당한 수준의 성공을 거둔 남성과 여성에 의해 쓰여졌다. 또 다른 책들은 비즈니스를 이론적으로는 이해하지만 자신만의 기업을 운영해 본 적 없는 교수들에 의해 쓰인다. 이러한 책은 대개 독자에게 비즈니스를 시작하고, 성장시키고, 궁극적으로는 판매하는 단계를 익히도록 안내한다. 또 다른 책들은 기업공개와 세금 문제, 자금 조달 그리고 초보 기업가가 알아야 할 여러 주제를 다루는 매뉴얼이다. 여기에는 점검해야 할 목록과 그래프, 사업계획서 양식이 포함된다. 이런 책은 아마도 '어떻게'라는 방법론적 정보를 핵심으로 담고 있을 것이다. 하지만 나는 이런 책 대부분이 '자동차에 치여 죽은 동물들'처럼 밋밋하고 생기가 없다는 사실을 일찌감치 간파해냈다.

더욱 큰 문제는 이런 책 가운데 그 어떤 것도 커다란 성공을 위해 어떤 마음을 먹어야 하는지에 대해 말해주지는 않는다는 사실이다. 어떻게 하면 약간만 관점을 수정해서 내가 퀀텀 리프라고 부르는 것을 받아들이고, 수백만 달러를 벌어들이고, 또 그런 일을 반복할 수 있는지에 대해서는 짜 맞춘 듯 침묵한다!

만약 당신이 한 번씩 차례차례 퀀텀 리프를 할 수 있는, 심지어는 동시에 여러 퀀텀 리프를 할 수 있는 힘과 능력, 자신감이 있고, 자신이 은퇴하기 전에 결국 억만장자가 될 거라는 사실을 아는 한 사람의 비밀에 접근할 수 있다면 어떻겠는가? 만약 당신이 단 8년 만에 자신의 회사를 자본금 단돈 820달러짜리에서 시가총액 4억 달러의 기업으로 탈바꿈시킨, 왕성하게 활동하고 있는 수백억 달러 자산가(멍청한 부동산 부자나 양복을 입은 세미나 빈대들 가운데 한 명이 아니라)의 지혜를 구할 수 있다면 어떻겠는가?

이 책은 바로 이런 것을 이야기하고자 한다.

이 책은 큰돈을 버는 데 필요한 정신적 강인함과 레이저 광선과 같은 집중력을 기르는 방법을 다룬다. 이 책에는 처음부터 끝까지 5개 대륙의 금융 수도를 돌며 내가 큰소리로 외쳐댔던 것들과 똑같은 전략이 기술되어 있다. 하지만 대부분의 세부 점검 목록은 '어떻게'를 다룬 책을 쓰는, 젠체하기만 하지 단조롭기 짝이 없는 사업가들과 케케묵은 교수들에게 맡겨두었다.

바꿔 말하자면, 경제경영 혹은 자기계발 관련 작가들 대부분은 당신에게 몇 가지 무기 또는 적어도 무기 매뉴얼을 내주고 나서 서둘러 사업의 현실과 직면하라며 전장에 내보낸다. 그러나 나는 퀀텀 리프 방법론을 통해 당신의 마음과 정신을 경영상의 전쟁에 대비하여 어떻게 준비하고 집중시킬 수 있는지 보여준다. 요지부동의 제도와 악랄한 기업 암살자들, 성공을 부정하는 사람들에게 대비하는 법을 이야기한다. 그 누구도 당신에게 "당신은 해낼 수 없어!"라고 말하도록 내버려두지 마라. 당신은 해낼 수 있다. 이것이 퀀텀 리프의 차이다.

사람들은 나를 보고 미쳤다고 했고, 심지어 더 나쁘게도 몰아붙였다. 그들은 "페냐, 당신은 그 일을 해낼 수 없어요!"라고 말하곤 했다. 그러면 하느님께 맹세코 나는 그 일을 어떻게든 해냈다. 내가 처음 수백만 달러를 벌었을 때, 그들은 나를 '논쟁적 인물'이라고 부르기 시작했다. 런던의 한 신문사는 나를 "1980년대 런던에서 가장 논쟁적인 남자"라고 묘사했다(공인은 그가 미친 사람이라고 하기에는 너무 많은 돈과 영향력을 가지고 있을 때 '논쟁적 인물'이 된다. 게다가 그는 당신을 고소해서 세상에서 잊히게 할 정도로 미쳤을지도 모른다). 나의 영국 자문가들은 몸을 떨며 "페냐, 당신은 그 일을 해낼 수 없어요!"라고 말하곤 했다. 그래서 나는 해냈다. (이제 노년에 접어든 나는 조금은 부드러워져서 그냥 '이상한 사람'이 되어가는 중이다.)

나는 은퇴생활을 계속 즐기려고 했다. 당연히 나는 일할 필요가 없다. 그러나 나는 자기계발 분야에서 사람들 대부분이 '기분 좋은 느낌'이라는 사기 행각에 가까운 형편없는 것을 성공에 대한 충고랍시고 건네받고 있음을 깨달았다. 당신은 TV에서 사람 좋은 웃음을 짓거나 눈부신 매력을 발산하는 이들의 모습을 본 적이 있을 것이다. (내가 누굴 말하는지는 당신이 알 것이다.)

나는 무한한 에너지와 대성공을 향한 결의를 가진 듯 보이는 기업가 그룹의 사업 성공 코치가 되었다. 나는 또한 미국과 영국, 유럽연합에서 강연을 한다. 그리고 스코틀랜드에 있는 내 집(15세기에 지어진 거스리성Guthrie Castle)에서도 세미나를 개최한다.

내 동료들과 나는 영국에 있는 퀀텀 리프 오거니제이션Quantum Leap Organisation을 통해 기업가들을 발굴하고, 그들이 꿈을 좇을 수 있도록 돕는다. 스코틀랜드와 영국에서 결실을 본 수많은 성공담은 내가 줄곧 말해온 것, 즉 퀀텀 리프 전략이 보편적으로 적용될 수 있음을 증명하고 있다. 당신은 제대로 된 '런던 금융가의 임원'인 사무 변호사에게 미국의 변호사인 것처럼 당신의 꿈을 쉽게 팔 수 있고, 마치 씨티그룹의 제2부사장이라도 된 것처럼 스코틀랜드 은행에서 50만 파운드를 쉽게 투자받을 수도 있다.

나는 내 기초 세미나를 '퀀텀 리프 어드밴티지'라고 부르며, 좀 더 구체적으로는 기업가 정신이라는 주제와 관련하여 다른 사람들을 돕는다. 내 세미나는 모두 큰돈을 버는 것에 관한 잔혹한 진실로 가득

차 있고, 직설적이며 간명하다. 한 참석자는 세미나 후기에 "댄 페냐는 지식의 불도저다"라고 적었다. 나는 그 말이 마음에 쏙 들었다!

이 책은 내용과 어조로 보면 세미나의 연장선에 있고, 내가 계속해서 받는 다음과 같은 질문에 대한 대답이다. "페냐, 사흘 동안 당신은 정말 많은 것을 말했습니다. 내가 집으로 가져가서 읽어볼 만한 게 있을까요?"

QLA 전략과 방법론을 다룬 이 책은 오늘날에도 그 당시와 마찬가지로 유효하다. 다른 좋은 레시피와 마찬가지로, 고성과와 대성공을 위한 QLA 레시피는 절대 구식이 되는 법이 없다.

하지만 첫 출판 이후 세계와 세계 경제, 그리고 비즈니스 현장에서 매우 많은 일이 일어났다. 그래서 나는 열정적이면서도 기업가적 성취를 보여주고 있는 새로운 세대를 위해 이 책을 개정하기로 마음먹었다. 지금 이 책을 읽고 있는 당신이 그중 한 사람일지 모르겠다.

내가 당신의 기분을 좋게 하거나 자존감을 높여주기 위해 이 책을 쓴 것이 아님을 명심하길 바란다. 그보다 기업이 실제로 어떻게 운영되는지, 시스템이 당신을 위해 제대로 작동하도록 만들기 위해 당신이 어떻게 생각하고 느끼고 훈련하고 준비해야 하는지와 관련하여 당신이 마땅히 알아야 할 날것 그대로의 진실을 내어준다. 이런 방법을 통해 당신은 첫 번째 퀀텀 리프를 할 수 있을 것이다.

그리고 당신 자신의 꿈을 세우는 일을 시작하게 될 것이다.

차 례

PART I   폭발적 성공의 비밀

PART II   슈퍼 석세스 실천 가이드

PART I

폭발적
성공의 비밀

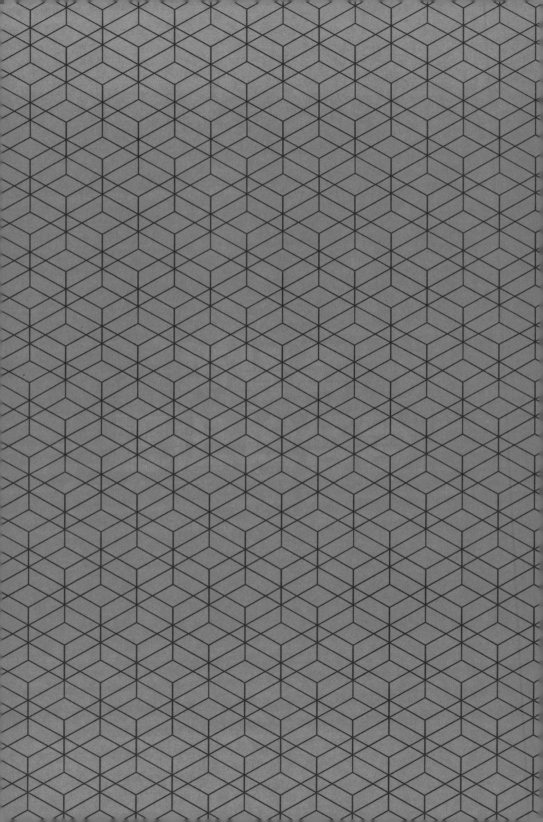

Chapter 1

대성공은 강하고 나쁜 녀석들 몫이다

"대성공은 우유부단한 사람에게 찾아오지 않는다.
전쟁 같은 비즈니스 세계에서 승리는
힘든 시기를 거친 강하고 나쁜 녀석에게 주어진다."

이 책은 큰돈을 버는 방법에 대한 이야기다.

남는 시간에 몇 푼 더 버는 일에 관한 내용이 아니다. 그 정도는 바보도 할 수 있다. 매출을 20퍼센트 올리거나 부동산을 사들이거나 담보대출 사기를 치는 것에 관한 내용도 아니다. 당신이 상상할 수도, 가능할 수도 없을 만큼 엄청난 돈을 버는 일에 관한 내용이다.

'빨리 부자가 되는 법'에 관한 책도 아니다. '빨리' 부자가 된다는 건 '쉽게' 부자가 된다는 의미다. 오늘날 쉽게 부자가 되려면 부자 삼촌을 죽이는 방법밖에 없는데, 그건 매우 어리석은 짓이다.

위험 부담 없이 부를 쌓으라고 말하는 책도 아니다. 위험을 감수하지 않고 부자가 되라는 말은, 가난은 두렵지만 부자가 되는 일에 큰 관심이 없는 겁쟁이나 노인들에게 환상만 심어준다. 높은 성과를 내고 커다란 성공을 이루는 사람들은 위험을 감수할 줄 안다. 나도 그랬고, 지금도 그렇다. 위험을 감수하지 않는 사람들은 큰돈을 벌지 못한다. 모험을 하지 않으면 엄청난 성공도 없다. 분명히 그렇다. 현실에 안주하면 높은 성과를 달성할 수 없다. 편한 삶을 추구하는 사람에게 이 책은 맞지 않을 것이다.

마지막으로, 이 책은 당신을 위로해주는 책이 아니다.

사회적 통념에 갇혀 살면서 그 속에서 위안을 받고 약간의 돈은 벌 수 있을지 모르겠다. 하지만 당신이 이 책을 계속 읽는다면, '사회적 통념은 모조리 헛소리'라는 신념으로 시장가치 4억 달러 이상의 기업을 키운 내 이야기를 접하게 될 것이다. (2009년 중판을 찍은 이후 나는 수많은 사람을 대상으로 컨설팅을 했다. 수백만 명은 아니지만 수십만 명이 내가 무료로 배포한 자료에 감동했다는 말을 전해 들었다. 사회적 통념이 대부분 틀렸다는 내 믿음은 더욱 강해졌다.) 당신이 큰돈을 번다면 그때 진정으로 자신에 대해 만족감을 느낄 것이다.

왜 이 책을 읽어야 할까? 몇 가지 이유가 있다. 나야말로 막대한 돈을 벌어본 경험이 있는 성공 코치이기 때문이다. 물론 다른 성공 코치들도 어느 정도 성공을 거두고 자신의 성공법을 책으로 내 한 권이라도 더 팔려고 노력한다. 하지만 나는 그 어떤 성공 코치보다 더 많은 돈을 벌어들였다. 또 단 한 번의 잘못된 거래로 엄청난 돈을 잃어도 봤다. 겉으로만 번지르르하게 차려입고 편하게 부자가 되고 싶은 이들을 현혹하는 수많은 세미나 연사들은 상상도 못 하는 큰돈을 잃어본 경험이 있다.

당신이 이 책을 읽어야 하는 또 다른 이유는 무엇일까?

수십 년간 비즈니스를 하면서 나는 10만 건 이상의 사업 관련 결정을 내렸다. 아마 독자 여러분 혹은 경제경영서를 써서 벌어먹는 사람들이 내린 결정보다 몇만 건 정도는 더 많을 것이다. 그리고 5개 대륙을 돌며 600건 이상의 금융 프레젠테이션을 했다. (남극은 제외하고. 남극에는 돈이 없다!) 누구는 한 푼도 벌지 못 할 때 10억 달러 이상을 벌어들였다! 수백만 킬로미터를 여행했고 여러 호텔에서 밤을 보냈으며 수많은 회의와 25만 건 이상의 비즈니스 통화를 했다. 산 정상에 올랐든 낭떠러지로 떨어졌든 이보다 더 많은 경험을 한 사람이 있다면 나와보라고 해라.

성공을 맛본 사람이라도, 같은 이유로 이 책을 추천한다.

이 책은 대성공을 이루려는 야심 차고 패기 있는 사업가에게도 좋다. 중소기업의 사장, 이미 성공했지만 더 많은 것을 이루려는 사람, 살벌한 시장 경쟁에서 살아남기 위해 폭발적 성장을 이루려는 CEO, 회사 임원과 경영진에게도 추천한다. 한마디로 이 책은 '진지한 활동가'를 위한 책이다.

재계에 몸담고 있지 않더라도 자신의 삶에서 큰 성공을 이루고 싶은 사람이라면 이 책이 많은 도움이 될 것이다. 광고계의 전설이자 로스 페로Ross Perot의 멘토인 조 배튼Joe Batten의 표현을 빌려 이렇게 말하고 싶다. "당신이 '될 수 있는 모든 존재가 될' 준비가 됐다면 나는 당신을 위해 글을 쓸 것이다." (내가 조 배튼의 파트너가 된 건 정말 행운이었다. 조 배튼은 20년 전 내가 처음 강연하는 모습을 보고서 이렇게 말했다. "페냐, 자네 그 일을 계속할 건가? 매우 힘든 일이라 계속하기 쉽지 않을 텐데." 그리고 이렇게 덧붙였다. "페냐, 자네는 최고가 아니라도 최고 중의 한 사람은 될 거야.")

당신이 내 책을 사주었기 때문에(지금까지 이 책을 대강 읽지는 않았을 거라 믿는다) 하는 말이지만, 거품 같은 격언과 흔해빠진 말로 채워진 당신 서재 속 책들보다 이 책이 훨씬 낫다고 자신한다.

몇 년 전, 두 번째로 은퇴하고 할 일이 없어 권태에 빠졌다. 그러다 일하면서 알게 된 비즈니스계의 냉혹한 현실을 사람들과 공유하는 일에 재미를 느끼게 됐다. 어쨌든 나는 40세가 되기 전에 많은 것을 이룬 상태였다. 왜 나는 성공의 문턱에 있는 사람들에게 도움이 될 만한 내 경험을 알려주지 않은 걸까? 그랬다면 그들도 놀랄 만한 성취를 맛보았을 텐데. 아니, 솔직히 말해 사람들을 돕는 일은 나 자신에게 더 절실했다. (얼마 전 나는 세 번째 은퇴를 시도했다. 그리고 실제로 은퇴 세미나도 열었다. 2013년 4월로 기억하는데, 클라우스 클라인펠트도 거스리성에 와서 세미나 참석자들을 대상으로 연설을 했다. 하지만 수료식 만찬 자리에서 은퇴 선언을 하는 건 차마 못할 짓이었다.) 이러한 생각으로 비즈니스 성공 코치가 되는 데 많은 힘을 쏟았다. 세미나 참석자 중에는 어떠한 위험도 감수할 용기를 내고 조언을 기꺼이 따르는 사람들이 있다. 대성공을 거둔 사업가들은 그런 사람들에게 스스로 검증한 지혜와 전략을 전수해준다. 그들이 그렇게 했다면 나도 할 수 있었다.

더는 손 놓고 있을 수 없는 노릇이었다!

세미나 군중과 새빨간 거짓말쟁이 전도사

나치 독일은 새빨간 거짓말이 얼마나 효과적일 수 있는지 보여줬다. 그들은 선전 구호를 큰 소리로 외쳤고 이른바 '문명인'들은 잔인한 진실이 뺨을 내리칠 때까지 그들의 범죄를 묵인했다. 오늘날 여드름투성이의 네오파시스트들은 홀로코스트가 없었다고 외친다. 그들의 청중이 되길 기꺼이 자처하는 사람들도 있다.

이와 더불어 훨씬 순화된 형태의 '성공 전도사'들은 대중 속으로 침투해 회의실과 컨벤션 센터를 가득 채운 절박한 청중에게 성공에 관한 새빨간 거짓말을 쏟아낸다.

내가 '세미나 순회 문화'를 소개했을 때 사람들은 눈을 휘둥그레 떴다. 세미나 사업에서 무엇이 중요한지 이해시키는 데 5분도 안 걸렸다. 안타까운 현실은 거의 모든 세미나가 비슷비슷하다는 것이다. 대부분 사회적 통념에 갇힌 내용을 다루고, 성공의 원칙을 일일이 떠먹여준다. 그러면 청중은 그걸 그대로 받아 적는다. 연사가 말한 내용을 다 받아 적지 못하면 세미나실 한쪽에 마련된 테이프 세트, 소책자, 심지어 소프트웨어 패키지를 편리하게 구매할 수 있다. 신용카드 결제도 가능하다. (물론 지금은 DVD, CD, 팟캐스트 등 다양한 매체가 등장했다. 일부를 제외하면 모두 돈을 내고 사야 한다. 내 홈페이지에도 이런 자료가 있지만 모두 무료이다. 간혹 사람들은 내게 왜 내용을 변경하지 않느냐고 묻곤 한다. 그러면 나는 그 자료를 만든 1990년대 후반 이후로 아무것도 바뀐 게 없다고 대답한다.)

만약 당신이 세미나장에서 구매한 테이프를 듣거나 책을 읽는다면 무슨 생각이 들까. 십중팔구 '그래, 맞는 말이야. 너무 익숙한 내용이야. 그런데 정말 새롭게 정리했군' 하는 감상 정도에 그칠 것이다.

당연하지, 이런 바보 같으니! 그 책의 저자들이 듣고 자란 통념을 똑같이 듣고 자랐으니 익숙할 수밖에! 단지 그들은 당신이 평생 듣고 자란 헛소리를 팔면서 돈을 벌고 있다는 게 다를 뿐이다.

'일과 삶의 균형을 맞춰라.'

'자신의 장점을 적어 거울에 붙여둬라.'

'이번 주에 해야 할 일을 적어둬라.'

'이룰 수 있는 목표를 세워라.'

'가격이 저렴해진 중고차를 사라.'

'담보대출 상환 기한은 30년보다 15년이 낫다.'

이런 말은 죄다 헛소리다!

당신도 어쩌면 세미나에 참석해서 돈을 내고 책과 테이프를 사거나 자문료를 내고 투자 자문을 받는 사람일지 모르겠다. 그렇다면 당신에게 꼭 해줄 말이 있다. 그 세미나 연사들은 당신 집과 회사 근처를 서성이며 거짓말로 돈을 버는 사람들이다. 당신 부모가 오래전부터 무료로 해준 조언 정도에 불과한 말만 늘어놓으며 컨설팅이랍시고 수천 달러를 받아 챙기는 사람들이다. (지금까지 오랜 세월 세미나를 열면서 자기계발 용품에 25만 달러 이상을 쓰는 참석자들을 많이 봐왔다. 그런데 이런 것들 대부분은 사놓고 한 번도 쓰지 않는다.)

판에 박힌 세미나의 내용을 알아차리는 것만큼 중요한 게 또 있다. 전국을 돌거나 늦은 밤 TV 프로그램에 나와 유창한 말솜씨로 통념을 설파하는 사람들의 속을 똑바로 간파하는 것이다. 그들에게 정말 '권위'가 있는지 제대로 봐야 한다. 나는 세미나 연사들에게 사업 감각이 없다는 걸 알았을 때 큰 충격을 받았다. 자칭 권위자라고 내세우며 전국을 돌며 강연하는 사람들, 하얀 치아를 드러내며 TV에 나오는 사람들, '성공법'에 관한 책을 써서 서점 매대를 꽉 채운 이른바 작가라는 사람들은 대부분 엉터리다!

한번 자문해보자. 이런 비즈니스 성공 '전문가들' 중 진짜 큰돈을 번 사람이 얼마나 될까? 거의 없을 것이다. 큰돈을 벌었다면 사업으로 벌었을까? 살벌한 기업 환경에서 대성공을 이루기까지 치열하게 싸워본 사람은 얼마나 될까? 맨땅에서 시작해서 수억 달러의 비즈니스 왕국을 세운 사람은 얼마나 될까? 너무 고민할 것도 없다. 답은 '거의 없다'이니까. 한두 가지 예외를 제외하면, 세미나장에서 DVD나 CD, 책을 파는 거 말고 다른 방법으로 돈을 벌었다는 사람은 아직까지 본 적이 없다.

이런 가짜들이 세미나 사업으로 번 푼돈이 당신 주머니에서 뜯어 낸 돈이란 걸 아는 데는 그리 오래 걸리지 않을 것이다.

나는 수많은 세미나 연사 중 나만이 유일한 억만장자라는 사실을 빨리 알아챘다. 또한 실제 비즈니스 세계에서 내 세미나를 통해 전략을 배운 사람이 기업 가치 수백만 달러에 달하는 거대 기업을 세웠다는 소식도 잘 알고 있었다. 다음 장에서 보겠지만 나는 하루에 4억 달러짜리 거래만 하는 게 아니다. 주식 시장에 상장해 자산가치 4억 달러 이상을 달성한 회사도 운영했다. 전화기 한 대와 임대한 팩스 한 대, 자본금 820달러로 시작한 회사였다.

질문이 하나 더 있다. 위에서 언급한 가짜들이 '부자'로 성공하는 법을 알려준다고 치자. 그런 연사 중 얼마나 많은 사람이 억만장자일까? 만약 있더라도 소수일 것이다. 내가 아는 유일한 억만장자는 내 친구 테드 니콜라스Ted Nicholas다. 테드는 광고와 출판 분야에서 세계 최고 권위자다. 테드 말고는 탈세나 궁리하는 사람들이 대부분이다.

그런 사람들이 당신에게 부자 되는 법을 알려주고 있던 것이다! (당연히 테드 니콜라스는 지금도 예외이다. 그는 현재 거의 은퇴한 상태로 스위스에 살고 있다. 테드 니콜라스는 내가 아는 사람 중에 진짜 돈을 번 유일한 인물이다.)

책이나 테이프를 사기 전에 저자를 잘 살펴보고 자신에게 이런 질문을 던져보라. '이 사람은 내가 원하는 성공을 했는가? 저자의 성공 스토리가 내가 원하는 성공의 청사진인가? 저자는 어떻게 돈을 벌었나? 사업을 해서? 아니면 세미나장을 돌아다니며 책과 테이프를 팔아서?'

한번 차분히 생각해보라.

나는 남의 호감을 사기 위해 입에 발린 말을 할 생각이 없다. 당신이 날 좋아하든 말든 상관없다.

나는 세미나장에 가득 찬 사람들을 보며 흥미로운 사실을 발견했다. 참석자들은 강연에 '열광적으로 반응'할 준비가 돼 있었지만 놀랍게도 대체로 강연 내용에 냉담했다. 대다수는 큰 성공을 이루는 실제 이야기보다 기분 좋은 이야기나 유쾌한 격언에 더 관심이 있는 듯했다. "넌 성공할 자질이 있어. 내면의 소리를 들어봐. 그러면 부의 잠재력을 끌어낼 수 있을 거야." 그들은 이런 말로 위로받고 싶어 했다. 지

금 잘하고 있음을 확인받고 싶어 했다. "그래, 우린 잘하고 있어"라는 흔한 말처럼. 모조리 헛소리다!

비즈니스계의 괴팍한 혁명가로 알려진 나는 어째서 세미나 사업에 발을 들이고 책을 쓰기로 마음먹었을까? 개인의 성공과 관련된 전략과 조언을 사람들에게 제대로 전수하고 싶어서다. 물론 돈도 더 많이 벌 수 있고 말이다! 최근 내 멘티와 열성적인 추종자들이 실질 가치 500억 달러 이상을 창출하는 걸 보면서 내 목표는 실행력이 탁월한 사람의 멘토가 되어 그들을 전 세계에서 가장 크게 성공한 사람으로 만드는 일로 바뀌었다.

나는 지난 세월 꾸준히 내 성공 전략을 활용했고 그 과정에서 수천만 달러를 벌었다. 그리고 당신의 성공에 도움이 될 독특한 강점도 갖고 있다. 나는 호감을 사려고 당신이 듣고 싶은 말을 하진 않을 것이다. 누가 날 좋아하든 말든 상관없다. 다정한 친구가 필요하면 개를 키워라. 내 말에 귀 기울이지 않는다면 나도 신경 쓰지 않겠다. 나는 친구를 사귀려고 이 자리에 있는 게 아니다. (당신이 오늘날 몇 안 되는 실행력이 탁월한 사람, 이를테면 리처드 브랜슨Richard Branson, 스티브 잡스Steve Jobs와 개인적으로 친분이 있다면 그들 또한 남이 자신을 좋아하건 말건 신경도 안 쓴다는 걸 알게 될 것이다. 사람들 한 명 한 명에게 인정받는 건 그들의 관심사가 아니다).

당신은 이제 어마어마한 성공 비법을 배울 기회를 얻은 셈이다. 반쪽짜리 진실과 허위 정보가 잘 팔리긴 하겠지만 나는 헛소리가 아닌, 있는 그대로의 진실을 말할 것이다.

첫 강연 때는 직원을 대할 때처럼 청중에게 비속어를 쓰기도 했다.

시작한 지 15분도 안 돼서 참석자의 반을 차지했던 여자들이 자리를 박차고 나갔다. 나는 개의치 않고 열정적으로 적나라한 진실을 말했다. "이것이 바로 대성공자의 화법이다. 그러니 익숙해지길." 영화 〈월 스트리트Wall Street〉와 〈더 울프 오브 월 스트리트The Wolf of Wall Street〉에도 실생활에서 쓰이는 생생한 표현이 나오지 않는가.

결국 마케팅 자문위원과 세미나 일정 관리자는 내게 이렇게 말했다. "페냐, 말씀을 좀 부드럽게 하셔야 할 것 같아요. 세미나를 정말 듣고 싶어서 온 사람들도 있는데 말투가 너무 공격적이에요." 그래서 나는 톤을 낮춰 부드럽고 친절하게 말했다. (유튜브 영상을 보면 알겠지만 내 말투는 여전히 거칠다.)

대성공의 대가를 치러라

지금까지 내 입장을 이야기했으니 이제부터는 어마어마한 성공을 이루기 위한 기본적인 조건을 살펴보자. 일단 그런 성공은 만만치 않다. 인생에서 가치 있는 목표를 이루기 위해서는 그야말로 '대가를 치러야 한다'. 원하는 지점에 다다르기 위해서는 다른 영역에서 대가를 치러야 한다. 교환이 필요하다.

여기저기 성공 관련 세미나를 기웃거리는 사람들은 이렇게 말할지 모른다. "우리는 모든 걸 다 가질 수 있어요. 다정한 부모도 될 수 있고 돈도 많이 벌 수 있고 모두에게 사랑받을 수도 있어요."

죄다 헛소리다. 무언가를 얻으려면 다른 하나는 포기해야 한다. 지금 자기 자신에게 물어보자. 내가 기꺼이 포기할 수 있는 건 무엇인가? 원하는 것을 얻기 위해 흔쾌히 버릴 수 있는 건 무엇인가? (오늘날 행동에 대한 대가를 치른다는 건 더 명백한 사실이 되었다. 일론 머스크Elon Musk 같은 기업인들, 즉 우리가 유례없는 괴짜라고 부르는 이들이 나타났다. 머스크는 특이한 직업윤리를 다수 언급했다. 그리고 그의 말 대부분에 나는 동의한다. 아마존닷컴의 제프 베이조스Jeff Bezos는 1주일에 80시간 근무를 요구한다.)

무언가를 얻으려면 다른 하나는 포기해야 한다. 지금 자기 자신에게 물어보자. 내가 기꺼이 포기할 수 있는 건 무엇인가?

만약 올림픽에서 창던지기 챔피언이 되고 싶다면 당신이 '치러야 할 대가'는 저녁이나 주말에 친구들과 보내는 시간을 포기하고 무수한 시간을 창던지기에 쏟는 것이다. 맥주 한 잔을 포기하고 운동 맞춤형 식단을 따라야 한다. 심지어는 하던 일을 그만두고 창던지기에 도움이 되는 새로운 직업을 찾아야 할 수도 있다. 올림픽에 출전해서 은메달이나 동메달을 따고 싶지는 않을 것이다. 기꺼이 대가를 치르고 그에 상응하는 금메달을 따고 싶지 않겠는가.

2008년 베이징 올림픽 때 일명 '워터큐브'로 알려진 베이징 국가수영센터에서 혜성처럼 떠오른 한 남자가 있었다. 바로 마이클 펠프스$_{Michael Phelps}$이다. 이 선수가 큰 대가를 치른 전형적 예다. 펠프스는 다른 또래 남자들이 태평하게 보낸 여러 해를 수영 연습에 바쳤고, 그렇게 해서 금메달을 딸 수 있었다. 그는 '먹고 자고 수영하라'를 좌우명으로 삼았다. 수도자 같은 생활을 하며 목표를 달성하는 데 방해가 될 팬이나 친구, 심지어 가족까지 멀리했다. 이것은 최고가 되기 위해 펠프스가 기꺼이 치른 대가였다.

잘 알려지진 않았지만 펠프스는 올림픽을 준비하기 훨씬 전부터 고난을 마주했고 극복했다. 펠프스가 어렸을 때 많은 '전문가'는 그가 뭔가를 성취할 수 있을지에 대해 의문을 품었다. 심지어 유치원 선생님들조차 한시도 가만히 있지 못하는 산만한 펠프스를 보며 못마땅하게 생각했다. "펠프스는 앞으로도 뭔가에 집중하기 힘들 거예요." 한 교사가 그의 부모에게 말했다. 펠프스는 뒤늦게 ADHD(주의력 결핍 및 과잉 행동 장애) 진단을 받았다. (사실 나도 ADHD 증상을 겪었다. 내가 어렸을 때는 그냥 미친 애라고 불렸다. 나이를 먹으면서 대부분의 증상은 사라졌지만 과잉 행동은 아직 남아 있는 듯하다. 물론 대개 내가 원하는 것이긴 하지만.)

성공을 향한 여정에서 펠프스는 가장 먼저 집중하는 법을 배웠다. 2008년 베이징 올림픽을 앞두고서는 매일같이 새벽 5시에 일어나 18시간씩 훈련했다. 훈련 시간을 최대한 확보하려고 분 단위로 쪼개어 일정을 짰다. 올림픽이 치러지는 동안 미국은 TV 시청자를 최대한 늘리려고 예선전은 밤에, 결승전은 다음 날 아침 시간대에 편성했다. 선수들에게는 살인적인 일정이었다. 하지만 펠프스는 혹독한 연습량을 줄이지 않았다. 아침에 일어나서 연습하지 않으면 경기에 나가지 않았다.

이러한 집념은 대개 다음 도약으로 이어진다. 올림픽에서든 회의실에서든, 대성공은 누구나 할 수 있는 게 아니다. 내가 부를 축적할 때 치른 대가는 가족을 보지 못하는 것이었다. 딸이 태어난 첫해에도 242일 동안 집에 없었다. 세 아이의 생일에도 집에 있던 적이 거의 없었다. (이제 29살이 된 내 딸은 〈포천Fortune〉이 선정한 세계 500대 기업 중 한 곳의 성공한 관리자이다. 1년 반 전에는 노스웨스턴대학교에서 석사학위를 받았고, 그 후 직장에 들어가 맡은 일을 잘해나가고 있다. 가끔씩 딸은 어렸을 때 내가 곁에 있어주지 못한 날들, 365일 중의 242일은 곁에 있지 못했던 시절을 상기시킨다.)

펠프스의 집념이 얼마나 대단한 성과를 이뤘는지 기억할지 모르겠다. 펠프스는 베이징 올림픽에서 금메달 8개를 획득함으로써, 미국 수영의 전설로 통했던 마크 스피츠Mark Spitz가 1972년 뮌헨 올림픽에서 세운 기록을 갈아치웠다. 나는 펠프스의 어릴 적 선생님과 그 '전문가'란 사람들이 경기를 봤을지 궁금했다. (1982년 즈음 석유 시추 관련 거래를 위해 이스라엘 국영 석유회사 앞에서 프레젠테이션할 기회가 있었는데, 그곳에서 영광스럽게도 스피츠를 만났다.)

성공을 위해 '비싼 대가를 치르는 일'은 당신에게 해당하지 않을 수도 있다. 모든 사람이 비싼 대가를 치르면서까지 성공하려고 하지는 않는다. 성공한 사람들이 적은 이유도 그 때문이다.

마크 저커버그Mark Zuckerberg는 빌 게이츠Bill Gates와 '기술 신동들'이 세운 미국의 전형적인 성공 공식을 따랐다. 마크 저커버그는 보통의 10대들과 달리 컴퓨터를 만지작거리며 시간을 보냈는데, 이것이 그가 치른 성공의 대가였다. 그런 대가를 치른 결과는 어땠을까? 마크 저커버그는 21세기 '소셜 네트워킹'의 역사를 다시 쓰며 엄청난 인기를 구가하는 페이스북을 설립했다. 7천만 명 이상의 활동적인 페이스북 사용자들은 페이스북에 열광적으로 환호한다. 저커버그에게는 순자산 15억 달러를 보유한 최고 신랑감이라는 찬사가 따랐다. 하지만 저커버그가 대성공의 길을 모두에게 추천할지는 의문이다. (2021년 7월을 기준으로 페이스북 이용자는 28억 명에 달한다. 저커버그는 이제 총각도 아니다. 저커버그의 순자산은 수백억 달러에 달한다.)

이 책이 제시한 전략 중 몇 가지만 실천에 옮겨도 당신은 지금보다 더 큰 성공을 이룰 것이다. 이 책 한 권만 읽어도 세미나를 돌아다니며 책이나 테이프를 사는 데 쓸 돈을 훨씬 아끼게 될 거라는 뜻이다.

크게 성공하려면 머리가 엄청나게 좋아야 한다고 믿는 사람들이 많다. 하지만 내가 경험한 바로는 그렇지 않다. 당신의 IQ가 평균인 100이라고 가정해보자. 나의 IQ가 당신보다 낮을 수도, 반대로 당신이 나보다 낮을 수도 있을 것이다.

(학창 시절 친구들이 어떻게 생각할지 모르겠지만) 나 또한 IQ 100이라고 가정해보자. 그런데 내 IQ보다 10배 높은 사람이 있을까? 내가 아는 한 등록된 최고 IQ는 240 정도이다(IQ가 148 이상이면 고지능자 엘리트 집단인 멘사MENSA 회원이 될 수 있다). 그렇기에 우리 IQ의 10배 이상인 사람이 존재한다는 건 불가능하다. 심지어 5배 이상도 말이 안 된다.

그러면 도대체 일반인보다 10배 이상의 돈을 번 사람들은 뭐가 다른 걸까? 남들보다 IQ가 백배 천배인 것도 아닌데 어떻게 해서 백배 천배 이상의 돈을 번 걸까? 대체 어떻게 해서? 나는 답을 알고 있다! 그들은 당신보다 원대한 꿈을 꾸었다. 그들의 기대치는 당신보다 높았다. 이게 정답이다.

피터 세이지Peter Sage는 대단히 성공한 영국 사업가로 전 세계를 누비며 인생을 즐길 줄 아는 열정적 모험가였다. 세이지는 새로운 도전에 대한 영감이 솟을 때, 그러니까 도전을 실행할 아이디어가 떠오를 때면 생각을 세분화한다고 했다. 바로 이게 내 사고법이다!

다시 태어난다면 바꾸고 싶은 게 뭐가 있냐는 질문을 종종 받는다. 딱 한 가지 있다. 다음 생에는 목표를 더 높게 잡을 것이다. 바로 그거다. 엄청난 성공을 이루기 위해 나는 지금도 목표를 높게 잡는다.

그들은 당신보다 원대한 꿈을 꾸었다.
그들의 기대치는 당신보다 높았다.
이게 정답이다.

당신은 어떤가.

'당신의 잠재력을 모두 끌어내기 위해' 목표를 잡은 적이 있는가? 아직 그렇게 해본 적이 없다면 이 책에서 뜻밖의 내용을 많이 얻어갈 수 있을 것이다. 과장을 좀 보태서 말하자면, 이 책이 인생의 전환점이 될 수도 있다. 앞으로 나올 이야기와 방법론을 따르다 보면 운의 흐름이 바뀔 수도 있다. 여기서 '그럴 수도 있다'는 표현을 쓴 건, 변화를 위해서는 행동이 뒤따라야 하기 때문이다. 변화는 피할 수 없는 선택이다. 지금까지 살던 방식을 되풀이하면서 다른 결과를 기대하는 건 어리석은 짓이다. 나는 단호하게 말할 수 있다. 우리는 삶을 변화시키는 방법을 100퍼센트 알고 있다. 5퍼센트를 바꿀지, 95퍼센트를 바꿀지는 당신에게 달렸다.

알다시피 나처럼 실행력이 탁월한 사람들은 극도의 성공을 경험한다. 당신보다 성공을 더 갈망하기 때문이다. 실행력이 탁월한 사람들은 2가지 장점을 활용해 자신들에게 유리한 환경을 만들어낸다. 바로 숙련된 기술과 좋은 습관의 힘이다. 달리기 세계 기록 보유자인 짐 륜Jim Ryun은 이렇게 말했다. "동기는 무언가를 시작하게 하지만 습관은 지속하게 한다." 내 말을 믿어도 좋다. 지능은 성공과 아무 관련이 없다.

위험을 감수하라

———

엄청난 성공을 달성한 사람은 위험을 다른 시각에서 바라본다. 찰스 기븐스Charles Givens는 《위험이 없는 부Wealth Without Risk》라는 책을 써서 큰돈을 벌었다. 이어서 돈을 벌거나 아낄 수 있는 아이디어를 제공하는 프로그램을 만들고 중고차 판매원을 고용해 전 세계 호텔 회의실에서 그 프로그램을 팔고 다녔다. 엄밀히 말하면 그 책에는 사실상 여기저기서 돈을 적게라도 모으거나 아끼기 위한 자기 '생각'이 거의 없다. 경제 전문가 누구라도 할 수 있는 말이다.

기븐스와 그의 동료들은 '대성공'을 흉내만 냈다. 그가 제시한 생각의 전환은 보험료를 몇 푼 아끼고 부동산으로 조금 더 벌게 하는 데 그쳤다. 그런데도 사람들은 부자가 될 수 있다고 착각했다. 결국 기븐스와 주변 인물들은 법정에 섰고 사회에서 영영 모습을 감추었다. (기븐스의 전설은 30분짜리 TV 프로그램의 '유료 광고'에서나 볼 수 있다. 노련하고 말쑥한 성공 전도사들은 기븐스 현상을 복제한 듯 제한적 성공을 떠들며 여전히 세미나 무대를 순회하고 있다.)

진짜 대단한 성공을 이룬 사람들은 성공에는 위험이 필수라고 본다. 내가 세미나에서 언급한 퀀텀 리프는 매출을 올리거나 시장에 새로 진입하는 것으로는 결코 달성할 수 없는 폭발적이고 기하급수적인 성장을 의미한다. 퀀텀 리프에는 위험이 따른다.

대성공을 이룬 사람들은 위험을 성장의 필수 조건으로 받아들인다.

아끼는 '제자' 중에 피델 바르가스Fidel Vargas가 있다. 1990년대 중반, '멕시코 바보들'이라는 모임의 일원이었다. 바르가스의 가능성을 본 나는 그가 스코틀랜드의 거스리성에서 열린 세미나에 참석할 수 있도록 힘썼다. 나처럼 바르가스도 로스앤젤레스 바리오(스페인어 사용자 거주 지역) 출신으로, 대학을 졸업하고 하버드에서 MBA 과정을 마쳤다. 몇 년 전에는 23세의 나이에 캘리포니아 볼드윈파크의 시장

이 되어 미국에서 가장 젊은 시장이라는 타이틀과 함께 뉴스에 소개 됐다. 요즘에는 남부 캘리포니아에서 벤처 금융투자회사를 운영하고 있다. 바르가스는 QLA에 오래도록 깊은 인상을 받았다. (지금은 벤처 금융회사를 그만두고 히스패닉 장학 기금의 CEO가 되었고, 매년 많은 히스 패닉계 사람들의 대학 입학을 지원한다.)

바르가스는 이렇게 말했다. "댄 페냐는 마치 영웅처럼 느껴졌다. 인생의 마지막 한 방울까지 쥐어짜라고 말하는 듯했다. QLA의 가르 침은 단순하지만 강력하다. 제대로 된 성공을 하고 싶으면 위험을 감 수하라는 것이다. 당신은 모자를 하늘 높이 던지고 꿈을 향해 헌신해 야 한다. 페냐는 성공의 가장 큰 장애물이 패배의 두려움에 사로잡히 고 진부한 통념에 휩쓸리는 것이라고 가르친다."

무언가를 달성해본 적이 있다면 그 과정에 도사리고 있었던 위험 을 생각해보라. 처음 일을 시작했던 때를 기억하는가? 그 일은 위험을 헤쳐나가며 자리 잡지 않았는가? 결혼에는 위험 요소가 없을까? 아이 를 키우거나 집을 새로 마련할 때는? 왜 사람들은 삶의 여러 영역에 서는 위험을 감수하면서 성공을 위한 위험 감수에는 진저리치는 걸 까? 성공 전략과 성공률에는 위험이 없을 수 없다. 계약서에 서명할 때까지 바로 옆에 위험이라는 망령이 도사리고 있든, 은행에 당신 돈 이 있든 말든 상관없다. 그냥 저질러라!

사업을 성장시키는 데 위험을 감수하지 않으면 활력이 떨어진다. 나는 만사가 순조롭게 진행된다는 말을 싫어한다. 일에 발전이 없으 며 언젠가 망할 것이라는 뜻이기 때문이다. 사람들은 혼돈 속에서 질 서가 생겨난다는 사실을 자주 잊는 듯하다.

한두 번 모험을 해보고 실패하면 다시 안전한 장소로 피신하는 사람들도 있다. 그들에게 실패는 자신감을 떨어뜨리고 자칫하면 남은 생을 망가뜨리는 위험한 도박이다.

1955년 냉전이 최고조에 달했을 때 사람들은 모두 핵폭탄을 신경 쓰고 살았다. 50메가톤급 핵폭탄이 마을에 떨어질까 봐 학생들은 책상 밑에 숨는 대피 훈련을 받았다. 당시 LA 경찰관이었던 아버지는 럭 13 마이닝Luck 13 Mining이라는 회사에 1만 달러를 투자하라는 꾐에 걸려들었다. 네바다에 우라늄 광산을 짓는다는 회사였다. 결국 아버지는 신용 사기를 당해 1만 달러를 잃었다. 1955년에 1만 달러는 제법 큰 돈이었다. 하지만 아버지에게 돈보다 더 큰 피해는 땅에 떨어진 위신이었다. 아버지는 그 후로 몇 년 동안 남들의 비웃음을 샀다.

1958년 아버지에게는 로스앤젤레스 북서부의 미개발지를 3천 달러에 살 기회가 있었다. 토팡가 캐니언과 벤추라 대로의 교차로에 있는 땅이었다. 사거리에 있는 땅이라니! 하지만 아버지는 거절했다. 틀림없이 두 번이나 바보 취급을 당할 수는 없다고 생각했을 것이다. 그 뒤 그 땅은 64만 달러에 팔렸다. 그러다 어느 순간 350만 달러가 되고 800만 달러가 되었다. 마지막으로 확인했을 때 사거리 중 한쪽 모퉁이만 1천200만 달러에 거래되고 있었다! 아버지는 그 이후로 평생 LA 북서쪽 우드랜드 힐스 가까이에도 가려고 하지 않았다. 한 번의 실패가 모험을 감행할 마음을 앗아간 것이다.

실패를 두려워하지 말고 이해하라

엄청난 성공을 거둔 사람들은 실패에 대해 다른 관점을 가지고 있다. 뭔가를 시도할 때 실패할 수도 있다고 생각하며, 위대한 성공에는 위대한 실패가 따른다고 믿는다. 메이저리그 야구에서 역대급 스트라이크아웃 수를 기록한 사람은 다름 아닌 베이브 루스Babe Ruth였다. 하지만 사람들은 그를 삼진아웃왕으로 기억하지 않는다. 수십 년간 공전의 기록을 달성한 홈런왕으로 기억한다. (오래전에 경기력 향상 약물 복용으로 미국인들의 야구 사랑에 흠집을 내긴 했지만.) 루스의 스트라이크아웃을 신경 쓰는 사람은 아무도 없었다. 중요한 건 루스가 야구 배트를 계속 휘둘렀다는 사실이다! 그런데도 우리 대부분은 타석에 서는 것은 고사하고 선수 대기석 밖으로 절대 나오지 않는다. 그러면서 자신이 왜 홈런을 못 치는지 궁금해하지도 않는다. 심지어 불굴의 타자가 홈런을 치는 것조차 못마땅해하기도 한다.

우연히 신대륙을 발견한 크리스토퍼 콜럼버스Christopher Columbus는 뒤이은 탐험에 별다른 성과를 내지 못했고 처량한 죽음을 맞았다. 하지만 미국인이 기념하는 콜럼버스의 날Columbus Day이 그의 비참한 죽음을 기리는 날은 아니지 않나? 물론이다. 우리는 그의 성공을 기념한다.

IBM 설립자인 토머스 왓슨Thomas Watson의 이야기가 떠오른다. 어느 날 왓슨이 경영 연수생에게 이런 질문을 받았다. "선생님, 어떻게 해야 경영 분야의 최고 자리에 오를 수 있을까요?" 왓슨은 이렇게 답했다. "실패 확률을 2배로 높이게." 실패를 많이 하려면 시도, 계획, 위험 감수도 더 많이 해봐야 한다는 것, 즉 성공하려면 뭐든 일단 행동해야 한다는 메시지를 전하려 한 것이다.

토머스 에디슨Thomas Edison의 수많은 실험은 대부분 형편없었다. 그는 직류로만 불을 켤 수 있고 교류로 불을 계속 켜놓는 건 어렵다고 생각했다. 하지만 에디슨이 틀렸다. 그리고 그가 틀렸다는 사실은 아무도 신경 쓰지 않는다. 도리어 우리는 전구를 켤 때, 음반을 듣거나 영화를 볼 때마다 에디슨의 천재성과 투지에 항상 고마워한다.

큰 성공을 거둔 사람에게 실패란 귀중한 교훈이다. 앞으로 같은 실수는 피할 수 있으니 말이다. 실패를 넘어서면 다음 단계로 넘어간다. 실패는 테스트에 지나지 않는다. 에디슨의 말처럼 "성공은 99퍼센트의 땀과 1퍼센트의 영감으로 이루어진다". 실행력이 탁월한 사람에게 '두려움FEAR'은 '실제처럼 보이는 거짓 기대False Expectations Appearing Real'이다.

———

실행력이 탁월한 사람은
자신이 내린 결정이 무엇이든
판단에 자신감을 가진다.

———

확실한 실패 공식은 무엇일까? 모든 사람의 기분을 맞추려는 것이다. 사람들이 성공하지 못하는 제일 큰 이유가 바로 이것이다. 모두의 호감을 사려고 하다가 결국 성공도 못 하고 비위를 맞춰주던 사람들의 관심도 얻지 못한다. 주변 사람의 말을 듣는 것보다 내면의 소리에 귀를 기울여야 한다. 자신의 직감을 믿어야 한다.

직감에 귀를 기울여라

———

직감은 실행력이 탁월한 사람의 의사결정 과정에서 중대한 역할을 한다. 오랜 시간 직감은 여자들의 전유물처럼 여겨졌다. '여자의 직감은 타고나지만 남자의 직감은 어떤가.' 직감이란 동물적 본능, 즉 원시시대의 생존 기술이다. 누구나 감각이 있다. 자신에게 가장 유리한 환경에 대한 직감이 있다. 대개 이러한 직감을 무시할 때 문제에 부딪힌다.

오늘날에는 컴퓨터 탓에 직감에 대한 의존도가 약해졌다. 우리는 너무 자주 뒷일을 '걱정한다'. 당신이 파티에 갔는데 매력적인 상대를 만났다고 가정해보자. 상대의 미소가 단순한 친절이 아니라 당신을 향한 호감처럼 느껴진다. 그는 당신을 유혹하듯 스킨십을 한다. 이럴 때 사무실로 돌아와서 '지나치게' 고민할 필요는 없다. 깊게 생각할 필요도 없다. 직감이 말해주고 있지 않은가.

비즈니스도 같은 맥락이다. 하지만 사회적 통념은 문제를 지나치게 복잡하게 만들라고 주문한다. 어쨌든 세상은 너무 복잡하니까. (인터넷과 개인용 컴퓨터, 기타 전자기기의 눈부신 발전으로 우리는 불과 20년 전에는 꿈도 꾸지 못했던 정보의 바다에 뛰어들 수 있게 되었다. 내 생각에 기업가가 탁월한 성과를 내는 것을 가로막는 가장 큰 장애물은 컴퓨터 의존도라고 생각한다. 하지만 이런 나 또한 이제는 인터넷에 접속해야 했다. 개인적으로나 공적으로 인터넷은 이제 필수이기 때문이다.)

다른 사람의 생각은 중요하지 않다

———

너무 많은 사람들이 자신이 내린 판단 자체의 현명함을 살피기보다 그 판단을 다른 사람이 어떻게 생각할지에 마음을 졸인다. 나와 골프 친 남자들은 어떻게 생각할까. 밉살스러운 사촌 루디는 뭐라고 말할까. 암웨이 제품 상자를 차고에 쌓아둔 마사 이모는 뭐라고 말할까. 이런 생각이 끝없이 든다.

이봐, 빌 게이츠가 다른 사람들 생각에 신경이나 쓸 것 같은가? 도널드 트럼프Donald Trump가 자신보다 푼돈을 버는 '전문가' 의견에 콧방귀나 뀔 것 같은가? 그렇지 않다. 실제로 당신은 결정에 필요한 모든 자료를 갖고 있다. 연구와 실사까지 모두 마쳤다. 경쟁자에 대한 판단도 끝났다. 마음속 깊은 곳에서 직감이 말을 건다. 이번 기회를 꼭 잡으라고.

실행력이 탁월한 사람들은 위험 요소를 평가하고 결정을 내리며 행동을 취한다. 그리고 이런 생각은 절대 하지 않는다. '아, 이것저것 해봤어야 했는데. 실수한 것 같아.' 실행력이 탁월한 사람은 자신이 내린 결정이 무엇이든 자신감을 가진다. 지나간 결정을 후회하는 것보다 앞으로 해야 할 일이 더 급하다. 다른 중요한 결정도 내려야 한다. 그러니 뒤돌아보지 말고 다음 단계로 넘어가라. 나는 보통 이렇게 말한다. "내가 틀릴지도 모르지만 걱정 안 해." 안 그랬으면 내가 어떻게 10만 건 이상의 사업 결정을 내릴 수 있었을까?

뒤돌아보지 마라

대성공을 위한 전제 조건이 하나 더 있다. 뒤돌아보지 않는 것이다. 실행력이 탁월한 사람은 절대 뒤돌아보지 않는다. 후회로 고통받는 불치의 구매자에 대해 들어본 적 있는가? 어느 날 이 사람이 매장에 가서 새 차, 새집, 새 옷 등 새로운 물건을 구입한다. 그런데 다음 날 미처 사지 못한 더 나은 물건이 생각나 다시 매장에 간다. 그러다 금세 우울해진다. 다시 물건을 사려면 전에 산 물건을 환불해야 하는데, 그러려면 지난한 쇼핑 과정을 다시 반복해야 하는 탓이다.

이런 사람은 결코 만족할 수 없다. 자신이 내린 결정에 자신이 없기 때문이다. 어떤 일을 결정할 때는 모든 정신력을 총동원해 마지막이라고 생각하고 결정해라. 그렇게 결정을 내려도 비즈니스 세계는 워낙 역동적이라 중간에 궤도 수정을 해야 할 수도 있다. 하지만 뒤돌아보지 마라. 당신이 나아가는 방향으로 시선을 고정해라. 커다란 차이가 있을 것이다.

행동의 대가를 치르고, 위험을 감수하고, 실패를 두려워하지 않으며, 직감에 귀 기울이고, 사회적 통념과 다른 사람의 생각을 무시하고, 절대 뒤돌아보지 마라.

실행력이 탁월한 사람이 되기 위한 전략과 기술을 알아보기에 앞서 명심할 것은 주류의 생각에 휩쓸려 편안한 길을 가려고 하면 안 된다는 것이다. 나는 텍사스 석유업계에 뛰어든 뒤 이 점을 배웠다. 이 책은 나처럼 거물이 되고자 하는 사람들을 위해 썼다. 소변도 키가 큰 풀 쪽을 향해 눠라!

대성공은 우유부단한 사람에게 찾아오지 않는다. 전쟁 같은 비즈니스 세계에서 승리는 힘든 시기를 거친 강하고 나쁜 녀석에게 주어진다. 너무 감성적이면 안 된다. 대성공을 이룬 사람들은 지나치게 감성적이지 않다. 물론 그런 사람도 있을지 모르겠지만 나는 아직 본 적 없다. 실행력이 탁월한 사람은 성공하는 기업의 전사들이다. 그들은 강력하게 행동하며 타협하지 않는다. 실수도 하지만 절대 뒤돌아보지 않는다. 그리고 어마어마한 돈을 번다.

전쟁 같은 비즈니스 세계에서
승리는 힘든 시기를 거친
강하고 나쁜 녀석에게 주어진다.

크게 성공하라고 당신을 끌고, 밀어붙이고, 때리고, 차고, 회유할 생각은 없다. 나처럼 돼야 하는 것도 아니고, 사실 꼭 그럴 필요도 없다. 내 관심사는 당신을 대성공의 문으로 안내하고 막대한 돈을 벌 수 있게 도와주는 것이다.

어떤가. 관심이 좀 생기는가. 그렇다면 이제 더 깊은 내용을 진지하게 다뤄보자. 하지만 먼저 내가 누구인지 알 필요가 있겠다. 당신이 나를 알게 되면 무관심을 저 멀리 던져버리고 다음 12개 장을 읽어나갈 테니 말이다.

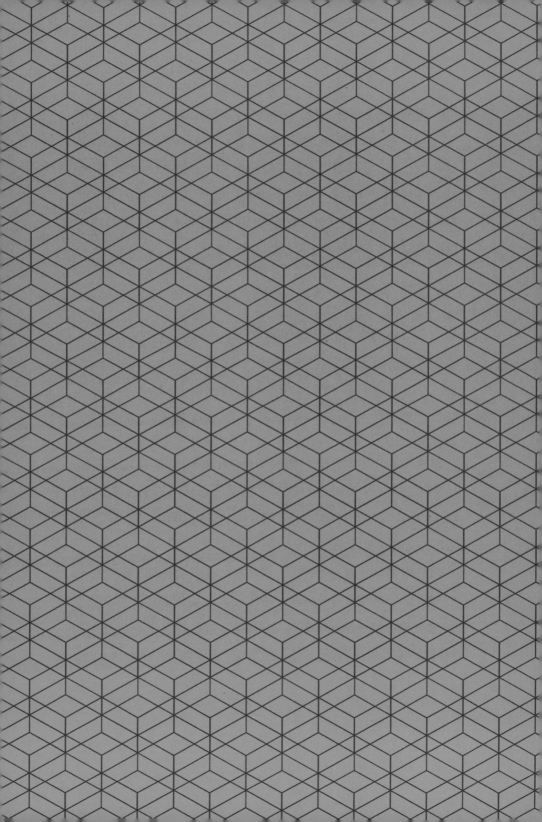

Chapter 2

기대하지 않는다면 결과도 없다

"꿈을 위해 죽을 준비가 안 되었다면
꿈을 위해 살 준비도 안 된 것이다."

인간과 하등동물의 차이 중 하나는 우리 인간이 평생에 걸쳐 진화를 거듭한다는 것이다. 인간은 살면서 궤도를 수정할 수 있고, 운명을 바꾸는 결정적 사건을 마주하기도 한다. 예를 들어 남자들은 전쟁을 겪으면서, 여자들은 출산을 경험하면서 인생이 바뀌기도 한다.

이번 장에서는 내 일의 방향과 변화의 중심축을 살펴보려고 한다. 내 비즈니스 전략이 어디서 왔는지를 이해하면 당신이 원하는 성공의 뚜렷한 청사진을 그리는 데 도움이 될 것이다.

처음부터 내가 지금처럼 눈에서 레이저 광선이 나오고 목표 지향적이고 성공 지향적인 사람은 아니었다. 오히려 그와 반대였다. 라틴계인 나는 로스앤젤레스 동부에 살면서 힘겨운 청년기를 보냈다. LA의 바리오에서는 사회에서 살아남는 생존 기술을 일찍 익혔다. 주로 하는 스포츠라고는 술집에서 다른 동네 남자들과 치고받고 싸우는 일이었다. 나와 가장 친한 친구들은 루벤 무노즈Reuben Muñoz, 월트 워작

Walt Wojak, 하워드 스테인Howard Stein이었다. 15세일 때 우리 눈에서 레이저 광선이 나오긴 했다. 당구 칠 때, 술 마실 때, 그리고 연애할 때. (그중 루벤에 대해 마지막으로 들은 소식은 살인죄로 종신형을 받고 플로리다 레이포드 감옥에 있다는 것이었다.)

우리 집안은 스페인에서 멕시코로 이민을 왔다. 나의 할아버지는 판초 비야Pancho Villa(멕시코 혁명의 주역)와 친구가 되었다. 사진 속 할아버지는 온통 콧수염을 늘어뜨리고 있었으며 꼭 비야처럼 보였다.

나의 아버지 마누엘 페냐Manuel S. Peña는 로스앤젤레스 경찰이었다. 집에서 아버지는 몹시 엄했다. 작은 실수라도 하면 아버지에게 흠씬 두들겨 맞았다. 판자촌이었던 우리 집은 철거된 뒤 동네 마약상들이 마약 밀매소로 사용했다.

부모님은 나를 더 나은 환경에서 키우고 싶어서 LA 북부 샌 페르난도 밸리 근처의 레세다 고등학교에 입학시켰다. 하지만 반항의 씨앗은 이미 싹트고 있었다. 억지로 학교에 다니니 사고뭉치였을 수밖에. 1963년 5월 졸업식을 약 3주 앞두고 교감 선생님은 나와 친구들에게 졸업장을 미리 주면서 다시는 학교에 발도 들이지 말라고 경고했다. 학교 측에서는 우리가 졸업식을 망칠까 봐 걱정했던 것이다. 루벤과 월트, 나는 잠시 고민한 뒤 학교로 돌아가 졸업장을 교감 선생님 앞에 던져버렸다. 그리고 3주 뒤 예정대로 졸업식을 방해했다! 졸업식을 망친 주범은 나였다. (그걸 과시하기도 했지만 지나고 보니 자랑거리가 아니었다.)

그해 가을 나는 샌 페르난도 밸리 주립대학에 들어갔다. 이 학교는 지금 노스리지에 있는 캘리포니아 주립대학교이다. 하지만 입학하고 얼마 지나지 않아 퇴학당했고 이후 2년 동안 몇몇 대학을 전전했다.

결국 1966년 6월, 목표도 야망도 없이 군에 입대했다. 제2차 세계대전 때 사병이었고 한국전쟁 때는 장교였던 아버지는 군대에 갈 생각이 있으면 장교가 되라는 조언을 해주었다. 그래서 나는 1966년 12월, 조지아주 포트 베닝에 있는 장교후보학교에 들어갔고 1967년 7월 1일 소위 계급장을 달았다.

1967년, 밤색 옷을 입은 육군 장교들처럼 베트남전에서 보병 소대장이 되고 싶었던 나의 바람과 다르게 무슨 이유에선지 군사경찰 병과로 차출돼 조지아의 포트 고든으로 가게 되었다.

군대는 내 인생의 첫 전환점이었다.
조직이 잘 돌아가려면 개인의 책임과 훈련이
중요하다는 걸 알게 됐다.

10월쯤 유럽으로 돌아오는 길에 군사경찰 중대의 장교로서 나토 NATO(북대서양조약기구)에 배속됐다. 이후 2년 동안 독일 전역 주둔지에서의 임무는 군사경찰 시절 하던 일과는 비교도 안 됐다. 동독 입국 검문소를 감시하는 역할에 더해 다양한 기밀 업무를 맡았다. 그 일은 자신만만한 젊은 소위를 들뜨게 했다. 나는 내가 맡은 일이 마음에 들었다.

나는 군대에서 난생처음 인생이 바뀌는 경험을 했다. 오로지 효율만 중시하는 조직의 구성원이 되어본 것이다. 군 조직에서는 개인의 책임과 훈련이 절대적이었다. 지금껏 수많은 젊은 남자들이 경험한 것처럼 군대는 이렇다 할 목적이 없는 애송이를 데려다 성숙한 어른으로 빠르게 바꾸어놓았다.

기밀 업무를 통해 나는 물리적 환경에 얽매이지 않는 담력을 기를 수 있었다. 국제 외교 무대에서 진짜 우리 편은 없었다. 국익에 따른 동맹 관계만 있을 뿐이었다. 자선 행위도 없으며 자국의 이익을 최고로 끌어올리기 위한 전략만 있었다. 훗날 비즈니스 세계에 발을 들였을 때 미국 경제계도 같은 방식으로 돌아간다는 걸 알게 되었고, 그때쯤 나는 잘 훈련된 상태였다.

1969년 말 제대하고 민간인으로 돌아간 뒤, 나는 잃어버린 시간을 보상해야겠다고 마음먹었다. 그래서 노스리지 캘리포니아 주립대학교에 입학해서 2년 반 만에 학위를 받았다. 한 학기에 평균 20학점을 딴 셈이다. 23학점을 이수한 마지막 학기에는 평점 3.6을 받아 우등생 명단에 들었다. 그때는 뭔가에 홀린 사람처럼 공부만 했다.

대성공에 대한 기대로 시작하라

1971년 1월 마침내 경영학 학위를 받았다. 성실하게 금융학 석사 과정을 밟는 동안에는 장학금으로 로스쿨에 들어가려고 대기하고 있었다. LA에 있는 미국 토지 컨설턴트라는 회사에 일자리도 구했다. 우리는 캘리포니아 드림을 꿈꾸며 투자에 관심 있는 사람들에게 땅을 팔았다. 사장인 켈리 노우드Kelly Norwood는 이렇게 말했다. "페냐, 너는 저 문으로 들어오는 모든 사람에게 땅을 팔 수 있어." 이럴 수가! 실제로 나는 말도 안 되는 일을 저질러버렸다. 94.6퍼센트의 성공률을 달성한 것이다. 그리고도 5.4퍼센트를 채우지 못해 안타까워했다.

이 경험은 기대치에 관해 중요한 가르침을 주었다. 나는 사무실로 들어오는 모든 고객에게 땅을 팔 거라 기대했고, 실제로 거의 다 팔았다. 하지만 사장이 이렇게 말했다면 어땠을까? "페냐, 부동산은 힘든 업종이야. 자네 같은 신입은 고작해야 30퍼센트 정도 팔 수 있으려나……". 아마 이런 말을 들었다면 성공 기대치는 실제 잠재력의 3분의 1로 떨어졌을 것이다!

4월에 사장은 나를 샌디에이고 사무실로 보내 영업부 관리자직을 맡겼다. 가장 처음 한 일은 사무실에 들어서는 아마추어 투자자들에게 열성을 다하는 것이었다. 그러고 나서 샌디에이고 해군 항공기지에서 전역한 조종사들을 영업사원으로 뽑았다. 그들은 동남아시아 하늘에서 비행기 조종 실력을 인정받은 끝내주는 전사이자 최고의 인재였다. 어느 모로 보나 강자였고 나는 그들을 이끄는 리더였다.

나는 캘리포니아 드림을 꿈꾸는 사람에게 땅을 파는 게 얼마나 쉬운 일인지 영업사원들에게 이야기했다. "저 문으로 들어오는 누구에게나 땅을 팔 수 있어야 해." 그러고 나서 전투적인 영업사원들이 열정을 불태울 수 있게 훈련했다. 기존의 정신 상태를 개조하기보다는 그저 부동산 쪽으로 방향만 약간 바꿔주면 됐다. 그해 여름, 나는 판매 수수료로 한 달에 1만 달러를 벌었다!

하지만 왕성한 활동에도 불구하고 대학원 공부 때문에 비행기로

LA를 왕복해야 했다.

1971년 후반 낚싯대 말고 그물로 물고기를 잡아야겠다는 생각에 부동산 세미나를 열었다. 소수의 사람만 붙잡고 투자에 대해 알려주는 것보다 방에 꽉 들어찬 사람들에게 부동산 투자법을 가르치고 여러 특혜를 얻는 법에 대해 알려주는 게 나을 것 같았다. 1971년 12월쯤 나는 롤스로이스와 메르세데스 벤츠를 몰았다. 대학원을 그만둔지 한참 지났을 때였고, 법학 학위를 따겠다는 생각은 이미 옛날이야기가 됐다.

1972년 초에는 부사장으로 진급해 즐거운 나날을 보냈다. 결혼을 염두에 두고 LA 베벌리힐스급의 엔시노 호수 근처 저택을 물색하기도 했다.

그런데 문제가 생겼다. 토지 거래 건으로 로스앤젤레스 공항에서 스위스에 가는 비행기를 타려는 순간 전화를 한 통 받았다. "회사로 들어오세요. 국세청에서 폐쇄 명령을 내렸어요."

서둘러 사무실에 가보니 마치 범죄 현장처럼 노란색 테이프가 둘려 있었다. 동업자들이 원천세를 내지 않고 영업해온 것이다. 조세 당국에서 조사를 하면서 나는 무죄임이 밝혀졌지만 직장을 잃고 말았다.

그런 뒤 LA에 있는, 훗날 페인 웨버Paine Webber라는 이름을 달게 된 회사의 증권중개인으로 들어갔다. 1972년 여름에는 뉴욕으로 갔다. 맨해튼에 집을 얻고, 가장 냉혹하고 힘든 비즈니스 환경에서 금융업을 배우는 소중한 시간을 보냈다. 자신의 분야에서 원하는 성공을 이루려면 뉴욕으로 가서 실행 가능한 기술을 익혀야 한다. 프랭크 시나트라Frank Sinatra가 노래를 통해 말했듯 말이다. "거기서 성공할 수 있다면 어디서든 성공할 수 있다."

나는 말 그대로 지극히 일반적인 수준으로 성공했다. 5년 연속으로 수입을 2배씩 올렸다. 하지만 1976년에는 달라졌다. 1976년을 기점으로 나는 미시적 사고를 거시적 사고로 바꾸었고 나만의 성공관을 재정립했다. (내 인생을 바꾼 인물로 멘토인 짐 뉴먼Jim Newman이 있는데 뒤에서 자세히 다룰 것이다.)

1977년 후반 나는 페인 웨버를 그만두고 LA의 투자은행인 베어스턴스Bear Stearns & Company에 들어갔다. 베어스턴스는 미국은 물론 세계 전역의 대기업과 개인 고객을 상대로 대출과 재정 고문을 담당하는 회사였다.

기회의 문은 갑자기 열리고 우리가 그 기회를 '잡을 수 있을지' 판단할 시간은 아주 잠깐이다.

팻 케네디Pat Kennedy라는 남자를 만난 건 이즈음이었다. 케네디는 석유 무역업자였다. 불안정한 석유 시장에서 수천 배럴의 원유를 유통하며 엄청난 돈을 벌었다. 나는 이 사실에 강하게 끌렸다. 그런데 1979년 사우디아라비아가 석유 가격을 올리려고 생산을 줄이면서 제2차 석유 파동이 터졌다. 1973년 제1차 석유 파동 때 부자가 되려는 바보들이 많이 있었다. 나는 이참에 막대한 돈을 벌어야겠다고 생각했다. 더욱 중요한 건 내 앞에 다가온 '기회를 알아챘다는 것이다'! 우리는 살면서 수많은 기회와 마주친다. 기회의 문은 갑자기 열리고 우리가 그 기회를 '잡을 수 있을지' 판단할 시간은 아주 잠깐이다. 하지만 우리는 전제 조건을 여러 개 달고 실패할까 봐 벌벌 떨기 때문에 매번 기회의 문 앞에서 문이 닫히는 걸 보고만 있다. 행동하지 못하는 자신의 무능을 합리화하면서 말이다. 그러고 나면 기회의 문은 다시는 열리지 않는다. (그 뒤에도 또다시 엄청난 유가 하락이 발생했다. 18분 만에 배럴당 110달러인 유가가 35달러로 떨어졌다. 이런 일이 다시 발생할 줄은 몰랐는데……. 이제는 고인이 된 아버지의 말이 떠올랐다. "페냐, 나처럼 오래 살다 보면 모든 일을 적어도 두 번씩은 겪게 된단다.")

1979년 2월 LA에 있는 케네디 인더스트리Kennedy Industries의 회장직을 맡으려고 베어스턴스를 그만뒀다. 케네디 인더스트리는 부동산 투자, 엔터테인먼트, 석유 및 가스산업을 운영했다. 엔터테인먼트 관련 일을 하면서는 공동합작 영화를 만들기 위해 투자자를 물색했다. 이 일을 계기로 전혀 다른 분야의 사람들, 예를 들어 떠오르는 신인 배우나 지망생들과 어울릴 수 있었다. 석유산업에서 그랬던 것처럼 영화산업에 대해서도 많은 지식과 경험을 쌓을 수 있었다. 이 과정에서 돈도 많이 잃었지만 상당히 의미 있는 날들이었다! 엔터테인먼트 쪽 일을 하면서, 굳이 표현하자면 많은 특혜를 누렸다. 돌리 파튼Dolly Parton, 호이트 악스톤Hoyt Axton, 로버트 굴렛Robert Goulet, 토니 커티스Tony Curtis 등을 포함해 여러 유명 인사들과 거래했다.

1980년에는 JPK 인더스트리JPK Industries라는 회사를 설립했다. 나는 CEO이자 50퍼센트의 지분을 소유한 주주였다. 케네디는 아일랜드인의 매력을 유감없이 발산했고 나는 완전히 수직 통합된 정유회사를 만들기 위해 뛰어난 사업 감각과 기개를 발휘했다. 우리는 석유 및 가스 탐사, 시추 작업, 생산, 원유 정제, 마케팅을 진행했다.

당시 나는 석유에 관해 아는 바가 전혀 없었지만 석유산업에 뛰어들겠다는 결정은 성공의 중심축 중 하나였다. 석유산업을 잘 모르는 것은 크게 중요하지 않았다. 지금까지 축적한 비즈니스 기술, 재무관리 경험, 그리고 그런 능력을 석유산업에 적용할 수 있다는 자신감만으로도 충분했다. 설사 일이 잘 안 풀린다 하더라도 상관없었다. 이전에 무직이었던 때도 있었으니까. 거스리성에서 QLA 세미나를 진행하면서 나는 아이들(난 그들의 아버지나 할아버지뻘 되는 사람이라 젊은 사람을 아이라고 부른다)에게 지식이 얼마나 많은지는 상관없다고 말한다. 드림팀의 존재 이유가 바로 여기에 있다. 팀에 영입할 전문가들이 당신에게 지식을 제공할 것이다. 당신은 어느 한 분야에 대한 지식이 풍부하지 않아도 일을 해낼 수 있다.

일이 얼마간 잘 풀렸을 때는 많은 돈을 벌어들였다. 콘스탄틴 그라토스Constantine Gratos를 만난 때도 그쯤이었다. 당시 80대였던 그라토스는 억만장자 선박왕 애리스토틀 오나시스Aristotle Onassis의 절친이자 동료로 노년을 보내고 있었다. 오랜 친구는 죽고, 그라토스는 맨해튼의 올림픽타워 52층 스위트룸에서 거대 기업으로 성장하는 오나시스Onassis를 관리, 감독했다. 나를 마음에 들어 한 그라토스는 기꺼이 나의 멘토가 되어주었다. 그라토스는 나를 '석유 전문가'라고 불렀고 세계 어디든 대형 선박으로 석유를 수송할 일이 있으면 나를 사무실로 불렀다. (그라토스는 언제나 나를 페냐 선생이라고 불렀다. 나도 처음에는 그라토스 선생님이라고 부르다가 나중에는 콘스탄틴이라고 불렀다. 그러다 그가 죽기 전쯤에는 코스타라고 불렀다.)

콘스탄틴 덕분에 세계 이곳저곳을 여행하며 필리핀의 이멜다 마르코스Imelda Marcos, 별칭이 '베이비 독Baby Doc'인 아이티의 정치인 뒤발리에Francois Duvalier, 칠레의 군부 독재자 아우구스토 피노체트Augusto Pinochet 등 유력 인사들과 석유 협상을 했다. 그리고 맨해튼에 갈 일이 있으면 올림픽타워에 있는 크리스티나 오나시스Christina Onassis(애리스토틀 오나시스의 딸)의 사무실에서 일을 했다. 오나시스의 책상에는 바티칸시국, 백악관, 기타 여러 분야의 권위자에게 연결할 수 있는 직통 전화가 있었다. 나는 버튼을 누르고 전화기를 들어보기도 했다. 그들이 전화를 받으면, 전화한 사람이 나인지 알았을까 궁금해하며 전화를 끊었다.

이런 경험은 35세의 자신만만하고 객기 어린 풋내기 석유업자를 도취시켰다. 그리고 살면서 전혀 예상치 못한 세계적 모험으로 이끌었다. 여러 이유로 오랜 시간 비밀에 부쳐진 이야기를 곧 공개할 것이다. 이 이야기를 쓰려고 회상하면 마치 꿈처럼 느껴진다. 한밤중에 보는 B급 영화 같은 느낌이다. (아마도 내 가족에게는 악몽 같은 생지옥의 날들이었을 것이다. 음모가 도사리고 유령처럼 알 수 없는 무언가가 등장하는 끔찍한 기억 말이다.)

아이티에는 많은 석유가 매장돼 있지만 채굴할 수는 없었다. 전문 기술과 자본이 없기 때문이다. 콘스탄틴은 뒤발리에와 석유 수송권을 타결했으나 그의 폭정에 치를 떨었다. 뒤발리에는 수천만 달러를 스위스 개인 계좌로 옮김으로써 아이티 국민을 도탄에 빠뜨렸다.

그리스 정신에 충실한 콘스탄틴은 민주주의가 옳다고 믿었다. 그래서 1980년 초에 콘스탄틴은 단순히 뒤발리에 정권을 무너뜨려야겠다고 마음먹었다. 무장 침투를 하면 수많은 사람이 죽을 수 있다는 것도 인정했지만 대개 이런 이유를 들어 차분히 자기 생각을 정당화했다. "인권이 위협받고 있어. 희생은 불가피한 선택이야."

콘스탄틴은 막대한 부와 세력을 이용해 무장 침투에 대한 협조와 지원을 끌어냈다. 무장 침투와 가장 거리가 멀어 보이는 세 곳인 CIA, 모빌 오일Mobil Oil 석유회사, 바티칸시국을 설득한 것이다. 모빌 오일은 아이티 석유 시장에서 독점권을 손에 넣을 것이고 바티칸시국은 교회의 세력 부흥에 관심이 있었다.

어느 날 콘스탄틴의 사무실에서 회의를 준비하고 있는데 콘스탄틴이 나를 보더니 이런 취지의 말을 했다. "페냐, 전에 군대에 있었다고 했지? 군사 기밀도 다뤘다고 했었나?" 나는 그렇다고 했다. "그러면 이 프로젝트를 맡아보면 어때?" 나는 즉시 열정 가득한 목소리로 답했다. "네! 잘해보겠습니다! 프로젝트를 맡게 돼서 정말 영광입니다!" (아이티 무장 침투를 위해 팀을 꾸리는 일은 대규모 프로젝트였다. 가장 좋았던 때를 꼽으라면 프로젝트 계획 단계와 팀원을 모집하던 순간이다.)

프로젝트는 빠르게 진행됐다. 나는 콘스탄틴을 통해 모빌 오일의 CEO 등 공모에 가담하는 대표자들을 만났다. 콘스탄틴은 내게 힘을 실어주었다. "페냐, 장담컨대 이 공모자들 모두 믿어도 되네. 단, 바티칸시국만 빼고 말이야. 바티칸시국은 믿지 말게."

우리는 1980년 후반부터 1981년까지 프로젝트의 성공을 위해 주도면밀하게 계획하며 콘스탄틴의 재정이 파산할 정도로 천문학적인 돈을 쏟아부었다. 프랑스와 접촉해서 용병과 암살자 300명으로 이루어진 공격부대를 모집해 무장시켰다. 특수한 재능을 가진 최고의 폭파 전문가도 고용했다. 업계에서 존경받는 용병이자 로디지아 기갑부대의 마지막 사령관인 마이크 윌리엄스Mike Williams 대령도 영입했다. 이들 전사들은 문명사회의 은밀한 곳에 몸을 숨기고 분노로 불타오르는 사회를 오랫동안 실눈으로 곁눈질하며 살아왔다. 이들은 앙골라나 콩고민주공화국, 볼리비아 정글에서 자신이 한 '특수 업무'에 대해, 맹렬한 포격전에서 '방아쇠를 당겼던 날들'에 대해 여유롭게 수다를 떨었다. 그들의 대화를 듣고 있으면 총기를 자동 사격 모드에 맞추고 발포하는 소리가 들리고, 뒤이어 전장에 자욱한 피땀 냄새가 풍기는 듯했다.

신나게 떠들고 지내는 동안 우리는 은밀한 경로를 통해 불용 군수품 공격용 헬리콥터 몇 대와 베트남전에 쓰였던 C-47 '퍼프더매직드래곤Puff the Magic Dragon'을 확보했다. 살상용이라기보다 '진압 작전'을 위해 설계된 듯 보이는 퍼프더매직드래곤에는 최신 개틀링건 3대와 제너럴일렉트릭의 7.62mm 미니건이 장착돼 있었다.

나를 포함해 프로젝트에 고무된 CIA 지도부 열댓 명은 조지아 파우더 스프링스의 미첼 워벨Mitchell Werbell 중장이 운영하는 대테러 단체인 캠프 코브레이에 들어갔다. 나는 CIA 전문가와 함께 훈련하며 육탄전을 익혔고, 유격훈련도 해냈다. 우리는 점점 숙련된 저격수가 되어갔다. 목표물 조준을 넘어 본능적으로 총격하는 법까지 터득했다. 명사수가 된 나는 허공에 던져진 동전도 거의 적중시켰다. (한 미군 현역 중장도 같은 캠프에 다녔다. 그런데 어느 날 그가 스파이 활동을 하려고 학교에 와있다는 소문이 돌았다. 내게는 처음으로 중장과 어울릴 기회였는데, 실제로 함께 백병전 훈련을 하면서 즐거운 시간을 보냈다.)

우리 계획은 도미니카공화국에서 육로로 이동해 항공 지원을 받아 전면적 기습을 하는 것이다. 뒤발리에가 2억 달러를 숨겨둔 아이티 연방준비이사회와 대통령궁을 폭파하고, 골칫거리가 된 그 돈을 빼앗은 뒤, 미국 내 아이티 지역사회 리더들이 선출한 새 대통령을 취임시킬 계획이었다. 알다시피 그때는 빌 클린턴Bill Clinton 시대보다 15년도 더 전이었다! (우리는 뉴욕 라과디아 공항에서 한 무리의 남자들을 만났다. 그들은 뒤발리에를 물러나게 만들고 정권 교체를 진행할 사람들이었다. 힐튼 호텔에서 수없이 많은 회의가 이어졌다.)

공격 첫날 무차별적으로 총탄 세례를 퍼붓는 강력한 전투 계획 300개를 짰다! 그대로 진행하면 근위병과 두려움에 떠는 톤톤 맥코우트Tonton Macoute(1959년에 만들어진 준군사 조직 내의 특수작전 부대)를 포함한 수천 명이 죽음을 맞을 것이었다. 물론 우리까지 비참하게 죽어서는 안 되었다. 그 당시 우리는 불사신이었고 실제로 나는 대통령 관저에 쳐들어갈 첫 번째 저격수로 예정돼 있었다!

그사이 아이티 차기 대통령으로 지명된 인물은 뉴욕에서 공격 대상 명단을 작성하고 있었다. 10여 명이던 적은 수백 명으로 늘었다. 공격 범위가 점점 넓어지고 계획이 흐지부지되자 CIA는 초조해했다. 1981년 여름, 올림픽타워에서 새로운 CIA 관계자와 사령관 그리고 다른 핵심 멤버들이 참석한 회의는 그 어느 때보다 흥미진진했다. 그러다 갑자기 CIA 관계자들이 공격 작전을 그만두겠다고 선언했다.

회의실은 순식간에 아수라장이 되었다! 사령관과 CIA 관계자 할 것 없이 다들 벌떡 일어나서 총을 뽑아 들고 서로를 겨누었다. 전 FBI 경호원인 데이브 레이놀즈Dave Reynolds는 회의 테이블 밑으로 나를 확 밀쳤다. 그때 콘스탄틴이 회의실로 어슬렁거리며 들어오더니 주변을 둘러보고는 말을 꺼냈다. "마침 열기가 가장 뜨거울 때 내가 들어온 것 같구먼." (그때 오갔던 말은 너무나 적나라해서 예의나 형식과는 거리가 멀었다. CIA가 작전에서 손을 떼겠다고 말하던 그 순간 회의실에 있는 모두가 피가 거꾸로 솟구칠 정도로 흥분했다.)

총은 총집으로 들어갔고 나는 테이블 밑에서 기어 나왔다. 우리는 CIA가 작전에서 손을 뗐다는 사실을 받아들였다. CIA 관계자들은 작전이 실패해서 우리가 체포되면 자신들은 작전과 관련한 모든 내용에 대해 함구할 거라고 덧붙였다. 그렇겠지, 이미 돈은 챙겼으니까. 우리는 격분했다. 나는 그들에게 당장 나가라고, 너희 없이도 아이티를 칠 수 있다고 소리쳤다. (나는 내 의지로 테이블 밑에 들어간 게 아니었다. 내가 알기로 전 FBI 요원인 내 경호원은 콜로라도대학 출신의 세계 최고 레슬링 선수였다. 그는 순식간에 날 탁 눕히더니 책상 밑으로 밀었다. 그러지 않았으면 나도 다른 사람들처럼 회의 테이블 위로 올라갔을 것이다.)

몇 주 뒤 LA에서 도미니카공화국으로 향하는 비행기를 탔고 마이애미 국제공항을 경유했다. 모든 게 제자리로 돌아왔다. 마이애미 공항에서 확인한 메시지에는 우리가 작전을 접지 않고 계속 진행하면 CIA에 의해 살해당할지도 모른다는 내용이 들어 있었다.

결국 작전은 중단됐다. 그리고 얼마 지나지 않아 내 친구이자 멘토였던 콘스탄틴 그라토스는 영원히 잠들었다.

작전을 제지한 사람은 다름 아닌 지미 카터Jimmy Carter 대통령 재임 시절 국무장관을 지낸 사이러스 밴스Cyrus Vance로 밝혀졌다. 몇 년 뒤 당시 공모자들 중 한 명의 결혼식에 갔다가 하객을 맞이하는 밴스를 우연히 마주쳤다. 나는 이렇게 인사했다. "우리 일을 망친 게 바로 당신이군요, 밴스." 밴스는 깜짝 놀란 듯 보였지만 아무 말도 하지 않았다. 나는 뒤이어 이렇게 말했다. "당신은 나한테 빚진 게 있죠. 1981년 아이티, 기억하죠?"

밴스는 나를 쏘아보았지만 한마디도 하지 않았다.

막대한 성공을 이룬 어느 멘토가 이런 충고를 했던 게 떠올랐다. 일이 잘 안 풀리면 타인의 충고에 귀를 잘 기울이든가 아니면 아예 무시해라. 바티칸시국은 그 프로젝트에 25만 달러를 내놓기로 약속했지만 결국 약속을 지키지 않았다. 나는 교회에 대해 들었던 당혹스러운 귓속말이 어쩌면 진실일지도 모른다고 생각했다. 바티칸시국이 내기로 한 돈 25만 달러는 내가 냈다. 그때 나는 아주 냉엄한 교훈을 얻었다. 요즘 나는 내 멘티들에게 강연할 때 이렇게 말한다. "내가 뭔가를 하지 말라거나 신중하게 하라고 할 때 진짜 내가 하고 싶은 말은 이거지. '내 말을 들으라고, 이 바보 멍청이야!'" 내가 하는 말의 메시지는 분명하다.

1981년 2월 28일 새로 취임한 로널드 레이건Ronald Reagan 대통령은 유가 통제를 해제했다. 같은 해, 내가 아이티 작전에 한창일 때 팻 케네디는 세금 신고를 하지 않고 백만 달러를 챙기려고 했다. 그것도 부인 모르게. 나는 전에 세금 신고를 안 했다가 크게 당한 적이 있어서 케네디를 만류했다. 그러자 위임장 경쟁이 이어졌고 나는 회사에서 쫓겨났다. 1982년 1월 7일 첫아들이 태어나고 1주일이 지났을 때였다. 다시 실업자가 됐지만 쫓겨나는 일에는 점점 익숙해졌다.

'혼란에서 질서를 만들어라. 그리고 큰돈을 벌어라.'

회사에서는 내쳐졌지만 내 안에는 석유의 피가 흐른다. 흥미진진한 무대에서의 짧은 첫 경험을 통해 이런 분야의 일이 어마어마하게 큰돈이 된다는 확신을 갖게 됐다. 하지만 당시에 이런 생각은 머리만 복잡하게 할 뿐이었다.

실제로 그때 배운 소중한 교훈은 오늘날에도 변함없이 가치가 있다. 혼돈에 빠진 산업을 찾아보라. 그리고 대격동의 고난을 경험해보라. 혼돈 속에서 질서를 만들어라. 당신이 만든 질서와 리더십을 인정하는 회사와 힘을 합쳐 전쟁 같은 혼란을 이겨내면 어마어마한 돈을 벌 수 있다. (똑같은 혼란은 지금도 벌어지고 있다. 또다시 유가는 배럴당 35달러를 맴돌고 전 세계적으로 석유산업과 직간접적 관련을 맺고 있는 많은 사람이 실업자가 되었다.)

**혼돈에 빠진 산업을 찾아서 질서를 만들어라.
리더십을 인정하는 회사와 함께
세상 밖으로 나오면 막대한 돈을 벌 것이다!**

여기 적절한 예가 하나 있다. 10여 년 전만 해도 쌍방향 의사소통 분야는 무질서 자체였다. 이른바 '초고속 정보통신망'은 계획과 설계

도도 없는 미지의 변방에서 하룻밤 사이에 만들어진 분야다. 젊은 천재들이 별다른 사무실도 없이 차고에서 작업하며 오늘날 세계를 움직이는 과학기술을 발전시켰다.

당시 영리한 사업가들은 세상 밖으로 나가 자금을 구했고 거대 기업을 세웠다. 그들은 상상력과 혁신 그리고 근성을 발휘해 눈부신 선례를 남겼다. 그리고 나머지 다수가 그들의 뒤를 따라잡으려 고군분투하는 동안 그들은 편하게 앉아서 돈을 셌다. 케이블 TV 방송망에 관해서는 테드 터너Ted Turner에게 물어보라. 범용 소프트웨어라면 빌 게이츠에게, 웹 브라우저라면 넷스케이프Netscape에 물어보라. 불과 얼마 전까지만 해도 구글Google은 괴짜들에게만 사랑을 받았으며, 델Dell은 만화책 출판사였고, '야후Yahoo'는 기쁠 때 내지르는 소리일 뿐이었다.

나는 석유업계에서 일하며 쌓은 인맥과 정보를 이용해 내 사업을 하기로 결심했다. 1982년 7월 13일 금요일, 나는 그레이트웨스턴 개발회사Great Western Development Corporation: GWDC를 설립했다. 이제 적어도 해고당할 일은 없었다.

빠르게 수익을 올리고 싶을 때 거래 상대로 삼아야 할 가장 어리석은 사람은 누구일까? 750달러를 주고 재떨이를 사는 바보 천치들, 바로 미국 정부다. 나는 즉시 미국 국방 유류보급본부Defense Fuel Supply Center: DFSC와 계약을 했다. 이 기관은 매년 2월과 10월에 JP-4와 JP-5 등 군사용 항공유와 디젤유를 구입하기 위해 입찰을 진행했다.

GWDC는 1천 달러로 시작했다. 내 친구 밥 앤더슨Bob Anderson은 은퇴한 텍사스 석유업자이자 전 해군 장관이었다. 앤더슨이 180달러를 투자했고 내가 나머지 820달러를 냈다. (훗날 나는 밥에게 '투자금'을 돌려주었다.) 그렇게 해서 나는 젖먹이 아들의 방에서 남는 전화기와 임대한 팩스기를 두고 업무를 시작했다.

합작 투자의 미학,
다른 사람의 돈 그리고 다른 사람들

———

정부는 처음 들어보거나 실적이 없는 회사와는 절대 거래하지 않는다. 우리가 합작회사를 만든 건 바로 그 때문이었다. 우리는 마리온 정제회사Marrion Refining Company를 찾아냈다. 이 회사는 당시 수용 가능한 연료량을 초과했다. 이는 유입된 원유 대비 정제 시간이 더 많이 걸린다는 걸 의미한다. 마리온의 사장은 퇴역 군인이라 우리는 군대를 매개로 관계를 맺었다. 사장은 우연히도 장교후보학교를 졸업하고 준장으로 퇴역한 군인이었다. 그리고 내가 속한 같은 여단에서 근무한 적이 있었다.

국방 유류보급본부 직원들이 보기에 마리온은 진짜 존재하는 회사였다. 마리온과 협력하면 우리 회사는 얼마간이라도 실적을 남길 수 있었고, 결과적으로 총 5천만 달러의 연료 계약 3건을 성사시켰다. 이제 우리 회사는 정부와 직접 계약을 할 수 있었다. 어느 순간부터 거래를 해도 괜찮은 회사로 여겨진 것이다. 당신도 많이 들었듯이 인식이 곧 현실이다!

여러 해 동안 나는 회사를 꾸준히 성장시키고 막대한 돈을 벌기 위해 다른 사람의 돈과 다른 사람을 이용했다.

요즘도 나는 청중에게 이렇게 말한다. "아이 방에서 820달러와 전화기, 임대한 팩스기를 갖고 일을 시작했지만 5천만 달러의 계약을 따냈고 4억 달러 가치의 회사를 세웠습니다." 이때 사람들은 하나같이 환호성을 지른다. 그런데 5천만 달러의 계약을 성사시킨 그 회사의 초기 자본을 묻는 사람은 '아무도 없었다'. 지금 밝히자면 단돈 9만 달러였다.

그러면 초기 자본에서 내 돈은 얼마나 들어갔을까? 1천 달러다. 그리고 회사의 규모를 어마어마하게 키우는 데 이용한 사람은 누구였을까? 내게 없는 기술과 인맥을 가진 사람, 위대한 명성을 지닌 사람들이었다. 여러 해 동안 나는 회사를 키우고 큰돈을 버는 데 '다른 사람의 돈'과 '다른 사람들'을 이용했다. 앞으로 나올 장에서는 그 방법에 대해 살펴볼 것이다.

GWDC 창립 당시 내가 세운 3가지 목표

a) 자산가치 20억 달러 회사로 키우기

b) 국내 에너지 실무자 중 가장 돈 잘 버는 5명 안에 들기

c) 국내 에너지 회사 중 50번째 안에 들기(당시 50위는 펜조일Pennzoil이었

다. 혼란스러운 그 시절에 에너지 회사는 수천 개가 있었다.)

위 목표 중 b)와 c)는 이뤘다. 당시 회사의 자산가치는 15억 5천만 달러로 목표에 조금 못 미쳤다. 하지만 뭐 어떤가? 자산가치 200억 달러로 목표를 세웠다면 어땠을까? (사람들이 내게 묻는 말이 있다. "무언가를 다시 시작한다면 어떻게 할 것인가?" 그럴 때 내 대답은 늘 똑같다. 목표를 더 높게 잡는 것이다.) 나는 처음에 목표를 너무 낮게 잡은 것을 잊지 않고 좋은 교훈으로 삼았다.

초기 성과를 거둔 뒤에는 이른바 회사를 양성하는 시기에 돌입했다. 나는 조세회피처를 매각해서 회사를 육성하기로 다짐했다. 생각해보면 이때는 1982년으로 1986년 세제개혁법이 시행되기 4년 전이었다. 개인과 기관투자가들은 모두 조세회피처를 부르짖었고 나는 내가 선호하는 기업 환경인 혼돈 속에서 시장을 장악했다.

그러나 조세회피처를 팔 수 있는 부동산중개인 자격증이 없어서 또 다른 합작회사를 설립했다. 지금껏 만나본 중에 최고의 영업사원이 운영하는 종합 증권회사와 손을 잡았다. 그의 이름은 월터 레빈Walter Levine이다. 레빈은 내게 3년간 150만 달러의 가격으로 조세회피처를 팔았다. 불평을 늘어놓자 레빈은 이렇게 말했다. "나를 한번 믿어봐. 분명 값이 오를 테니까." 참 대단한 사람이었다.

레빈과 나는 G&J라는 작은 합작회사를 설립했다. 명함에 새기지는 않았지만 G&J는 '비유대인과 유대인Goy and Jew'이라는 의미였다. 1982년 12월, 우리는 석유 시추 펀드의 형태로 조세회피처 벤처 사업을 시작했다.

"무언가를 다시 시작한다면 어떻게 할 것인가?"
내 대답은 늘 똑같다.
목표를 더 높게 잡는 것이다.

이후 2년 동안 G&J는 세 곳의 조세회피처를 성공적으로 매각했다. 펀드로 조성한 운영자금은 GWDC에 지불해야 하는 일반관리비 명목으로 들어왔다. 뉴욕 최고의 변호사와 회계사를 쓸 형편이 안 되는 미약한 시기였지만 어쨌든 최고의 전문가들을 영입했다. 그 비밀은 다른 장에서 다루겠다.

1983년 어느 날, 캘리포니아에서 조깅을 하다가 문득 아무나 갖지 못하는 성을 한 채 사고 싶다는 생각이 들었다. 이를테면…… 섬에 있는 중세의 성 같은 것 말이다. 부를 과시하고픈 마음도 있었다. 조세회피처 사업을 잘해나가고 있었지만 더 크게 성공하려면 월스트리트의 도움이 필요했다. 지난 월스트리트에서의 경험으로 비추어볼 때, 금융기관과 거래를 하려면 먼저 그들의 도움이 그다지 아쉽지 않다는 걸 입증해야 했다. 내 성은 분명 그런 이미지를 현실화해줄 수 있었다.

그런 이유로 성은 내 목표가 되었다.

내 목표가 실제로 총체적 집중을 의미한다는 걸 이해하는 건 정말 중요하다. 하지만 이 이야기는 나중에 또 다룰 것이다.

돌아오는 추수감사절에 영국으로 성을 사러 갔다. 우연히 시기가 겹쳐 사업차 몇 번 더 런던에 갔고 몇몇 성을 둘러보기도 했다.

1984년 6월의 어느 날 아침, 나는 차를 몰고 거스리성의 고대 돌문을 지나고 있었다. 스코틀랜드 앵거스의 테이사이드주에 있는 성으로 북해 암벽으로부터 약 8킬로미터 떨어져 있었다. 1460년대에 지어진 거스리성은 방이 55개 있는 대저택으로 작은 탑들과 돌로 쌓은 멋진 성채가 완벽하게 어우러졌다.

성의 맨 꼭대기에는 영국인을 포함해 다른 종족을 방어하기 위해 만들어진 탁 트인 난간이 있는데, 여기서 보면 켈트 십자가 모양의 울타리 정원과 숲으로 뒤덮인 시골 풍경이 내려다보인다. 긴 복도와 높은 천장으로 된 방에서 거스리성이 보낸 500년의 발소리가 울려 퍼지는 듯했다. (유령 없는 완벽한 성은 없다. 거스리성에는 주기적으로 나타나는 처녀 귀신이 있다. 실제로 목격한 사람도 있다고 한다.)

여기에 63만 제곱미터의 탁 트인 대지, 얼음같이 차가운 계곡, 수정처럼 맑은 호수로 둘러싸였다는 점도 거스리성의 매력을 더했다. 개인 골프장으로도 더할 나위 없이 완벽했다. 나는 거스리성을 보고 며칠 안 돼 구입 가격을 제안했다. 여러 협의 끝에 8월, 거스리성의 값이 매겨졌다.

성의 내부에는 가구와 장식물 표면의 나무 조각이 여기저기 벗겨져 있었다. 벽난로 외벽도 경매에 세금 나가듯 쑥쑥 뜯겼다. 내가 사지 않았으면 성은 허물어질 운명이었다. 전선과 배관, 지붕을 교체 및 개조하고 설비와 장식에 애를 쏟았다. 1985년 8월, 내 마흔 살 생일 파티에 맞춰 준비하느라 혼란한 상태로 1년을 살았다.

지역의 골동품상이나 장식품업자들에게 1년 내내 물건을 실컷 팔며 그들을 부자로 만들어주기도 했다. 그 결과 한때 멋진 외관이 돋보이는 우아한 진열장 같았던 역사적 성은 평온한 앵거스 언덕의 따스한 안식처로 바뀌었다. 섬 위에 우뚝 선 꿈의 성은 그레이트브리튼섬(실제로 거스리성은 섬에 있다)을 차지했다! (그 뒤로 벌써 30년이 넘게 흘렀고 그동안 성은 4~5번의 개조 과정을 거쳤다. 가장 최근에는 나의 사랑스러운 아내 샐리가 맡아 꾸몄다. 성은 완전히 변신했고 그와 동시에 우리는 혼돈의 시기를 보내고 있다. 하지만 앞서 언급한 것처럼 혼돈의 시기를 이용하면 어마어마한 돈을 벌 수 있다.)

지금까지 살면서 얼마나 많은 일이 펼쳐졌는지 모르겠다. 바리오 거리를 방황하던 라틴계 불량 청소년은 평화로운 스코틀랜드 전원에 자리 잡은 어느 성의 지주가 되었다. 세월이 흘러도 변치 않는 풍경에 둘러싸여 말을 타거나 상쾌한 북풍을 맞으며 길을 거닌다. 그러면 내 안의 힘이 다시 깨어나는 것 같다.

언젠가 그 힘이 필요할 것이다. 남은 생의 가장 위대한 모험을 시작하려면 말이다.

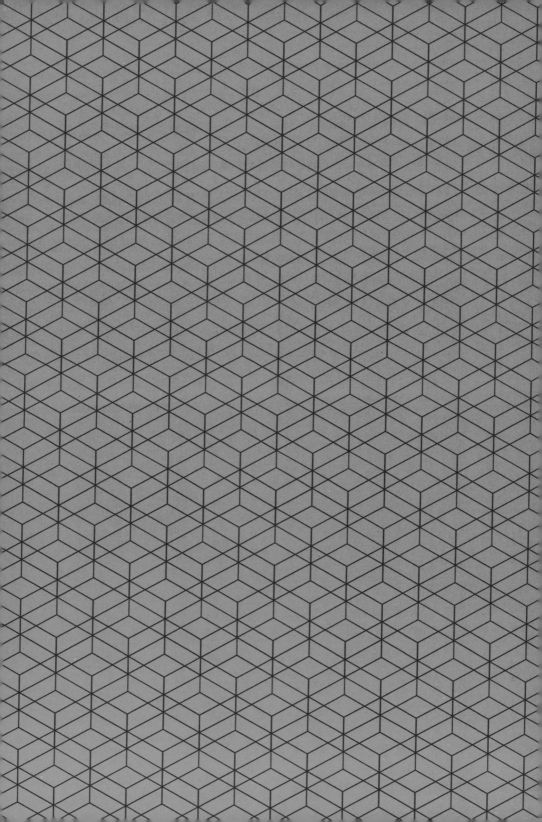

Chapter 3

패자는
사회적 통념에
의지한다

레닌Vladimir Lenin의 말은 틀렸다.

대중에게 아편은 종교가 아니라 사회적 통념이다. 태어나는 순간부터 우리의 뇌는 부모, 교사, 동네의 말 많은 호사가, 안전하고 튀지 않으며 공손한 삶을 추구하는 사람들에 의해 형성된다. 그러고는 그 사실을 잊은 채 죽음에 가까워진다.

'다른 사람을 친절하게 대하면 그들도 당신을 친절하게 대할 것이다.'

사회적 통념은 대담하고 창의적인 행동을 하는 데 필요한 위험 감수 성향을 억누른다. 어리석고 상투적인 말로 우리 생각을 마비시킨다.

'부동산에 투자하는 게 최고다. 어쨌든 부동산 투자만큼 돈 되는 게 없으니까.'

사회적 통념은 평범한 사람들의 경전이다. 포천 쿠키는 패자들에게 자신감을 선사한다.

'지금 넌 잘하고 있어. 굳이 안 좋은 생각을 사서 할 필요 있어? 별일 없으니 초라한 것보다 낫잖아.'

내 의도를 오해할까 봐 다시 한 번 말하자면, 나는 사회적 통념을 '아주 싫어한다'.

그리고 만약 당신이 엄청난 성공을 위해 퀀텀 리프를 이루고 싶다면 사회적 통념을 싫어하는 법을 익히는 게 좋다. 귀에 관을 꽂아 모든 것을 뽑아내듯 머릿속에서 사회적 통념을 몰아내라!

왜 그래야 할까? 사회적 통념은 거의 대부분 '틀리니까'! 선지자들은 이러한 사회적 통념에 맞서 싸워왔다. "콜럼버스, 지구가 평평한 거 몰라?" "포드, 자네는 V형 8기통 엔진을 만들지 못할 거야." "윌버와 오빌, 사람이 어떻게 하늘을 날 수 있겠나."

나도 지금껏 살면서 숱하게 이런 말을 들어왔다. "페냐, 너는 그걸 못할 거야." "페냐, 한 학기에 26학점을 어떻게 들을 수 있어." "페냐, 석유산업에 대해 아는 것도 하나 없으면서 어떻게 그 일을 하겠다는 거야. 시장이 붕괴하고 있는데 어떻게 그 일을 하겠나. 50년째 최악의 에너지 불황이라는 걸 자네도 잘 알잖나!" 그래서 실제로 나는 수십 년간 내가 들었던 '넌 할 수 없어' 목록을 만들었다. 그리고 그중 95가지를 이 책의 부록에 실었다. (목록은 이제 100개 이상으로 늘었다.)

내가 또 질색하는 말은 '상식'이다.

상식은 나태한 정신 상태에 대한 변명에 지나지 않는다. 상식은 사회적 통념에 기대어 망친 실수의 최대 핑곗거리다. "페냐, 그 정도는 상식이야."

이 문제를 생각해보자. 상식은 공통의 경험에서 생겨나야 한다. 우리가 동일한 환경에서 나고 자라고 교육받았다면 우리는 분명 공통의 관념을 형성할 것이다. 하지만 실제로 개인의 배경은 각양각색이라 풍부하고 다양한 경험에 영향을 받는다. 그러니 공통의 관념이라는 게 어떻게 존재하겠는가? '상식'이라는 건 없다!

이번 장에서는 서양의 위대한 사례를 소개할 것이다. 그리고 그 가운데 어떻게 내가 사회적 통념에 '부단히' 맞서 싸웠는지를 보게 될 것이다. 또한 '엄청난 성공을 이룬 나의 7가지 방법'에 관해 이야기를 나누고, 그러한 성공을 이루기 위해 개인적 토대를 다지는 방법도 알아볼 것이다.

나만의 기초를 닦아라

정말 잘나가는 회사를 만들고 운영하기에 앞서 당신은 '당신 자신'을 개조해야 한다. 머릿속에 수년간 축적된 사회적 통념을 씻어내고 그 공백을 나만의 새로운 원칙으로 채워야 한다.

첫 번째 새로운 원칙은 좀 진부하게 들릴지 모르지만 '원칙이 없다'는 것이다. 규칙은 그 자체로 제한을 둔다. 이러한 제한은 대담한 도전을 가로막는 장벽이다. 더군다나 내가 세운 원칙은 내가 만든 상자에 나를 가두는 일이다. 전에 없는 성공을 거두기 위해서는 상자 밖에서, 틀을 벗어나 생각해야 한다.

통념에 사로잡힌 머릿속은 가장 큰 제약 요소다.

우리의 사고방식은 엄청난 제약 요인이 된다. '너는 할 수 없어'라는 헛소리는 창의력을 말살하고 앞날에 먹구름을 드리운다. 나와 비슷한 연배라면 인간이 1마일을 4분 이내에 주파하는 것이 '불가능'하다고 여겨지던 때를 기억할 것이다. 그걸 해낸 사람은 아무도 없었다. 그러다 1954년 5월 6일, 영국 선수 로저 배니스터Roger Bannister가 3분 59.4초로 1마일을 완주했다. '바로 그다음 달'에는 오스트레일리아 선수 존 랜디John Landy가 3분 57.9초 만에 1마일을 주파했다. 곧이어 더 많은 선수들이 1마일 4분 벽의 '불가능'을 넘어섰다. 시간과 거리의 도전을 떠나 나를 넘어서는 법을 찾아내고 정신적 장벽을 허문 진정한 극복이었다.

이러한 이야기는 엄청난 성공을 꿈꾸는 이들에게 시사하는 바가 크다. '불가능'을 넘어서는 일을 아예 시도조차 하지 않는 사람들이 많다. 기존 세계를 깨고 미지의 세계로 들어가려면 배짱이 필요하다.

러시아의 호텔 경영자 보리스 리사네비치Boris Lissanevitch는 아시아의 전설로 통한다. 젊은 시절 발레 댄서로 훈련받은 그는 볼셰비키 혁명 중에 러시아를 탈출해 세계 최정상 무용수가 되었다. 그리고 동양의 여러 도시를 여행하던 중 아시아에 매료돼 콜카타에 레스토랑을 차렸다. 1951년에는 네팔 왕국에 최초의 호텔을 짓기로 결심했다. 인도에 있는 리사네비치의 친구들은 불가능한 일이라고 말했다. 친구들은 육지로 둘러싸인 히말라야가 여전히 15세기에 멈춰 있다고 지적했다. 상상 속 샹그릴라의 모습은 그랬다. 세계에서 가장 높은 산맥 아래 숨겨진 샹그릴라는 카트만두 밖의 거친 '활주로' 풀밭을 이착륙하는 위험천만한 비행기 외에는 외부와 완벽히 단절된 장소였다. 전화도 없었다.

네팔에는 왕국 안팎으로 이어지는 도로가 없었고 트리부반_{Tribhuvan} 왕만 차를 소유했다. 하지만 리사네비치는 포기하지 않았다. 먼저 낙후된 중세 궁전을 사들였다. 그리고 네팔 왕국의 두 번째 차를 육로로 운반했다. 짐꾼을 써서 인도 북부에서부터 밀림을 지나 네팔로 가져왔는데, 그러느라 수십 개의 부품을 해체하고 카트만두에 도착해 다시 조립했다.

리사네비치는 최신식 배관 기구, 발전기, 냉각장치, 가구, 다 허물어져가는 궁전을 1등급 호텔로 바꾸어줄 장식품을 콜카타에서 주문했다. 네팔 요리는 라이스 수프와 카레로 구성되는데(당시 힌두교도는 고기와 술을 금했다), 그래서 리사네비치는 모든 요리와 음료도 항공편으로 운송해야 했다. "저러는 것도 하루 이틀이지." 네팔 사람들은 콧방귀를 뀌었다.

하지만 야크앤드예티_{Yak & Yeti}호텔은 오늘날 네팔에서 가장 유명한 장소이다. 수십 년간 왕족과 수많은 유명 인사를 손님으로 맞이한 야크앤드예티는 고인이 된 리사네비치의 순수한 용기를 훌륭하게 증명해준다. 이제 리사네비치는 네팔 관광업의 아버지로 추앙받는다.

선도하고 변화하려면 용기가 필요하다. 괜찮은 거래를 성사시켰다고 가정해보자. 그러면 더 좋은 기회는 따라오게 돼 있다. 주변에서 사회적 통념이 웅성거린다. "이 말을 흘려듣지 마. 잊지 마, 손에 든 새 한 마리가……."

꼬투리를 잡거나 고분고분한 사람들의 조언을 무시하고 더 나은 기회를 쟁취하기 위해서는 배짱이 필요하다. 훨씬 더 나은 상품을 세상에 내놓으려면 아무리 잘 팔리는 기존 상품이라도 내다 버릴 용기가 있어야 한다.

바보들이 하는 말은 무시해라

나는 다른 사람들의 생각에 대체로 관심이 없다. 바보들의 생각은 특히 더 그렇다. 영화 〈에비타Evita〉에서 주인공을 맡은 마돈나도 이렇게 노래했다. "바보들이 하는 말은 상관없어." 바보와 얼간이들은 내 잠재적 성공을 제한하는 말을 하거나 그런 태도를 지닌 사람들이다.

바보들은 어디에나 있다. 직장이나 출근길, 헬스클럽, 동네에서 언제든 만날 수 있고 심지어 당신 가족일 수도 있다. 바보들은 자신의 사고를 제한하고 남들도 그럴 때 위안을 얻는다.

하지만 사회적 통념에는 심지어 '대가가 따른다'. 일부 전문가들은 대중을 '이렇게 하는 거야'라는 상자에 집어넣고 절대로 거기서 나오지 않기를 바란다. 이런 식의 사고는 전형적으로 뭔가를 분명히 하고 넘어가야 하는 매우 신중하고 보수적인 사람들의 마음을 끈다. 예를 들어 당신이 수백만 달러의 돈이 오가는 사업을 한다고 치자. 그런데 만약 1년에 7만 달러만 벌어도 만족하는 비전 없는 회계사에게 세무 회계를 맡긴다면? 설상가상으로 미간을 한껏 찌푸린 회계사에게 '월급도 쥐야 한다'면? 창의력이라고는 조금도 없는 회계사는 정부를 대신해 당신 얼굴 앞에서 손가락을 저으며 말한다. "그렇게는 못 해요!" 어쨌든 회계사는 사람들이 소득세처럼 당연하게 비용으로 여기는 돈들을 최대한 끌어모아 조세 당국을 돕는 방향으로 훈련되고 공인된 사람들이다.

실력주의라는 사회적 통념을 지닌 변호사를 고용할 때도 위험이 따른다. 이런 변호사는 목표로 향하는 당신의 길을 어지럽힐 것이다. 그들은 당신이 가보지 않은 길로 빠질까 봐, 그래서 자기 일이 힘들어질까 봐 걱정한다.

나도 일하면서 수많은 변호사와 회계사의 조언을 들었다. 나는 그들의 전문 지식을 존중한다. 그들 중 몇 명은 지금까지도 함께 일한다. 하지만 몇몇을 제외한 대다수는 내 강렬한 본능과 직감이 '지금이 바로 돌진할 때'라고 외칠 때조차 몸 사리는 방법 같은 판에 박힌 조언을 해주는 관습적인 사람들이었다!

이밖에 바보와 얼간이의 외형은 다양하다. 주주, 은행원, 기자, 고맙게는 경쟁자 중에도 있다. 우리가 관습에 벗어난 행동을 한다면 온갖 사회적 통념은 더 시끄럽게 떠들 것이다.

새로운 원칙에 맞춰 일할 때 어색하고 혼란스럽더라도 전혀 걱정할 필요가 없는 건 바로 이 때문이다. 처음에는 쉽지 않다. 사회적 통념이 결국 전달하려는 메시지는 '무엇'을 하든 실패로 인해 곤란해지는 상황은 피하라는 것이다. 하지만 이 말을 명심해라. '바보들이 하는 말은 무시하라.'

새로운 습관, 새로운 동반자

새로운 원칙에는 새로운 습관과 새로운 동반자의 지지가 필요하다. 내가 만나본 가장 활동적인 사업가는 조지 베르디에와 디앤 베르디에 George and Deann Verdier 부부였다. 둘은 메릴랜드 게이더스버그에 있는 슈가로프 마운틴 워크스Sugarloaf Mountain Works를 운영했는데, 1994년 내 성에서 열린 세미나에 참석할 당시에도 이미 크게 성공을 거둔 상태였다. 나는 스코틀랜드의 15세기 저택에서 1년에 한두 번씩 1주일간 밀도 있는 세미나를 여는데, 이를 굉장히 중요하게 생각한다. 인원은 여섯 커플로 제한되는데 최근 몇 년 동안 적지 않은 사람들이 비약적 발전을 이뤘다. (이제 세미나는 20명에서 24명 사이의 참석자 그룹과 함께 1년에 여러 번 개최되는 수준으로 성장했다.)

베르디에 부부는 사회의 관습에 물든 친구들은 대성공을 향한 욕망에 어울리지 않을 거라는 내 말에 귀를 기울였다.

내 말이 맞았다. 딘과 조지는 1995년 봄, 또 다른 내 강연을 듣기 위해 성을 다시 찾았다. 둘은 오랜 친구와 지인들과의 관계가 다소 소원해졌다고 말했다. "우리가 너무 성공해서 이제 친구들이 우리를 불편해해요." 딘이 말했다. "1만 달러짜리 미아타를 타다가 이제는 10만 달러짜리 벤츠를 타니까 대화거리가 사라졌어요."

하지만 베르디에 부부와 나 사이에는 대화할 주제가 넘쳐났다. 나는 그들을 자라나는 '페냐의 제자들'이라고 부를 수 있어 무척 자랑스럽다. 그리고 그들의 아들 밥이 우리의 성공 원칙을 자기 삶에 적용했다는 점도 매우 흐뭇하다. 10대 초반인 밥은 그의 부모와 내가 이야기할 때 자연스럽게 QLA를 접했다. 그리고 2000년에 '원격 인턴'으로 나와 함께 일했다.

밥은 이렇게 말했다. "젊은이들은 한 발짝 물러나서 삶의 방향을 평가하고 재조명할 기회가 거의 없어요. 페냐는 그렇게 하라고, 성공을 불러일으키는 습관과 태도를 개발하라고 우리를 몰아붙였어요. 페냐는 거침없이 안전지대 밖으로 우리를 밀어내면서 지금까지와 달리 더 크게 생각하고 크게 꿈꿀 수 있는 기술과 수단을 알려줍니다. 페냐는 좋은 친구였고 내 삶에 중요한 영향을 끼쳤어요. 우리는 요즘에도 일정이 맞을 때마다 만나서 술과 저녁을 먹어요."

밥은 수년간 맨해튼에 있는 UBS 투자은행에서 일해왔고, 요즘에는 전 세계 의료 서비스 분야에 주력한다. 그가 빠르게 성공 가도를 달리고 있다는 사실에는 의심의 여지가 없다. (밥은 그 후로 UBS 투자은행을 그만뒀다. 내가 알기로 지금은 몬트리올 은행에서 의료 서비스와 투자금융 분야를 맡고 있다. 하지만 여전히 그의 근거지는 뉴욕 맨해튼이다.)

나는 항상 당시의 나보다 더 크게 성공한 사람들과 어울리려고 노력했다. 일을 막 시작할 무렵에는 비용을 감당하기 힘들었지만 LA의 컨트리클럽에 가입해서 비싼 골프도 즐기며 나보다 수십 살 많은 남자들에게 공짜로 조언을 얻기도 했다. 대부분은 헐렁한 바지를 입은 전형적인 늙다리처럼 보였지만 실제로는 은퇴한 CEO나 고위 간부였다. 그들은 대단히 흥미로운 성공담을 가진 사람들로, 나 같은 청년들에게 자신의 유익한 경험을 들려주는 걸 좋아했다. 나는 골프를 치면서, 특히 골프를 다 치고 시원한 맥주를 마시면서 많은 정보를 얻었다. 그들은 '새로운 규칙'이 무엇인지 잘 알았고 통념을 비웃으며 엄청난 성공을 실제로 일궈낸 사람들이었다.

논리는 통념을 다시 강화하는, 틀에 박힌 사고 작용이다.

새로운 습관은 의사결정 단계에서 시작된다. 나는 이미 지금까지 살아오면서 10만 건 이상의 의사결정을 내렸다고 말했다. 그렇다고 옳은 결정을 엄청나게 많이 내렸다는 건 아니다. 하지만 의사결정을 내릴 당시의 유용한 정보와 본능적 직감에 따라 단호하게 행동했다. 또 하나 분명한 건 순전히 논리만 따지지는 않았다는 사실이다. 논리 로는 비합리적 인간의 터무니없는 행동을 파악할 수 없다. 논리는 통 념을 다시 강화하는, 틀에 박힌 사고 작용이라는 맹점을 지녔다.

중요한 결정 내리기

이번에는 '중요한' 결정에 대해서 얘기해보자. 〈소피의 선택Sophie's Choice〉이라는 영화에서 주인공 메릴 스트리프Meryl Streep는 아들과 딸 의 목숨을 두고 선택의 기로에 놓인다. 이것은 얼마나 어려운 결정인 가! 하지만 다행히도 우리는 그날그날의 업무에 관해서만 균형 있는 시각으로 결정을 내릴 수 있으면 된다.

자신에게 물어보자. "내가 한 결정으로 인해 누군가가 죽는가?" 영업 매니저를 고용하거나 사무실의 크기나 벽의 색깔, 진출할 시장을 두고 잘못된 결정을 내렸다 해도 누구의 목숨도 위태로워지지 않는다. 이건 생사가 걸린 문제가 아니다. 금전적 손해를 좀 보거나 약간의 불편을 느끼거나 변변찮은 '녀석들'이 좀 비웃을 뿐이다. 그런데 그게 뭐 대수인가!

이른바 우리의 가장 '중요한' 결정조차 이 광대한 우주에 잔물결 하나 일으키지 못한다. 우리가 일을 망쳤다 해도 궤도를 도는 지구는 미동도 하지 않을 것이다. 뇌 전문 외과의사나 우회 수술을 하는 심장 전문의가 아닌 이상 자신이 내린 결정 때문에 죽는 사람은 발생하지 않는다. 다음부터 사업상 뭔가를 결정할 때 머리가 지끈거리고 괴롭다면 자문해보라. '이것이 소피의 선택인가?' 아니라는 답이 나왔다면 결정을 내려라!

또 다른 새로운 습관은 합리적인 충고에 귀를 기울이는 것이다. 누가 정당한 충고를 해줄 수 있을까? 바로 경험자다. 사업 자금을 융통해야 한다면 전에 자금을 융통해본 사람에게 물어보라. 동업자를 구해야 한다면 구하려는 파트너와 함께 일했던 사람에게 물어보라. 아무나 붙잡고 물어보지 말고 경험담에 귀 기울여라! 평생 제대로 된 사업체를 꾸려본 적 없는 세미나광의 말은 들을 필요도 없다. 그 사람의 경험은 혼자서는 어디에도 못 가는 마트의 카트일 뿐이다.

자신만의 기반을 새로이 닦기 위해서는 위험을 바라보는 새로운 원칙을 세워야 한다. 나는 앞에서도 위험에 대해 얘기했다. 사회적 통념은 이렇게 외친다. "조심해!" 하지만 모험은 대성공을 이루기 위한 필수 요소다. 이렇게 한번 생각해보자. 기회는 잡는 게 아니라 만드는 것이다!

물론 어떤 모험은 미친 짓처럼 느껴지기도 한다. 이 세상의 거대한 모험은 한때 정신 나간 짓으로 여겨졌다. 유럽에서 배를 타고 인도로 향한 일, 공기보다 무거운 기구를 날리려는 시도, 인간이 달 표면에 발을 디딘 일 모두 말도 안 되는 짓이었다. 하지만 정신 나간 모험과 멍청한 모험은 구분해야 한다. 확신을 갖고 나아가자. 지금까지 내가 강조한 것처럼 말이다. '내가 틀릴지도 모르지만 망설이지 않겠다'라고 다짐하라.

G&J에서 레빈이 팔았던 조세회피처 얘기로 돌아가보자. 우리는 목표를 550만 달러로 잡았지만 1982년 새해 전야에 고작 140만 달러로 거래를 마무리했다. 그 당시에는 조세회피처가 너무 많아서 매번 최근 거래보다 더 괜찮은 거래를 해야 했다. 우리는 두 번째 석유 시추 자금으로 340만 달러를 모았다. 그리고 1983년 12월 세 번째 자금으로 540만 달러를 모았다.

캘리포니아 팔로스 베르데스에 있는 우리 사무실은 계속 확장해서 1984년 초쯤에는 185제곱미터쯤 되는 공간을 직원 6명이 썼다. 이렇게 호화롭고 넓은 공간은 투자자들에게 크고 번창한 회사라는 이미지를 주었다.

조사에 따르면 콜로라도 북동쪽에 있는 덴버 줄스버그 분지는 풍부한 석유 생산지였다. 우리는 세 번째 조세회피처 자금으로 덴버 줄스버그 분지의 유전 24곳을 시추했다. 그리고 나서 기업공개를 하기로 결정했다. 1984년 3월 200만 달러의 전도유망한 유전인 덴버 줄스버그 분지를 6개월간 사들이는 조건으로 6만 달러를 냈다. 그리고 네 번째 펀드 사업으로 다시 100만 달러를 모았다. 남의 돈으로 부자가 되는 순간이었다.

'내가 틀릴지도 모르지만 망설이지 않겠다'라고 다짐하라.

뒤에 언급할 2명의 동업자와 함께 1983년 후반 나는 영국의 한 작은 회사를 매입했다. 어느 정도 영국의 사업과 금융 관행에 익숙해지자 여러 가지 이유로 우리는 월스트리트에 그레이트웨스턴의 주식을 상장하지 않기로 결정했다. 하지만 영국 런던의 금융가 '더 시티'에는 유서 깊은 협회의 본사들이 많았다. 우리는 역사에 남을 결정을 했다. 아무도 영국에서 기업공개를 한 적이 없었기 때문이다. 그렇다면 우리는 왜 영국을 선택했을까?

당연히 현실적인 이유가 있었다. 우리 회사는 평상시에도 미국 시장의 투자를 끌어내기에 너무 작았다. 게다가 그때는 평상시도 아니었다. 1984년 즈음의 월스트리트를 떠올려보자. 쓰레기 채권과 수천만 달러의 차입매수 수수료가 난무했다. 반면 영국에서는 은행원, 증권업자, 회계사, 변호사 수수료가 상당히 낮았다.

대서양을 사이에 두고 석유 시장 자체의 관심에도 온도 차가 있었다. 미국 석유 시장은 바싹 말라서 석유는 철 지난 뉴스가 됐는데 영국 투자자들은 최근에 '석유 열기'에 불이 붙었다. 1975년 북해에서 처음 석유가 발견된 이후로 영국인들은 석유탐사에 열정적이었다. (북해에 유정을 처음 시추한 사람은 이사진이었던 로버트 다이크Robert Dyke 였다. 다이크는 북해에서 80개 이상의 마른 유정을 판 경험에 비추어 '마른 우물 다이크'라고 불렸는데 나중에 '북해의 아버지'로 별명이 바뀌었다.)

어쨌든 영국에서는 주식공모에 적용되는 규정, 특히 천연자원 회사에 적용되는 규정이 그렇게 엄격하지 않았다. 월스트리트를 피함으로써 증권거래위원회의 수많은 부당한 요구 조건을 감수하지 않아도 됐다.

하지만 우리가 런던으로 간, 통념에 반하는 단 하나의 중요한 이유는 전통적으로 영국 금융계를 이끄는 사람들의 특징이었다. 거칠고 뻔뻔한 미국 석유사업가에게 불안하고 오만하며 전통에 얽매인 그들은 완벽한 먹잇감이었다. 알고 보면 좋은 사람들이었지만!

1984년 8월 10일, 내 39번째 생일에 주식을 상장하기로 결정했다. 런던의 고지식한 변호사들은 이렇게 말했다. "그렇게 할 수 없어요. 그날은 재규어Jaguar가 상장하기로 되어 있어서 모든 투자금이 재규어로 몰릴 거고 주요 영국 기관도 정부에 의해 매각될 거예요." 그들은 재규어사에 8월 10일은 그레이트웨스턴Great Western Resources: GWR이 상장하는 날이라고 말했어야 했다. 상장 첫날 마감할 때쯤 GWR의 보통주 2천만 주는 한 주당 2달러 50센트였다. 6만 달러 옵션으로 시작해서 경질자산 10만 달러 이하였던 GWR의 시장가치는 4천만 파운드, 약 5천만 달러까지 치솟았다! 그리고 발행된 주식 중 내 지분은 60퍼센트였다! 우리는 회사 주식의 25퍼센트를 1천만 파운드에 팔았고 초기 공모가에서 25퍼센트 오른 가격으로 장을 마감했다.

총결산해보면, 820달러의 자본금으로 시작한 회사의 은행 예금이 1천362만 달러가 됐다!

다음 날 한 런던 신문의 머리기사에는 재규어를 언급하며 이렇게 쓰여 있었다. '그레이트웨스턴, 맹수가 으르렁거리다!' 기사 내용 마지막에는 시장에 대한 내 영향력을 이렇게 표현했다. '1980년대 런던에 발을 디딘 가장 논란이 많던 기업가는 여전히 건재하다.' 그리고 다음 달에 우리는 거스리성으로 돌아왔다.

내가 한 모든 일이 무모한 짓이었을까? 물론 그렇다! 우리가 엉덩방아를 찧을 수도 있었을까? 그럴 수도 있었다. 버려진 땅 콜로라도에 천연자원을 이용한 기민한 사업 수완을 적용했다는 점은 제쳐두자. 우리는 수단이 아닌 목적에 초점을 맞췄다. 큰 그림을 그리고 재빠르게 움직였다. 우리는 불굴의 의지로 침체의 시기를 넘어서고 중산모를 쓴 영국인을 앞서리라는 자신감이 있었다. 그리고 실제로 그렇게 했다.

한마디로 우리의 능력에 한계가 없는 것처럼 행동했는데, 이는 이후에 다룰 대성공을 향한 나의 5가지 원칙 중 하나다.

또 다른 원칙은 '열정'과 관련이 있다. 우리는 열정적인 전도사처럼 사업을 했다. '유전 탐사'에 열광하는 영국인들에게 신선한 고기를 던져주어 그 열정을 충족시켰다. 이는 오늘날에도 별반 다르지 않다. '열광할 대상'은 매년 나타난다. 이 글을 쓰는 요즘에는 인터넷 기업들의 가치가 실제 가치보다 몇십 배 부풀려져 있어 사람들의 광기 어린 관심이 그곳으로 쏠리고 있다.

'와, 그래서 이게 나한테 어떻게 적용되는 거지?' 당신은 이런 의문이 들 것이다.

잘 생각해보자. 내 말은 내일 당장 런던으로 날아가서 우리처럼 똑같이 하라는 말이 아니다. 내 이야기를 당신 사업에 적용해도 좋고, 자신의 꿈에 적용해도 좋다. 아무 생각 없이 무표정하게 앉아 있는 길 건너 은행원에게 적용해보는 건 어떨까? 마치 자기 회사인 것처럼 엄청난 주식 상승을 기대하는 투자자들에게 적용한다면? 만약 당신이 어떤 회사를 새롭게 단장해 주식을 상장한다면? 다른 사람의 주머니에서 그 사람의 돈을 빼내 당신의 꿈을 이루려면 당신이 가진 것에 금박을 입히고 사람들이 그 가치를 높이 평가하게 만들어야 한다. 출구 전략에 대해서는 뒤에 언급하도록 하자.

목표를 주시하면
장애물은 보이지 않는다

마이클 E. 거버Michael E. Gerber가 《기업가 신화The Entrepreneur Myth》라는 책에서 언급한 '기업가 기질'에 대해 이야기해보자. 거버는 사업주가 일종의 조현병 환자 같다고 말한다. 한 사람 안에서 3개의 기질, 즉 사업가와 관리자, 기술자가 끊임없이 충돌한다는 것이다. 관리자는 사업계획을 세우고 질서 유지에 힘쓰는 한편, 기술자는 그날그날 주어진 일을 어설프게 처리하다가 직원들의 원성을 산다. 사업가는 현재를 뛰어넘어 미래를 꿈꾸고 회사가 나아갈 방향에 집중한다. 사업가는 현재에 머무르는 걸 참지 못한다. 현재를 통과하고 현재를 다스릴 줄 안다.

―

나만의 기초를 닦는 일에는 수단이 아닌 목적에 집중하는 새로운 능력이 필요하다.

―

사업가는 상대의 근시안적 시각을 뛰어넘어서 기회를 본다. 그리고 그런 기회를 잡기 위해 사람과 사건을 관리해야 한다는 것도 안다. 거버에 따르면 자신의 목표에 몰두하는 사업가는 주변 인물, 즉 동료나 친구, 가족, 심지어 자기 자신이 관리자나 기술자의 기질을 나타내면 참지 못한다. 그런 사람은 목표를 보지 못하고 목표에 열광하지도 않기 때문이다. 그들의 굼뜬 태도는 목표를 이루려 질주하는 열정적인 사업가의 발목을 잡는다.

대성공을 추구하는 사람이라면 오늘날의 혼란과 우려를 뛰어넘는 시야를 가져야 한다. 시시콜콜 따지는 일을 멈추고 넓은 시야를 확보해야 한다. 다시 말하면 나만의 기초를 닦는 일에는 수단이 아닌 목적에 집중하는 새로운 능력이 필요하다.

당신 앞에 놓인 흥미진진하고 성공적인 미래에 관심을 두면 경이로운 현상이 벌어진다. 내가 미래에 있게 되는 것이다. 목표에 초점을 맞춤으로써 과연 내가 해낼 수 있을까 하는 두려움은 어느새 사라지고, 방법과 시기 등 실행에 초점을 맞춘 문제로 빠르게 옮겨간다. 성공을 자연스럽게 상상한다. 실제인 것처럼 성공을 가시화하는 것이다.

이는 위대한 꿈에 국한된 것이 아니다. 몇 년 전 〈USA 투데이USA Today〉에서 관리자를 대상으로 공상에 관한 조사를 한 적이 있다. 익명으로 실시한 조사였지만 결과에 타당한 근거가 있었다. 질문은 이런 식이었다. '사장 자리를 차지하는 상상을 해본 적이 있는가? 언젠가 일을 그만두는 상상을 해본 적 있는가? 동료와 연애하는 상상을 얼마나 자주 하는가?'

질문만 들어도 재미있지만, 조사 결과는 더욱 주목할 만했다. 인터뷰 대상자의 71퍼센트가 1년 안에 자신들의 상상을 현실로 만들었다는 것이다. 이 점에 주목해보자. 임의로 뽑은 관리자들의 헛된 상상이 실현될 정도라면 강박에 가까울 정도로 성공하는 상상에 몰두할 때 당신의 성공 확률은 어떻겠는가?

한참을 앉아서 앞날만 상상하고 있으라는 말이 아니다. 고객 사무실로 들어가기 전부터 성공적인 판매를 시각화한 영업사원은 미래를 가정만 하지 않고 어떻게 팔 것인지 이미 골똘히 생각한다. 그러면 문제가 생겨도 그것을 뛰어넘을 수 있는 일시적 장애물로 여긴다. 모두에게 '노'라는 답변만 받았는가? 그렇다면 아직 '예스'를 듣지 못했을 뿐이다.

심지어 우리는 곧 일어날 성공을 그려볼 수도 있다. 골프 경기에서 놀라운 퍼팅은 18번 그린에서 나타난다. 홈런도 9회 말에 터진다. 슈퍼볼의 마지막 호각도 20초를 남기고 울린다. 쿼터백 한 명은 수 톤의 무게로 달려드는 수비팀 라인맨들을 피하고, 공격 방향의 필드 아래쪽에 있는 리시버를 발견한 다음, 휘적여대는 팔들과 부딪혀오는 몸들 사이로 공을 통과시켜 정확히 전달한다. 그래서 결승 터치다운을 할 수 있게 해준다. 방법이 뭘까? 이들은 수년간 성공을 위해 연습도 했지만 완벽하게 패스했을 때의 모습을 머릿속으로 생생하게 그렸다. 이런 시각화는 공이 손끝을 떠나기 전에 이미 끝난 것이다. 어쩌면 이건 심리적 속임수다. 누가 알겠는가? 하지만 오랜 세월 효과가 있던 방법이기도 하다.

실행력이 탁월한 사람들은 어서 미래가 오길 바라기에 행동하는 걸 겁내지 않는다. 그래서 뭔가를 '완벽하게 하는 것보다 지금 당장 하는 것'을 선호한다. 세세한 사항들이 확정될 때까지, 변수가 사라질 때까지 기다리지 않는다. 드와이트 아이젠하워Dwight Eisenhower는 기상 상황이 좋지 않고 파도가 거칠다는 것을 잘 알고 있었지만 공격 개시일에 배를 띄웠다. 50퍼센트의 실패 확률도 모르지 않았지만 결국 비장의 카드를 뽑아 들었다. 아이젠하워는 실제로 용서를 구하는 쪽지를 써서 호주머니에 넣어두었다. 동맹국들이 노르망디 해변에서 쫓겨나 바다로 밀려날 때를 대비해 세상에 보내는 메모였다.

지금 당장 실행한 좋은 계획은
다음 주에 예정된 완벽한 계획보다 낫다.

지난 세기 최고의 야전 장군으로 손꼽히는 조지 패튼George Patton은 제2차 세계대전 중 베를린을 목표로 나아가며 눈앞의 장애물을 무조

건 포격했다. 주도면밀하게 계획을 세웠지만 다른 장군들의 굼뜬 행동은 참지 못했다. 조지 패튼은 이렇게 말했다. "지금 당장 실행한 좋은 계획은 다음 주에 예정된 완벽한 계획보다 낫다." 이것은 내가 가장 좋아하는 격언 가운데 하나다. 나는 22년 넘게 내 멘티들에게 이 말을 하고 있다. 그러나 대부분의 사람들이 지나치게 계획을 세우고 완벽을 추구하다가 마비 상태에 빠진다.

이제 내 이야기로 돌아가보자.

그래서 우리는 수백만 달러의 돈방석 위에 앉아 있었다. 덴버 줄스버그 분지로 자리를 옮긴 시추업자들과 뛰어난 기술자, 지질학자들은 '의심할 여지 없이' 이 황무지에서 수백만 배럴의 석유가 쏟아져 나올 거라고 말했다. 어쩌면 말이다.

그래서 그들은 드릴로 구멍을 뚫었다. 메마른 땅은 아니었지만 그렇다고 석유가 펑펑 나오는 땅도 아니었다. 구멍을 여러 군데 더 뚫었지만 이렇다 할 성과가 없었다.

결국 전문가들은 그 지역에 매장된 석유와 가스는 일찌감치 트럭에 실린 것뿐이라는 결론을 내렸다. 더 나올 기름이 있다면 영국인 고문의 휑한 머리카락만큼이나 될까. 계속 유전을 찾아내면 찾을 수도 있겠지만 회사에 가져갈 정도로 충분한 양이 아니었다. 추가로 120개의 유전을 더 시추할 돈은 있었다. 하지만 나는 생각했다. 굳이 그럴 필요가 있을까?

이 시점에서 나는 시추 작업 중단을 요구했다. 이윤을 통해 내부 성장을 해봤자 기하급수적이고 비약적인 성장을 할 수 없다는 것을 이미 알고 있었기 때문이다. 적당한 성공은 완만한 수익 곡선을 그린다.

그와 달리 '성장과 동시에' 수익 곡선이 가파르게 상승하는 경우도 있다. 우리는 수익을 올려야 했다.

그레이트웨스턴에 대한 내 비전은 후자를 택하라고 말했다. 비즈니스 세계에서 가장 중요한 것은 수익이다. 그것도 많은 수익이 중요하다. 지출과 비용이야 계획하는 만큼 줄일 수 있지만 수익률이 그 자리에 머물러 있으면 대성공과는 거리가 멀지 않겠는가. 최근 IBM, GM, 스타벅스, 금융기관 등 거대 기업들은 급여 삭감을 위해 규모를 '줄이거나 적정 수준으로 유지'하기에 바쁘다.

그들은 엄격한 비용 관리, 적기 생산방식의 재고 관리와 종합적 품질 경영을 도입해 효율성과 수익성을 높이고 있다. 하지만 이렇듯 절박하게 막바지 조치를 시행한 것은 기업의 수익 창출이 되지 않기 때문이다.

겉으로는 정말 똑똑해 보이는 경영진이 미미한 수익 증가에 격하게 흥분하는 걸 볼 때가 있다. 언젠가 캘리포니아의 한 박스회사 CEO가 세미나 청중 앞에서 자랑스럽게 떠벌리는 걸 본 적이 있다. 기업 수익률이 수년간 1.8퍼센트였다가 갑자기 2퍼센트로 뛰었다는 것이다. 이런 바보 같으니! 다음은 내 차례였다. 나는 그 무대에서 그 CEO가 모을 수 있는 최대 수익이 그 정도라면 필요한 건 금시계와 은퇴밖에 없었을 거라는 취지의 말을 했다. 나중에 알게 된 사실인데, 그때 강연한 CEO의 기업은 다른 회사와 합병할 때 불리한 입장이 되었다고 한다.

이유가 뭐였을까?

나는 회사 경영에서 창출할 수 없는 고수익을 추구하고 회사의 수

동적 운영에 만족하지 않으려고 적극적인 공세를 취했다. 이것이 바로 대대적인 중간 궤도 수정이다. 우리는 인수할 회사를 찾기 시작했고 그 결과 석유업계에서 폭넓게 성장할 수 있었다. 이러한 조사를 더 빨리 시작했어야 했다. 그랬다면 석유도 안 나는 지역에서 시추 작업을 계속하느라 실적도 부진해지고 재무제표도 지저분해지는 일은 없었을 것이다.

실행력이 탁월한 사람은 열정적이다!

—

신속하고 결단력 있는 행동에 관해 이야기하는 것은 경영학 수업에서 자주 다루지 않는 요소인 열정을 끌어내기 위한 좋은 기회이다. 고성과와 대성공을 일궈낸 사람들은 자기 일에 열정적이고 수익 증가와 빠른 성장에 몰두한다. 나 같은 경영진은 지지 않으려고 일하지 않는다. 이기기 위해 일한다. 둘은 차이가 크다.

크게 성공한 사업가라도 언젠가부터는 지지 않으려고 일한다. 그들은 순전히 운이나 타이밍이 좋아서 성공한 게 아닌지 불안하기 때문에 덜컥 겁이 난다. 그러한 성공을 다시 맛보지 못할까 봐 두렵다. 그래서 스스로 이룬 것을 놓치지 않으려고 방어 태세를 취한다. 그건 열정이 아니다. 단지 눈을 감고 머리만 숨기면서 살아남기를 바라는 것이다. 하지만 그들은 이미 죽었다. 나는 이걸 이렇게 표현한다. "자산을 엉덩이로 깔고 앉아 있는 꼴이다!"라고.

나 같은 경영진은
지지 않으려고 일하지 않는다.
이기기 위해 일한다.

1970년대 후반, 스티브 잡스는 애플 주식회사를 공동 창업했다. 애플은 IBM PC가 나오기 몇 년 전에 적당한 가격의 개인용 컴퓨터를 대중에게 제공했다. 1985년 이사회와 세력 다툼을 벌이다 싸움에서 진 잡스는 그가 세운 회사의 CEO 자리를 빼앗겼다. 하지만 굴하지 않았고 그의 열정 또한 사그라지지 않았다. 2년 뒤 잡스는 픽사Pixar 애니메이션 스튜디오를 설립했고 2006년 월트 디즈니Walt Disney사에 인수되기 전까지 픽사의 CEO였다. 한편 1997년 애플의 CEO 자리를 다시 차지한 잡스는 2008년까지 그 자리에 있었다. 2007년, 잡스는 〈포천〉에 의해 가장 영향력 있는 기업가로 선정됐다. 스티브 잡스는 2012년에 세상을 떠났지만 지난 100년 사이 가장 위대한 사업가이자 훌륭한 기업가 정신을 지닌 사람으로 평가받는다.

열정의 원천은 사람마다 다르다. 잡스 같은 사람들은 컴퓨터에 열정을 보인다. 주식 거래, 합작회사 개발, 특정 업종에서 탁월한 성과 달성하기 등 어느 것에 몰입하느냐는 사람마다 다르다. 나는 퀀텀 리프로 회사를 성장시킨 뒤 엄청난 돈을 버는 전성기 즈음 기업을 파는 일에 희열을 느꼈다. 성장 잠재력에 대한 확신만 들면 기업 유형을 가리지 않고 인수 대상으로 삼았다. 언제든 섬유회사, 회계회사, 부동산 회사의 지분을 소유할 수 있었다. 적법하다면 기업의 종류는 상관없었다. 몇 년 전 내 성을 찾아온 한 콜롬비아 사업가는 자신들의 카르텔을 더 공고히 하려고 수백만 달러를 내놓았다. 나는 잠시 어깨가 으쓱했지만 정중하게 거절했다.

열정의 근원은 각자의 개성에서 찾을 수 있다. 내구 소비재 제작, 부동산 매매, 유전 탐사 등 좋아하는 일이 무엇이든 수그러들지 않는 맹렬한 열정에 몸을 맡겨라.

열정에는 물론 주의사항이 따른다. 폴라 넬슨Paula Nelson은 자신의 책 《부자 안내서Guide to Getting Rich》에서 "열정이 곧 수익이다"라고 밝혔다. 하지만 너무 들뜬 나머지 환상에 빠져 투자해서는 안 된다고 충고했다. 넬슨은 캐나다 북부 땅에 매료됐다면 원하는 대로 부지를 사고 오두막집을 지어도 좋다고 말한다. 하지만 꽁꽁 언 드넓은 황야가 수익성 좋은 사업이 될 거라는 기대는 버리라고 경고한다.

어떤 일에 열정적일 때 그 일은 당신의 주인이 된다. 밤낮으로 그 일을 생각하기 때문이다. 집에 있거나 여행할 때도, 자려고 침대에 눕거나 심지어 사랑을 나눌 때조차 그 일을 떠올린다. 당신 일이 매혹적인 이성처럼 유혹의 손짓을 보내기 때문에 다른 활동이나 취미, 오락은 포기해야 한다. 가족의 즐거움을 방해하지 않으려면 차라리 가족과 떨어져 지내는 게 좋고, 당신의 열정을 이해하지 못하는 친구와는 거리를 두는 게 좋다. 먹는 것도, 집에 가는 것도 우선순위에서 밀어내야 한다. 술이 마시고 싶으면 사무실에 술 한 병을 두어라. 마음이 해이해져서 좀 쉬고 싶다는 생각이라도 들면 당신의 일은 불성실한 순간을 꾸짖으러 찾아올 것이다.

대성공은 모든 시간을 쏟아붓는
사람에게 찾아온다.

대성공을 이루려면 이처럼 전업으로 매달려야 하기에 열정이 필수다. 일부 세미나 전문가나 정보성 광고에 등장하는 바보들은 이런저런 아르바이트를 하면서도 성공할 수 있다고 말할지 모른다. 마음 내킬 때 일하고 부자가 된다? 순 헛소리다! 물론 담보대출을 파는 여자들을 따라다니거나 최신 유행하는 신용 사기나 유료 전화 서비스로 몇천 달러를 벌 수도 있다. 하지만 나는 수백만 달러의 부자가 되는 법을 말하고 있다. 수백만 달러의 부를 거머쥐려면 온 시간을 매달려야 하며 눈에서 레이저 광선이 나올 정도로 집중하고 전념해야 한다.

지금까지 내가 한 말을 기억하라. 대성공은 모두에게 열려 있는 게 아니다. 하지만 기초를 닦고 여러 희생을 감수하며 기존 사고의 대변혁을 맞이할 자세가 된 극소수의 사람은 대성공이 가능하다.

자신감 그리고 자존감의 힘

대성공으로 가는 지름길은 일단 행동하는 것이다. 지금까지 미룬 결정을 실행에 옮겨라. 다음으로 미루지 마라. TV 광고에 나오는 것처럼 '지금 그냥 해라'. 이것은 조직의 짐이 되거나 손해를 입히는 사람을 당신의 목표 달성 속도를 높여줄 똑똑하고 야심 찬 행동가로 교체하는 일만큼 간단하다. (처음 이 글을 쓴 이후 나는 이 말을 '제기랄, 그냥 해!'로 바꿨다. 그리고 이 말로 어느 정도 악명을 얻었다. 내 홈페이지는 물론이고 많은 곳에 이 말이 올라가 있다. '제기랄, 그냥 해!')

행동을 취하면 무슨 일이 벌어지는지, 그리고 얼마나 쉽게 일이 풀리는지 지켜보라. 자신감이 한층 상승해 다음 행동으로 이어지고 미뤄왔던 불가피한 결정도 내릴 수 있을 것이다.

하나 더 있다. 일이 순조롭게 돌아가면 목표가 생긴다! 내가 어떤 인물이 될지에 관해 약간의 경험도 맛보게 된다. 성공은 성공을 먹고 살기 때문이다. 그리고 성공은 만족을 모른다! 성공은 이제껏 당신이 품었던 그 어떤 욕망도 초월한다!

어느새 변해버린 당신의 단호하고 강한 모습이 마음에 들 것이다. 거울에 비친 당신 모습에 감탄할 것이다. 나는 수년간 이런 말을 해왔다. 나만큼 나를 사랑하는 사람은 없다. 이 말이 미친 듯한 자존심처럼 들린다면 더는 할 말이 없다. 사실을 말하자면, 사업이라는 거대한 전쟁터의 최전선 너머에서, 큰 개들이 내달리고 암살자들이 당신의 심장을 찌르는 무법의 땅에서, 당신은 단 한 명만 믿을 수 있다. 단 한 명의 믿음직한 전사에게 당신의 공격을 이끌고, 당신의 뒤를 봐주고, 적을 때려죽이는 일을 믿고 맡길 수 있다. 그 단 한 명, 그건 바로 당신 자신이다.

자, 지금까지 당신은 무엇을 배웠을까? 통념은 거의 항상 틀리며 약한 자를 돕는 목발 역할만 하므로 무시할 것, 대성공을 위한 당신의 개인적 기반을 다질 것, 새로운 규칙, 즉 새로운 습관과 새로운 동반자를 수용할 것, 결정을 사느냐 죽느냐의 문제로 여기지 않을 것, 세부 사항이 아니라 비전에 초점을 맞출 것, 당신의 사업에 열정적으로 임할 것, 그리고 당신의 자신감과 자존감을 높일 수 있는 행동을 취할 것에 관해서다.

지금 우리는 앞으로의 성공을 마음속으로 그릴 뿐 아니라 그것을 예측하는 새로운 정신적 무대를 만드는 중이다.

결국 미래를 예측하는 최고의 방법은 앞날을 스스로 만들어가는 것뿐이다.

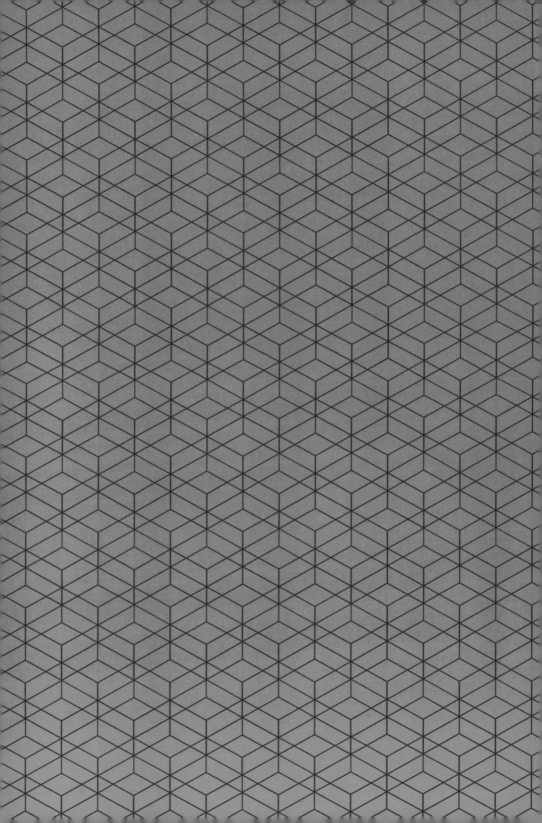

Chapter 4

탁월한 성과에 익숙해져라

"성공도 실패만큼 두려울 수 있다.
성공과 함께 다가올
새로운 생활방식과 속도에 대비하라."

연습은 위안을 준다.

완벽함은 잊어라. 불완전한 비즈니스 세계에서는 제아무리 술술 잘 풀리는 장밋빛 거래라 해도 완벽하지 않다. 솔직히 말해서 나는 거래가 너무 '완벽'하면 의심스럽게 바라본다. 하지만 대성공을 이루기 전이라면, 권력자와 어깨를 나란히 하고 큰 거래를 찾기 전이라면 대성공이 벌어지는 환경을 편안하게 생각해야 한다. 그리고 여기에는 연습이 필요하다.

이번 장에서는 탁월한 성과, 대성공에 관련된 생각과 사람, 환경을 편하게 여기는 방법을 살펴보자.

나는 일을 시작할 즈음 내가 성공하리라는 확신이 있었다. 성공을 속으로 끊임없이 되뇌었기 때문이다. 나의 성공, 정말 엄청난 성공은 어렴풋한 바람이나 헛된 공상이 아니었다. 구체적이고 필연적인 목적지로 향하는 목표였다.

분명한 목적지를 인식하고 그곳에 도착하기 위한 여정을 준비하는 과정을 생각해보자. 예를 들어보겠다.

만약 당신이 태국에서 사업을 시작하려 한다면 미리 마음의 준비를 단단히 할 것이다. 태국의 문화와 분위기, 경제의 특성, 경기는 어떤지 등을 공부할 것이다. 태국어를 배우러 학원에 다니고 기초 회화를 연습할지도 모른다. 태국 사람을 발견하면 그들에게 말을 걸어보고 싶을 수 있다. 당신은 태국인의 사고방식, 가치관, 사업방식을 가능한 한 온전히 익힌 상태에서 태국에 갈 것이다. 다시 말해 새로운 삶을 미리 연습했기 때문에 당신이 태국에 도착했을 때는 그곳에 원래 살았던 것처럼 편안함을 느끼게 된다.

대성공은 모든 면에서 완전히 낯선 삶의 공간을 선사한다. 당신의 일은 다른 차원의 시간과 기술을 요구할 것이다. 기존에 어울렸던 사람들과는 다른 관심사를 가진 동료와 친구를 만나게 될 것이다. 따라서 이런 차이를 편하게 받아들이는 연습을 지금 당장 해야 한다.

안전지대 확장하기

―

앞에서 짐 뉴먼에 대해 언급한 적이 있다. 뉴먼은 페이스PACE협회 창립자이자 뛰어난 행동과학자로 내 인생에 깊이 있고 강력한 메시지와 영감을 주었다. 이제는 고인이 된 뉴먼은 1997년 이전 20년 동안 나의 멘토였다. 뉴먼은 현재 우리가 일상적으로 쓰는 '안전지대'라는 개념을 처음 생각해냈다.

안전지대의 경계선을 밀어내고
경계선 밖의 경험을 함으로써
안전지대를 확장할 수 있다.

안전지대는 개인이 자기 능력을 마음껏 펼칠 수 있는 범위를 뜻한다. 사람마다 자신이 편안함을 느끼는 분야와 수준, 활동 정도, 스트레스 강도가 있다. 한 사람의 안전지대는 자물쇠로 잠긴 공간이 아니다. 우리는 안전지대의 경계선을 밀어내고 경계선 밖의 경험을 함으로써 안전지대를 확장할 수 있다. 많은 사람의 문제, 그러니까 이것저것 할 수 없다고 조언하는 바보들의 문제는 자신들이 만들어놓은 제한 구역에 머물면서 숨만 쉬고 있다는 것이다.

예를 들어 대부분의 미국인은 평생에 걸쳐 같은 동네에 살고, 같은 직장에서 일하며, 비슷한 친구를 만나고, 비슷한 휴가지에 간다. 그들의 안전지대는 죽을 때까지 살아야 하는 관이나 다를 바 없다.

내 최종 목표가 대류권 밖 성층권으로 날아오르는 것이라고 인지한 뒤부터 나는 준비를 단단히 했다. 앞에서 언급한 것처럼 은퇴한 CEO들과 어울리려고 형편에 맞지 않는 동호회에 가입했고 사업과 관련된 흥미로운 이야기를 많이 들으러 다녔다. 엄청나게 성공한 사람처럼 멋지게 달리는 기분은 어떤 건지 느껴보려고 롤스로이스와 메르세데스 벤츠를 샀다. 차를 타고 부유한 동네를 달리며 언젠가 내가 구입하게 될 좋은 집이나 대저택을 구경했다. 그러한 인식이 현실로 이어지는 걸 실감했기에 최고의 재단사가 만든 최고의 정장을 맞춰 입었다.

그러자 사무실에 들어설 때마다 성공과 어울리는 실행력이 탁월한 사람이라는 첫인상을 남길 수 있었다. 다시 말해 나는 세계 정상급 운동선수가 기량을 연마하듯 전투적으로 성공한 인물을 연습했다. 이건 진리다. 불길에 달려드는 나방처럼 돈은 자신을 품위 있게 다뤄줄 사람에게 모여든다.

대성공을 거두는 탁월한 실행력은
학습된 행동이다

——

콘스탄틴 그라토스처럼 실행력이 탁월한 사람들 곁에 있었을 때, 나는 그들이 비즈니스 문제와 스트레스에 어떻게 행동하고 반응하는지 관찰했다. 그들은 포화 속에서도 침착함을 유지했고, 극적인 조치가 필요하다 싶을 때 비로소 화를 냈다.

무엇보다 나는 대성공과 정치적 견해에 대한 그들의 조언을 경청했다. 그들이 바로 대성공을 맛본 사람들이기 때문이다. 나는 성공을 눈앞에 둔 상황에서 팽팽한 갈등이 빚어질 때, 즉 영향력 있고 까다로운 결정을 내려야 할 때, 엄청난 돈이 오가는 계약서에 사인해야 할 때, 아슬아슬한 협상을 안전망 없이 처리해야 할 때 그들이 했던 것처럼 자연스럽게 행동하리라 다짐했다. 눈 하나 깜짝하지 않고.

나는 그들이 어떤 식으로 노력해서 펜트하우스, 고급 리무진, 상류층 클럽을 손에 넣었는지 관찰했다. 그리고 나 또한 그런 식의 대성공을 자연스럽게 누리고 싶었다.

그렇다면 안전지대를 확장하지 않는 삶은 어떤 삶일까? 권태롭고 불안하고 걱정 가득한 삶이다. 기업이라면 성장 잠재력의 종말을 의미한다. 그건 당신 개인에게도 마찬가지다! 경쟁 상대나 적의 눈에서 공포를 본 적이 있는가? 복싱 링, 축구장, 심지어 전쟁터에서 말이다. 얼굴을 마주한 적이 공포에 움츠러들고 시선을 피할 때 당신은 속으로 이렇게 생각할 것이다. '내가 이 자식을 이겼어. 넌 이제 끝장이야.' 회의실에서 상대가 우물쭈물한 눈빛으로 손에 땀을 쥐고 있다면 그는 이미 주도권을 빼앗겼다고 보면 된다. 같은 공간에 있지만 우리는 그런 얼간이들과 다르다. 거칠게 공격하라!

대성공을 과시하는 것도 상대를 주눅 들게 할 수 있다. 호화 호텔이나 격조 있게 잘 꾸며진 집을 얼빠진 듯 멍하니 구경하는 바보 천치를 본 적이 있는가? 아마 그는 이렇게 말할지 모른다. "맙소사! 여기 진짜 좋다." 그 바보는 당황한 것이다. 그곳은 확실히 그의 안전지대 밖이기 때문이다.

안전지대와 관련해서 내가 가장 좋아하는 예가 있다. 바닥에 3미터 길이의 널빤지를 놓고 누워 있다고 상상해보자. 한쪽 끝에는 1천 달러에 달하는 지폐 뭉치가 올려져 있다. 여기서 만약 널빤지 위를 걷는다면 돈더미를 넘어뜨리지 않고 순식간에 날쌔게 움직여 돈을 가져올 수 있지 않겠는가?

이 널빤지를 3층 높이로 가져가보면 어떨까? 창밖으로 널빤지를 빼고 인접한 건물까지 걸쳐놓는다. 널빤지 끝까지 걸어가 돈을 잡을 수 있겠는가? 아마 잡을 수 있을 것이다. 엎드려서 아주 살살 기어갈지도 모른다.

이번에는 27층까지 널빤지를 가져가면 어떨까? 좁은 골목 너머 근처 건물까지 널빤지를 걸쳐놓는다. 당신은 이렇게 말할지 모른다. "이봐, 저 밑은 낭떠러지잖아. 내가 미친 것 같아?" 아니다. 당신은 당신의 안전지대 밖에 있는 것이다.

하지만 당신의 사랑스러운 아이가 옆 건물에 있다고 가정해보자. 누군가 아이에게 휘발유를 붓고 성냥불을 붙이려는데, 당신을 향해 27층이나 더 높은 층에 걸쳐 있는 널빤지를 건너오라고 말한다. 당신은 거의 망설임 없이 널빤지를 건널 것이다. 자식에 대한 본능적 사랑이 있기 때문이다.

대성공을 이룬 사람은 대부분의 사람과 다른 대기권에서 활동한다. 그들은 훨씬 높은 층에 살고, 공기가 희박한 곳에서도 더없이 편안해한다. 당신은 할 수 있는 일을 해야 한다. 눈 하나 깜짝하지 않고, 무서워하지 말고, 높은 곳에 걸쳐진 널빤지 위에서 사업을 해야 한다. 이렇게 하는 한 가지 방법은 누가 봐도 불편한 환경에 자신을 계속해서 노출하는 것이다. 그럼으로써 자기 자신의 안전지대를 확장해야 한다.

탁월한 성과에 익숙해지는 또 다른 쉬운 방법은 시각화다.

비전을 명확히 해라

비전을 명확히 하는 최고의 방법은 글로 쓰는 것이다. 만약 같은 공간에 있는 여러 사람에게 한 가지 아이디어나 계획을 말로 전달하면 사람 수만큼의 다양한 해석이 나온다. 하지만 글로 전달하면 여러 독자를 대상으로 하더라도 단 하나의 계획이 된다.

마찬가지로 마음속 비전을 명확히 하려면 종이에 비전을 적어라. 종이에 쓰는 행위는 아이디어의 모호성을 없애준다. 아이디어를 적으면 그것을 처음 눈으로 확인하게 된다. 지갑에 그 종이를 넣고 매일 지니고 다녀라. 아이디어가 적힌 종이는 운전면허증이나 건강보험증, 신용카드처럼 당신이 누구인지 보여줄 것이다.

목표가 없으면
매번 문제에 부딪힌다.

존 게일John Gale은 이렇게 썼다. "미래에 대해 생각하지 않으면 미래는 없다." 이 말은 바꾸어 말해 목표가 없으면 매번 문제에 부딪힌다는 뜻이다. 단순히 막연하고 추상적으로 미래에 대해 생각하는 것 이상으로 구체적이고 생생하게 미래를 떠올릴 줄 알아야 한다. 성공에 도달하는 방법을 알 필요는 없지만 어디로 향하는지, 방향은 인지해야 한다.

1961년 5월 25일 존 F. 케네디John F. Kennedy 대통령은 자신의 목표에 어울리는 엄청난 도전을 발표했다. "미국은 앞으로 10년 안에 달에 착륙한 뒤 지구로 무사 귀환하는 목표에 온 힘을 다할 것입니다." 당시 나사NASA(미국 항공우주국)는 이렇다 할 성과가 없는 신생 국가기관이었다.

케네디가 이 목표를 발표하기 한 달 전 우주비행사 유리 가가린Yuri Gagarin은 인류 최초로 지구의 궤도를 돌았다. 케네디는 달 착륙 계획을 어떻게 세워야 하는지 전혀 몰랐지만, 이 목표는 방법에 빛을 비췄고 8년 뒤 꿈은 이루어졌다. 이는 퀀텀 리프 사고와 거시 경영의 좋은 사례지만 그 내용은 뒤에서 다루겠다.

꿈이 현실이 되는 순간에 온전히 집중하면 데자뷔를 경험한다. 지금 일어나는 일을 분명히 전에도 경험해본 듯 느끼는 것이다. 1997년 4월 13일 조지아주 오거스타에서 열린 마스터스 대회에서 빨간 폴로 셔츠를 입은 온화한 21세 소년은 기록적인 18언더파로 우승을 거머쥐며 세계를 깜짝 놀라게 했다. 모두가 깜짝 놀랐지만 정작 당사자인 타이거 우즈Tiger Woods만은 예외였다. 오랫동안 줄곧 그 순간을 상상해왔기 때문이다. 타이거 우즈의 아버지인 얼 우즈Earl Woods는 이렇게 말했다. "우즈는 다섯 살 때부터 줄곧 마스터스 대회에서 우승할 거라고 이야기했어요." 타이거 우즈는 첫 카메라 인터뷰에서 마지막 라운드인 18홀까지 마음속으로 우승 장면을 생생하게 떠올렸다고 하면서 준비된 수상 소감 발표 따위는 하지 않겠다고 밝혔다!

그레이트웨스턴이 휴스턴 스카이라인의 고층 스위트룸을 차지하기 몇 년 전, 나는 고층 건물에서 바라본 전망을 생생하게 상상했다.

엘리베이터를 타면 유리와 강철로 된 도심의 비즈니스 타워 17층으로 곧장 도착한다. 이탈리아산 대리석 타일 바닥에 발을 디딘다. 몸을 돌리는 순간 'GW'라고 박힌 멋진 금색 로고가 내 앞에 바로 보인다. 회사 로고 아래쪽 데스크에는 미소를 띤 여직원이 앉아 있다. 왼쪽으로 최소 45미터 되는 긴 복도를 따라 동료들이 있는 사무실을 지나면 건물 모퉁이에 내 사무실이 있다. 두 벽은 통유리로 이루어졌고 커다란 마호가니 책상과 고급스럽게 장식된 벽, 넓은 회의실, 서재, 바 그리고 세면대까지 완벽하게 갖춰져 있다.

1987년 대망의 그날, 우리는 휴스턴에 본사를 차렸다. 몇 년 동안 상상한 것처럼 엘리베이터를 탄 뒤 내 앞에 보이는 연속된 숫자 중 하나의 버튼을 눌렀다. 밝게 웃고 있는 여직원 쪽으로 멋진 카라라 대리석을 밟으며 뚜벅뚜벅 걸어가는 순간 느껴지는 성취의 감흥은 그다지 크지 않았다. 오래전부터 머릿속으로 생생하게 시뮬레이션했던 장면이기 때문이다. 아주 사소한 것 하나까지 마음속으로 시각화했던 까닭에 꿈이 실현되는 순간 마치 집에 돌아온 듯한 느낌이 들었다.

아르만도 가르시아Armando Garcia는 성공한 사업가로 우리가 만나기 훨씬 전부터 업계에서 인정받는 전문가였다. 1990년 8월 가르시아가 세운 회사 아르콤 일렉트로닉스Arcom Electronics는 미국에서 가장 빠르게 성장하는 히스패닉계 기업으로 잡지 〈히스패닉 비즈니스Hispanic Business〉에 소개됐다. 하지만 그 후 몇 년간 회사의 성장이 지지부진해져 고민에 빠진 가르시아는 2000년 내 성에서 열리는 세미나에 참석했다. 세미나에서 그에게 가장 필요한 조언을 해주니 가르시아는 깜짝 놀랐다.

가르시아는 이렇게 회상했다. "우리는 거기에 가만히 앉아 있었어요. 페냐가 갑자기 큰 소리로 내게 물었죠. '당신이 실리콘 밸리에 산다면 어찌 억만장자가 되지 않겠어요?' 그때 깨달았죠. 내가 만든 신념 체계는 '나태한 상태'로 빠지도록 나를 밀어 넣는다는 걸. 내 인식의 틀을 확장해야 했어요." 가르시아는 '자신의 꿈을 확장해야 한다는' 통찰을 얻고 성을 떠났다. (최근 나는 거스리성을 찾는 세미나 참석자들에게 원래 상태로 돌아가는 건 아주 쉽다고 강조한다. 그리고 그들이 이전의 안전지대로 돌아가려 할 때 원래 상태로 돌아가지 못하도록 여러 조언과 훈련을 제공한다.)

훗날 가르시아는 이렇게 말했다. "성에서 얻은 또 하나의 가르침은 불꽃 튀는 집중력을 가져야 한다는 거였어요. 이러한 교훈을 제품 개발에 적용해 30퍼센트 이상 매출을 올렸죠."

가르시아는 인터넷 버블 시기에 아르콤을 정리한 뒤 고전하는 소프트웨어 회사 보틀소프트Bottlesoft를 인수했다. 그 후 100만 달러 정도의 손해를 보고 뜬눈으로 지새운 날도 많았다. 하지만 또 다른 페냐이즘Peña-ism이 가르시아의 기업가적 사고에 스며들었다. '투자하기 전에 조사하라.' 그 뒤로 가르시아는 현명하고 신중하고 단호하게 인수를 결정했으며 이를 통해 성장을 연습했다. 그리고 디카 네트웍스Dicar Networks라는 그의 컴퓨터 네트워킹 사업체에 성장 동력이 되어줄 회사 2개를 인수했다.

성공의 5가지 원칙

1970년대 후반부터 나는 성공의 5가지 원칙을 항상 마음속에 지녔다. 정말이다. 월초가 되면 수첩에 5가지 원칙을 적어두었다. 이는 대성공이라는 완고한 영역에서 당신의 안전지대를 계속 확장하는 데 더없이 좋은 기본 틀이 되어줄 것이다.

1. 어제의 꿈은 오늘의 현실이다

이 말은 "오늘의 꿈은 내일의 현실이다"의 다른 버전이다. 꿈을 꾸면 그 꿈은 상상력에 빛을 비추고 활기를 불어넣는다. 그리고 서서히 현실로 구체화된다. 꿈이 없으면 결코 앞으로 나아갈 수 없다. 비약적 발전은커녕 그 어떤 도약도 할 수 없다. 터덜터덜 걷다가 다가오는 아무 기회나 잡으려 하지 마라. 뮤지컬 〈남태평양South Pacific〉에는 이런 노래가 나온다. "꿈이 없다면 어떻게 꿈을 이룰까?"

2. 지금 바로 꿈꿔라

이 원칙은 행동을 불러일으키는 말이다. 말로만 꿈꾸지 마라. 꿈을 꿔라! 실제로 내가 상상해서 이룬 결과물은 모두 그것이 실현되기 전에 내가 꿈을 꾸었기 때문에 이루어진 것이다. 그러니 나처럼 바보들과 바보의 변호사들 주머니를 터는 달콤한 거래를 하는 꿈을 꿔라. 외부인 출입을 제한하는 부유한 동네의 대저택에 사는 것을 꿈꿔라. 타히티로 휴가 가는 꿈을 꿔라.

몇 해 전에 실시한 〈USA 투데이〉의 연구를 다시 살펴보자. 1천

500명의 관리자를 대상으로 근무 중에 하는 상상에 대해 물었다. 그 중 77퍼센트가 동료와의 연애를 상상했다고 말했고, 23퍼센트는 그런 상상은 안 했다고 거짓으로 답했다. 73퍼센트는 자신이 다니는 회사의 CEO가 되는 상상을 했고 69퍼센트는 상사에게 회사를 그만둔다고 말하는 순간을 상상했다고 말했다. 연구에 따르면 1년 뒤 이 꿈을 이룬 사람들은 놀랍게도 71퍼센트였다. 왜 이런 결과가 나왔을까? 꿈을 꾸는 사람은 꿈을 되풀이해서 상상하고 실현할 의지가 있기 때문이다. 꿈을 꾸는 데 시간이 걸리더라도 꿈을 꿔라. 그 시간은 당신의 꿈이 꽃을 피울 기회를 만들어준다.

3. 시뮬레이션: 나에게 없는 것을 연습하라

이 말은 대성공을 연습하라는 대목에 해당한다. 실행력이 탁월한 사람처럼 생각하고 행동하는 법을 배워라. 그러면 기회의 문이 열렸을 때 자연스럽게 실행력이 탁월한 사람으로 행동하게 될 것이다.

이건 새로운 방법은 아니다. 전 세계적으로 기업의 고위 간부와 챔피언, 심지어 유능한 정치인이 성공적으로 활용한 방법이다. 빌 클린턴도 고등학생 시절 백악관에서 존 F. 케네디를 만난 순간부터 대통령이 되는 연습을 했다고 알려져 있다. (명심해라. 나는 연습하면 다 이뤄진다는 말은 하지 않았다!) 힐러리 클린턴Hillary Clinton이 얼마나 오랜 시간 연습했는지 누가 알겠나!

이사회 의장이 목표라면 위원회나 모임의 회장직을 맡는 것부터 해보라. 시민단체나 교회, 자원봉사 모임 등 책임이 수반되는 어떤 자리라도 상관없다. 이사회 의장으로 임명되거나 선출되기 전까지 그 자리에 앉았다고 상상하고 연습하라. 어느 조직에서든 당신이 책임을 지고 일하려는 게 느껴지면 다른 사람들은 슬그머니 그 자리를 내줄 것이고 그러면 그때 원하는 자리를 차지할 수 있다. "그 자리를 원하나요? 그럼 하세요!"

인생 자체가 그렇다. 사람들은 대부분 더 많은 책임이나 일, 성공을 원하지 않는다. 고맙게도 그들은 자신만의 편안함 속에 안주하며 즐겁게 콧노래를 부른다. 그러니 귀찮고 번거로운 일을 당신이 대신해준다면 오히려 좋아할 것이다.

1970년대 초 나는 캘리포니아 주립대학교 노스리지 동문회에 자원했고 마침내 핵심 위원회의 회장직을 맡았다. 이처럼 어떤 책임을 맡고 리더십과 성공을 연습한 경험은 나중에 내 인생에서 귀중한 자산이 되어주었다.

4. 자신의 능력에 한계가 없는 것처럼 행동하라

선을 긋고 자신에게 이렇게 말해보라. "내 능력은 여기까지야. 어차피 나도 사람인데." 이것은 임의로 거짓된 한계를 정하는 변명이다. 왜 자신을 과소평가하는가? 많은 경우에 나는 동료가 포기한 일도 끝까지 밀고 나갔다. 그러면 항상, 정말 중단해야 하는 것처럼 보였을 때 손을 뗐다면 이루지 못했을 것들을 기대 이상으로 이룰 수 있었다.

이 책을 쓰는 지금도 모두가 몇 년 전에 손을 뗀 '대형 프로젝트'를 추진하는 중이다. (사실 '넌 할 수 없어' 연구를 다룬 '넌 할 수 있어!'라는 책도 쓸 예정이었지만 지금은 쓰지 않기로 결정했다.)

네 번째 원칙을 보면 세계 최고의 경제 신문인 런던의 〈파이낸셜타임스Financial Times〉와 한 인터뷰가 떠오른다. 기자는 에너지 불황에도 불구하고 그레이트웨스턴이 미국에서 가장 급성장하는 에너지 회사가 된 비결이 무엇이냐고 질문했다. 나는 한 치의 망설임도 없이 대답했다. "마음속으로 긍정적인 상황을 떠올리고 우리 능력의 한계가 없는 것처럼 행동했죠!" 기자는 어깨를 으쓱했고 기사는 이렇게 실렸다. '그레이트웨스턴은 한계가 없다!' 이후 며칠 동안 주가가 15퍼센트나 급등했다. 능력에 한계가 없는 것처럼 행동하면 그것은 자기충족 예언이 된다. 기억해라. 불길에 달려드는 나방처럼 돈은 자신을 품위 있게 다뤄줄 사람에게 모인다.

5. '열정'은 그리스어 '엔테오스enteos'에서 왔다. 이는 '내면의 신'이라는 뜻이다

믿음과 관계없이 열정을 활용하면 마음속 깊은 곳에서 특별한 힘을 끌어낼 수 있다. 열정은 탁월한 성과를 달성하는 데 필수 요소인 성공욕과 에너지, 투지를 일으킨다. 열정은 어디서 빌릴 수도 없다. 나의 열정은 동업자나 배우자의 마음속에서 구할 수 없다. 열정이라는 불을 지피고 마음속에서 활활 타오르게 하는 건 자신의 몫이다. 스스로 질문해보자. 열정 없이 성공한 사람을 본 적이 있는가? 명심하자.

"무한한 열정을 품은 사람만이 어느 분야에서든 성공한다."

내가 아는 가장 열정적인 사람은 캐나다인 앤드루 리드Andrew Reid다. 리드는 승부를 즐기는 운동선수다. 1990년대 초 세계 최대의 아웃도어 스포츠 회사와 제휴한 리드는 회사 경영진을 캐나다의 산이며 강으로 안내했다. 언제든 도전할 준비가 되어 있는 리드와 그의 동료들은 2000년 여름 드래건 보트 팀을 꾸렸고, 딱 3주 뒤 유럽 드래건 보트 선수권 대회 500미터 종목에서 금메달을 거머쥐었다.

리드의 시선에서는 '하루하루가 경기다'! 자기 삶의 원동력인 모험을 추구하고 열정이 넘친다는 측면에서 보면 리드는 내 세미나 졸업생 가운데 가장 성공한 사람이다. 리드는 이렇게 말했다. "QLA 과정을 들은 몇 달 동안 자금을 확보할 기회가 3배나 늘었고 성장을 위해 훨씬 더 대담한 선택을 했다. QLA는 우리 레이싱 팀이 국내에서 가장 빠른 팀이 되는 데 일조했다."

현재 리드는 '거물 중의 거물'이자 캐나다에서 급성장하는 컨설팅 회사 빅피시 인터랙티브Big Fish Interactive의 CEO다.

대성공을 이룬 것 외에도 리드는 요즘 최고의 전성기를 보내고 있다. 다음은 최근 리드에게 받은 편지의 일부다.

"저는 요즘 캐나다의 국제 금융회사에 다니는 몇몇 관리자들의 실행력 코치로 아주 즐거운 나날을 보내고 있어요. 긍정적이고 경쟁력 있는 변화를 위한 제 메시지를 공유하려는 경영진 행사에 특별한 초대도 받았고요. 이런 금융회사들의 기업가적 사고에 제 훈련 방법이 더해졌어요. 과거는 지나갔죠. 이제는 단순히 새로운 행동이 아니라 새로운 사고 모형이 필요한 때예요. QLA 프로그램은 이러한 새로운 사고 모형에 강력한 영향을 줬어요. 흥미로운 대화를 즐기는 사람들이 늘어나고 있답니다!"

(몇 년 전 나와 내 아내 샐리는 비행기를 타고 캐나다 서쪽 해안의 한 섬에서 열린 리드의 결혼식에 참석했다. 그리고 몇 년 뒤에 리드 부부에게 첫 아이가 생겼다.)

사회 고위층 모임에 드는 건 어리석은 짓일까

사회 고위층 모임 혹은 CEO 클럽 등 친분을 연출하며 거드름을 피우는 비밀스럽고 특별한 모임에 들어가려는 게 요즘 경영자들 사이에서 유행이다. 내가 아는 많은 경영진도 성공 정도에 따라 다양한 모임에 참여하지만 내 기준에서 대성공을 이룬 사람 가운데 이런 모임에 나가는 사람은 없다.

루퍼트 머독Rupert Murdock, 리처드 브랜슨, 도널드 트럼프, 빌 게이츠처럼 진짜 정상에 선 사람들이 외로운 사냥꾼의 피를 타고났기 때문일 것이다. 그들은 이리저리 어슬렁거리다 동료와의 합의가 아닌 자신만의 현명한 해결책을 포착한다. 합의된 의사결정은 사회적 통념으로 더럽혀진 경우가 대부분이다. 당신도 다 알고 있지 않은가? 통념은 대부분 헛소리라는 걸!

흔히 사회 고위층 모임은 사교 집단으로 발전한다. 배우자들끼리, 아이들끼리 친해지고 기업의 생산적인 분위기는 야외 파티와 골프 모임으로 변질된다. 원래 그런 걸 원했다면 나쁘지 않다. 하지만 그렇게 변질된 모임은 더 이상 사회 고위층 네트워크가 아니다.

이러한 충고를 마음에 새긴다면 사회 고위층 모임에 가더라도 얻을 게 많다. 이 모임에서 얻으려는 것들을 다른 구성원이 충분히 제공한다는 전제 아래 말이다. 실제로 다음과 같은 성격의 모임이라면 사회 고위층 모임도 긍정적일 수 있다.

- **다른 분야의 전문가를 만날 수 있다.** 모임 구성원이 셈에 능통한 금융업

자 5명이거나 같은 업계의 경영진 6명이라고 해보자. 그러면 당신의 전문 지식을 확장하거나 답을 구해야 하는 상황에서 문제를 폭넓게 보는 잠재적 시각은 제한될 수밖에 없다. 모임의 구성원을 다양하게 구성해라. 중소기업 경영진, 예를 들어 전자기술 사업체 간부, 제조업자, 벤처기업가, 법률 또는 회계·인사 경력이 있는 임원 등을 모임에 참여시켜라. 전문 인력이 다양하게 모일수록 끌어다 쓸 수 있는 귀중한 지식이 많아진다.

· **구성원이 비슷한 경험 수준을 공유한다.** '슈퍼스타' 한 명이 여러 유망주의 빛을 가릴 수 있다. 구성원 중 엄청나게 성공한 사람이 있다면 그 사람이 주도권을 쥐게 되고 모임은 오히려 역효과를 낳는다. 구성원들은 자연스레 자신과 비슷한 수준의 사람들을 편하게 생각하고 그들하고만 교류하려 한다. 그렇기에 구성원 모두가 슈퍼스타이거나, 아니면 슈퍼스타가 아예 없는 게 좋다!

· **구성원이 지리적으로 가까운 곳에서 일한다.** 가능하면 가까이 사는 사람들끼리 모이는 게 좋다. 그렇지 않으면 사람들은 모임 참석을 주저한다. 비록 우리가 스마트폰 시대에 살고 있지만, 대다수 최고경영자들은 이동 시간을 버리는 시간으로 생각한다.

· **구성원이 비슷한 정도의 헌신을 보여준다.** 만약 구성원 중 한 명이 '네가 바라는 것만큼 나는 이 모임에 공들일 시간이 없다'는 신호로 너무 자주 바빠 보인다면, 모임에 충실한 구성원들이 그를 떠안고 갈 필요가 없다. 그런 사람은 모임에 짐만 될 뿐이다. 다른 사람으로 교체하라.

· **모임의 회장이 되려는 개인에게 끌려가거나 그런 사람을 뽑지 않는다.** 이상

적인 모임에서는 모두가 평등하고, 필요하면 만남을 조율할 권한을 교대로 가져야 한다.

- **동년배나 동시대인보다 성공의 특징을 더 많이 보여준다.** 누구나 인정하는 성공한 사람, 어느 분야에서 전도유망한 사람, 성공을 갈망하는 야심가, 그리고 모임에 쏟을 에너지와 아이디어가 있는 사람을 찾아라. 대성공을 향해 기반을 튼튼히 다지려는 개인들로 엄선된 이상적 모임이라면 짜릿한 상승효과를 가져올 것이다.

- **성장 과정이 휘청거린다면 모임을 탈퇴한다.** 영원히 지속하는 관계는 없다. 특히 서로가 관심을 끌고 싶어 하는 활동적인 사람들의 모임이라면 더욱 그렇다. 감흥은 떨어지고 의제는 달라진다. 모임의 본질이나 성격이 더는 당신의 관심사가 아니거나 시간과 노력을 들일 만한 가치가 없다면 모임에서 나와라. 더 이상 무슨 설명이 필요하겠는가. 탈퇴 이유를 밝혀야 한다면 이렇게 말하면 된다. "성장하지 않는 것 같다."

멘토를 통한 지혜의 비약적 발전

멘토의 중요성은 비즈니스 세계에서 누구나 다 인정하는 사실이다. 멘토는 성공을 맛본 사람이며, 당신이 출발한 그 길을 여행하고 반대편의 움푹 파인 구멍과 우회로까지 겪어본 사람이다. 한 칠레 시인은 이렇게 썼다. "길을 떠나보지 않은 사람은 여행자의 조언에 귀를 기울여라." 좋은 충고이지만 멘토 관계를 추구하는 야심 찬 사업가나 임원은 극소수다. 나는 지식과 지혜의 보고라 할 수 있는 경험이 풍부한 최고 중역, 은퇴한 CEO 및 기타 인물들과 이 주제로 이야기를 나눠보았다. 하지만 사실상 멘토가 될 가능성을 생각해본 사람은 아무도 없었다.

아마도 대개의 경우 임원들은 멘토가 돼야 한다는 부담을 덜기 힘들 것이다. 하지만 엄청난 성공을 이룬 실력자들은 성공 방법을 모색하는 청년들에게 경험을 전수하는 걸 아주 좋아한다. 전화로 소개를 받거나, (굳이 밝혀야 한다면 당신이 사겠다는) 점심 약속 정도만 잡으면 된다! 물론 이 정도 위상의 사람이라면 점심 정도는 언제든 살 것이다. 그리고 사람들은 그렇게 편안한 분위기에서 이루어지는 멘토와의 식사를 원한다.

나는 살면서 3명의 멘토를 만났다. 각각의 멘토는 그들의 특별한 전문 지식이 내 삶에 강렬한 영향을 미치는 가장 적절한 때에 나타났다. 그들의 충고와 조언 덕분에 내 인생은 극적으로 좋아졌고 대성공을 향해 전진할 수 있었다. 죽는 날까지 변화할 내 모습에 그들의 도움이 있었음을 떠올리며 감사한다.

앞에서 페이스협회 창립자인 짐 뉴먼에 대해 언급했다.

1976년 즈음 나는 4년 동안 증권중개인으로 일했다. 스물다섯 즈음 부동산으로 이름을 날렸고 어마어마한 성공도 맛보았다. 하지만 내 경력은 제자리걸음이었다. 하루하루 쳇바퀴만 도는 것 같았고 도약을 할 계기도 없었다. 그때 짐이 설립한 페이스협회를 알게 됐다. 그의 메시지는 유명한 인사들의 추천으로 더욱 유명해졌다. 저명한 경영자와 정치인, 유명 인사, 심지어 《승자의 심리학The Psychology of

Winning》을 쓴 데니스 웨이틀리Denis Waitley 같은 자기계발의 권위자까지 뉴먼의 메시지에 열광했다. 나는 그게 도대체 무엇인지 궁금해졌다.

페이스협회의 세미나는 내 삶에서 또 하나의 축이 되어주었다. 뉴먼은 내가 지금껏 품고 있던 성공에 관한 개념을 완전히 뒤집었다. 뉴먼이 만든 개인의 '안전지대'라는 개념은 내가 세미나를 듣고 나온 순간부터 내 사업 정신의 일부가 되었다.

내가 협상할 때 쓰는 비범한 정신 수양 방법은 상대방의 안전지대를 알아내는 것이다. 즉, 거래에서 그들이 수용하는 범위가 어디까지일지 파악하는 것이다. 나는 안전지대의 경계를 찾아서 그것을 하나의 상자로 상상했다. 상자 안쪽에는 협상 가능성이 얼마든지 있었다. 내가 조금 손해를 입더라도 그 안에서는 상대가 원하는 걸 모두 들어줄 수 있었다. 그러고 나서 그들의 안전지대 한가운데 내 제안을 명확하게 제시하는 것이다. 내 입장에서는 바보 같아 보일 수도 있지만, 상대방에게는 커다란 만족감을 줄 것이다.

거래를 성사시키는 데만 열을 올리는 일부 기업가들은 상대방의 안전지대 한가운데를 목표로 삼고 굉장히 좋은 카드는 그냥 내준다. 협상이 '지금 당장' 절실할 때 거래 조건보다 더 중요한 것은 한발 물러서는 것이다. 나는 상대방의 안전지대 경계선, 즉 내가 판단하기에 상대방이 허용하는 범위의 경계선에서 제안을 했다. 이것은 매번 효과가 있었다. 상대는 마음이 편한 결과를, 나는 원하는 결과를 얻었다.

하지만 뉴먼의 가르침에서 강력한 협상 기술보다 훨씬 더 중요한 것은 나 자신의 안전지대를 확장하는 방법이었다. 그 결과 나는 대성공을 향해 확실한 방향을 잡고 빠르게 앞서갈 수 있었고 명확한 깨달음을 얻었다. 수입과 관계없이 나는 최근 몇 년 동안 꿈을 구체화하지도 않은 채 오도 가도 못 하는 지점에 있었던 것이다.

세미나를 마치고 바로 베어스턴스에 들어갔고, 거기서 내 한계를 넓힐 엄청난 기회를 마주했다. 1978년 말 페이스 졸업 세미나에 참석한 뒤에는 나에게 대성공과 '부와 명성'을 안겨줄 석유 기업가가 되기 위해 베어스턴스를 그만뒀다.

나는 여러 해 동안 뉴먼의 방법을 다시 참고했다. 나는 개인적, 재정적 발전을 이룬 극소수의 사람만 추천하는데, 뉴먼도 그중 한 명이다. 뉴먼은 누구도 흉내 낼 수 없는 동기 부여의 대가다. 내가 짐 뉴먼(그리고 페이스협회) 대성공 훈련소의 졸업생이라는 게 지금도 자랑스럽다. 뉴먼은 죽기 전까지 노스 할리우드 언덕에 살며 가끔 세미나도 열고 선발된 기업 고객의 자문을 맡으며 여유로운 은퇴생활을 누렸다. 그와 나눈 우정은 정말 소중하다.

나의 두 번째 멘토는 석유 기업가 제리 오르만드Jerry Ormand이다. 때는 1970년대 말, 석유산업이 혼란스러운 시기였다. 기억하는가? 나는 혼돈에 빠진 시장을 아주 선호한다. 팻 케네디와 나는 에너지 위기를 기회로 보고 수직 통합된 석유회사를 세우려 동업 관계를 맺었다. 석유탐사를 장려하기 위해 바보들에게 드릴을 하나씩 쥐여주던 연방정부는 소규모 정유공장이 하루에 5만 배럴 이하로 생산할 수 있게 하는 특별법을 승인했다. 우리는 기름을 정제해서 번 돈으로 에너지 대기업을 세우는 데 보탰다.

언덕마다 드릴 소리가 울려 퍼졌다. 하지만 독자적으로 석유를 탐사하고 생산하는 일명 '투기 기업'들에는 무모한 모험이었다. 19세기

말 골드러시 때처럼 영광을 안겨주는 구멍은 손에 꼽을 정도로 드물었기 때문이다. 기름이 안 나오는 땅이 대부분이었다. 아마도 95퍼센트의 투기꾼들은 자본을 다 쏟아붓고 망했을 것이다. 투기꾼들이 손을 댔던 남의 땅들은 인적이 끊긴 곳에 있는 마른 유정이었다. 거대 석유회사는 물론 많은 돈을 벌었다. 그들은 '수요와 공급'이라는 헛소리를 내세우며 유가를 대폭 인상했고, 흰개미보다 더 많은 구멍을 뚫을 시추 자금을 축적했다. 석유산업에서 대기업이 전함이라면 투기꾼들은 작은 초계 어뢰정이었다. 그들은 엑손모빌Exxon Mobil이 신경도 안 쓰는 버려진 땅에서 쉽게 이득을 취하려고 윙윙거렸다.

석유 거물을 꿈꾸는 초보 석유 기업가인 나는 제리 오르만드를 소개받았다. 오르만드는 댈러스에 있는 오르만드 인더스트리Ormand Industries 창립자이자 CEO였다. 어쩌면 미국 드라마에 나오는 조크 유잉Jock Ewing의 실제 모델일 수도 있는데, 그의 아버지가 석유 굴착업자여서 10대 때부터 채굴 일을 했다. 우리가 만날 즈음에도 오르만드는 쿠웨이트와 사우디아라비아에서 굴착기를 가동했고 런던 사무실이 아닌 아프리카의 이집트, 리비아, 콩고까지 가서 석유 계약을 성사시켰다. 무엇보다 중요한 건 유가가 곤두박질치는 시기에도 그의 회사는 번창했다는 사실이다. 오르만드는 세계 석유업계의 최정상에 있었지만 시간을 쪼개서 석유산업의 복잡한 내용들을 내게 알려주었다. 대기업 틈에서 작은 초계 어뢰정을 조종하는 방법, 각축전이 벌어지는 무대에서 자기 몫을 챙기고 나누는 방법을 가르쳐주었다. 더 굉장한 건, 오르만드가 월스트리트의 주식 판매원에서 영민한 석유 기업가로 변신했다는 사실이다!

안타깝게도 오르만드는 2004년 초에 세상을 떠났다. 죽기 전까지는 휴스턴에서 은퇴생활을 했다. 오르만드는 여전히 조언자이자 좋은 친구로 내 마음속에 남아 있다. 사실 그는 내 두 번째 아버지나 마찬가지다. 골프장 밖에서 나는 오르만드에게 최근 계획과 아이디어에 대한 피드백을 구했다. 60년 동안 치열한 사업적 전투를 마친 뒤에도 오르만드는 열정이 넘쳤다.

또 다른 멘토 콘스탄틴 그라토스에 대해서는 앞서 언급했다. 그리스 출신의 선박왕 콘스탄틴은 거대 기업 오나시스의 경영 후계자로 세계 무대를 이끄는 전설적 인물이었다. 그럼에도 불구하고 그라토스는 나와 어깨를 나란히 하며 내가 내 몫의 일을 배울 수 있는 놀라운 무대로 안내했다.

우리가 서로 각자의 길을 떠날 무렵 콘스탄틴은 엄청난 부와 명성을 쌓았다. 또한 고인이 된 애리스토틀 오나시스의 거대 기업이 수많은 위기를 극복할 수 있도록 오토 폰 비스마르크Otto von Bismarck, 클레멘스 폰 메테르니히Klemens von Metternich, 니콜로 마키아벨리Niccolò Machiavelli의 정치적 기술을 활용해 기업을 이끌었다. 콘스탄틴은 암살범의 세계에서 살아남아 성공한 후에는 다음 3가지를 기꺼이 보여준 친구들만 곁에 두었다. '곤경에 빠졌을 때의 우정, 전투에서의 용기, 격분했을 때의 현명한 대처'가 그것이다.

콘스탄틴은 1981년 12월에 세상을 떠났다. 하지만 지금까지도 그와 그가 보여준 진심 어린 호의가 자주 생각난다. 매번 협상 테이블에 앉을 때나 중대한 결정을 내릴 때면 아직 콘스탄틴이 내 곁에 있는 것만 같다. 나는 종종 이렇게 묻는다. "콘스탄틴이라면 뭐라고 했을까?"

질문에 대한 답은 내가 마주한 문제의 답이다. "이런 상황에서 애리스토틀과 내가 어떻게 했는지 말했잖아." 고민에 빠진 내 귀에 콘스탄틴의 호통이 들리는 듯했다. "그냥 해!"

여기 멘토를 고르는 몇 가지 조건을 추천한다.
· **현재의 당신보다 훨씬 더 성공한 사람을 선택한다.** 성공을 '이미 해봤고 잘 아는' 사람이어야 한다. 또한 당신이 힘들어하는 문제와 상황에 대해 방대한 경험에서 우러나오는 현명한 조언을 해줄 수 있어야 한다.
· **진심으로 좋아하고 존경하는 어른을 찾아라.** 이는 위의 조건과 엄연히 다르다. 우리는 대부분 성공에 경의를 표하지만 성공한 사람을 좋아하는 경우는 드물다. 친밀한 우정은 사적인 우호 관계에서 싹튼다.
· **필수 조건은 아니지만, 이왕이면 당신이 노력하는 분야에서 성공한 사람이 좋다.** 그러면 특정 분야의 문제를 넘어 인간관계 기술, 의사결정 방법, 경제 전략도 배울 수 있다.
· **업무적 환경 외에 공통의 관심사가 있어야 한다.** 나는 골프장에서 좋은 조언을 많이 들었다. 서로의 관심과 취미를 공유하면 긴장이 풀리고 편안한 분위기가 형성되면서 아이디어도 잘 나온다. 테니스 경기를 하거나 회사 밖에서 일과 관련 없는 활동을 할 때 두뇌 회전이 빨라진다.

앤드루 리드는 강력한 멘토를 곁에 뒀을 때의 장점을 정확히 표현했다. "최고에게 배우지 않으면 최고가 될 수 없다. QLA 과정을 들으면서 드디어 직접 성공을 해봤고 성공을 잘 아는 진정한 멘토를 만났다고 생각했다. 페냐의 성공 기술을 통해 내 꿈을 실현하는 방법을 알게 됐다. 거물이 되는 최고의 방법은 거물에게 훈련받는 것이다. 그 모든 재료는 거스리성에 있었다!"

자, 요약해보자. 대성공을 이루기 전에 대성공에 익숙해지고 안전지대를 확장하는 연습을 하라. 목표를 명확히 하라. 목표를 현실화할 방법에 집중하는 대신 어떻게 현실화할지 세부 내용에 주목하라. 성공에 한 걸음 다가가기 위해서는 목표를 적어서 항상 갖고 다녀라. 그러면 그 목표가 당신의 일부가 될 것이다.

사회 고위층 모임에 나가는 것도 고려해보라. 그러한 모임이 당신의 허용 기준을 충족한다면 분명히 얻는 게 있다. 궁극적으로 자신의 성장이 멈췄다고 판단되면 망설임 없이 모임을 떠나라. 그리고 멘토를 찾아라. 비즈니스 세계의 위대한 인물 중 몇 명은 시간적 여유가 있고 누군가의 멘토가 되는 걸 기뻐할 것이다. 전화가 아니라 직접 찾아갔다면 더더욱.

지금까지 우리는 대성공에 맞게 정신을 가다듬고 준비하는 방법에 관해 이야기를 나눴다. 이제는 거울로 성공한 사람을 보듯, 어떻게 하면 다른 사람 눈에 성공한 사람으로 비칠 수 있을지 알아보자.

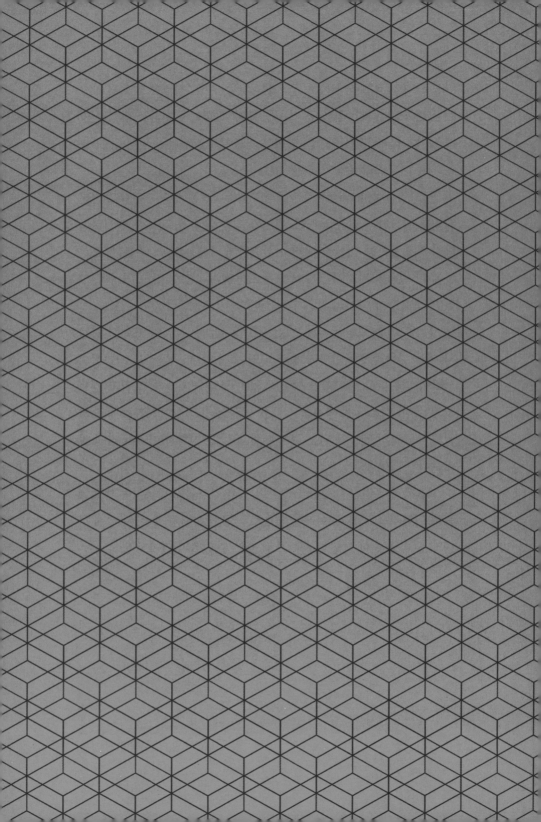

Chapter 5

현실화된 인식을 만들어라

"대성공은 이미 그것을 이뤘다는
뚜렷한 환상에서 시작된다."

환상의 힘을 과소평가하지 마라.

환상은 다른 사람이 믿었으면 하는 것, 그리고 목표를 이루기 위해 마땅히 믿어야 할 것을 만들어내는 데 도움이 된다.

우리는 환상을 품어야 견딜 수 있는 냉혹한 세상에 살고 있다. 예를 들어 몇 세기 동안 전쟁의 실체는 화려한 거리 행진, 멋진 제복, 휘날리는 깃발 등 웅장한 환상에 가려져 있었다. 하지만 전쟁에서 돌아온 사람들과 전쟁의 공포를 넌지시 드러내는 사람들이 내뱉는 경고를 들어보면 억지로 행진 음을 맞추려는 트럼펫 소리는 들리지 않는다. 텔레비전 저녁 뉴스에서 전쟁터의 참상이 보도된 20세기 후반이 돼서야 대중은 전쟁의 위대한 영광이 환상이라는 걸 알게 되었다. 최근 중동전쟁을 위시한 수많은 비극과 함께 냉혹한 현실은 더욱 선명하게 드러났다.

환상을 이용하는 것도 리더십이다

영화 〈패튼 대전차 군단Patton〉에서 고인이 된 조지 스콧George C. Scott이 연기한 불같은 성질의 패튼 장군은 바스토뉴 포위를 벗어나 독일 국경을 뚫고 나가지 못함에 좌절했다. 화가 난 장군은 참모에게 소리쳤다. "우리는 밤새도록 공격할 거야. 내일 아침에도 공격할 거고. 이번에 우리가 이기지 못하면 아무도 살아 돌아가지 못해."

모두 미동도 하지 않았다. 망연자실한 부대원들의 침묵 속에 장군이 성큼성큼 걸음을 옮길 때도 적막은 이어졌다.

그때 참모가 다가와 조용히 말했다. "장군, 장군의 과장된 호통이 진짜인지 아닌지 대원들은 가끔 구분하기 힘듭니다."

그러자 패튼 장군은 이렇게 말했다. "그들이 아는 게 중요한 게 아니다. 중요한 건 내가 안다는 것이다."

어떤 일을 하든 인식이 곧 현실이다.

젊은 시절, 남부 캘리포니아에서 부동산중개인으로 성공 가도를 달리던 나는 레이크 하바수시티에 있는 땅들을 팔았다. 레이크 하바수시티는 캘리포니아와 애리조나 사이의 콜로라도강에 있는 인공호로, 예상 밖으로 나중에 런던교의 본고장이 되었다. 레이크 하바수시티는 수 킬로미터에 걸친 황량한 사막으로 둘러싸여 있었고 지금처럼 고급 리조트도 없었다.

잠재적 구매자를 데리고 가 호수를 한참 바라보았다. 넓게 펼쳐진 호수 말고는 그다지 매력적인 지역이 아니었다. 그래서 나는 그 장소를 팔지 않았다. 그 대신 구매자가 꿈꾸는 이미지를 팔았다.

나는 이렇게 말하곤 했다. "저기 좀 보세요. 호수 저편에서 산들바람이 불어오면 고객님이 모는 보트의 돛이 펄럭일 거예요. 그리고 저쪽을 좀 보세요. 어선이 정박하는 항구가 있을 거고요. 그리고 고급스러운 클럽하우스에서 친구들과 파티를 열 수도 있겠죠?"

그때는 이런 식으로 많은 사막을 팔았다…….

우리가 대성공을 향해 꿈과 목표를 추구할 때 그 이면에는 환상이 위장하고 있다. 환상은 우리가 설정한 무대이고 갖춰 입은 옷이자, 목적을 달성했다는 증거로 꾸민 외모다. 법과 윤리의 테두리 안에서 꿈꾸는 환상은 주주, 증권중개인, 변호사, 경쟁자 그리고 (회사의 급속한 발전을 환영하는) 일반 대중의 상상 속에 가장 유리한 이미지를 만들 수 있는 무기다.

어쩌면 당신은 이렇게 물을지 모르겠다. "하지만 페냐, 기업에 대한 환상도 만들어내라고 말하는 건가요?"

당연하다! 필요한 게 뭐든 그렇게 해야 한다! 당신이 한 기업의 회장이라면 최고의 제품과 서비스 생산 같은 기업의 당연한 의무를 능가해야 한다. 업계에 비쳐지는 회사 이미지에 신뢰를 불어넣는 일에 밤낮으로 힘써야 한다. 회사 건물만 덩그러니 큰 게 아니라 업계에서 독보적 위치를 차지한 것처럼 보여야 한다.

이미지의 중요성은 2008년 베이징 올림픽 당시 중국 정부의 태도에서도 드러났다. 베이징 인근의 많은 공장이 대기 오염은 아랑곳하지 않고 저렴한 무연탄을 태웠다. 디젤 트럭과 버스, 개인 차량의 폭발적 증가 또한 베이징 하늘을 희부연 갈색으로 덮는 데 일조했다. 외국에서는 '아침 안개' 또는 '유황 일몰'이라며 이를 비웃었다. 각국의 운동 코치와 후원자들은 선수들이 그런 갈색 안개에서 숨을 쉬으니 차라리 올림픽 출전을 포기하는 게 낫다는 뜻을 넌지시 내비쳤다. 하지만 중국 정부는 걱정하지 말라며 그들의 우려를 일축했다.

한편 10억 달러 규모의 공항에서 베이징으로 연결된 잘 닦인 도로들은 다 쓰러져가는 옛 마을과 쓰레기장, 빈민가까지 이어졌다. 중국 정부는 이것도 걱정하지 말라고 말했다. 심지어 수백만 중국인들은 길가와 건물 벽에다 침을 뱉고 코를 풀고 오줌을 누었다. 중국에서는 흔한 풍경이긴 하다. 여전히 중국 정부는 전혀 문제없다고 밝혔다.

세계 각국을 맞을 준비를 하면서 정부는 이미지 정화 작업에 나섰다. 중국 최대의 공장들은 말 그대로 가동을 멈추고 베이징에서 수백 킬로미터 떨어진 곳으로 이전했다. 베이징의 다른 공장들은 정부 명령에 따라 10일간 문을 닫았다. 차량 소유자들은 격일로 차를 몰거나 카풀을 해야 했다. 그러지 않고 베이징시에 들어가려면 무거운 벌금을 감수해야 했다. 하늘은 깨끗해졌다.

중국 정부는 베이징을 쾌적하게 만들기 위해 주요 도로와 철도 근처의 수많은 집과 마을을 허물었다. 베이징 전역의 건설현장, 공업 지대, 폐기물 처리장, 고층 아파트들은 베이징 올림픽의 표어인 '하나의 세계, 하나의 꿈'을 홍보하는 거대한 임시 광고판에 가려 보이지 않았다. 베이징은 한순간에 공사 중인 도시도, 쇠퇴하는 도시도 아닌 모습으로 탈바꿈했다. 모든 면에서 거의 완벽했다.

올림픽에 앞서 홍보 담당자는 베이징 시민들에게 침을 뱉지 말고 '외국인 친구'를 상대로 사기를 치거나 어떠한 범죄도 저지르지 말라고 대대적으로 경고했다. 택시 기사와 호텔 직원 등 외국인과 접촉할 확률이 높은 사람들은 기초 영어 회화를 훈련받았다. 딱 10일 동안 베이징은 깨끗하고 친환경적이고 우호적인 뉴욕처럼 따스하고 보드라웠다. 그리고 이러한 베이징의 이미지는 세계인들이 그 이미지를 품고 본국으로 돌아갈 때 현실이 되었다. (나는 베이징 올림픽 직전에 베이징을 방문했을 때 믿기 어려울 정도로 청결하고 오염되지 않은 도시의 모습에 놀랐다. 이 글에서 묘사한 것처럼 중국은 상당히 깨끗했지만, 바닷가에는 여전히 갈색 연기가 뒤덮여 있었다. 하지만 그렇게 심하지는 않았다.)

———

강렬한 첫인상을 남길 기회는 단 한 번뿐이다. 첫인상을 남길 수 있는 두 번째 기회는 없다.

———

무한한 인적 자원과 자본을 가진 베이징 같은 도시는 하나의 사례일 뿐이다. 당신이 한 개인이나 회사의 대표로서 만들어내는 이미지는 어떤 것인가? 강렬한 첫인상을 남길 기회는 단 한 번뿐이다. 진부하지만 이 말은 틀림이 없다. 첫인상을 남길 수 있는 두 번째 기회는 없다.

당신에게 인터뷰 요청을 한 청년이 있다고 가정해보자. 약속 시간보다 15분 늦게 도착한 청년은 청바지 차림에 '배드 보이Bad Boy'라고 적힌 티셔츠를 입고 왔다. 여자처럼 머리를 길게 기르고 귀걸이와 동물 문신을 한 데다 행동도 특이하다. 이 청년이 하버드 경영대학원을 졸업했다 해도 당신은 전혀 관심도 없을 것이다. 이미 판단은 끝났다. 이런 놈팡이한테도 편견 없이 대하는 게 옳은 행동이고 그래야 열린 사람이라는 걸 보여줄 수 있다 해도 그 청년은 이미 당신 안중에 없을 것이다.

(내가 아는 한 정치적 올바름이란 개념은 습관적으로 투덜대는 사람들과 피해의식에 사로잡힌 사람들을 달래기 위해 심리학 용어를 지껄이는 사람들이 지어낸 것이다. 하지만 내가 뭘 알겠는가? 나는 그저 '돈 잘 버는 백인'일 뿐인데.)

이야기의 핵심은 이 청년이 찰나의 순간에 멍청하고 못난 얼간이 이미지를 만들었다 해도 그 모습은 상대가 그렇게 믿기에 충분히 진짜라는 거다!

나는 업무 회의를 할 때, 특히 낯선 사람과 하는 첫 회의에는 격식에 맞는 옷차림을 하고 간다. 이런 옷차림은 새빌 로(영국 런던의 전통 맞춤 양복점 거리)의 맞춤 정장과 조끼, 특별 주문한 와이셔츠, 화려한 넥타이, 고풍스러운 금색 회중시계, 가슴주머니에 자연스럽게 꽂힌 손수건을 뜻한다. 이런 차림을 한 사람들이 보내는 메시지는 이것이다. '나는 너희들과 다르기 때문에 너희들과 비슷해 보이는 것을 거부한다.' 그렇게 회의실에 들어선 나는 나를 만난 바보들이 자신의 인생과 운명이 바뀔 거라는 걸 한눈에, 아주 찰나에 알아차리기를 바란다. (70세가 넘은 지금도 나는 유니폼이라고 불리는 옷을 갖춰 입는다. 이제 나한테는 별 효과가 없지만 전 세계의 수많은 멘티와 추종자들에게는 효과적이다.)

하지만 다들 알고 있을까? 나는 대성공을 이루기 전에도 이렇게 입고 다녔다.

나는 유럽의 나토에서 일하고 돌아온 뒤로 나에게 유리하게 옷을 차려입었다. 그곳에서 유럽인들이 얼마나 옷을 잘 차려입는지 처음 목격했는데, 유럽에서는 젊은 직원들도 옷이며 행동, 표정에 신경을 쓰고, 침착하고 유식하며 자신감 넘치는 이미지를 연출했다. 실제로는 가볍고 얄팍한 사람일지 몰라도 그것과 상관없이 오만에 가까운 자신감을 드러냈다. (나는 60년 넘게 애리스토틀 오나시스의 오른팔이었던 오나시스 선박의 CEO 콘스탄틴 그라토스를 나의 멘토로 삼으면서 그와 함께 일하고 교류하는 특권을 누렸다. 어느 날 그라토스는 이렇게 말했다. "페냐, 잊지 마. 옷은 영국인처럼 입고 생각은 유대인처럼 해야 해.")

캔디스 놀Candice Noll은 아직도 잊히지 않는 사람이다. 나는 런던과 휴스턴을 왕복하던 1983년에 놀을 처음 만났다. 놀은 세련된 여자였다. 놀의 회사 이그제큐티브 롯징Executive Lodging은 상류층의 요구와 취향에 맞춘 특화된 고급 관리 서비스를 제공한다. 놀은 부유한 기업가들을 많이 상대했다.

"페냐가 회의실에 들어올 때의 모습이 아직도 기억나요. 맞춤 정장을 입고 가슴주머니에는 한 치의 흐트러짐 없이 손수건이 꽂혀 있었고 금색 커프스 단추를 하고 있었죠. 세세한 부분까지 완벽했어요. 이런 모습에 좋은 인상을 받지 않을, 압도되지 않을 은행가가 있을까요?"

그들은 분명 내 모습에 압도되었다. 그 후 나는 여러 해에 걸쳐 돈을 빌리러 은행에 갔다. 나는 낯빛이 창백한 대출 담당 직원 중 한 명에게 미주리 전함이 부두에 접근하듯 다가갔다. 완벽하게 차려입은 나의 정장과 태도, 부리부리한 눈빛에 압도당한 불쌍한 은행원 녀석은 속으로 이렇게 생각했을 거다. '왜 저런 사람이 돈을 빌리려고 하지? 우리가 저 사람한테 돈을 빌려야 할 것 같은데.'(은행원들은 아직도 내가 은행에 들어서면 움츠러든다.)

이 같은 맥락에서 로버트 링거Robert J. Ringer의 흥미로운 책《위압으로 승리하기Winning Through Intimidation》를 추천한다. 이 책은 사업에서 주도권을 잡으려면 확신에 찬 태도를 가지라고 주장한다. 1970년대에 쓰였지만 이 책에 나오는 전략은 21세기인 오늘날에도 적용된다.

자기 사업에서 퀀텀 리프을 경험하는 내 친구인 베르디에 부부는 세계 주요 도시에서 공예품 전시를 준비하고 열기 위해 1년의 대부분을 이동하며 보낸다. 둘은 목적지나 일정에 상관없이 여객기를 탈 때는 고급 옷을 차려입는다.

딘은 이렇게 말했다. "청바지에 운동복 차림으로 비행기를 타면 편한데, 그런 유혹을 물리치는 데는 여러 이유가 있어요. 첫째, 업계 동료나 의뢰인을 비행기에서 우연히 마주칠지도 모르고 사업 계약의 기회가 있을 수도 있죠. 일등석을 탔을 때는 특히 더요. 그리고 우리가 잘 차려입었을 때는 항공사 직원들의 대우가 달라져요. 더 친절하고 서비스 질도 좋죠. 또한 일등석 업그레이드가 가능한지 물어보면 허용할 확률이 더 높아요."

이때 옷은 그 이상의 가치를 지닌다.

앞서 태도와 눈빛 교환에 대해서도 언급했다. 이것들은 강렬한 이미지를 연출할 수 있는 가장 중요한 비언어적 신호이기 때문이다. 여러 연구를 살펴봐도 영향력 있는 사람들은 대화의 주도권을 잡기 위해 눈의 움직임을 활용한다. 예를 들어 실행력이 탁월한 사람들은 말할 때 다른 사람의 눈을 똑바로 바라보지만 남의 말을 들을 때는 시선을 돌린다. 기업의 다른 임원이 말할 때 계속 그 사람을 바라보는 임원은 너무 상대의 비위를 맞추려는 것처럼 보이고, 상대의 조종에도 취약하다.

많은 책이 새로운 인간관계를 맺을 때 미소를 지으라고 조언한다. 상대를 편안하게 해주라는 것이다. 하지만 나는 협상을 하기 위해 다른 임원실에 들르거나 돈을 빌리러 어느 바보 같은 대출 담당 직원을 찾아갈 때 그 바보들의 기분을 맞추고 싶지 않다. 내 목적은 누군가에게 아첨할 필요가 없는 대성공자의 이미지를 빠르게 전달하는 것이다. 나는 그들의 친구나 만만한 동네북이 되려고 그들을 찾은 게 아니다. 상대의 활동무대에서 그의 기선을 제압하려는 것이 목적이다. 그러면 상대는 계속 방어 태세를 취하며 허우적댈 테고, 나한테 듣기 좋은 말을 하면서 내 환심이나 호의를 얻으려고 할 것이다.

그럴듯하지 않은가?

억만장자로서 나의 또 다른 규칙 하나는 명함을 들고 다니지 않는다는 것이다. 뭐 어떤가? 테드 터너나 도널드 트럼프가 명함을 들고 다닐 것 같은가? 대성공자는 사람들에게 명함을 건네지 않는다. 그 대신 이렇게 말한다. "비서에게 내 사무실로 연락하라고 하세요. 비서가 내 연락처를 알 겁니다." (오래전에 넬슨 벙커 헌트Nelson Bunker Hunt와 사업 관계를 맺었었는데, 나는 그가 은 시장을 독점하지 않겠다고 선언한 유명한 기자회견장에 있었다. 기자회견을 마치고 중견 기자 한 명이 명함을 요구하자 헌트는 이렇게 말했다. "나는 명함 안 가지고 다녀요. 어디로 연락해야 하는지 알잖아요.")

물론 첫인상은 중요하다. 하지만 찰나의 첫 이미지보다 훨씬 더 중요한 건 그 이미지를 유지하는 것이다. 결국 잠재적 투자자와 대금업자, 주식 파트너의 머릿속에 남을 당신의 다면적 이미지는 여러 소규모 회의와 접촉이 쌓여서 만들어진다. 접촉이 늘어날 때마다 당신이 누구인지, 성격과 인품, 사업 스타일은 어떤지 등에 관해 새로운 정보가 더해진다. 이렇게 여러 측면으로 인상을 남길 때는 모순된 이미지로 혼란을 주지 않는 것이 핵심이다. 타인에게 보이는 많은 모습은 당신이 만들고 싶은 자신의 전반적 이미지와 일치해야 한다.

마크 맥코맥Mark McCormack은 베스트셀러 《110%의 인생을 사는 비결The 110% Solution》에서 첫인상을 균형 있게 보는 법에 관해 예리한 주장을 펼친다.

"살면서 그리고 일터 안팎에서 장기적으로 맺는 관계에 대해 생각해보자. 처음 만난 누군가에게 압도되면 당신의 가능성은 꽃을 피우지 못한다. 무엇보다 그 누군가가 두 번째, 세 번째, 네 번째에도 계속 당신에게 영향을 미쳐 가능성의 싹을 자른다."

동료나 직원에게 한결같은 이미지를 유지하는 것 또한 매우 중요하다. 보통 행동 A가 반응 A를 가져온다는 것을 알고 있어야 한다. 사장의 기분과 반응이 어떤지, 사장이 오늘 어떤 가면을 썼는지 생각하느라 머리를 쥐어짜지 않아야 직원들도 더 효율적으로 일할 수 있다.

감정을 드러내지 않고 어떤 일에도 동요하지 않는 상사의 이미지를 구축하라는 말이 아니다. 상사는 대체로 믿음을 주고 정당하게 화를 내며 때로는 감탄할 줄도 알아야 한다. 특별한 경우를 제외하고는 책상을 쾅쾅 내리치는 과장된 행동은 피하라. 그러면 더 깊은 인상을 남길 것이다. 마크 맥코맥은 상대의 예상을 뛰어넘는 행동도 추천한다. 당신이 고함칠 거라고 직원들이 예상할 때 부드럽지만 단호하게 말하라. 협상 테이블에서 상대가 당신이 어떤 전략을 펼치리라 예측한다면 작전을 바꿔 다른 패턴으로 움직여라. 일관성은 미덕이지만 예측 가능한 행동은 상당히 재미없다.

기업 이미지 측면에서 적당히 성공한 일부 기업은 내가 위에서 언급한 애송이 청년과 매우 흡사한 이미지를 고수한다. 플로리다의 한 마케팅 회사에서는 사장은 운동복을, 직원들은 청바지나 반바지를 입고 출근한다. 임원실은 마치 공장 작업장 같은 느낌이다. 일하는 분위기는 온종일 어수선하다. 미숙한 직원들은 큰 소리로 아는 척만 해대고 친한 거래처까지 불만을 터트릴 정도로 고객사에 막말을 퍼붓는다. 전문성을 기대하고 이 회사를 찾은 고객들은 과연 어떤 인상을 받을까? 심지어 경쟁사에 이 회사를 언급할 수도 있는 공급업체들은? 사장이 쉬지 않고 잘난 체하는 인간이라면 그 회사는 결코 대성공을 이루지 못할 것이다.

이럴 때는 회사를 정리하는 게 아니라 임원이 열망하는 지점까지 기업 이미지를 끌어올려야 한다. 앞서 2장에서 언급한 것처럼 나는 그레이트웨스턴이라는 소형 보트를 명성 있는 마리온 정제회사에 묶어 항해하기 좋게 만들었다. 회색 철제 책상에 앉아 있는 소심한 공무원들은 그레이트웨스턴의 가치와 규모를 마리온과 비교해 물을 생각도 하지 못했다. 비록 내가 아이 방에서 일하고 있을지라도.

내 회사보다 규모가 큰 회사와 손잡고 동등한 위치로 보이는 합작

회사를 차린 것은 단순한 전략이었지만 성공 사다리를 오르는 핵심이었다. "합법적으로 회사를 차렸겠지." 이러한 추측은 이렇게 이어진다. "그들이 누구와 손잡았는지 한번 봐."

우리가 성과를 올리는 데 크게 기여한 또 다른 이미지 구축 방법도 있다.

첫날부터 그레이트웨스턴은 배당금을 지급했다. 아주 큰 액수는 아니었지만 회사의 재정 형편 내에서 어떻게든 주주들에게 배당금을 나눠 주었다. 첫 시작부터 우리 주식이 유망한 주식으로 보였으면 하는 바람에서였다. 그러자 뮤추얼펀드 포트폴리오 매니저들은 그레이트웨스턴 주식을 안전한 투자 자산으로 여기기 시작했다.

투자자들이 그레이트웨스턴의 배당금 기사를 볼 때는 '1975년 이후에 지급된 배당금이냐, 2개월 전에 지급된 배당금이냐'가 중요한 게 아니었다. 그저 '배당금'이라는 단어만 눈에 들어오면 되었다. 우리는 단번에 시장의 신뢰를 얻었다! 사람들은 인컴펀드(고배당주 등에 투자해 일정 기간마다 수익 또는 이자를 챙길 수 있는 펀드)를 미친 듯이 사 들였다! 치솟는 주가는 4개월 만에 거의 2배로 뛰었다.

어느 누구도 전화해서 이렇게 물은 사람이 없었다. "얼마나 오래 배당금을 지급했나요?" 인식은 현실이다. (시간이 흘러 나는 회사를 떠났지만 계속 상당한 주식을 보유하고 있었다. 그때 이유는 알 수 없지만 회사가 배당금 지급을 중지하기로 했다. 이는 자기 발등을 자기가 찍는 꼴이 되었다. 배당이 만료됐을 때 주식은 곤두박질쳤고 주주들은 큰돈을 잃었다.)

나의 제자 중에 사업가 기질이 있는 조종사가 있었다. 그를 '윌버 Wilber'라고 부르겠다. 윌버는 비행이 없는 날이면 집 근처에서, 혹은 일 때문에 잠시 머무르던 호텔 밖에서 운동을 했다. 윌버는 비행기 조종을 뛰어넘어 자신만의 '드림팀'을 만들 생각에 대형 회계법인이나 투자은행과 면담하는 상상을 멈추지 않았다. 그리고 총명하고 인정받는 사업가가 되는 뚜렷한 이미지를 계속해서 그렸다.

만약 당신이 그 당시 윌버에게 전화를 걸었다면 그는 "여보세요"라고 하지 않았을 것이다. 윌버는 자동 응답기를 회사의 전화 교환원처럼 활용했다. "좋은 아침입니다. 다각화 기업입니다."

일단 전화를 건 사람이 확인되면 마치 중역 사무실에 있는 듯한 윌버에게 연결된다. 윌버는 원격 착신 전환 서비스도 이용한다. 그래서 어느 호텔에 잠시 체류 중이더라도 자신이 만든 이미지를 유지할 수 있다. 윌버는 이렇게 말할지 모른다. "안녕, 친구. 이렇게 하는 데 한 달에 100달러밖에 안 들었어. 사람들은 우리 회사를 필라델피아 도심의 높은 빌딩에 자리한 대기업으로 인식하고 있을 거야."

베르디에 부부는 그들이 하는 공예품 전시 이미지를 고급스럽게 만들기 위해 품격이 높은 회사와 후원자들에게만 입장을 허락한다. "이 분야의 좁은 시장에서 우리 출품작들은 박람회장에 전시되어야 했죠. 그러려면 고급 이미지를 기획하기 위해 훨씬 더 열심히 뛰어야 하고, 우리 전시에 묻어가는 벼룩시장과는 최대한 거리를 둬야 했어요. 우리 전시가 인기와 명성을 얻을수록 각 도시의 전시 후원자를 더 까다롭게 선발했어요. 우수한 이미지를 유지하려는 취지로, 고급화 전략을 마음에 들어 하는 신문이나 라디오방송국, 은행, 음료회사 등 신뢰받는 곳의 후원만 받았어요."

조지 베르디에는 이런 이미지가 오래갈 거라고 강조한다. 수익성 있고 성공적인 행사를 조직하기 위해 조지와 딘은 전시가 열리기 한참 전부터 해당 시장에서 고급스러운 이미지를 홍보한다. "일단 전시회가 열리면 우리가 만든 이미지에서 행사의 질이 어떤지로 시선이 옮겨가요. 그러면 우리는 정성스레 구축한 기존 이미지를 명성이 결합된 이미지로 현실에 맞게 대체하죠. 사람들이 계속 따라오지 않으면 세상의 모든 이미지는 모래 위에 쌓아 올린 집이나 마찬가지예요."

그레이트웨스턴의 발전 초기에, 회사와 내가 성과를 거두고 있다면 회사와 내가 모두 이미 성공한 것처럼 보여야 한다는 생각이 강해졌다. 사업 파트너, 투자자, 금융계 사람들은 내가 계획한 미래의 모습으로 나를 봐야 했다. 아니면 우리에게 미래는 없었다! 너무 인상적이어서 의심의 여지 없이 실제처럼 느껴지도록 내가 원하는 이미지를 재빠르게 주입해야 했다.

그래서 내가 앞서 언급한 것처럼 구입할 형편이 안 됐는데도 거스리성을 산 것이다.

거스리성 매입은 돈이 많이 드는 프로젝트였다. 미국의 주요 도시에서 스코틀랜드의 시골로 거처를 옮기는 것은 감정적으로나 현실적으로 버거운 일이었다. 하지만 효과는 있었다. 스코틀랜드 성을 가졌다는 건 맨해튼의 회의실이나 사무실에서 흥미로운 대화거리가 되었고 질투 어린 감탄을 끌어냈다. 월스트리트의 도움이 더는 필요하지 않았을 때, 나는 더 엄청난 현실을 이루는 이미지를 만들기 위해 거스리성을 구입했다.

환상에 대해 좀 더 말하자면, 나는 성을 살 때 만만한 구매자로 보여서는 안 된다고 생각했다. 어쨌든 매매를 위해 값비싼 부동산을 가진 '척'하는 사람들이 있었다. 그들은 유럽에서 발행된 간행물의 광고면을 보고는 단순히 성이나 대저택에 입장하거나 '구경하려고' 차를 끌고 여기저기 다닌다. 제대로 된 부동산중개인은 바로 이런 사기꾼의 냄새를 포착하고 경멸 섞인 눈길을 보낸다.

나는 이런 사기꾼과 다르다는 걸 보여주기 위해 성을 구입할 형편이 된다는 이미지를 만들었다. 매번 성을 보러 가기 전에 기사가 모는 고급 자동차를 빌렸다. 지면 위를 매끄럽게 움직이는 차를 타고 나타나면 부동산 업자의 태도가 어떨지 당신도 상상이 갈 것이다. 당연히 그들은 아주 정중하고 친절하게 나를 맞았다. 하지만 더 중요한 건 내가 진지한 협상 테이블에 앉게 됐다는 사실이다. 성을 매입하는 본론에 들어가기 위해 의도적으로 인식의 틀을 사용한 경우다.

거스리성이 극단적 예라는 건 인정한다. 그렇다면 더 높은 성공에 도달하기 위해 당신이 구축해야 할 성공의 이미지는 어떤 모습인가? 사업의 성공을 가속화하려는 목적으로 고급 승용차를 사거나 상류층 모임에 들어갈 때 당신이 욕망한 목표를 이미 이룬 것처럼 행동하지 않는가? 분명 당신도 그럴 것이다!

물론 쉐보레를 타고 다니다가 대성공을 이룬 뒤에 롤스로이스를 살 수도 있다. 하지만 그러면 계속해서 쉐보레 사고방식으로 생각하게 되고 다른 사람에게도 그런 식의 생각을 하게끔 부추긴다. ("그 사람은 낡은 쉐보레 타더라. 진짜 돈이 없나 봐. 그래도 우리한테 돈 빌려달라고 안 해서 다행이야.") 1999년에 나온 청색 포르쉐 911을 타는 빌 게이츠나 링컨 타운카를 타는 워런 버핏Warren Buffet은 예외이다. (지금 빌 게이츠가 타는 차는 잘 모르지만 버핏은 아직도 링컨 타운카를 탄다.)

명망 있는 의료 서비스 회사의 CEO였던 릭 스콧Rick Scott도 예외다. 스콧은 거대 기업을 세울 동안 라디오도 없는 뷰익을 몰고 다녔다. 하지만 미국 최고 부자들이 참석하는 사교 모임 덕분에 스콧의 이런 개인사는 한층 더 빛을 발했다. (원래 스콧은 내 변호사였다. 1980년대 중반, 스콧이 내게 어떻게 하면 나처럼 돈을 벌 수 있냐고 물었다. 그래서 나는 "당신이 나를 떠나면 된다"고 답했다. 그랬더니 다시 어디로 가야 하냐고 물어왔다. 의료 서비스 그리고 인터넷으로 업종을 바꾼 텔레코Teleco를 말해줬다. 이후 스콧은 30년 넘게 의료 서비스와 인터넷은 우리가 가야 할 길이라고 말하고 있다. 스콧은 세미나 초기의 내 열혈 추종자였다.)

여기서 배울 점은 당신이 남들 눈에 성공한 사람처럼 보여야 한다는 것이다. 할리우드 사람들은 대대로 이렇게 해왔다.

이 전략은 얼간이 대출 담당자를 상대하는 것보다 훨씬 유용하다. 일단 성공했다는 이미지를 심어주면 사업가들은 당신과 어울리려고 할 것이다. 그러면 다른 사람을 통해 가능성 있는 거래를 찾고 기회를 얻기 위한 시간을 절약할 수 있다. 물고기가 당신 그물로, 심지어 낚싯배 안으로 알아서 뛰어들기 때문이다.

당신은 남들 눈에
성공한 것처럼 보여야 한다.

물론 협상가로서 내 이미지는 현실이 되었다. 결과적으로 수년간

사업 파트너를 찾는 개인과 기업이 보낸 사업계획 및 실행 방안, 심지어 괜찮은 아이디어까지 내 사무실로 물밀 듯이 밀려들었다. 내가 준비된, 만만치 않은 진짜 선수라는 걸 그들도 안 것이다!

(지금도 내 문은 활짝 열려 있다. 나는 항상 새로운 기회를 모색하고, 자주 미팅을 다니며, 공항 등 여러 곳에서 사람들을 만난다. 출장 중에 내가 하는 건 개구리들에게 키스하기이다. 개구리들에게 키스를 해야 진짜 왕자가 누구인지 찾을 수 있기 때문이다. 나는 아직도 개구리들에게 키스한다. 70세가 된 지금까지도. 여러 도시로 출장을 다니면서 사람들을 많이 만나는 이유는 죽을 때까지 엄청난 거래라는 가능성을 찾아다니고 싶어서다.)

전도유망한 기업이나 개인이 이미지를 만들기 위해 사람들에게 환상을 심어주는 방법은 무한하며, 사업 운영의 모든 단계에 적용할 수 있다. 기업의 일생을 놓고 봤을 때 성공한 회사는 전략적 시점에 기업 이미지를 한층 끌어올려야 한다.

처음 주식공모를 준비할 때는 막대한 성공을 코앞에 둔 민첩하고 역동적이며 공격적인 회사처럼 보여야 한다. 그런 회사를 포착할 증권중개인과 구매자도 필요하다. 당신은 〈월스트리트저널The Wall Street Journal〉 칼럼란에 정기적으로 기고를 하고, 회사의 최고경영진은 사업 수완을 자랑하며 자신감을 물씬 풍기는 상류층으로 보여야 한다. 그러면 회사를 상장하면서 마음이 편해질 것이다.

증권중개인은 물론이고 회사를 상장하기 한참 전부터 점심시간에 당신에 대해 열심히 떠들며 회사 주식에 눈독을 들이는 잠재적 구매자도 필요하다. 명심하자. 주식의 이미지는 액면가에서 나오는 게 아니라 주식을 만들어내는 수요에서 나온다. 제대로 진행했다면 당신의 공모 주식은 런던의 그레이트웨스턴 주식처럼 열정적 투자자들이 기꺼이 매수할 잘 팔리는 주식이 될 것이다.

회사를 매각할 때가 오기 전에 수익성 좋고 성공한 회사의 이미지를 만들기 위해 다수의 입증된 전략을 사용하라. 이를 위한 세부 전략은 다음 장에서 다룰 것이다.

우리는 이미지의 세계에 살고 있다. 진짜처럼 보이는 것들도 실제로는 아무것도 아니다. 사람들이 당신을 믿게 하려면 교묘하게 속이는 조종자가 되어야 한다. 거래 상대방은 당신의 에너지 소모를 위해 분주하게 이미지를 만들고 있다는 사실을 잊지 마라. 거짓말로 가득한 이력서부터 재무제표에 이르기까지 모두 다! 그들은 '지상 최대의 서커스'를 자랑하는 링글링 브라더스_{Ringling Brothers}보다 우리를 더 잘 속일 것이다!

정치는 저글링 곡예를 잘 보여주는 예다. 모든 정치적 사건을 재해석해서 형편없는 얼간이도 멋있어 보이게 만든다. 선거철에 정치인들이 유권자에게 듣고 싶은 말은 이미지가 좋다거나 나쁜 이미지를 깼다는 말이다.

수년간 힐러리 클린턴은 대중에게 냉정하고 계산적인 야심가 이미지로 각인됐다. 미국인들은 힐러리를 좋아하거나 증오하거나 극과 극이었다. 2008년 대선 캠프 동안 힐러리는 민주당 경선에서 당시 상원의원 버락 오바마_{Barack Obama}와 맞붙었다. 오바마의 이미지는 온화하고 매력적이며 호감이 가는 아프리카계 미국인 쪽이었다. 결과적으로 이 말쑥하고 상냥한 흑인은 사실상 이렇다 할 정치 경험이 없었는데도 민주당 경선 투표에서 힐러리를 이겼다. 힐러리 클린턴은 뉴욕

상원의원으로 수년간 정치 경험을 다져왔고 전 대통령 빌 클린턴의 아내인 백악관 사람이었는데도 말이다. 오바마와 힐러리의 상반된 이미지는 주요 정치 쟁점에 근거한 게 아니었다. 어쩌면 세계에서 가장 유명한 미국 여성의 이미지를 경선 후보자인 오바마의 이미지가 누른 것이다.

어디서든 사람들이 당신의 이미지를 믿게 만들어야 한다. 이건 단지 환상을 심어주는 수준이 아니다. 당신을 진짜처럼 보이게 만드는 건 정말로 중요하다.

이상향의 세계라면 개인이든 기업이든 자기 모습을 '있는 그대로' 보여주는 게 솔직하고 정직할 것이다. 하지만 이상향에 도달하기 전까지는 타인이 당신에 대해 갖는 이미지가 당신의 실제 모습이 될 것이다. 그러니 최대한 유리하게 현실을 만드는 건 당신 몫이다.

다행히도 당신은 그 일을 혼자 하지 않아도 된다. 수많은 훈련으로 단련된 다양한 전문가들을 주변에서 모을 수 있기 때문이다. 다음 장에서는 이러한 드림팀에 대해 살펴볼 것이다. (QLA 모델과 방법론을 비롯해 여러 기초를 다지는 일 중 하나가 드림팀을 만드는 것이다.)

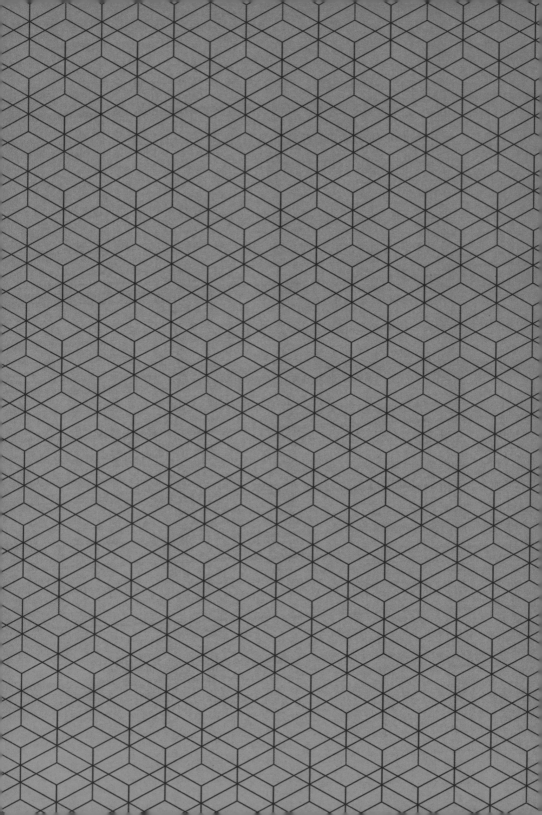

Chapter 6

당신만의
드림팀을
만들어라

"통치자의 총명함을 판단하기 위한 첫 번째 방법은
그의 주변 인물을 살펴보는 것이다."

- 니콜로 마키아벨리

당신이 아무리 유능할지라도 혼자서 모든 일을 해낼 수는 없다.

어쩌면 당신은 두 사람 또는 세 사람 몫의 일을 혼자서 감당하려 할 수도 있다. 어떻게든 대성공을 이루려고 오랜 시간 죽어라 일할 것이다. 그렇다고 해서 당신이 실제로 두 사람 혹은 세 사람이 되기는 힘들다. 자금 조달 건을 매듭지으려 정오에 로스앤젤레스 은행에 들렀다가, 계약서에 사인하기 위해 2시에 맨해튼에 있을 수는 없다. 아무리 단호하고 열정적이며 비전이 뚜렷하고 실행력이 탁월한 사람이라 하더라도 모든 행위를 실행에 옮기고, 모든 수치를 확인하고, 성장하는 과정에 있는 회사가 만든 모든 계약을 검토할 전문성, 에너지 혹은 시간이 있을 수는 없다.

당신의 기업가 정신이 만들어낸 회사는 당연히 자부심의 원천이다. 당신만큼 회사를 사랑하고 걱정하며 비전을 잘 파악하고 있는 사람은 없다. 그럼에도 불구하고 회사를 당신이 꿈꾼 모습으로 만들기 위해서는 당신이 만들어낸 것의 일부, 아니 실은 많은 부분을 포기해야 하는 순간이 온다. 회사 안팎의 다른 사람들에게 원작자의 자부심을 넘겨줘야 한다.

때로 원작자의 자부심에 집착하는 창립자들 때문에 전도유망했던 수많은 회사들이 사라졌다. 부모와 자식 관계에서 유사점을 찾아보자. 당신에게는 당신이 낳은 사랑스러운 딸이 하나 있다. 어린 딸을 잘 양육해서 행복하고 총명하며 성공한 사람으로 성장시키는 게 당신의 최대 목표이다. 하지만 당신 혼자 힘으로는 그 일을 할 수 없다. 양육 과정에서 학교 선생님이나 피아노 강사, 캠프 지도자 등에게 딸을 맡겨야 한다. 운이 좋다면 목표를 이루겠지만 그러기 위해서는 다른 사람들, 특히 엄선된 전문가들과 아이에 대한 통제권을 나눠 가져야 한다.

당신의 회사와 당신이 맺는 기업가적 관계도 마찬가지다. 당신은 회사의 방향을 잡는 데 도움을 주고 조언을 해줄 금융, 회계, 세법 전문가를 고용하고 유지해야 한다. 당신에게는 증권중개인, 투자은행가, 상업은행가, 변호사, 회계사 그리고 당신이 가치 있게 여기는 지식을 가진 다양한 분야에서 일하는 전문가들의 능력이 필요하다. 그러다 마침내 이윤을 추구하는 다수의 이해관계자와 당신의 기업적 성과물을 당신의 열정이 아니라 숨김없는 욕망으로 바라보는, 적어도 은퇴 후의 여유로운 삶을 위한 잠재적 원천으로 바라보는 낯선 사람들에게 하나씩 매각하는 날이 찾아온다.

이것이 당신이 대성공으로 향하는 문을 열어젖히기 위해 2개의 지렛대를 활용하는 이유이다. 즉, 다른 사람과 그들의 돈을 활용하는 것이다. 다양한 배경을 가진 사람을 선별해 당신의 '드림팀'을 구성해야 한다. 그중 먼저 이사회를 이야기해보자. 이사회는 다른 무엇보다 먼저 구성해야 할 드림팀이다.

이사회

내가 이사회를 언급하면 아마 당신의 첫 반응은 이럴 것이다. 저기요, 쥐구멍만 한 회사에 이사회를 만들기에는 너무 이른 거 아닌가요? 전혀 그렇지 않다. 이사회 구성은 가장 중요하고 시급한 요건이다. 야구 경기를 한다고 하면 4회까지 다른 선수들 없이 당신 혼자서 모든 포지션을 소화할 생각은 안 할 것이다. 그렇다면 유일한 전문가인 당신이 책임 있는 자리를 모두 맡는 상황에서 사업을 시작할 이유가 뭐가 있겠는가?

당신은 당신 회사를 평범하고 단순하다고 여길 수도 있다. 하지만 성공한 기업이 되기 위해 퀀텀 리프를 준비하고 있다면 경기장의 모든 위치에 지금 바로 선수들을 배치해야 한다! 경기가 시작되기 전에 말이다. 아직 법인을 설립하지 않았다면 법인을 설립하라. 회장직과 CEO직을 맡고, 당신의 드림팀 이사들을 찾아 나서라.

(이후 나는 먼저 회사를 법인화하지 않고 이사회, 즉 드림팀을 꾸리는 것이 쉽고 믿을 만한 방법임을 알게 됐다. 여러 가지 이유가 있지만 일단 한 가지만 말해두겠다. 금융기관 또는 자금을 구하는 방식이 회사의 형태를 규정한다. 유한책임회사일 수도 있고 소규모 기업일 수도 있다.)

이사회가 당신의 드림팀에 가져다줄 가장 직접적인 이익은 신뢰와 명망이다. 이사회를 위한 최고의 후보군은 최근 은퇴한 CEO나 지역권, 광역권 또는 전국적 기업의 간부들이다. 그들에게 접근하는 것은 아주 어렵지도 않다. 나에게 맞는 멘토를 찾는 것처럼 그냥 전화하면 된다. 전화를 걸어서 지금 상황과 지향하는 방향, 영세 기업을 성장시키는 것을 포함해서 뭐가 됐든 당신의 목표와 관련해 당신이 가진 기발한 생각을 전달하면 된다. 상대방의 지식과 경험, 명망이 당신의 회사에 더해지길 당신이 바라고 있음을 표현하라. 고위급 인사들이 얼마나 수용적인지 알고 나면 당신은 깜짝 놀랄 것이다. 내 동업자 중한 명은 그들의 관심을 끄는 데 가장 효과적인 수단이 이메일이라는 사실을 알아냈다. 이메일 주소를 어떻게 알아내는지 모르겠다고? 회사에 전화해서 물어보거나 웹사이트에서 찾으면 된다.

고위급 인사들은 당신에게 나눠 줄 경험과 지혜가 풍부하다. 하지만 이제 아무도 자신들의 의견을 궁금해하지 않는다는 사실에 좌절했을 것이다. 그들은 이제 시간이 많아서 골프를 치다가도 언제가 됐든 당신이 원하는 관심과 시간을 줄 수 있다. 그리고 당신이 회사를 운영하는 데 있어서 그들이 지장을 줄 확률도 높지 않다.

많은 은퇴한 고위직 인사들이 하는 질문은 이런 것이다. "내가 어떻게 도움이 될 수 있을까요? 뭔가 도움이 안 된다면 개입하고 싶지 않습니다." 〈포천〉 선정 1,000대 기업의 전 CEO가 당신 회사의 성공에 자신이 '기여'할 수 있을지 묻는다는 것은 매우 기분 좋은 일이다! 그러니 발상을 전환해 이렇게 물어보라. "선생님, 이사 자리에 고려할 만한 다른 사람들도 추천해주시기 바랍니다."

(최근 나는 내 세미나 참석자와 멘티들에게 이렇게 말해왔다. 우리가 그들의 입에서 듣고 싶은 마법 같은 말은 "내가 도움이 될 수 있을지 정말 궁금합니다"라고.)

당신의 사업 분야에 딱 들어맞지는 않더라도 평판이 좋고 노련한 사람을 이사회 의장으로 선출하라. 의장은 최대한 무게감을 가진 인사여야 한다. 많은 일을 해봐서 경험이 매우 풍부하고 과거에 수백 건의 사업상 거래를 주도해본 사람이어야 한다. 부동산 업계에서는 그런 사람을 '앵커 테넌트_{anchor tenant}'(쇼핑센터로 사람들을 유인하는 유명 점포를 의미하는 말로, 여기서는 대표적 인물을 상징한다―옮긴이)라고 부른다. 나 또한 여러 기업의 의장직을 맡고 있다. 신생 기업에서 무슨 일이 일어나든 간에 내가 이미 '겪어봤고 해봤기' 때문에 문제 해결을 위해 나설 수 있었다.

이사회를 구성하는 나머지 이사들은 하나의 공통점(당신보다 사업적, 재정적 경험과 감각이 뛰어나다는 것)을 가진 다양한 배경의 사람들이어야 한다. 이상적인 이사회에는 재정 및 회계 전문가, 당신이 이루려고 하는 목표를 이미 달성한 같은 분야의 인물 한두 명, 특히 기업 인수를 통해 회사를 기하급수적으로 성장시킨 사람이 포함돼야 한다. 4대 회계법인에 다녔던 전직 파트너를 회계 전문가로 영입할 수도 있다. 재무이사직에는 퇴직한 투자은행가도 좋다.

모두 네다섯 명 정도 되는 이사진은 그들이 없었다면 당신이 한 번도 상상하지 못했을 인맥과 조언, 아이디어로 당신을 '도와줄' 것이다. 특히 기업 인수를 열망하는 진취적 기업을 만드는 데 꼭 필요한 핵심 인물들이다.

또한 이사들은 '소송에 정통한' 사람들이어야 한다. 굳이 말할 필요가 없긴 하지만, 공개적으로 확실히 하고 넘어가자. 당신은 소송을 기하급수적 성장의 일부로 받아들여야 한다. 소송을 합법적인 사업 수단으로 여겨야 한다(만일 그렇지 않다면, 그렇게 생각하는 게 좋다). 소송만 생각하면 불편하고, 소송당하는 게 무서워 회사 이익에 반하는 행동을 할 것 같다면 이 책 읽기를 여기서 중단하고 말랑말랑한 로맨스 소설을 집어 들 것을 추천한다.

삶이 그렇듯 사업 세계에서도 이견은 있기 마련이다. 이곳에는 암살자들이 난무한다. 나는 믿어도 좋다. 나는 약 200건의 소송을 치러봤고 미국과 영국에서 패소한 경험은 손에 꼽는다. 타인의 탐욕과 오만, 어리석음은 두 번 생각할 필요도 없이 그리고 거침없이 성공에 이르는 길 밖으로 걷어차라. 걸음을 멈추고 두 번 생각할 것도 없다. 언제라도 법정에 서야 할 때를 대비해 마음의 준비를 하고 이사회의 지원을 받아라.

(유감스럽게도 미국에서 소송은 일상이다. 다른 나라에서는 소송이 그렇게 많지 않다. 그래서 당신의 드림팀 소속 이사들이 소송을 잘 알아야 한다.)

보수와 관련해서는 장래 이사와의 첫 번째 미팅에서 혹은 두 번째 미팅에서까지도 화제로 올리지 않는 편이 좋다. 당신이 제안하는 금액이 얼마든 그들이 사업 세계에서 30년 이상 쌓은 부에 비하면 턱없이 적은 돈이다. 결국 막 생각이 떠오르기라도 한 것처럼 그들이 들인 시간과 참여도에 따라 기업 가치의 2~5퍼센트를 보수로 주겠다고 언급하라. 의장에게는 참여도를 가늠해서 몇 퍼센트 정도 더 주겠다고 제안하라. 그러면 보수에 관한 문제는 마무리된다.

(이사회 수준을 높이기 위해서는 최고마케팅책임자CMO가 있으면 좋다. 확실히 재무담당최고책임자CFO, 최고운영책임자COO도 필요하고, 당신이 CEO가 될 수 없다면 별도로 CEO도 있어야 한다. 이들에게는 기업 가치의 2~5퍼센트 이상에 달하는 보수를 줘야 한다. 시기와 경우에 따라 CEO와 의장은 5퍼센트 혹은 10퍼센트 이상을 가져가기도 한다.)

이사회를 구성하고 나서 외부 회계 및 법률 전문가를 찾아야 한다는 걸 기억하라. 이사회가 다 꾸려졌다 싶으면 그때가 바로 드림팀을 계속 구축해나갈 때이다.

기업 강령

첫 번째 회계사무소에 전화를 걸기 전에 차분히 앉아서 기업 강령을 적어보라. 그렇게 하는 이유는 기업의 비전과 그 비전을 추구하기 위한 전반적인 전략을 분명하게 표현하기 위해서다. 기업 강령은 대부분의 전문직 종사자에게 중요하다. 당신이 끌고 가려는 기업의 방향을 당신이 충분히 이해하고 있는지, 당신이 가진 비전이 대담하고 명료한지 드러내주기 때문이다.

대부분의 기업 강령은 대개 뜬구름 잡는 소리이지만, 다른 기업들의 강령 사이에서 눈에 띌 수 있는 '마법의 말'이기도 하다. 예를 들어 당신이 '한 기업 분야를 장악하고' 싶고, 그 분야의 미래를 결정짓는 '대세'가 되고 싶고, '분열된 사업 부문 또는 작은 기업들을 통합하고자 한다'라는 내용의 강령을 내세운다면 어떨까. 그 강령을 읽는 사람들은 당신이 인수를 통해 기하급수적 성장을 할 계획이라는 점을 깨닫고, 같은 방법으로 매출액을 높이고자 하는 회계법인은 장밋빛 전망을 품는다. 자기 자신을 시간적 제약에 가두지 마라. 이 시점에 시간적 제약은 지엽적이다.

당신과 이사회는 기업 강령을 다듬는 동시에 이사진의 프로필도 취합해야 한다. 모든 문서를 완성하고 프레젠테이션에서 나눠 줄 자료도 보기 좋게 정리한 뒤에는 회계법인들과 인터뷰를 시작하라. 새로운 이사들에게는 분명 4대 회계법인과 쌓은 인맥이 있을 것이다. 그들의 접근권을 활용하라. 그런 게 없다면 전화기를 들고 회계법인에 무작정 전화를 걸어라.

적절한 가격에
적절한 전문가를 보유하라

———

어떤 회계사무소를 선택할 것인가? 초보자라면 대단히 평판이 좋은 회계사무소의 전문 지식이 필요할 것이다. 내가 사람들에게 늘 당부하는 사항은 동네의 아는 회계사나 사촌 또는 고향 사람을 고용하지 말라는 것이다. 경험이 전혀 없다면 4대 회계법인을 선택하라. 하지만 프라이스워터하우스쿠퍼스PricewaterhouseCoopers, 딜로이트투쉬토마츠Deloitte Touche Tohmatsu, 언스트앤영Ernst & Young, 케이피엠지KPMG 같은 유수 회사들의 비용을 어떻게 감당할 수 있을까? 그건 조금 뒤에 이야기하도록 하자(실제로 이들 기업은 전 세계적으로 운영되는 어마어마한 그룹이다. 12만 명에서 15만 명의 직원이 있고 연 매출은 약 250억 달러에 달한다).

당신이 사업할 지역에 있는 모든 4대 회계법인과 사전 인터뷰를 잡아라. 근처에 4대 회계법인이 없다면 10대 법인이라도 좋다. 이사회 의장이 아닌 이사진 한 명과 함께 약속을 잡아라. 가능하면 회계사무소 밖에서 만나도록 하라. 새로 마련한 사무실에 회의실이 없다면 다른 장소를 물색해라. 회계사무소에서 만나야 한다면 회의할 공간의 크기를 미리 알아두고, 아울러 당신이 만날 회계사들의 근속연수도 미리 파악하라. 그러면 그들이 당신을 잠재적 수익성이 있는 고객으로 생각하는지를 미리 가늠할 수 있다. 회계법인의 파트너급 이상 직원이 미팅에 참석하게끔 만들어야 한다.

많은 성공한 사람들은 먼저 지역의 회계법인과 인터뷰를 시작하고, 어느 정도 자신감이 붙으면 4대 회계법인을 찾는다. 나도 그 방법을 강력히 추천한다.

첫 미팅은 짧게 하는 것이 좋다. 프레젠테이션은 20분을 넘기지 않아야 한다. 그 시간 안에 기업 강령을 설명하고, 무엇보다 기업 인수를 통해 산업 부문을 통합할 계획임을 재차 강조해야 한다. 또한 상담 중인 다른 회계법인이 어디인지 솔직히 밝히고 최고의 조건을 제시하는 회사를 선택하겠다고 말해라. 전체 미팅 시간은 40분에서 45분을 넘지 말아야 한다. 이것은 일종의 미인 대회이다!

두 번째 미팅 라운드에서는 회계법인 두세 곳으로 범위를 좁히는 것이 좋다. 회의에는 회계감사 파트너나 세무 파트너 중 한 명이나 둘 다 참석하도록 만들어야 한다. 기업금융에 경험이 있는 사람도 좋다.

당신 회사가 기업 인수를 통해 성장을 꾀하는 공격적인 회사라면 회계법인은 2가지 이유로 당신 말에 귀를 기울일 것이다. 첫째, 그들은 당신 회사의 성공을 등에 업고 자신들의 기하급수적 매출 증가를 상상한다. 둘째, 일단 회계법인이 한 회사의 동향을 익히고 비전과 속도, 리듬을 파악하면 기업 인수 모드에 있는 회사는 회계법인을 바꿀 확률이 낮다.

이러한 점은 수수료와 관련하여 당신의 잠재력을 활용할 기회가 되기도 한다. 회계사들은 성공 여부에 따른 수임료인 성공보수 방식(회계감사는 제외)을 고려할 것이다. '감사 독립성'은 회계법인에 중요한 문제인데, 회계법인은 '일반회계원칙GAAP'에 따른 규정을 준수하기 때문이다. 거의 모든 국가가 비슷한 원칙과 절차를 갖추고 있다.

당신은 회계사와 '성과형 수수료' 그리고 '성공 기반형 수수료'에 대해 이야기해야 한다. 이 용어에 밑줄을 그어라! 당신이 앞으로 사용하게 될 아주 중요한 단어이다. 최근 나는 여러 회계법인을 대상으로 프레젠테이션을 했고, 파트너들 대부분이 이런 용어에 즉각 반응했다.

4대 회계법인의 한 파트너는 기업 인수에 성공할 때까지 시간당 수임료의 50퍼센트만 받겠다고 제시했다. 그러고 나서 나머지 50퍼센트를 채울 때까지 조금씩 늘려 100퍼센트를 채우겠다고 했다. 또 다른 4대 회계법인은 전액 청구서 작성 뒤 6개월까지 기다릴 수 있다고 말했다. 여기서 핵심은 자신들의 전문적 '독립성'이 존중받는 분위기에서는 회계사들이 유연하게 행동한다는 것이다.

(4대 회계법인 혹은 그보다 작은 광역권 회계회사가 활용할 만한 다른 옵션도 있다. 1년 동안 수수료 지불을 연기하고 있다가 거래 성공 시 최고

130~150퍼센트의 프리미엄을 지급하는 방식도 가능하다.)

두 번째 미팅 라운드에서 회계법인 파트너들은 당신에게 좋은 인상을 남기려고 할 것이다. 당신은 이전 프레젠테이션에 대한 그들의 반응을 살필 수 있어야 하고, 4대 회계법인에 대한 구체적 욕구와 기대에 대해 논의할 준비를 해야 한다.

세 번째 미팅 라운드에 임할 때쯤이면 당신은 주변의 조언과 직감을 바탕으로 회계법인 한두 곳으로 선택을 좁혀야 한다. 이사회 의장 그리고(또는) 선임이사와 미팅에 참석하라. 최종 결정에 이르는 과정에서 법률회사 추천을 부탁하라. 서로의 마음을 잘 아는 회계사 그리고 변호사와 물 흐르듯 일할 때 얻는 여러 이점이 있다. 또한 각 회계법인에 수임계약서 초안을 보내달라고 요청하라. 수임계약서는 관련 관계를 상술한 문서이다. 이사회의 도움을 받아 당신의 회사에 최대한 유리하게 초안을 다듬어 다시 돌려보내라. 필요에 따라 초안이 여러 번 오갈 수 있다. 수임계약서는 매우 중요하다. 앞으로 그 계약서가 수년간 회계사와 의뢰인 관계의 기반이 될 수도 있기 때문이다. 그러고 나서 당신 회사를 위해 서면상 최고의 거래 조건을 제시하는 회계법인을 선택하라.

(최근 몇 년 동안 우리는 회계가 바뀐 방식에 따라 이사회 의장 대신 CFO 혹은 재무담당이사 또는 두 사람 모두를 최종 회의에 참석시켰다.)

일단 회계법인을 선정하고 나면 최고 법률회사의 서비스도 받고 싶어질 것이다. 나로서는 국제 법률회사를 선호하지만, 당신은 국내에서 활동하는 법률회사를 선호할 수 있다. 예를 들어 우리 회사 변호사들은 프레시필즈Freshfields(지금은 세계적 대기업 중 하나이다) 소속이었다. 프레시필즈는 영국 법률회사로 미국보다 기업 역사가 길다! 또한 프레시필즈는 영국 여왕과 잉글랜드은행을 대리했다. 나는 영국 여왕이 내 회사 GWDC의 법률회사를 고용했다고 생각하는 편이었다(그들은 정말로 명망 높은 회사였다. 런던에서는 이런 조언을 자주 들었다. "내 생각에 그 친구들은 자네 같은 미국인을 변호하려 들지 않을 거야." 하지만 물론 그들은 우리를 대리했다). 어쨌든 우리 변호사들이 조언이나 견해를 밝힐 때 사람들은 경청했다. (나는 종종 프레시필즈가 영국 여왕과 영국 국교회, 잉글랜드은행, 그리고 댄 페냐를 대리했다고 말하곤 했다.)

내가 인식과 현실의 관계에 대해 언급했던가? 우리는 애초에 법률회사를 선택함으로써 우리가 실제보다 더 성공적이라는 인식을 구축할 수 있었다. 그것은 분명 우리가 의도한 것이기도 했다(여담이지만, 프레시필즈에 소속된 변호사 중 한 명은 앨런 머레이 존스Allen Murray Jones라는 자신만만한 호주 사람이었다. 존스는 똑똑했지만, 우리를 위해 프레시필즈의 내부 스파이로 전향했다. 우리는 프레시필즈를 통해 운영한 사업이 많았지만, 그는 파트너가 되지 못했다. 수 세기 동안 전통을 지켜온 프레시필즈는 신생 미국 석유회사가 가져다준 엄청난 대금청구서에도 불구하고 생각을 바꾸지 않았다. 존스가 대형 국제 로펌인 듀런트파이스Durant Piese에 합류하기 위해 프레시필즈를 그만뒀을 때 우리는 그를 따라갔다. 그리고 우리 사업이 가진 영향력 덕분에 나중에 존스는 파트너 변호사가 될 수 있었다).

당신의 드림팀을 꾸리는 데 도움이 될 또 다른 팁이 있다. 나는 시간이 날 때마다 떡갈나무로 벽을 두른 변호사나 공인회계사 사무실에 들러 내가 믿을 수 있을 만한, 열정에 찬 신입 변호사와 회계사들을 물색했다. 포부가 크며 그들의 고용주가 인정하는 것보다 더 능력이 뛰어난 전도유망한 인재들을 찾았다. 나는 그런 총명하고 의욕에 찬 사람들과의 관계를 돈독히 한다. 그들이 결국 자기 조직의 정보를 내게 내주는 스파이가 되기 때문이다. 고용주에 대한 충성이 점점 내게로 넘어오면 그들은 할 수 없다는 말 대신 내가 원하는 것을 가능케 하는 방법을 찾아낸다!

그렇다고 뭔가 나쁜 짓을 하는 것은 아니다. 다만 그들이 전과 다른 방향에서 정보를 살피고 소화하는 중일 뿐이다. 그러면 이제 당신은 한낱 고객이 아니다. 당신은 그들의 고객이다.

주의사항이 하나 있다. 스파이를 잘 대해줘야 한다. 내가 젊고 덜 세심했을 때, 쿠퍼스앤라이브랜드(프라이스워터하우스쿠퍼스의 전신)의 내 내부 스파이에게 모진 말로 소리친 적이 많았다. 몇 년 동안 그녀는 제법 일을 잘했지만 나중에 내가 그레이트웨스턴을 떠났을 때 내 경솔한 언동에 보복할 방법을 찾아냈다. 그렇다 해도 나는 그녀가 최고의 전문가였다고 말할 수밖에 없다.

그렇다면 변호사나 회계사에게는 개인적으로 어떤 이득이 있을까? 나는 그들 고용주에게 그들이 얼마나 가치 있는지 칭찬하고, 급료 인상과 승진을 받을 만한 자격이 있다고 계속해서 이야기한다. 하지만 모두에게 더 좋은 방법이 있다. 제대로 된 인재가 있고 형편이 따라준다면 사업 성과를 낼 수 있게 도와준 그들에게 지분을 제공하는 것이다. 그러면 그들 대부분은 다니던 회사를 떠나 당신 회사에서 풀타임으로 일할 것이다.

이것은 모험을 감행해야 하는 때를 상기시킨다. 어떤 일을 처음 시작할 때, 드림팀을 꾸릴 때, 어떻게 최고의 법률회사를 고용할 수 있을까? 당신은 어떻게든 그들을 활용할 방법을 찾아야 한다.

"이봐, 페냐, 당신은 그렇게 할 수 없어. 그냥 찾아와서 아직 벌어지지도 않은 일로 사람들을 사 갈 수는 없어." 하지만 나는 그렇게 했다. 또한 같은 방법으로 우량 증권회사들의 서비스를 확보했다. 그것도 한 번이 아니라 여러 번.

예를 들어 정상급 변호사는 시간당 450달러에서 850달러, 또는 그 이상을 받는다. 변호사가 전화기를 드는 순간부터 시간은 측정된다. "좋은 아침"이라고 말하는 데 25센트가 든다. 하지만 변호사들은 비슷한 지위의 회계사들에 비하면 '독립성'에 관심이 없다. 당신이 무슨 생각을 하는지와 관계없이 변호사도 당신처럼 욕구와 탐욕을 가진 사람이다. 그들은 거래에 귀를 기울일 것이다. (변호사들은 현재 시간당 450달러에서 850달러를 받지 않는다. 시간당 450달러에서 2천 달러를 받는다.)

좋은 방법이 있다. "변호사님, 일 잘하신다고 하셨죠? 이번 거래를 성사시킬 수 있다고요. 그럴 수 있을 거라 믿습니다. 제 계약 조건은 이겁니다. 원래 시간당 475달러를 받으신다고요? 거래가 성사되면 시간당 600달러까지 드리겠습니다. 하지만 실패하는 경우 시간당 100달러 혹은 200달러밖에 못 드립니다"(이 금액은 법률 보조원 임금이나 관리비 등 실비용을 충당하기 위한 것이다). 수수료는 거래가 성사됐을 때 주는 것으로 해야 한다. 거래가 실패한 경우의 수수료 지급은 다음 거래에 함께 처리하는 것으로 넘겨라.

나만의 근거는 이렇다. 거래가 실패한 경우, 수수료는 금액이 어찌됐든 너무 비싸다. 하지만 성공한다면 수수료는 금액과 관계없이 비싼 법이 없다. 우리가 1천만에서 2천만 달러를 벌었다면 나는 그 돈을 한 달 반 동안 밤새워가며 일하고, 사소한 법률적 구멍들을 찾아내고, 국세청이나 증권거래위원회보다는 나를 위해 일해준 변호사와 나눌 것이다. 물론 회계사들이 직접적으로 지분을 받거나 성공보수를 받지 못하도록 하는 몇몇 제한사항이 있긴 하다. 하지만 그들은 회계감사와 관련 없는 문제에 있어서는 당신과 함께 일할 것이다. 나를 믿어라. 그들은 협력할 것이다. 몇몇 성장형 기업을 이끄는 내 동업자들도 6개월 동안 수수료 지급을 흔쾌히 연기할 의사가 있는 전문가들을 발견했다. (내가 지금 여기 앉아 있는 2016년 5월을 기준으로 우리는 4대 회계법인 모두와 10대 회계법인 중 7곳에 지급할 지연 수수료가 있다.)

이 과정에서 변호사는 결코 가능하다고 생각하지 않았던 곡예에 가까운 업적을 이뤄낼 것이다. 왜일까? 결과에 상관없이 고정된 수수료를 받는 대신 성공 지분을 받기 때문이다. 나를 믿어라. '성공 대 성공' 전략을 채택한 이후, 나는 거래에 실패하는 전문가를 본 적이 없다. 사실 나는 그들이 많은 거래를 부활시키는 모습을 보았다. 저마다 회의실 카펫의 잿더미에서 솟아오르는 금융 불사조였다!

(대형 국제 법률회사들은 회계사들이 배제되는 것과 마찬가지로 거래에서 지분을 취하는 것에 수용적이지 않다. 항상은 아니더라도 대부분의 경우 대형 국제 법률회사들은 거래에서 지분을 수용하길 거부할 것이고, 당신은 엄격한 성공보수 지급 방식을 따라야 한다.)

자, 이제 당신의 드림팀에는 경력 있고 영향력 있는 이사회, 4대 회계법인, 그리고 일류(아마도 국제) 법률회사가 있다. 당신은 월스트리트의 어느 누구 못지않게 퀀텀 리프를 시작할 준비가 된 셈이다. 이제

자금 조달을 시작할 준비가 되었다. 덧붙이자면, 당신이 접근하는 모든 은행가는 당신의 드림팀이 가진 자격 사항을 알아차릴 것이다. 언스트앤영이나 프라이스워터하우스쿠퍼스가 철저한 실사 없이는 고객을 받아들이지 않으리라는 것을 그들은 안다. 그와 같은 실력자들을 뒷배로 가진 당신이라면 어느 은행의 사무실에서라도 진지하게 받아들여질 것이다! 나중에 논의하겠지만, 단순히 시중은행뿐만 아니라 모든 금융기관에서 그렇다.

동업자와 직원

———

회사 운영에 탄력이 붙으면 다음으로 당신이 구해야 할 사람은 사업을 함께 키워갈 동업자이다. 이들은 특수한 기술, 재능 그리고 당신의 부족한 부분을 채워주는 기질과 장점을 갖고 있어야 한다. 그러니까 또 다른 내가 아니라, 되도록 여러 방면에서 내가 아닌 누군가여야만 한다.

마크 맥코맥은 《110%의 인생을 사는 비결》에서 사람들은 자신보다 뛰어난 동업자와 팀을 이룰 때 평소보다 더 나은 역량을 발휘한다고 지적한다. 우리는 스포츠 경기에서 테니스나 골프 선수가 자신보다 순위가 높은 선수와 보조를 맞출 때 잠재력을 펼치는 모습을 자주 목격한다.

맥코맥은 자신보다 우수한 동업자를 선택하는 것이 어린 시절의 본능과 비슷하다고 믿는다. 놀이터에서 키가 작은 팀의 주장은 팀을 위해 자동적으로 가장 덩치 큰 아이를 선택한다. 하지만 우리는 자라면서 다른 사람과 능력을 비교당하고, 다른 사람에 의해 평가받는다는 사실을 인지한다. 맥코맥은 이렇게 썼다. "우리는 성과를 높이는데 도움이 되는 '덩치 큰 아이'보다 이기심 때문에 상대적으로 자신을 돋보이게 하는 부족한 동업자를 선택한다." 마치 이런 생각을 강화하려는 듯, 사회적 통념은 당신을 난처하게 만들거나 심지어 바보처럼 보이게 만드는 동업자는 고르지 말라고 조언한다!

(내가 이 책을 쓴 이후로 더욱 명백하게 느끼는 것은 대부분의 기업이 그들 관점에서 좀 더 편하게 느껴지는 사람들을 선택한다는 사실이다.)

역동적이고 성공적인 동반자 관계를 위해서는 당신과 당신 파트너 혹은 파트너들 사이의 궁합 역시 중요하다. 잠재적 동업자를 가늠하는 것은 기본적으로 당신이 동업자를 판단해보고 궁극적으로는 결혼, 그러니까 사업상 결혼을 프러포즈하는 것과 다름없다. 당신은 구애하는 동안 상대의 사업 스타일과 목표, 운영 철학을 파악한다. 둘 중 한쪽이 이미 직원을 고용하고 있다면 당신에게는 당신(그리고 상대방)의 최대 이익을 걱정해주는 친척까지 덤으로 얻는 셈이다.

그런데 만약 당신과 동업자가 친구라면 어떨까? 우정을 깨뜨리지 않고 동업자 관계를 유지할 수 있을까? 내 대답은 확실히 "그렇다"이다. 동업자 둘 또는 셋은 사실 오랜 시간을 함께 보내야 하므로 친구가 될 수밖에 없다. 그렇지 않으면 적이 된다! 내 동업자들과 나는 많은 것들을 함께 했다. 가족끼리도 너무 잘 알고 지내서 우리의 성공을 진심으로 응원하는 사람들도 많았다.

이러한 경험 덕분에 나는 확신할 수 있다. 친구 관계가 될 수 없다면 동업자 관계도 될 수 없다.

동업자 외에 핵심 동료들을 고용할 때는 새가슴이 될 필요가 없다. 그 일을 제대로 해내려면 용기가 필요하다. 사업가 대부분이 통제하기 쉬운 사람을 뽑으려는 유혹에 빠진다. 그래야만 원작자의 자부심을 잃지 않을 수 있다고 생각해서다. 하지만 그건 미친 짓이다. 무슨 이유로 창의력과 주도성이 부족하고 흐릿한 비전을 품은 얼간이들을 뽑아야 할까? 자신들의 목표를 달성하는 데 그런 얼간이들이 도움이 될 거라고 생각하는 걸까? 그래 봤자 결국 사업에 강력한 엔진을 다는 게 아니라 모래주머니를 주렁주렁 매다는 꼴이다.

———

직원을 엘리트 전투요원으로 생각하라. 엘리트가 되려면 싸워본 경험이 있어야 한다.

———

핵심 동료들의 가장 확실한 자격 요건은 경험이다. 이력서를 읽어 보라. 그리고 행간의 숨은 뜻을 파악해라. 이 남자는 이력서상으로 멋지게 읽히는 최고 기업에서 간부로서 일했는가? 거래를 성사시켰는가? 당신은 그가 끈질긴 협상 끝에 승리를 쟁취한 리더라는 증거를 종이 몇 장에서 찾아낼 수 있겠는가?

직원을 엘리트 전투요원으로 생각하라. 엘리트가 되려면 싸워본 경험이 있어야 한다. (이런 이유로 내 세미나에는 미국 해군 특수부대

SEAL의 모습을 담은 슬라이드가 나온다.)

그밖에 다른 고려 사항도 있다. 나는 내게 없는 장점과 엄청난 재능을 가진 사람, 나와 비슷한 비전과 에너지를 가진 사람, 엄청난 자부심을 가진 사람을 내 동료와 파트너로 뽑는다! 간단히 말하면 내가 하는 일을 하고자 하는 사람을 찾는다! (물론 훌륭한 일꾼 찾기는 힘들고 형편없는 일꾼만 넘쳐난다!)

그래서 나는 사람을 뽑을 때 자격보다는 태도를 본다. 다른 사람을 윽박질러서 열정이 샘솟게 할 수는 없다. 의욕도 별로 없고 의지를 불태운 적도 없는 사람에게 억지로 기운이 솟게 만들 수는 없다. '할 수 있다'는 의지가 충만한 일꾼을 영입해야 한다. 그래야 당신의 꿈을 이루는 데 그들이 도움이 될 수 있다.

또한 모험심 넘치는 사람을 고용해야 한다. 그래야 당신이 대성공을 추구하는 과정에서 대담한 일을 벌일 때 그들이 기꺼이 동참할 것이기 때문이다. 동료와 직원을 뽑을 때는 대화를 많이 해봐야 한다. 자신의 안전에 우선적 가치를 두는 사람들은 정형화되고 정돈된 생활을 꾸려간다. 게다가 그들은 엄청나게 따분하다. 내 생각에 그들은 이미 죽어서 늘어진 상태로 장의사를 기다리는 사람들이다.

'할 수 있다'는 의지가
충만한 일꾼을 영입해야 한다.

하지만 이러한 패배자가 15~20명 정도 있다면 당신이 새로운 영토를 탐험하고 정복할 때 자신도 한몫 거든다는 생각에 흥분을 감추지 못하는 원석이 하나쯤은 있기 마련이다. 그들이 지금껏 기다린 기회는 바로 당신이다! 그리고 그들은 기회를 놓치지 않으려고 만사 제쳐놓고 당신의 모험에 뛰어들 것이다!

동료를 영입할 때의 또 다른 고려 사항은 인성이다. 날씨와 마찬가지로 우리가 인성을 바꿀 수는 없다. 하지만 그것에 대해 이야기할 수는 있다. 하나의 아이디어를 시장성 있는 비즈니스로 키울 때는 막대한 정신적, 육체적 에너지가 든다. 그러므로 서로 충돌하는 개성 때문에 집중적으로 투입해야 할 당신 개인의 시간과 자원이 곁길로 새게 둘 수는 없다. 핵심 인력은 그야말로 사람들과 잘 어울릴 줄 알아야한다. 그렇지 않으면 그들의 자존심과 개인적 문제가 끼어들어 당신이 필요로 하는 그들의 에너지가 도리어 사람들 사이를 멀어지게 하는 데 쓰일 것이다. 그러면 드림팀은 악몽이 된다!

이와 동시에 조직을 꾸릴 때 단지 마음에 든다는 이유로, 또는 사람들과 잘 지낸다는 이유로 직원을 뽑지 않도록 주의해야 한다. 우리는 사교 모임이나 얼간이 팀을 결성하는 게 아니다. 아무리 사이가 좋고 마음이 잘 통해도 뭔가를 이루기에는 역부족일 수 있다.

나는 내게 놀라움을 안겨주는 사람을 고용한다. 실행력이 탁월한 사람이 즐거움을 느낄 때는 직원이나 동료가 먼저 아이디어를 내놓는 순간이다. 잊지 말자. 실행력이 탁월한 사람은 원작자의 자부심보다 아이디어와 영감, 해결책에 더 많은 가치를 둔다. 개인적으로 나는 내 동업자들 가운데 한 명이 번뜩이는 아이디어를 내놓을 때마다 정말 신이 난다. 그 사람을 팀원으로 영입한 내 통찰력에 다시금 자부심이 든다. 그리고 그것은 내가 쓴 돈보다 더 많은 것을 얻고 있음을 말해준다(그건 그렇고, 나는 '동업자'라는 단어를 사용했다. 왜냐하면 우리 회사 직원들 모두 어떤 형태로든 지분을 갖고 있기 때문이다).

마지막으로 나는 헌신적인 사람을 찾는다. 9시부터 5시까지 일하는 걸 말하는 게 아니다. 내 동업자들은 밤에도, 주말에도, 휴일에도, 그리고 회사가 성장하는 중요한 시기라면 언제라도 기꺼이 일할 자세가 돼 있어야 한다. 집에서도, 골프장에서도, 전 세계 어느 공항에서도 즉시 일할 수 있어야 한다. 오늘 당장 뉴욕으로 날아가야 할 수도 있다. 오늘 밤 제안서를 수정하고, 내일 아침 거래를 성사시키며, 다시 내일 밤 휴스턴에서 나를 만나야 할 수도 있다. 아이들 소프트볼 게임이 있다거나, 집에 손님이 와있다거나, 뭔가 다른 개인적 일정이 있다는 구린 변명을 듣고 싶지 않다. 그저 "내일 밤에 뵙겠습니다!"라는 말만 듣고 싶을 뿐이다.

드림팀을 꾸릴 때 나는 잠재적 동업자에게 '얼간이 테스트'라는 것을 한다. 이해 충돌 상황을 제시하거나 제한 시간을 둬서 뭔가 결정하거나 행동하게 한다. 나는 일요일 아침 일찍 혹은 토요일 밤에 미팅을 잡는다. 상대방의 생일이나 기념일이 언제인지 알아내고, 나와의 미팅이 파티를 망치게 계획한다. 뭐, 내가 나쁜 놈일 수도 있지만, 이런 얼간이 테스트는 그 사람에 대한 2가지 중요한 정보를 준다. 첫째로 심리적 압박 상황에서 그들이 어떻게 대처하는가, 둘째로 나와 내 일에 얼마나 헌신하는가. 물론 아이들과 소프트볼 게임을 보러 가기로 한 약속이 먼저라 그 약속을 취소하지 못해도 괜찮다. 하지만 나 댄 페냐와는 함께 일할 수 없다. 그들에게는 수백만 달러를 버는 것보다 첫 아이의 탄생이 전적으로 우선일 수도 있다!

———

아이들과 소프트볼 게임을 보러 가기로 한 약속이 먼저여도 괜찮다. 하지만 나 댄 페냐와는 함께 일할 수 없다.

———

지금까지 인성과 헌신에 대해 추상적으로 이야기했으니, 이번에는 몇 년이 지난 지금도 여전히 내 마음속에 헌신의 전형으로 남아 있는 두 형제에 관한 이야기를 들려주겠다.

1994년 8월, 나는 스코틀랜드의 거스리성에서 내 회사인 GWDC의 이사회 미팅을 열었다. 회의는 8월 17일에 시작해서 2~3일 동안 이어질 예정이었다. 참가자 중에는 20대 후반의 청년도 있었다. 그를 '존'이라 부르자. 나는 이미 나와 일하고 있던 존의 형 애덤의 추천으로 존을 이사회에 영입했다. 당시 두 형제의 나이는 아직 서른도 채되지 않았다.

존은 나 모르게 동료에게 스코틀랜드에서 열릴 이사회 미팅에 대한 약간의 걱정을 털어놓았다. 존은 8월 20일에 결혼할 예정이었다. 하지만 존은 내게 결혼식 얘기를 꺼내지 않았다. 단 한마디도! 존과 애덤은 스코틀랜드로 날아가 프레젠테이션을 훌륭히 해냈다. 그때도 곧 있을 존의 결혼식 얘기를 꺼낸 사람은 아무도 없었다. 존의 성공에 대한 욕망은 결혼식 당일 집으로 돌아가는 위험을 무릅쓰게 했다. 존은 한 번도 "만약 무슨 일이라도 생기면 어떡하죠?"라고 묻지 않았다. 어쩌면 공항에서 결혼식장으로 달려가는 차 안에서 예복으로 갈아입어야 할지 모른다는 것을 알고 있으면서도 일에 헌신했다. 결혼 상대로서 썩 좋은 출발은 아니었다. 존도 분명 그렇게 생각했을 것이다.

나중에 알고 보니 존은 결혼식 24시간 전에 도착했고, 예식에는 아무 문제도 없었다.

하지만 나는 이렇게 묻고 싶다. 당신이라면 어떻게 했겠는가? 그런 헌신을 요구했을까? 그리고 그런 헌신을 감수했을까? 결혼식을 미리 알았다고 해도 나는 존을 미팅에서 제외하지 않았을 것이다. 그리고 존이 선택하도록 내버려두었을 것이다. 결과적으로 존이 그랬던 것처럼 말이다. 실행력이 탁월한 사람의 특징은 온전한 헌신을 요구하고 또 온전히 헌신한다는 점이다. 나는 팀원 누구에게도 내가 하지 않는 헌신을 요구하지 않는다. 사실 나는 무슨 수를 써서라도 해낸다. 무슨 일이 있어도.

이번에는 존의 형 애덤에 관해 이야기해보자. 나는 1995년 5월 로스앤젤레스에서 퀀텀 리프 세미나를 열었다. 참석자는 약 800명으로 예상되었다. (나는 이전에 짐 뉴먼의 페이스협회 세미나에서 애덤을 만난 적이 있었고, 1994년 후반에 그는 내 팀원이 되었다. 사실 요즘도 세미나에서 만난 인연이 미래의 사업 파트너 관계로 이어지는 경우가 많다). 나는 두 형제에게 세미나에 참석해달라고 요청했다. 사업 얘기를 할 짬을 내기 위해서였다. 나는 애덤의 아내가 그 주에 둘째 아이 출산을 앞두고 있다는 건 몰랐다. 애덤은 망설이지 않았고 출산 얘기는 꺼내지도 않왔다. 애덤은 그 주 내내 세미나장에 와서 세미나 준비를 도왔고 사업 문제도 논의했다.

이때 사회적 통념은 무슨 말을 할까? 다른 보통 사람들은 어떻게 했을까?

하지만 더 중요한 질문은, 이 두 형제에게서 높은 수준의 헌신을 끌어내는 자질은 무엇일까 하는 것이다. 두 형제는 어떻게 다른가. 둘 다 12년 동안 가톨릭 학교에 다녔고 텍사스 기독교 대학의 축구팀에서 뛰었다. 남학생 사교클럽에서 활동했고, 이후 졸업을 하고 결혼을 했다. 애덤은 경영학 석사 과정MBA을 마쳤지만 나는 그것 때문에 그를 달리 보지 않았다. 존과 애덤은 앞길이 창창한 대기업을 박차고 나와 막대한 연봉 삭감에도 불구하고 내 팀에 합류했다.

향후 몇 년간 회사가 수천만 달러에 달하는 성장 잠재력을 갖도록 하겠다는 내 꿈을 이뤘을 때, 나는 그들에게 각각 회사 지분을 나눠 주었다. 퀀텀 리프를 달성하기 위해 지분을 나눠 주는 것은 뒷부분에서 이야기할 것이다.

전에 한 번, 내가 바란 이상에 가까운 파트너 2명을 만난 적이 있다. 그들은 성공을 향한 나의 열정을 공유했고 GWDC에서 꿈을 이루려고 노력했다. 실제로 한 명은 퀀텀 리프를 위해 인생을 통째로 바칠 정도였다.

마크 해리슨Mark Harrison은 석유와 천연가스 문제, 기업법을 전문으로 하는 변호사였다. 내가 JPK 인더스트리에 있었을 때 처음 만났는데, 당시 그는 국내 유명 법률회사에서 우리 회사의 법률 문제를 처리했다.

마크는 젊고 에너지 넘치는 파트너였다. 나는 마크의 총명함을 눈여겨봤기에 초반에 그를 내부 스파이로, 궁극적으로는 내 파트너로 만들려고 애썼다.

1983년 마크는 GWDC에서 시간제로 일을 시작했다. 나는 마크와 1년간 구두로 계약을 맺었다. 한편 마크가 전에 다니던 법률회사는 마크가 댄 페냐 그리고 GWDC와 운명을 같이할 것인지 1년 동안 결정할 시간을 주었다.

결국 마크는 그레이트웨스턴의 COO가 되었고 회사 지분의 10퍼센트를 받았다. 그는 법률 지식을 활용해 어떤 사안의 모든 측면 그리고 계약서상 모든 문구를 시각화하고 세세하게 따지는 능력이 뛰어났다. 나는 지금까지 마크가 이렇게 말하는 것을 들어본 적이 없다. "흠, 그건 몰랐는데……. 조금 뒤 다시 연락하겠습니다."

우리는 결의를 불태우며 그레이트웨스턴을 상장하기 위해 런던으로 갔다. 그리고 8월의 어느 날, 마크의 지분은 후하게 보상받았다. 그 고귀한 시기에 마크, 찰리, 나 이렇게 셋은 천하무적이었다. 당시 우리는 총알이 떨어지는 법이 없는 영화 〈OK 목장의 결투Gunfight At The O.K. Corral〉 속 주인공들이었다. 우리는 매일 우리 능력에 한계가 없는 것처럼 행동했다.

그 후 경영방식과 의견상의 차이로 인해 마크는 그레이트웨스턴 COO 자리에서 물러났고, 1991년 백만 달러 단위의 퇴직금을 받으며 나와 헤어졌다.

찰리 솔라데이Charlie Soladay를 처음 만난 건 1970년대 후반, 우리가 기업 인수팀을 꾸렸을 때다. 당시 찰리는 쿠퍼스앤라이브랜드의 포트

워스 사무실에서 회계감사 파트너로 일했다. 찰리는 의료 서비스 분야에 능통했고, 석유와 천연가스 분야도 잘 알았다. 나는 찰리의 높은 도덕성에 깊은 인상을 받았다. 그는 옳고 그름을 알았고 그 기준에 따라 행동했다. 사업 세계는 대체로 '상황 윤리'에 따라 움직이는 법이어서, 찰리의 존재는 신선한 변화였다. 나는 결국 찰리를 안락한 대기업에서 벗어나게 하고 그의 안전망을 제거했다. 그리고 우리 회사의 CFO로 앉혔다. 기업가로 재탄생시킨 것이다! 찰리는 타고난 '일 중독자'였다. 한 에너지 회사의 CEO에 따르면 '그는 옷을 뒤집어서 또입는' 사람이었다.

찰리는 유능하고 멋진 CFO였다. 하지만 내게 더 중요한 사실은 찰리가 꿈을 현실로 만들기 위해 자신의 재능과 기술을 이용할 수 있는, 꿈꾸는 사람이었다는 점이다. 또한 내가 만난 사람 중에 '사람들과 가장 잘 어울리고' '숫자에 가장 정확한 사람'이었다. 하지만 나와 GWDC 관점에서 찰리의 최대 장점은 지혜였다. 나는 많은 것을 그에게 물었고 그의 판단과 충성을 신뢰했다. 기업 간 전투가 벌어지면 찰리가 나의 지시를 잘 따르고, 무슨 일이 있어도 나를 지켜줄 거라는 확신이 있었다. 기업 간 총격전에 돌입하면 그가 내 아픔을 절대 모른 체하지 않고, 고통스러운 상황에서 나를 구해주고, 깃발을 잡고 내달릴 거라고 믿었다.

마크처럼 찰리에게도 10퍼센트의 회사 지분을 주었다. 하지만 찰리는 첫 5개월 치 월급을 받지 못했다. 찰리와 그의 가족은 로스앤젤레스로 거처를 옮겨 홀리데이 인에 머물렀다. 그 뒤 퇴근이라는 것을 할 수 있을 때를 대비해서 작은 집을 임대했다. 우리는 많은 자료를 밤새도록 분석하고 평가하고 전략을 세웠다. 당시 찰리는 그레이트데인 2마리와 함께 우리 집 소파에서 잠을 잤고, 다음 날 아침 일찍 비행기를 타고 대륙을 가로질러 다음 미팅에 참석했다. 그리고 시간이 날 때는 가족을 보러 갔다.

1984년 3월 GWDC 상장을 결심한 때부터 1986년 말까지 두 번의 큰 기업 인수와 몇몇 소규모 기업 인수를 경험하면서 찰리와 마크, 나는 금융이라는 하늘을 가로지르는 혜성처럼 활활 타올랐다. 두 번째 인수는 수십억 달러 가치를 가진 외국계 천연자원 회사의 미국 자회사였는데, 전국에 걸친 탄광, 천연가스, 석유 자산도 포함돼 있었다. 뒤에서 좀 더 상세하게 언급하겠지만, 길고 험난한 협상이 이어졌다. 1986년 12월에 거래를 마칠 때쯤 우리는 모두 탈진한 상태였다.

선박 한 척이 입항했다. 그 안에는 우리 셋을 위한 돈이 가득 실려 있었다. 잭팟이었다! 우리의 꿈, 일, 압박감 그리고 가족, 친구, 수면 등 '평범한 일상'을 포기한 나날이 보답을 받았다. 내 드림팀은 해냈다. 사람들 대부분이 꿈꾸는 수준을 뛰어넘는 엄청난 부자가 되었다. 우리는 천하무적이었다! 나는 나만의 궁궐 거스리성으로 가서 부상을 치료하고 우리의 승리를 음미했다. 우리는 절대로 정복되지 않는 로마 군단이었다!

다음 달, 찰리 솔라데이는 마흔이라는 젊은 나이에 심장마비로 사망했다. 대성공의 문턱에서 모든 게 끝나버렸다. 존 레넌John Lennon은 이렇게 노래했다. "인생이란 우리가 다른 계획을 세우느라 바쁠 때 일어나는 일이다." 나 댄 페냐는 이렇게 말하겠다. "인간은 계획하고 신은 비웃는다."

내 인생도 영원히 달라졌다. 우리 회사 규모의 8배에서 10배가 되는 기업 인수로부터 회복하는 데 거의 3년이 걸렸다. 찰리의 죽음으로부터도…….

당신의 드림팀에 영입하려는 사람이 누구든, 그들이 얼마나 재능 있고 헌신적이든 상관없이 그들에겐 리더십이 필요하다. 더 정확히는 그들이 리더십을 원하게 된다. 그리고 그 리더는 바로 당신이다. 〈포천〉 선정 500대 CEO의 70퍼센트에게 군 경력이 있다는 조사 결과는 그다지 놀랍지 않다.

당신은 다른 사람들의 실수로부터 회사를 살릴 수 있지만, 다른 사람들은 당신의 실수로부터 회사를 살릴 수 없다!

리더가 되면 가장 힘든 점은 사람들을 이끄는 위치에서 늘 혼자 있어야 한다는 사실이다. 리더십은 한 사람만 설 수 있는 공간에 우뚝 솟은 봉우리이다. 물론 방향을 틀 수 있고 다른 팀원에게 조언을 구할 수도 있다. 하지만 조종석에 있는 선장이자 운전사, 조종사는 단 한 명이다. 그건 바로 당신이다. 당신은 다른 사람들의 실수로부터 회사를 살릴 수 있지만, 다른 사람들은 당신의 실수로부터 회사를 살릴 수 없다! "정상에 있는 건 외로워"라고 말하는 사람은 분명 정상에 있어본

사람이다. 나는 종종 내 사업 파트너들에게 말한다. 외롭지 않으면서 혼자 있는 법을 배워야 한다고.

당신을 따르는 사람이 있을 때 당신은 리더이다. 돈으로 충성 비슷한 걸 살 수는 있다. 하지만 사람들은 길지 않은 시간 동안 보상에 관해서만 이야기할 것이다. 사람들이 억지로 당신을 따르게 할 수는 없다. 리더는 사람들이 따르고 싶어 하는 사람이어야 한다.

많은 기업가가 리더십에 대해 갖는 또 다른 오해는 리더십이 고정된 것이라고 여기는 데 있다. 그들은 그저 리더의 자리에 앉기만 하면 자연히 사람들을 이끌게 된다고 생각한다. 회사를 전진시키지 않는 CEO는 리더가 아니다. '리더십'이라는 단어에는 행동이 포함된다. 리더는 본인이 미리 결정한 방향으로 나아가면서 다른 사람이 움직이고 따르도록 확신을 주어야 한다. 리더가 움직이지 않거나 길을 잃은 사람처럼 변덕스러워 보인다면 동료들과 직원들은 자신들이 리더를 잃었음을 바로 알아차린다. 그러면 그들은 곧장 자신들이 선호하는 방향으로 나아가기 시작한다. 장담컨대 그렇게 가는 길은 옳은 방향이 아니다.

세계사는 몇 번이고 이를 입증한다. 사람들은 뚜렷한 목적이 없는 좋은 사람보다 분명한 목적이 있는 미치광이를 더 따른다. 그리고 실행력이 탁월한 사람은 종종 미치광이로 여겨진다. 관습에 얽매인 기업가는 그런 사람을 어디로 튈지 모르는 괴짜이자 어릿광대라고 생각한다. 때로는 가장 충성스러운 직원도 자기 능력을 넘어서는 뼈를 깎는 고통을 요구받으면 실행력이 탁월한 사람의 행위에 격분한다. 그래도 미치광이들은 멈추지 않을 것이다. 미친 사람으로 유명한 기업가에는 리처드 브랜슨, 테드 터너, 도널드 트럼프 그리고 루퍼트 머독이 있다. 하워드 휴스Howard Hughes는 미치기 훨씬 전부터 미치광이였다.

사람들은
뚜렷한 목적이 없는 좋은 사람보다
분명한 목적이 있는 미치광이를 더 따른다.

지칠 줄 모르는 실행력을 갖춘 사람 가운데 대표적 인물은 토머스 에디슨이다. 1884년, 에디슨은 뉴저지 멘로파크에 있는 실험실에서 일하는 크로아티아 출신 젊은 엔지니어 니콜라 테슬라Nikola Tesla를 고용했다. 에디슨은 불을 켜는 방법이 직류 하나라고 믿고 있었다. 하지만 테슬라는 교류가 좀 더 실용적이라고 생각했다. 이미 세계적으로 유명한 발명가이자 자신감으로 가득 찬 에디슨은 직원들에게 친절하게 굴지 않았고 테슬라의 주장에 동의하지도 않았다. 결국 에디슨은 테슬라를 해고했다. 그 뒤 1889년 테슬라는 교류 전력 방식으로 특허를 냈고, 교류 전기를 생산하는 거대 기업을 세운 조지 웨스팅하우스George Westinghouse에게 그것을 팔았다.

대성공을 달성하기 위해 드림팀과 함께 일하는 동안에는 세상의 기준에서 벗어나 약간 미친 사람처럼 보이는 것도 나쁘지 않다. 통념에 얽매인 사람들 눈에 당신이 이상하게 보인다면 올바른 방향으로 가고 있다는 신호다. 내가 아는 투자은행가들이 댄 페냐에 관한 말을 들었을 때 고개를 가로젓지 않으면 나는 실망한다. 나는 명성을 대단히 즐긴다. 하지만 에디슨의 사례를 명심하라. 직원들이 각자의 창의력을 발휘할 수 있게 그들에게 자유를 부여해야 한다. 내 사람들에게서 얻은 폭발적인 창의력과 상상력은 퀀텀 리프와 기하급수적 성취의 속도를 높일 것이다. 사실 당신은 그것들 없이는 성공할 수 없다!

짐 뉴먼에게서 배운 최고의 가르침은 거시적 그림에 집중하고 미시적 경영을 하지 않는 것이다. 당신의 드림팀은 매일 미시적 관리를 할 수 있어야 한다. 그래야 당신은 당신의 일, 즉 팀원이자 리더로서 책임진 일을 밀고 나갈 수 있다. 문제를 함께 풀자고 리더인 나에게 그 문제를 가져오면 안 된다. 직접 해결하고 나중에 나에게 보고해야 한다.

(지금껏 나는 이 아이디어를 개발하고 다듬어왔다. 이는 직원들이 내게 제출하는 주간 보고서에 대한 내 생각과도 관련이 있다. 직원들이 다소 긴 보고서를 작성해 제출하면서 문제 혹은 도전적 과제를 나열하는 경우가 특히 그렇다. 나는 문제와 관련해서 3가지 대안을 원한다. 3가지 대안을 제시할 수 없다면 아예 보고서를 제출하지 말아야 한다. 동시에 마음속으로 가장 좋은 대안을 선택해두어야 한다. 그러고 나서 내가 코멘트를 제시하면 그중 어떤 것이 최선의 대안인지 판단해야 한다.)

기업의 CEO나 회장이 할 일은 더 나은 제품을 설계하거나 운영비를 낮추거나 매출액을 검토하는 게 아니다. 그런 일은 엔지니어나 원가 계산 담당자, 마케팅 책임자가 처리하면 된다. 가장 큰 위험이 도사리는 때는 당신이 사무실에 틀어박힌 채 자질구레한 일에 신경 쓸 때이다.

당신이 해야 할 일은 3가지다. 그리고 그 일은 모두 사무실 밖에서 일어난다. 첫 번째는 바로 '개구리에게 키스하기'이다.

왕자를 찾으려면 많은 개구리와 키스해봐야 한다. 나는 세미나 청중에게 이렇게 말한다. 그런 개구리들과 키스도 해야 하지만 키스하는 걸 즐겨야 하며, 개구리 얼굴에 난 고름투성이 무사마귀까지 좋아해야 한다고(뭐, 나도 두꺼비에게만 사마귀가 있다는 걸 안다. 하지만 이건 내가 만들어낸 이야기다). 어느 날 은행, 증권회사, 주 의회에서 만난 개구리 한 마리가 당신을 돕겠다며 나서고, 듣기 좋은 말을 건네고, 당신의 말에 동의하며, 수백만 달러의 돈을 벌게 해주는, 꿈에 그리던 왕자님이 될 수도 있다. 그러니 밖으로 나가 미소를 지어라. 그리고 개구리들에게 키스해라!

최고 중역으로서 당신이 해야 할 두 번째 일은 '확장 기회를 찾는 것'이다. 이는 거래(또는 영국에서는 '계획')에 관한 것이다. 기회를 찾는 것이 큰돈(거래상의 지분)을 버는 방법이다. 당신의 회사라는 한계 안에서 유리한 가격 조건을 찾을 필요가 없다. 시장으로 나오고, 무역 박람회에 가고, 귀동냥을 하고, 당신의 내부 스파이들과 이야기를 나누고, 금융계 소식에 귀를 기울여라. 그리고 명심하라. 코비 브라이언트Kobe Bryant나 마돈나Madonna는 소득으로 부자가 되지 않았다! 연이은 거래상의 지분으로 부자가 되었다.

당신의 사업 분야에 주목하라. 사업을 지켜보는 건 강 옆에 서 있는 일과 같다. 바라볼 때마다 강물은 바뀐다. 계속 주시하라. 소문을 확인하고 질문을 던져라. 지금 중견 기업을 운영한다면 내일 다른 사람의 돈Other People's Money: OPM으로 살 수 있는, 퀀텀 리프를 이룰 수 있는 또 다른 중견 기업이 나타날 가능성도 있다. 그러고 나서 다음 단계의 퀀텀 리프를 이뤄라. 퀀텀 리프는 반복된다! 세 번이고 네 번이고 계속 반복된다!

세 번째로 해야 할 일은 '다른 사람의 돈을 찾는 것'이다. 기회를 잡고 단호한 행동을 취해야 할 때 자금을 모으고 다른 사람의 돈을 구하는 방법은 9장에서 다룬다. 맙소사! 세상에는 정말 많은 자금원이 있다. 그래서 누군가 이렇게 말하면 정말 당황스럽다. "우리에겐 지금 돈이 없어요." 당신에게 돈이 없는 건 돈을 찾지 않기 때문이다.

당신이 한 번이라도 입술을 포갰지 모를, 통통하고 매력적인 개구리들은 전국의 금융기관에 앉아서 당신이 돈을 빌려 가길 기다리고 있다. 그래야 그들의 상사에게 잘 보일 수 있기 때문이다. 그들을 도와주자! 내가 이 글을 쓰는 지금 경기는 계속 불황이다. 금융업계는 지난 여러 해보다 더욱 조심스러워졌다. 워싱턴 뮤추얼Washington Mutual 등 여러 기관이 금융계에서 사라졌다. 하지만 경기와 무관하게 은행은 사람들이 돈을 빌려 가길 원한다. 초조한 개구리일지라도 여전히 개구리는 개구리다.

당신에게 돈이 없는 건 돈을 찾지 않기 때문이다.

나는 오래전에 효과적인 경영의 열쇠가 통제력 강화가 아니라 통제력 축소라는 사실을 발견했다. 신뢰할 수 있는 사람을 고용하고 권한을 부여한 다음, 그들을 믿어주어야 한다. 만약 그들이 그렇게 할 수 없고, 그들을 믿을 수 없다면, 당신이 믿을 만한 사람을 찾아내라. 누군가를 데려와서 5퍼센트나 10퍼센트의 회사 지분을 주었지만 그를 해고해야 한다고 해서 세상이 끝나는 것은 아니다.

당신은 이렇게 말할 것이다. "하지만 페냐, 이제 그는 내 꿈의 일부를 소유하고 있어요." 진정하라. 당신은 인수 계약을 체결할 수 있으며, 잠재적 위험을 피할 수 있는 여러 가지 방법이 있다. 걱정하지 말고 그냥 내가 말하는 대로 해라. 어쨌든 미국(다른 곳도 마찬가지다)의 소액주주가 되는 것은 큰 의미가 없다. 소액주주가 할 수 있는 일은 장부를 보고 지급되는 자기 몫의 배당금을 받는 것뿐이다. 물론 당신이 배당금을 지급하지 않으면 그는 아무것도 얻지 못한다.

직원들을 행복하게 만들기 위한 규칙!

———

나에겐 직원들을 다루는 4가지 규칙이 있다.

1) **직원들에게 월급을 많이 주어라.** 그러면 그들은 무슨 일이든 할 것이다. 일찍 출근하고, 늦게 퇴근하고, 토요일에도 출근할 것이다. 자신이 많은 임금을 받고 있다는 사실을 알기 때문에 일을 해내기 위해 뭐든지 할 것이다.

업계 최고의 월급을 주는 것부터 시작하라. 직원들은 계속해서 자기 급여를 다른 회사에서 일하는 친구들이 받는 급여와 비교한다. 당신은 당신 직원들이 매번 이기도록 해줘야 한다. 크리스마스 보너스, 신규 은행계좌 보너스, 생일 보너스 등 당신의 사람들이 열심히 일할 가치가 있는 달콤한 직장을 가졌다고 생각하도록 당신이 줄 수 있는 모든 것을 주어라. 어떤 상사들은 수표를 들고 한 책상에서 다른 책상으로 옮겨 다니며 정기적으로 예상치 못한 '감사 보너스'를 지급한다. 나는 개인적으로 보상을 거래 및 수익성과 연계하고 있다. 거기다 당신도 기억하겠지만, 내 직원들은 모두 지분 파트너이다.

그레이트웨스턴에서 내 사람들은 급여가 수익과 연관되어 있다는 것을 알고 있었고, 그래서 모두 계속해서 돈을 벌 방법을 생각했다. 그들은 모두 열심히 일했고 그 열정은 놀라웠다.

나는 앞서 피터 세이지라는 비범한 영국인에 대해 언급했다. 피터는 우리가 만나기 훨씬 전인 20세에 회사 4개를 소유하면서 눈부신 업적을 이뤘다. 오늘날 피터 세이지는 세계적으로 활동하는 기업가이며, 인기 많은 동기 부여 연설가이자 고가 부동산 투자자이다.

몇 년 전, 피터 세이지는 자기 어머니와 직원 22명에게 크리스마스 파티를 열어주기로 했다. 나쁘지 않다. 아 참, 그런데 파티는 두바이에서 가장 우아하고 값비싼 7성급 호텔인 버즈 알 아랍Berj al Arab에서 열릴 예정이었다. 피터의 어머니와 회사 안내원, 판매 직원, 회계 담당자 등 회사 소속 모든 직원은 나흘간 엄청난 사치 속에서 살았다. 화려한 복층 스위트룸, 개인 집사, 42인치 플라스마 TV 스크린, 아라비아만의 파노라마 풍경……. 흔치 않은 충성심은 비범하게 보상받았다.

불행하게도 돈은 일부 회사에서 존경의 대체물로 사용된다. 직원들이 정당한 돈을 받기 위해 얼마나 많은 쓰레기 같은 일을 감내하는지를 보면 나는 그저 놀랍다. 여기에는 우편물 담당자에서 부사장까지 포함된다. 나는 직원이 35명 정도 되는 회사를 경영하는 한 남자를 안다. 그는 심지어 고객들 앞에서도 직원들 흉을 본다. 끊임없이 욕설을 퍼붓고, 고함을 지르고, 자신의 실수를 두고 직원들을 비난한다. 또한 명확한 지시도 내리지 않고 그들이 감당할 수 있는 것보다 더 촉박한 마감 시한이 더해진 일을 마지막 순간에 맡김으로써 그들을 일로 매장해버린다. 한번은 위기 상황에서 사업이 혼란에 빠지자 자기 혼자 친구들과 함께 보트 여행을 떠나버렸다.

하지만 신기하게도 아무도 그 회사를 그만두지 않는다. 이유를 물어보면 이런 답이 돌아온다. "글쎄요, 사장님은 월급을 많이 줍니다……." "그만두고 싶지만 다른 누구도 우리 사장님이 주는 것만큼 주지는 않아요……." "내가 받는 월급이라면 그 사람은 뭐든 내키는 대로 말할 수 있어요……."

물론 나는 직원에 대한 그런 대우를 옹호하지 않는다. 사실 나는 정반대로 했다. 직원들에게 후한 임금을 지급했고 존경으로 대했다. 어쨌든 내가 하고 싶은 말은 직원들의 3가지 우선순위가 돈, 돈, 그리고 돈이라는 것이다. 쾌적한 근무 조건, 부가 혜택 패키지, 헬스클럽 회원권보다 중요한 것이 돈이다. 21세기 직원들은 당신의 대가족 중 일원이 되고 싶어 하지 않는다. 그들은 외바퀴 손수레에다 돈을 싣고 엘리베이터를 타고 내려올 수 있는 만큼의 돈을 받고 싶어 한다. 만약 당신이 거기다 존경과 인정을 추가한다면 그 결과는 엄청나다. 당신은 영원히 그들의 충성심을 얻게 된다. 나폴레온 힐Napoleon Hill이 세계 500대 부자들을 20여 년간 인터뷰한 후《생각하라 그리고 부자가 되어라Think and Grow Rich》에다 썼듯이, "금전적 동기가 무엇보다도 최우선이다". 이 말은 예전에도 사실이었고 지금도 사실이다.

(금전적 동기 모델이 여전히 가장 유효하다. 다시 피터 세이지에 관한 이야기로 돌아가보자. 피터 세이지는 여전히 기업가이지만 자신의 연설과 동기부여 세미나 일을 전 세계로 확장했다. 또한 피터 세이지는 나 자신의 축소판이다. 나는 그의 성공에 내가 관여했다는 사실을 자랑스럽게 생각한다.)

2) **절대 질책하지 마라.** 아주 기본적인 사항인데도 고용주들 대부분은 위기가 고조되는 상황에서 이것을 잊는다. 상투적인 표현은 이렇다. "둘만 있을 때 비판하라. 다른 사람들 앞에서는 칭찬하라." 가끔 절제된 방식으로 화를 내긴 해도, 나는 사적으로도 내 직원들을 비판하지 않으려고 노력한다(지금 누군가 "물론 그렇겠지, 페냐" 하고 말하는 소리가 들린다). 그 대신 나는 직원들의 머리를 쥐어뜯지 않을 만큼 충분히 감정을 식힌 다음, 그들을 내 사무실 안으로 들어오게 하고, 문을 닫고 나서 온화한 아버지 같은 목소리로 거스리성과 맞먹는 돈을 날려버릴 뻔한 실수에 대해 묻는다.

"그런 행동을 하게 된 이유가 뭔가?"

"우리에게 이익이 되지 않는 그 행동의 결과로 무슨 일이 일어났지?"

"같은 상황이라면 다음번에 어떻게 행동할 건가?"

'다음번'이라는 단어는 매우 효과적이다. 다음번이 있을 정도로 충분히 당신이 그들의 기본적인 판단과 지능을 존중한다고 말해주는 것이니까……. 이번만큼은!

우리 회사는 보통 구제 불능 바보들을 고용하지 않기 때문에 나는 다음과 같이 합리적으로 추정한다. 첫째, 이 사람은 지속적인 삶과 고용을 가치 있게 만들 자질을 지니고 있다. 둘째, 그들이 보기 좋게 망쳐서 초래한 실패로부터 배울 수 있을 만큼 충분히 똑똑하다.

더 중요한 점은 이것이다. 만약 직원들이 실수를 저질러 질책당한다면, 특히 굴욕을 당한다면, 그들은 실수할 수 있는 곳으로 절대 나아가려고 하지 않을 것이다. 그러면 결코 자신이 만든 상자에서 벗어날 수 없다. 절대 자신만의 안전지대를 넓히려 들지 않을 것이다.

빌 게이츠는 직원들이 실수하면 보너스를 지급한다. 놀랍게도 이것은 사실이다. 게이츠는 그들의 창의성과 상상력을 장려하기 위해 그렇게 한다. 좋은 사람들도 정직한 실수를 할 수 있다고 생각하고, 그들이 어떤 결정을 앞두고 걱정하며 소심해지는 것을 원치 않는 것이다.

나는 직원들이 실수하는 가장 큰 이유 중 하나가 정보 부족이라는 사실을 알았다. 직원들은 CEO가 가진 것과 같은 정보를 가지고 있지 않기에 CEO와 같은 방식으로 결정을 내리지 못한다.

경영진의 사무실 문을 닫아걸던 시대는 지났다. 가부장적 기업 문화는 죽었다. 정보가 손쉽게 계층구조를 오가는 상황, 그리고 이메일에 의해 죽임을 당했다.

우리는 더 이상 임원 혹은 CEO의 재량권을 그가 회사의 나머지 사람들로부터 얼마나 많은 정보를 숨길 수 있는가에 따라 판단하지 않는다. 오늘날 우리는 회사에 대한 정보를 수신하고, 처리하고, 입력 정보를 기반으로 지능적으로 행동하는 직원들과 함께하는 정보화시대에 살고 있다. 똑똑한 CEO는 자신의 조직을 '통제 해제'하기 위해 그러한 능력을 사용하며, 책임지기를 열망하는 유능한 사람들에게 흔쾌히 책임을 넘겨준다.

3) 한 명 혹은 그 이상의 직원을 당신이 하는 일에 대비해서 훈련해라. 당신은 한 가지 일이 아니라 여러 가지를 할 수도 있다. 예를 들어 개구리와 키스하고, 거래를 찾아내고, 자금을 조달하는 일이다. 당신은 당신이 하는 일을 다른 직원들에게 훈련해야 한다. 그래야만 당신이 더 많은 개구리에게 접근할 수 있고, 더 많은 잠재적 거래를 찾아내고, 더 많은 금융기관으로부터 돈을 빌릴 수 있기 때문이다. 직원들에게 CEO나 회사 소유주가 하는 일을 하게 함으로써 주인 의식을 갖도록 하는 것이 중요하다. 회사의 현재뿐만 아니라 회사의 미래를 이끌어 나가는 데 도움을 줄 수 있도록 허락한다면, 그들은 더 열심히, 더 오래 일하고, 더욱 헌신할 것이다.

4) 절대 당신 직원들을 대신해 결정을 내리지 마라. 일단 직원들에게 필요한 정보를 준 뒤에는 그들이 스스로 결정을 내리도록 허락하라. 동시에 그들에게 그들 자신의 행동을 이행할 책임과 권한을 부여하라. 그들에게 실수할 기회를, 그것으로부터 배울 기회를 주어라.

회사가 성장함에 따라 직원들도 성장해야 한다. 7가지 새로운 업무를 처리할 직원 7명을 고용하는 것보다 열정적이고 유능한 직원 7명이 더 많은 업무를 처리하는 편이 낫다.

새로운 과제를 어떻게 제시하느냐가 직원들이 얼마나 빨리 학습하느냐를 결정한다. 당신이 어떻게 일을 하는지 말해줄 수는 있지만 그러면 금방 잊어버릴 것이다. 당신이 어떻게 하는지 보여줄 수도 있지만 여전히 금방 잊어버릴 것이다. 하지만 당신이 그들을 과정에 참여시킨다면, 그들은 이해하고, 기억하고, 성장할 것이다.

어떻게 직원들이 성장해서 당신의 기대치를 충족시키는지 보여주는 흥미로운 예는 지출 한도이다. 내가 중간관리자들의 지출 권한을 늘렸을 때 실제로 지출은 감소했다. 모든 지출을 개인적 지출로 간주하기 시작했고, 비용을 어느 때보다 세심하고 양심적으로 감시했다. 제한을 완전히 없애자 비용은 더 줄어들었다.

마찬가지로 모든 직원이 스스로를 독립적인 사업자로 생각하도록 만들어야 한다. 사실상 모든 업무가 '사업화'되거나 직원이 운영하는 사업으로 전환될 수 있다. 리츠칼튼호텔의 층별 매니저는 쉽게 자신을 '자기 층의 CEO'라고 생각할 수 있다. 유능한 사람들은 그런 상황에서 더 똑똑하게 일하고 더 많은 자부심을 품는다. 새턴Saturn사의 이야기를 보자. 새턴 자동차 공장에서 일하는 모든 노동자들은 자신들을 마치 어떤 부분 조립 부문의 CEO처럼 생각한다. 미국 산업계에서 권한 부여와 관련해 이보다 더 좋은 예는 없다.

작별을 고해야 할 때

당신이 사업 파트너 또는 동료와 유지하는 관계의 상태 그리고 활력과 관계없이, 조건과 환경, 요구 사항은 시시각각 변한다. 인격도 변한다. 물론 당신과 당신의 사업 파트너 혹은 고위 간부들이 평생 함께 지낼 수도 있지만, 당신이 누군가를, 심지어 당신과 함께 지옥을 견뎌낸 누군가를 해고해야 할 때가 올 수도 있다. 어떤 사건이나 일련의 행동방식은 당신의 대성공에 크게 일조한 누군가를 해고하는 것이 회사에 이익이 된다는 점을 확인시켜준다.

사람을 해고하는 것은 고위관리자나 임원에게 가장 힘든 일 가운데 하나이다. 이것은 때에 따라 조기퇴직, 휴직, '규모 축소' 또는 '규모 적정화'라고 불린다. 이런 일을 재밌어하는 사람은 없다. 개인적으로 누군가를 좋아하지 않는다고 해서 그런 일이 쉬워질 거라고 생각하면 오산이다. 만약 그들이 뛰어난 기술을 가지고 있고 매우 유능하다면, 숫자를 잘 다루고 협상에 뛰어나다면, 그들을 대체할 사람을 찾기란 매우 어렵다.

그러나 불가피한 일을 미루면 안 된다.

하비 맥케이Harvey Mackay가 《상어와 함께 수영하되 잡아먹히지 않고 살아남는 법Swim With the Sharks Without Being Eaten Alive》에서 한 말은 옳다. "당신이 해고하는 사람들이 아니라 해고하지 않은 사람들이 당신의 삶을 비참하게 만든다."

해고해야 마땅할 사람은 늘 당신 주변에 머무르면서 종종 당신이 어느 선까지 용인하는지 확인하려는 듯 엉뚱한 일을 벌인다. 당신이 해고 행위를 미루는 한, 당신은 당신의 의지를 지속적으로 시험당하는 일에 에너지를 소비하게 된다. 해고를 앞둔 직원은 복도에 누워 있는 시체와도 같다. 사무실의 모든 사람은 어떻게든 동료 중 한 명이 불필요해진 때를 알고, 시체 주변에서는 발끝으로 살금살금 걷는다. 그 시체가 아무 이유 없이 그곳에 오래 머물며 전화를 받고 커피를 마실수록 사무실 사기에 더 큰 영향을 미친다. 당신이 해고해야 하지만 아직 그렇게 하지 못했음이 임시 직원들 눈에도 명백해지기 전에 그런 사람을 제거하라.

―

당신이 해고하는 사람들이 아니라
해고하지 않은 사람들이
당신의 삶을 비참하게 만든다.

―

하지만 해고와 관련해서 다음 규칙을 기억하라. 누군가를 해고할 때는 그 사람이 다시 당신 회사로 돌아올 기회의 싹을 잘라라.

깨끗하고 분명하며 돌이킬 수 없는 단절이 필요하다. 관리자급에서 그런 일이 발생하면 회사에 매우 큰 비용을 발생시킬 수 있다. 특히 고용계약과 관련된 경우가 그렇다. 그러나 비용과 관계없이 외과 수술하듯 완벽하게 관계를 끊어라.

당신이 해고할 사람에게 스톡옵션 같은 빌미를 제공함으로써 돈을 아끼려 들지 마라. 당신이 지금 아낄 수 있다고 생각하는 돈이 얼마가 됐든, 나중에 불가피하게 발생하게 되는 비용과 상황 악화에 비하면 아주 적은 돈일 것이다.

드림팀을 만드는 것은 다른 사람들을 당신의 모험에 참여시키고 대성공이라는 높은 곳을 함께 오르는 과정이다. 모든 사람이 함께 올라가야 할 필요는 없다. 하지만 당신에겐 그들 중 일부라도 정상까지 함께할 사람들이 필요하다. 사람들을 신중하게 선택하고 잘 대우하라. 그들이 실수할 기회를 주어라. 엉덩이에 불난 듯 열심히 일할 기회를 주어라. 그들의 시간을 가치 있게 만들 기회를 주어라. 그리고 만약 슬픈 날이 온다면, 재빨리 그리고 완전히 내보내라.

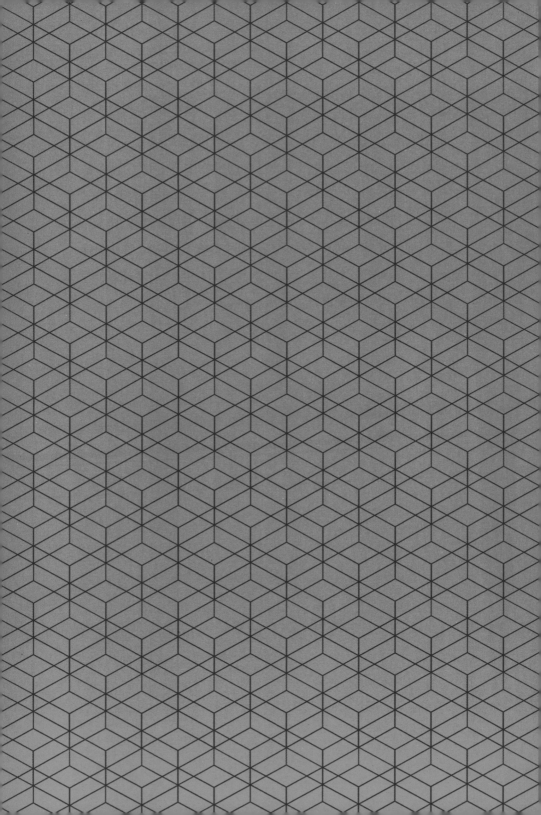

Chapter 7

성공하는 거래의 11단계

"우리는 등을 짚고 뛰어넘어
비약적 성공을 이룰 수 있다. 하지만 한 번에 하나씩
확실히 거래를 매듭지어야 한다."

나는 이 책에서 지금까지 의사결정을 하고 위험을 감수하며 곧바로 실행에 옮기라고 반복적으로 이야기했다. 당신도 이제는 내가 빈둥거리며 앉아 머리만 굴리는 사람이 아니라는 걸 눈치챘을 것이다. 나의 재빠르고 단호한 행동이 수백만 달러를 거머쥐느냐 허공에 날리느냐를 결정할 때는 더더욱 가만히 있지 못한다. 확실하게 결정하지 못하고 머뭇거렸다면 지금까지 10만 건이 넘는 사업 결정을 내리지 못했을 것이다.

워런 버핏은 일찍이 이렇게 표현했다. "엄지손가락만 빨고 있지 마라." 워런 버핏은 필요한 정보가 무엇이든 면밀하게 검토하고 신속하게 결정해서 실행에 옮긴다. 쓸데없이 앉아서 생각만 하는 건 '엄지손가락 빨기'에 불과한 것이다.

전설적 기업인 앤드루 카네기Andrew Carnegie는 젊은 나폴레온 힐에게 세계 500대 부자의 특징을 찾는 어려운 작업에 착수할 의향이 있는지 물었다. 그러면서 힐 모르게 초시계를 꺼내 60초 안에 답이 나오기를 기다렸다. 힐이 긍정적으로 답하는 데 걸린 시간은 26초였다. 그리고 힐은 그렇게 답하고 나서 20년간 연구에 몰두했다. 위대한 카네기는 힐에게 주어질 엄청난 과업을 완수하기 위한 필수 자질로 결단력을 꼽은 것이다.

조심스럽게 행동하라는 말은 준비 안 된 상태로 섣불리 달려들거나 어리석게 행동하지 말고 천천히 움직이라는 뜻이 아니다. 우리는 살면서 아무리 사소한 일이라도 여러 유형의 입력 정보, 과거 경험, 직감, 다른 사람의 조언 등을 비교해 결정을 내린다.

차를 어디서 점검받을지, 건강보험을 어떻게 처리할지, 비서를 누구로 뽑을지도 결정해야 한다. 이렇게 상대적으로 사소한 결정도 여러 요인을 따져보는 데 시간이 걸린다면, 최초의 아이디어에서 가치가 수천만 달러에 달하는 거래를 마무리하는 데까지 당신과 당신의 회사가 거쳐야 하는 과정은 얼마나 어렵겠는가?

이번 장에서는 기발한 아이디어를 떠올리는 순간부터 계약서에 잉크가 떨어지는(또는 역사적 사건이 되는) 때, 다시 말해 아주 먼 훗날일 것처럼 보이는 때까지 당신이 거쳐야 할, 아니 거쳤으면 하는 11단계를 소개하고자 한다.

나는 내 세미나에 참석한 많은 이들의 희망찬 얼굴을 들여다본다. 어느 정도 성공한 사업가, 신진 기업가, 좌절을 겪고 성공에 목말라 하는 사람들 등 저마다 다양하다. 물론 살인마 찰스 맨슨Charles Manson 이 주최하는 집단역학 세미나에도 참석할 만한, 매년 모습을 드러내는 세미나광들의 얼굴도 본다. 안타깝게도 그들 대부분은 나에게 이런 말을 듣기를 기대했을 것이다. "긍정적으로 생각하세요. 당신은 특별하니까요. 꿈은 이루어질 겁니다." 하지만 당신도 이제 알다시피 댄 페냐의 세미나에서 그런 달콤한 헛소리는 절대 나오지 않는다. 내가 그걸 바라지 않아서가 아니다. 진심으로 그러길 바란다! 하지만 인생은 저울 같아서 얻는 것과 포기할 수 있는 것 사이에서 균형을 잘 잡아야 한다. 이상 끝!

나한테 들었으면 하고 기대하는 말이 무엇이든 상관없이, 전부는 아니겠지만 사람들 대부분은 초보적인 수준의 큰돈을 벌기 위한 아이디어를 하나씩 갖고서 내 세미나를 찾는다. 언젠가 세미나가 끝날 무렵 나는 그들에게 아이디어를 한 장으로 정리해 팩스로 보내달라고 요청했다. 딱 그 말만 하고 세미나를 마쳤다. 얼마 뒤 나는 아이디어의 홍수에 휘말렸다. 심지어 개중에는 괜찮은 아이디어도 있었다!

(2000년 이후부터 나는 거스리성에서 1주일간 세미나를 여는데, 참석 인원을 20명에서 24명으로 제한했다. 참석자들에게 좀 더 많은 책임감을 요구할 수 있어서 나와 참석자 모두 만족도가 훨씬 높다. 또, 이 책을 쓴 이후로 매우 힘든 사후 프로그램도 시작했다. 내가 1년 동안 무료로 멘토가 되어주는 것이다. 나는 매달 화상 전화로 멘티들과 이야기를 주고받는다.)

내가 말하고 싶은 건 당신이 살면서 만나는 사람들, 같이 일하는 사람들이라면 누구나 언젠가는 '돈이 될 아이디어'를 갖고 있다는 점이다. 수다스러운 중개인에게서 정보를 얻을 수도 있고, 신문 경제면을 읽다가 짤막한 기사에 눈이 번쩍 뜨일 수도 있다. 잠시 남의 대화를 엿듣다 이런 생각이 들 수도 있다. '오, 그거 괜찮은 아이디어인데?'

우리의 목적 달성을 위해 필요한 '거래'는 수입을 창출하는 지분 거래이다. 그것은 주식공모나 다른 기업의 인수일 수 있다. 나는 주식을 사고파는 과정에서 어마어마한 돈을 벌어봤기 때문에 기업 인수를 예로 들어보겠다.

일등석에 타라.
이코노미석 38열에 앉아서는
결코 거래 기회를 잡을 수 없다.

그레이트웨스턴에서 성사시킨 가장 큰 거래의 계기는 휴스턴에서 덴버로 향하는 비행기 안에서 이뤄진 우연한 대화였다. 1986년 늦여름, 우리 회사 CFO인 찰리 솔라데이는 우연찮게 맵코MAPCO사의 간부 옆자리에 앉게 됐다. 맵코는 켄터키에 본사를 둔 다국적 에너지 기업이다. (가끔 이렇게 묻는 바보들이 있다. "당신은 왜 항상 일등석을 탑니까? 무료 음료와 고급 식기 때문이라기엔 너무 비싼데 말입니다." 물론 나는 비행기를 많이 타는 터라 보통 마일리지로 좌석을 업그레이드한다. 하지만 혹시 모르는 사람이 있을지도 몰라서 말하자면, 고위 간부들은 일부러 일등석을 탄다. 그래야만 다른 기업의 고위 간부와 우연히 대화할 기회가 생기기 때문이다. 그런 대화가 거래로 이어져 더 많은 협상, 더 많은 수익을 가져올 수 있다. 이코노미석 38열에 앉아서는 결코 거래 기회를 잡을 수 없다. 하나 더, 최근 세법이 바뀌어서 일등석을 타는 고위 간부들 대부분은 기본적으로 마일리지를 적립만 하거나 직접 돈을 내고 좌석을 업그레이드해야 한다.)

그렇게 해서 이 자신감 있고 여유 있는 에너지 기업 간부는 캐나다 에너지 기업의 미국 자회사 보우밸리Bow Valley의 자산을 취득하기 위한 프로젝트를 준비 중이라고 찰리에게 털어놓았다. 캐나다 씨티그룹을 포함한 여러 은행은 대출금 상환을 위해 수십억 달러 가치를 가진 보우밸리의 모회사를 압박하는 중이었다. 결국 보우밸리는 빚을 갚기 위해 자산을 매각할 예정이었다.

평소처럼 찰리는 귀 기울여 듣고 있었다. 찰리는 그 남자가 한순간의 부주의로 우리 회사인 그레이트웨스턴의 잠재적 이익을 위한 창을 무심코 열었다고 생각했다.

이 일의 중요성을 이해하려면 1986년 여름 즈음의 석유산업 상황에 대해 알 필요가 있다. 당시에는 전 세계적 석유 공급 과잉으로 인해 불황이 나날이 심해지고 있었다. 1월에 배럴당 28달러였던 석유 현물 가격은 6월에 10달러 이하로 떨어졌다(아주 먼 옛날 일처럼 느껴진다. 이 책을 쓰는 현재 유가는 배럴당 약 125달러이다). 1984년 12월, 런던 증권거래소에서 약 3파운드(약 3달러 50센트)였던 그레이트웨스턴 주가는 1986년 6월 말에 50펜스(약 80센트)까지 폭락했다. 달러와 파운드 간 환율도 우리에게 불리하게 작용했다. (그때처럼 석유 가격이 폭락할 거라 생각지는 못했는데, 2014년 여름 배럴당 120달러였던 유가는 2016년 초 약 25달러로 곤두박질쳤다.)

석유회사들은 꾹 참고 기다렸다. 태아처럼 몸을 웅크리고 머리를 숨기며 불황이 끝나기만 고대했다. 나는 괜찮았다. 그레이트웨스턴 만큼은 불황에 휩쓸리지 않도록 하겠다고 나는 다짐했다. 우리가 그토록 기다린 퀀텀 리프를 할 때가 드디어 왔음을 나는 알아챘다. 물론 고통받는 에너지 회사들의 뼈로 가득 찬 사막에서 제대로 된 기업 인수가 가능해야 한다는 전제 조건이 있었다. 제대로 된 거래를 위한 자금 조달이 가능하다는 것을 나는 알았다. 사업을 확장하려고 전장에 나와 있는 기업들이 없었으므로 재빨리 전반적인 지형을 탐색할 수 있을 것 같았다. 기업들은 회의 테이블 밑에서 떨고만 있었다! 우리는 그때까지 가능성 있는 수많은 거래를 눈여겨봐왔지만 적당한 거래를 찾지는 못한 상태였다. 찰리가 수다스러운 새 친구를 만나기 전까지는 말이다.

찰리는 덴버에 도착하자마자 휴스턴 사무실에 있는 내게 전화를 걸어 그가 들은 내용을 보고했다. 마크와 나는 즉시 자리에 앉아 아이디어를 마구 떠올렸다. 그리고 찰리가 알아낸, 퀀텀 리프를 이룰 엄청난 기회의 한 조각이라도 잡기 위해 실행 가능한 전략을 모색했다. 그때 우리가 한 일이 다음 1단계의 내용이다.

1단계: 아이디어 확인하기

하고 싶은 일이나 추진하려는 거래를 명확히 정의하는 것이 첫 번째로 할 일이다. 당신과 사업 파트너가 아이디어의 기본 전략에 합의해야 할 뿐만 아니라 그 아이디어가 실행 가능할지, 그리고 회사에 이익을 가져다줄지에 관해 의견이 일치해야 한다. 실현 가능성이 입증되면 아이디어를 발전시키고픈 욕망을 품는 것이 중요하다.

많은 경우 아이디어의 주된 장점은 그것이 당신 회사의 장기적 비전에 가까이 다가가게 해주는 수단이라는 점이다. 그레이트웨스턴에 대한 나의 비전은 천연자원 회사로서 세계 에너지 산업의 선두 주자가 되는 것이었다. 그리고 당신도 알다시피 이러한 목표를 이루기 위한 나의 대전략은 지속적 원유 채굴과 생산을 통한 내부 성장보다는 인수 등 외부 성장을 원동력으로 삼는 것이었다.

우리는 석유와 가스로 자리 잡은 회사였지만 보우밸리는 자산의 75퍼센트가 탄광 운영과 채굴 작업에 기반을 둔 회사였다. 우리는 고민에 빠졌다. 우리에게 석유와 가스 기반의 자산을 넘어서는 더 큰 자산을 불릴 기회가 있을까? 그레이트웨스턴이라는 작은 뱀이 저렇게 큰 알을 소화할 수 있을까? 피라미가 고래를 삼킬 수 있을까? 짧은 순간 확 하고 지나가는 기회의 창 안을 들여다보며, 우리는 어떻게 하면 아이디어를 계획으로 만들 수 있을까 수없이 생각했다. 거의 틀린 적이 없던 내 직감에 따르면, 그 거래는 우리가 세계적 에너지 기업으로 발돋움하기 위해 꼭 필요한 거래였다. 앞선 장에서 언급했던 것처럼, 그 거래는 정말 굉장했다! 스프레드시트 프로그램을 실행할 필요도 없었다. 해변에서 패멀라 앤더슨_{Pamela Anderson}이 거의 벌거벗은 몸으로 내게 달려오며 이렇게 말하는 거나 마찬가지였다. "페냐, 나 여기 있어요! 날 가져요." 당연히 그래야지, 패멀라! 어떤 식이든, 어떻게든 우리는 그 거래를 성사시켜야 했다!

하지만 나를 그 거래에 뛰어들게 한 또 다른 요인이 있었다.

우리는 기업을 공개하면서 시작했던 일련의 과제를 달성한 상황이었다. 우리 직원들은 에너지 산업 전체를 접수하겠다는 확신과 자만심으로 가득 차 있었다. 우리는 혈기 왕성했고, 패배한 적이 없었으며, 불사조였다. 우리는 '타이틀전에서 싸울 준비가 돼' 있었다. 이러한 그레이트웨스턴의 분위기는 다음 승리에 대한 기대로 이어졌다. 나는 그들을 거부할 수 없었고, 내 앞에 놓인 큰 도전도 거부할 수 없었다. 영광스러운 승리를 향한 도전이었다! 하지만 제아무리 열정이 넘치고 성공에 굶주려도 '11단계'를 밟아야 했다. 이것은 우리의 행동을 규율하는 데 필요한 과정이자, 계획한 전투를 앞두고 우리의 몸과 마음을 단련하는 데 필요한 과정이었다.

아이디어를 구체화해야 하는 근본적인 이유는 차고 넘친다. 1단계를 너무 서둘러 진행하면 당신과 당신의 파트너들은 저마다 다른 방향으로 돌진하며 다른 목표를 추구하게 된다. 재정비하고 전략을 다시 구상하기엔 너무 늦어버린다. 그러면 전투에서 적군에 짓밟히듯 원래 위치로 돌아가기가 어려워진다.

아이디어를 확인해야 하는 또 다른 이유는 성과를 내기 위해 야근과 특근을 하는 다른 직원들에게도 그 내용을 알려주어야 하기 때문이다. 이런 시기에는 사실상 모두가 야근을 한다. 아울러 당연히 아이디어는 아주 정확히 문서화해야 한다. 그래야만 투자은행가들과 증권회사들, 초조해하는 주주들이 당신의 목표를 이해하고 지지할 것이다 (이것 역시 비전을 명확히 해야 한다는 말이다. 재미있는 사실은 흐리멍덩한 아이디어를 문서화하기는 어렵다는 것이다!).

세부 사항이 아니라 아이디어나 계획의 기본 내용 그리고 당신 회사의 잠재적 이익을 확인하고 여기에 동의했다면 2단계로 넘어가도 좋다.

2단계: 기본 내용 조사하기

좀 더 구체적으로 말하면 시간과 노력을 들이기 전에, 특히 더 많은 수익을 낼 다른 곳에 투자할 수도 있는 돈을 쓰기 전에 조사가 이뤄져야 한다. 다른 조직이나 집단 또는 개인이 취한 조치는 반드시 답을 얻어야 하는 핵심 질문을 제기한다.

왜 켄터키 석탄회사인 맵코는 석탄으로 벌어들이는 수익 외에 보우밸리의 석유와 가스 자산에 관심을 보였을까? 우리는 맵코가 보우밸리를 매입한 뒤 위험 부담 없이 수익을 내기 위해 석유와 가스 자산을 재매각으로 돌리려 한다는 것을 알았다. 그럼 왜 보우밸리는 직접 자산을 팔아야 했을까? 그들의 추론에 따르면, 보우밸리가 그와 같은 자산을 사들여서 값을 올린 후 우리에게 팔 수도 있었는데 말이다. 요점만 말하면, 왜 보우밸리는 그레이트웨스턴처럼 훨씬 작은 회사에, 누가 봐도 재정적으로 힘도 없고 맵코만큼 강하지도 않은 회사에 자산을 판 것일까? 그들은 그저 사회적 통념을 따른 것이다.

보우밸리의 재정 상태는 어땠을까? 캐나다와 미국, 전 세계적으로 보우밸리의 사업 규모는 어땠을까? 그 전의 석탄 계약은 얼마나 건실했고, 누구와 어떤 조건으로 맺었을까? 우리로서는 빠르게 진행해야 할 조사라 업무량이 상당했지만, 그렇다고 모든 문제를 샅샅이 조사하고 그 이면을 살펴보지 않을 수는 없었다.

조사는 '붉은 깃발'을 찾는 과정이다. 그럼 얼마나 많은 붉은 깃발을 봐야 할까? 단 하나다. 조사 보고서를 읽고 직감에 귀 기울여라. 첫 번째 붉은 깃발이 불쑥 나타날 때, 즉 편하지 않은 답을 얻게 되거나 아예 답을 얻지 못했을 때는 즉시 탈출하라. 천의 제일 미세한 주름도, 아주 사소한 모순도 나중에는 당신 코앞에서 터지는 폭발물일 수 있다(붉은 깃발 점검 목록은 2부 C와 E에 실었다).

조사는 고성과를 내는 데 필수 요소이며, 회사를 운영하는 사람의 이익을 보호하는 측면에서도 매우 중요하다. 요즘 나는 그레이트웨스턴이 이뤘던 것보다 잠재력이 훨씬 더 큰 거래를 찾고 있다. 그래서 평소 진지하게 고려했던 회사들, 채용하거나 관계를 맺으려던 사람들을 자세히 살펴보는 민간 조사원을 정직원으로 두었다. 우리는 우리가 조사 대상으로 삼는 회사나 사람들을 '목표물'이라 부른다.

이것은 이력서에 적힌 추천인에게 전화를 걸거나, 사전에 선별되어 회사 프레젠테이션 자료에 보기 쉽게 실려 있는 고객들과 수다를 떠는 것 이상의 행위를 의미한다.

거래할 생각이 있다면 2가지 목표물을 확인해야 한다. 바로 회사와 회사의 주요 인사들이다. 그러면 어디서부터 조사해야 할까? 당신이 아는 것에서부터 시작해야 한다. 이름, 주소, 대략적인 나이, 직업, 소속 회사의 이름 따위 말이다. 기본 정보는 명함, 안내 책자, 스탠더드앤드푸어스Standard and Poors 명부, 전화번호부, 해당 업계 사람들과의 대화, 연례보고서 등에서 구할 수 있다.

로비나 대기실에서 사람을 기다릴 때 빌어먹을 〈타임〉지 따위를 집어 들지 마라. 책상과 벽을 눈으로 훑으면서 기록할 만한 구체적 정보가 담긴 상장, 증서, 사진, 졸업장 등을 확인하라. (이제는 구글과 링크드인에서도 많은 정보를 얻을 수 있지만 당신에게 필요한 거의 모든 정보는 공식 기록물에서 찾을 수 있다.)

만약 경영진의 사무실에서 담소를 나눈다면 조심스럽게 주변을 둘러보라. 예술작품이나 작은 장식품을 칭찬하라. 그러면 그는 자기 이야기를 시작할 것이다. 골프, 낚시, 여행, 군대 경험 등 공통의 관심사나 배경의 증거를 찾았다면 그것을 지렛대 삼아 더 많은 정보를 캐내라. 아무리 바쁜 간부라도 사람들은 자기 이야기하는 것을 좋아한다. 그리고 당신은 그런 이야기를 듣는 걸 즐겨야 한다.

확인되기 전의 정보는 그냥 전해 들은 말에 지나지 않는다. 당신은 몇 번이나 이력서에 적힌 자격 내용을 별도의 확인 절차를 거치지 않은 채 그대로 받아들였는가. 유력 후보의 이력서에 적힌 '1978년 노트르담대학교 졸업, 구조공학 전공'이라는 문구를 보면 대학교 행정실에 전화를 걸어봐야 한다. 만일 그런 졸업생의 이름은 들어본 적도 없다는 답이 돌아온다면? 그건 붉은 깃발이다. 다시 생각할 필요도 없다.

목표물이 되는 사람의 이름을 확인하는 절차부터 시작하라. 세상에서 가장 쉬운 일이 가명으로 명함을 만드는 것이다. 유권자 등록 사무소에 전화를 걸어 이름, 주소, 생년월일을 확인하라. 가능하다면 다음의 기록도 확인하자.

- 재산 서류 및 증서
- 양도인/양수인 기록
- 재산차압권
- 채무불이행 통지
- 판결문
- 위임장

민사소송과 전과기록은 귀중한 정보이지만, 이러한 기록물을 보는 데 필요한 절차는 행정단위마다 다르다. 수많은 관료주의의 변수에 발목 잡히지 말고 일반적인 관점에서 철저하게 조사하자.

목표물인 개인에게 어떤 소송 패턴이 있는지도 확인하라. 개인 관련 소송을 확인할 때는 기업 관련 소송도 확인하는 편이 좋다. 그러다가 계약 위반이나 채무불이행 탓에 벌어진 민사소송이 있었다는 걸 알아낼 수도 있다. 당연히 누구라도 어떤 일로든 소송을 당할 수 있다. 하지만 목표물인 기업의 간부나 회사 자체가 계약 위반 소송을 벌인 적이 있다면, 거래 결정을 내리기 전에 그 내용을 알고 있어야 한다.

더불어 그들이 고용한 법률회사가 어디인지도 확인하는 것이 좋다. 세간의 이목을 끄는 법률회사의 이름이 나온다면 그들이 자주 소송을 당하거나 소송을 건다는 사실을 알 수 있다. 또한 그들이 전투적이며 소송에서 이기기 위해 기꺼이 많은 돈을 지급하리라는 것도 짐작할 수 있다. 이런 내용은 미리 아는 게 좋다.

테이블 너머에서 웃음을 내보일지도 모르는 사람에게 전과기록이 있는지 파악하는 것 역시 중요하다. 협상 테이블에 앉기 훨씬 전에 확인하라. 목표물의 중범죄 및 경범죄 유죄판결도 모두 확인하라.

거듭 말하지만 행정단위마다 절차는 각기 다르다. 여기서 핵심은 과거 유죄판결 내용을 확인하는 것이다. 당신이 모든 일을 직접 할 수도 있지만, 이쯤이면 유능하고 경험이 풍부한 민간 조사원을 고용하는 것이 일을 신속하게 처리하는 방법이라는 것을 깨달았을 것이다!

재산소유권을 포함해 부동산중개인, 건설 계약업자, 변호사 전문 자격증의 진위를 명확히 확인하라.

"이봐, 페냐, 이런 조사를 진짜 전부 다 한단 말이야?"라고 묻고 싶을 것이다. 물론이다! 한 개인이나 팀을 상대로 협상을 타결할 때쯤이면 나는 이미 그들에 관한 모든 정보를 갖고 있다. 예를 들어 그들 중 누군가의 생일이 다가온다고 치자. 그러면 그 사실을 알고 있는 나는 협상 시간을 당일 늦은 오후로 잡을 것이다. 그러면 상대는 거래에 대한 부담을 안게 된다. (이러한 조사 내용은 대부분 인터넷에서 검색할 수 있다. 또한 여기 언급한 기록물도 대부분 인터넷에서 찾아볼 수 있다.)

3단계: 세부 내용 조사하기

당신이 놓쳤을지 모를 세부 사항을 확인하기 위해 출처를 다시 한 번 더 확인하라. 출처가 미덥지 않다면 좀 더 조사하라. 더 깊이 파고들어라. 수백만 달러가 걸린 거래라면 주저하지 말고 겉으로는 아무 문제가 없어 보이는 회사나 개인이라 할지라도 잠잠한 수면 아래를 철저히 탐색하라.

예를 들어 사업 파트너를 영입하기 전에 이전 동료들의 이야기뿐만 아니라 다른 시각에서 이야기를 들려줄 수 있는 직원들의 말까지 들어보라. 이 남자는 파티에서 술을 과하게 마시는가? 마약을 하지는 않는가? 함께 일하기에는 어떤 사람인가? 직원을 함부로 대하지는 않는가? 부인을 때리지는 않는가? 사무실에서 여자들에게 치근덕대지는 않는가? 동성애자인가?

하지만 명심하자. 우리는 그의 업적에 감사하기 위해 마련된 저녁 식사에 대비해 정보를 모으는 게 아니다. 그의 사업과 사생활이라는 직물을 손으로 만져보며 바느질이 잘못된 곳을 찾고 있다. 그가 복장 도착자라 해도 당신이 신경 쓸 일은 아니지만, 그래도 그 사실을 알고는 있어야 한다. (물론 직장 밖의 일이라면 신경 쓸 일이 못 된다.)

그런데 당신이 혹시 눈치채지 못했을까 봐서 말해두자면, 나는 이 책에서 남성의 관점을 유지했다. 한 가지 이유는 내가 '정치적으로 올바른' 사람들을 달래기 위해 매번 말을 끊고, '그 또는 그녀'라고 말하지는 않을 사람이기 때문이다. 또 다른 이유는 습관이다. 미국과 영국, 유럽의 최고경영자 가운데 98퍼센트가 남자라는 사실은 부정할 수 없다. 이 책은 기회의 균등을 다루는 게 아니다. 큰돈을 버는 것에 관한 책이다. 하지만 당신이 '정치적 올바름'이라는 별나고 사소한 것에 더 신경 쓰는 사람이라면 아마도 일찌감치 이 책을 던져버렸을 것이라 믿는다.

그렇긴 해도, 당신이 여성 독자라면 매년 여성 소유주와 기업가가 크게 늘고 있다는 사실을 위안 삼으면서 젠더 이슈 너머로 나아가길 권한다. 또한 조금 거북해도 어쨌든 여기까지 읽어냈다면 당신은 이미 거부가 될 가능성이 충분한 인재다. 그러니 해온 대로 밀고 나가길 바란다.

앞으로 이어질 협상 기간 내내 재조사하고 계속 확인하라. 사실, 당신이 관심을 보인다는 사실이 밝혀지면, 목표물은 공적인 기록물과 재정적 변동 사항 혹은 당신이 알아야 할 다른 활동의 겉모습을 바꾸려고 시도할 수 있다.

비즈니스 세계에서 조사 대상은 계속 달라진다. 회사와 사람들은 시간이 흐름에 따라 전진하면서 흔적을 남긴다. 그러니 목표물을 겨누는 동안에는 절대 목표물에서 눈을 떼지 마라!

4단계: 아이디어에 집중하기

드림팀의 모든 구성원이 당신의 아이디어를 공유하게 하는 것은 하나의 성취이다. 여기에는 당신의 목표와 그것이 당신의 장기적인 비전과 어떤 관련이 있는지, 목표를 달성하기 위한 거시적인 전략, 심지어 당신이 염두에 두고 있는 전술과 술책 등이 포함된다. 그리고 만약 싸움이 시작된다면 일단 끝날 때까지 어떻게든 버텨내겠다는 약속을 받아내는 것은 또 다른 성취이다.

기업 인수는 나 같은 전문가에게도 쉬운 일이 아니다. 당신의 사업 파트너들과 고위 간부들은 처음부터 공개적으로 프로젝트에 헌신하겠다는 의지를 밝혀야 한다. 그래도 어쨌든 개인의 지식과 경험, 회의에 참석한 집단의 개성에 따라 다양한 반응이 나올 수밖에 없다. 주변에 멍청한 아첨꾼만 있는 게 아니라면 필연적 결과이다. 당신의 사람들 가운데 몇몇이 의구심을 갖거나 프로젝트의 어느 측면이 마음에 걸린다면 마땅히 그것을 회의 의제로 올려야 한다. 그러면 논의를 통해 해결하거나 적어도 인지하는 계기로 삼을 수 있다. 자신감에 넘치는 나도 가끔 불길한 예감이 들 때가 있다.

**하던 일을 계속하라.
당신의 자산, 자원 및 능력을 당신이 전문 지식 및
경험을 가진 영역에 투자하라.**

예비 결정의 시간은 당신이 자신에게 이렇게 물어보는 때이다. '이 것이 내가 진짜 전문 지식을 가지고 있거나 전문 지식에 접근할 수 있는 분야인가?' 팻 케네디와 내가 파트너로서 수직 통합된 석유회사를 만들 당시 우리는 우리가 쥐꼬리만큼도 알지 못했던 석유산업 분야로 잘못 들어섰다. 그리고 그 경험은 큰 대가를 치렀다. 내가 여기서 배운 교훈은 이렇다. '하던 일을 계속하라. 당신의 자산, 자원 및 능력을 당신이 전문 지식 및 경험을 가진 영역에 투자하라.' 석탄 사업으로 진출하는 것을 고려하면서 나는 그 교훈에 대해 깊이 생각했다. 나는 결국 댄 페냐의 또 다른 성공 원칙의 힘을 빌려서 인수를 진행하기로 했다. '크게 꿈꾸라. 크게 생각하라. 크게 성장하라!' 게다가 내 본능과 직관은 비명을 지르고 있었다. 이 건은 너무 매력적이야. 패밀라가 너무 가까이에 있어서 만져볼 수 있을 정도였다.

당신의 핵심 인사 중 한 명이 아이디어에 찬성하지 않는 경우도 있다. 어떤 이유인지 몰라도 그 사람이 퀀텀 리프를 통해 대성공으로 나아갈 당신의 프로젝트에 반대할 수도 있다. 당신이 최종 결정을 내리기 전에, 당신은 그가 개인적인 감정과 상관없이 자신의 의무와 책임을 수행할 것인지, 아니면 협상에서 역효과를 내는 걸림돌이 될 것인지 확인할 필요가 있다. 예를 들어 보우밸리 인수에 대한 예비 토론에서 나의 탐사 담당 부사장은 석탄 사업에 뛰어드는 것에 반대했다. 솔직히 그는 석유와 가스 사업 부문이 새로 인수할 석탄 사업 때문에 뒷전으로 밀려나는 게 마음에 들지 않았다. 우리가 그의 동의 여부와 관계없이 인수 쪽으로 움직이고 있음을 그가 깨달았을 때, 그는 태도를 바꾸었다. 심지어 그 프로젝트가 자신의 아이디어라고 스스로 확신하기까지 했다. 뭐가 됐든 상관없지만.

5단계: 예비 결정 내리기

질문과 불확실성을 가진 사람들을 포함하는 당신의 드림팀은 헌신해야 할 일에 동의하고, 그것을 자신의 것으로 만들어야 한다. 그것이 최종 결정은 아니더라도 앞으로 나아가기 위한 의견 일치 혹은 합의라는 점을 분명히 하라. 지금까지 당신이 한 조사에서는 아직 거래 중단을 검토하거나 거래 자체를 포기해야 할 만한 붉은 깃발이 나오지 않았다. 거래는 여전히 매력적으로 보인다. 당신은 전투 준비를 시작한 상황이다.

프로세스의 예비적 단계에 해당하는 이 지점에서는 드림팀 구성원들이 괴물같이 부상해서 그것 자체로 생명력을 가지는 아이디어에 집착하는 때이다. 그런 아이디어는 몇 주, 몇 달 동안 잠자는 시간에도 구성원들의 머릿속을 지배한다. 당신이 리더이므로 이제는 그들의 치어리더가 되어야 한다.

나는 석유산업의 빈스 롬바디Vince Lombardi(미국의 전설적인 미식축구 선수이자 감독—옮긴이)라고 불렸다. 당신은 팀원들의 사기를 북돋아서 그들의 에너지와 아드레날린, 가속도를 끌어내야 한다. 그래야 그들이 전투에 투입됐을 때 패배 의식, 피로감, 허기 혹은 다른 잡념 없이 이를 악물고 전장으로 돌진할 수 있다. 응원의 형태는 회의실에 걸어둔 플래카드나 단합대회가 될 수도 있고 거래가 성사됐을 때의 보너스가 될 수도 있다.

그게 무엇이든 하라! 모든 것을 하라! 그들의 집착에 불을 붙여라.

그러면 사업 파트너부터 말단 직원에 이르기까지 모두가 평소와 다른 낌새를 알아차린다. 이제 당신과 당신의 사람들은 전시 체제에 들어섰다. 맥아더Douglas MacArthur가 일찍이 말했듯 "승리를 대체할 수 있는 것은 없다".

분명히 말해두지만 그레이트웨스턴의 전사들은 나를 자랑스럽게 만들었다. 우리는 전투에 진 적도 없었고 지는 방법도 몰랐다. 우리는 우리 능력에 한계가 없는 듯 행동했다. 그것이 전쟁에 임하는 우리의 마음가짐이었다. 당신도 비슷한 결과를 원한다면 우리처럼 행동하라.

6단계: 계속 조사하기

이 단계는 불필요하게 중복되는 단계가 아니다. 솔직히 말해서 당신의 조사원들은 (당신 회사 직원이든 외부 회사든 상관없이) 프로젝트의 가망성이 살아 있는 한 조사를 계속해야 한다. 당연한 말이지만, 당신이 매수하려고 시도하고 있는 나쁜 놈들은 물론이고 기업 인수를 놓고 경쟁할지 모르는 사람들까지 그 누구도 믿어서는 안 된다. 그들이 어떤 얘기를 하건, 어떤 사람에 대해 보고 듣건, 아무 의심 없이 덜컥 믿어서는 안 된다.

모든 당사자는 저마다 협상에서 가장 유리한 위치에 있는 것처럼 행동한다. 중대한 협상을 진행하는 동안 당사자들은 당신에게 직간접적으로 허세를 부리거나, 터무니없는 소리를 지껄이거나, 태연히 거짓말을 할 것이다. 당신 또한 거짓말을 할 일이 생긴다. 수억 달러, 아니심지어는 수천억 달러라는 큰돈이 오가는 중대한 거래에서 맨 처음 상처를 입는 것은 정직함이다. 그 희생자가 당신이 되지 않도록 하라!

이 말이 살벌하게 들린다면 내 의도가 제대로 전달된 것이다! 전장은 살벌하다! (내가 일을 시작할 때부터 그리고 1993년 코칭에 발을 들인 이래로 계속 말해온 것처럼, 정직하고 합법적이고 도의적이면, 그리고 고의로 다른 사람의 마음을 다치게 하는 일이 없다면, 우린 괜찮을 것이다.)

지금까지 본 것처럼 11단계는 꼭 순서대로 진행되지 않는다. 많은 경우 동시에 진행된다. 조사는 멈추지 않아야 한다. 목표를 확인하는 작업은 계속되어야 한다. 거래를 성사시키기 위해서는, 우리 식대로 말하자면 피라미가 고래를 집어삼키기 위해서는, 당신의 따뜻한 격려와 명료한 열정, 온전한 헌신이 필요하다. 시간과 관계없이, 심지어 영원히, 당신 회사 구성원의 기운이 소진되었을 때 그 기운을 새롭게 보충하는 데 쓰여야 한다.

7단계: 실행 계획 만들기

회의실에 모여 계획하고 토론하는 과정에서 당신이 확실히 선을 그어야 할 때가 온다. 모든 신호, 모든 부서장, 모든 사업 파트너가 예스라고 말할지라도, 버튼을 누르고 방아쇠를 당겨야 하는 사람은 당신이다. 일단 거래를 할 수 있다는 확신이 들면, 퀀텀 리프를 이루려는 당신의 몸 근육이 팽팽해지는 느낌이 든다. 당신은 설득하고 회유하고 간청하고 소리치고 협박해야 할지 모른다. 무슨 수를 써서라도 사업 파트너들 모두 최종 결승선을 넘어 프로젝트에 헌신할 수 있게 만들어야 한다.

당신의 사명감과 명확한 비전을 공유한 사업 파트너를 고르면 가능성은 충분하다. 그러면 전략을 짜야 할 시점에 모두의 눈빛이 교차

하며 직감적으로 느낌이 온다……. 한번 해보는 거야. 서로 머리를 맞대고 총을 장전한 뒤 셋을 세면 영화 〈내일을 향해 쏴라Butch Cassidy and the Sundance Kid〉에서처럼 연기가 피어오른다. 이것은 마음과 정신, 영혼이 어우러져 만들어내는 마법 같은 순간이다. 당신이 평생 찾아다니게 될 격정적인 느낌이다! (최근 몇 년 사이 나는 〈내일을 향해 쏴라〉와 관련한 비유를 '총격이 나는 곳으로 달려가서 모든 것을 쓸어버리자'로 바꾸었다. 물론 어디까지나 비유일 뿐이다.)

모든 일이 끝나기 전까지는 최대한 마법 같은 일들이 필요하다! 일단 당신이나 당신 회사가 프로젝트에 헌신해야 한다. 초반의 열정 넘치는 동력을 그대로 유지할 수 있는지는 당신에게 달려 있다. 우연히 마주한 장애물, 뜻밖의 문제, 복병이 무엇이든 절대로 의심하는 듯한 모습을 내보이지 마라. 그게 말이 됐건 아니면 신음이 됐건 상관없이. 앞서 말한 대로 내가 틀릴지도 모르지만 나는 절대 의심하는 기색을 내보이지 않는다. 아주 미세한 부정적 반응도 회사 전체에 삽시간에 퍼져 사기를 떨어트릴 수 있다. 회사 내 스트레스가 심하고 직원들이 죽어라 일하는 기간에는 다 잘될 거라고 직원들을 지속적으로 안심시켜야 한다. 직원들은 새끼 캥거루처럼 따스하고 안전한 주머니에 머무르길 원한다. 그럴 때는 그런 주머니를 제공하면 된다.

희망과 꿈은 공유하되 의심은 공유하지 마라.

난 이 교훈을 힘들게 배웠다. 보우밸리를 둘러싼 협상 열기가 뜨거워졌을 때 동료에게 아무렇지도 않게 상황이 위태로운 것 같다는 식으로 말했다. 그러고 나서 일 때문에 자리를 급히 떴다. 그런데 그 동료가 내 말을 자기 아내에게 전했다. 그녀는 헬스클럽에 있던 다른 직원의 아내에게 말을 옮겼다. 회사로 다시 돌아왔을 때 나는 복도에서 할복이라도 하고 싶었다. "CEO 입에서 나온 말인데, 이번 거래는 안 될 것 같아! 우리는 패배할 거야." 나는 사무실을 소란스럽게 돌아다니며 진화에 나섰다. 그리고 이미 알고 있던 교훈을 다시 배웠다. 희망과 꿈은 공유하되 의심은 공유하지 마라.

이때가 실행 계획을 만들 시점이다. 이것은 거래 프로세스를 여행이라도 하는 것처럼 당신이 가고자 하는 전반적인 방향으로 끌고 갈 수 있게 해주는 청사진이다.

실행 계획의 첫 단계는 원하는 결과를 분명히 정의하는 것이다. 당신은 무엇을 원하는가? 거래에서 얻고자 하는 것은 무엇인가? 답은 '큰돈'이나 '더 큰 시장 점유율'처럼 애매한 것이 아니다. 당신의 야리야리한 분석가들에게 최악의 경우, 최적의 경우, 최선의 경우를 말해주는 몇 가지 시나리오를 실행해보게 하라.

원하는 결과에 순서를 매겨서 적어라. 그리고 회의실에 앉은 의사결정권자들 앞에서 화이트보드에 그 내용을 써라. 내용을 인쇄해서 동료들과 직원들에게 나눠 줘라. 이후 몇 주나 몇 달 동안 밤과 주말을 바쳐가며 고생할 사람들도 당신이 원하는 결과물이 무엇인지 알아야 한다.

실행 계획의 두 번째 단계는 '행동에 대해 치러야 할 대가'를 정의

하는 것이다. 기억하라. 행동에 따른 대가는 성장하기 위해 기꺼이 지급하거나 포기할 수 있는 돈이다. 아무리 좋은 거래라도 날치기꾼이 아닌 한 무언가를 얻으려면 무언가를 포기해야 한다. 얼마나 멀리 갈 수 있는지, 얼마나 많은 대가를 치를 수 있는지 사전에 정해놓지 않으면, 훗날 협상이 한창일 때 지나친 대가를 지불할 수 있다. 당신 자신의 한도를 정하고 그 한도를 지켜라.

8단계: 핵심 경로 설정하기

이 시점이면 당신과 다른 의사결정권자들은 실행 계획 위에 핵심 경로를 그려야 한다. 핵심 경로란 당신의 성공을 위해 맞아떨어져야 하는 일련의 사건이다. 성공의 진행 정도를 측정할 도구도 마련해야 한다. 있어야 할 지점을 모른다면 현재 서 있는 지점을 도대체 어떻게 알겠는가? 당신이 건설현장 소장이나 프로젝트 엔지니어라고 가정하고서 업무 흐름도를 완성해야 한다. 즉 단기 대출을 확보하고, 대출 보증을 얻어내고, 대면 협상을 시작할 최적의 시간표를 준비하는 것이다. 이럴 때는 규율과 질서 감각을 길러주는 측정 도구가 필요하다. 전투에 돌입했을 때, 기업 간 전투의 연기가 전장을 가렸을 때, 당신은 적뿐만 아니라 형편이 좋을 때만 친구인 사람들과도 접전을 벌이게 된다. 나쁜 놈들을 때려눕히고 거래를 성사시키기 위해 공중 지원을 요청한다. 이때는 규율과 질서 감각이 필요할 것이다!

실행 계획의 세 번째 단계는 필요시 계획을 수정하는 것이다. 최고의 거래를 위한 경로는 탁 트인 벌판에 곧게 뻗은 길이 아니다. 생각은 바뀌고, 사기는 떨어지며, 금액은 상승하고, 동맹 관계는 무너지고,

조건은 변한다. 당신은 협상 도중 일어나는 뜻밖의 전개에 민첩하고 영리하게 대처해야 한다.

나는 세미나 청중에게 이런 상황을 지구에서 출발해 목성으로 향하는 로켓에 빗대어 설명한다. 이때 골칫거리는 대부분 95퍼센트의 확률을 갖는 궤도 이탈이다. 지구의 기술자들은 상상하기 힘든 우주 공간의 불확실한 조건을 상쇄하기 위해 계속해서 중간 궤도 수정 데이터를 전송한다. 당신의 거래를 거의 올바른 방향으로 돌진하는 불가항력적 힘이라고 생각하라. 그렇다면 원하는 결과로 표현된 이상적인 목표를 이뤄낼 때까지 조금씩 밀고 나가야 한다.

9단계: 이행과 후속 조치

그게 무엇이고 누구든 결코 당연하게 여기지 말아야 한다. 심지어 핵심 의사결정자까지도. 당신이 가장 신뢰하는 사업 파트너도 사람인지라 세부 사항을 놓칠 수 있고, 전화하는 것을 잊어버릴 수 있고, 미진한 부분을 못 보고 넘어갈 수 있다. 심지어 다른 사람들의 진지한 지원 약속도 종종 흐르는 모래 위에 지어진 것일 수 있다.

**무엇이든, 누구든 당연하게 여기지 말아야 한다.
심지어 핵심 의사결정자까지도.
모든 세부 사항을 당신이 직접 확인하라.**

생각과 충성심이 어떻게 변하는지 언급하기 위해 예전 이야기를 조금 할 필요가 있을 것 같다. 우리는 원래 보우밸리의 석유와 가스 자산만 매입할 생각이었다. 하지만 맵코는 우리의 합작 인수를 좋게 보지 않았다. 그들은 우리를 귀찮은 어린애 취급했고, 그것은 나를 화나게 했다. 하지만 나는 그레이트웨스턴에 대한 그들의 거절을 아예 회사 전부를 겨냥할 기회로 여겼다! 물론 우리는 아직 석유 자산을 매입할 자금이 없었다. 그것 역시 우리를 정면으로 쳐다보는 기회였다. 그렇게 해서 우리는 뛰어들었다!

수백만 달러짜리 사업 거래는 카드로 거대한 집을 짓는 일과 비슷하게 복잡하다. 모든 수준에서 모든 연결이 동시에 고정되어야 한다. 실행력이 탁월한 사람에게는 요령, 인내심, 힘 그리고 전체를 무너뜨리지 않고 한 장의 '카드'를 꽂을 수 있는 섬세함이 필요하다. 흔들림을 포착하는 예리한 눈으로 톡 하고 쓰러지기 전에 카드를 떠받칠 줄 알아야 한다. 후속 조치가 예술이 되는 지점이다.

그레이트웨스턴의 최대 주주는 쿠웨이트 정부기관이었다. 처음에는 보증인 한 곳만 요구했지만, 보우밸리의 캐나다 소유주는 우리 최대 주주인 쿠웨이트인들 그리고 런던에 있는 우리 증권회사까지 보증을 서기를 원했다. 쿠웨이트인들은 보증을 서는 데 마지못해 동의했지만 어느 순간 뒷걸음질 쳤다. 서류에 자신들의 이름이 노출되는 걸 꺼렸기 때문이다.

한편 우리 증권회사는 고위급 인사이동을 실시했다. 우리 거래를 지지했던 사람들이 우리가 잘 모르는 다른 회사의 낯선 직원들로 바뀐 것이다. 나는 '우리 편'을 확보하기 위해 런던으로 날아갔다. 그리고 협상은 마크의 진행으로 로스앤젤레스에서 열렸다. 왜 상대편 회사가 있는 덴버가 아니고 로스앤젤레스였을까? 더 좋게는 왜 우리 회사가 있는 휴스턴이나 런던이 아니었을까? 마크의 아내가 LA에서 막 출산을 앞두고 있었기 때문이다. 의도는 좋았지만…… 결과적으로는 나쁜 실수였다.

마지막으로 내가 보증인을 구하고 찰리가 뉴욕에서 단기 자금 대출을 받던 그때, 보우밸리의 모회사 협상가들은 서류 가방을 닫은 다음, 마크를 남겨두고 로스앤젤레스 회의장을 떠났다. 그들이 LA 공항으로 향하는 동안 나는 거래 승인을 받아내기 위해 런던에서 이사회를 열고 있었다.

대륙 간 재앙으로 변하고 있었던 협상의 최종 결과에 비하면 뉴욕과 런던(쿠웨이트인들이 있었던 곳) 그리고 로스앤젤레스에서 일어나고 있던 일을 내가 거의 매시간 쉼 없이 알아봐야 했다는 사실은 그리 중요하지 않다. 9단계에 따르면, 사소한 디테일을 절대 당연하게 여기지 말아야 하고, 위대한 승리를 최종적인 것으로 삼거나 가장 가까운 동맹이라도 그들의 충성을 당연하게 여기지 말아야 한다. 수백만 달러에 달하는 돈은 선량한 사람, 기업, 국가를 뱀과 족제비로 바꾼다. 탐욕은 사람을 짐승으로 만들고, 짐승은 악마로 바꾼다.

당신은 모든 프로세스를 실행했고, 다시금 조사했으며, 후속 조치를 취했고, 정보 누설을 하지 않겠다는 모든 약속을 확인했다. 그러면 이제 시작할 준비가 된 것이다.

10단계: 실행하기!

폭탄 투하실 문이 열린다! 테이블 맞은편에 적을 두고 회의실에 앉아 협상을 시작할 때쯤이면 자금 조달 및 보증과 같은 지원 요소가 준비되어 있을 것이다. 이때는 무엇보다도 당신이 협상을 주도해야 한다. 이제 당신 사무실에서 걸려오는 전화는 없다. 더 이상 팩스를 통한 지침 전달도 없다. 이메일도 없다. 당신의 위협적인 존재감, 찌푸린 얼굴, 단단하고 피가 튀는 듯한 결의로 회의 테이블 건너편에 앉은 적과 맞서야 한다. 여전히 실행할 수 없어 보인다면, 이전 9개 단계 중 하나 이상이 잘못되었다는 뜻이다. 그래서 당신은 다음 단계를 실행해야 한다.

11단계: 검토하고 재평가하기

1단계부터 10단계의 모든 세부 사항을 검토하기 위해 돌아가라. 각 단계의 볼트를 조여라. 십중팔구 당신은 몇 주 또는 몇 달 전부터 작은 문제들이 있었음을 발견할 수 있을 것이다. 그것들이 실행 단계 수행을 가로막아왔을 것이다.

캐나다에서 온 팀이 마크를 LA에 남겨두고 짐을 싸서 떠난 지 6일이 지났다. 우리의 쿠웨이트 동료들은 체면을 구기고 발끈했다. 외국 세금 문제도 발생했다. 탐사 담당 부사장은 그레이트웨스턴의 복도를 뛰어다니며 "거봐, 내가 한 말이 맞잖아!"라고 외쳐댔다. 심지어 내부 자체 회계감사자들조차 제안받은 인수 전후의 실질 과세소득을 재계산해서 예상 수익률을 완전히 변경했다. 거래가 통째로 하수구 밑으로 사라지고 있었다. 통념상 그것은 죽은 거래였다. 내가 그 거래를 두고 뭐라 했을지 상상해보라! 나는 "제기랄"이라는 말을 백번도 넘게 했다.

지옥 같은 6일 동안 나는 혼란스러운 전쟁터를 직접 지휘했고 뉴욕, 캘리포니아, 캐나다에서 법원명령, 재정신청, 그리고 소송 제기 등의 공세를 시작했다. 나는 캐나다 이사회에 있는 모든 바보들과 그들의 어머니, 그리고 태어나지 않은 아이들까지 고소하겠다고 공언했다. 나는 48시간 동안 10만 달러 이상의 소송비를 썼다.

그리고 7일째 되던 날…… 효과가 나타났다. 뾰로통해진 캐나다인들과 내가 이끄는 핵심 참모들로 이뤄진 그레이트웨스턴은 가로 약 12미터 크기의 회의 테이블 주변에 둘러앉았다. 6명으로 구성된 우리 팀은 20명으로 구성된 상대 팀과 대적했다. 우리의 임시 수석 변호사는 릭 스콧이었다. 그는 나의 1세대 제자들 가운데 한 명으로, 한때 세계에서 가장 큰 200억 달러 규모의 의료 서비스 회사를 설립한 사람이다.

우리는 자신들의 변호사 사무실에서 회담을 하자는 그들의 요구를 들어주었다. 하지만 통제권은 내가 잡았다. 나는 자리에서 일어서서 모든 캐나다인의 눈을 똑바로 바라보며 이렇게 말했다. "우리는 이 거래를 다시 살리든가 아니면 개박살을 내버리든가 둘 중 하나를 할 겁니다. 둘 중 한 가지 일이 일어날 때까지 아무도 이 방을 떠날 수 없습니다. 마침 회의실 한구석에 소변기 역할을 할 쓰레기통이 있네요. 이상 끝."

그렇게 해서 협상이 다시 시작되었다. 애초부터 보우밸리의 모회사가 제시한 수치나 예상치는 액면 그대로 받아들여지지 않았다. 쿠퍼스앤라이브랜드의 회계사들은 캐나다인들이 우리에게 제공해야 할 재정 내역을 샅샅이 뒤지고 있었고, 회의 석상에 앉았을 때쯤 우리는 보우밸리에 대한 재정적 그림을 모기업보다 더 명확하게 그리고 있었다!

사소한 도발에도 언성이 총성처럼 터져 나왔다. 예를 들어 그들의 장부에는 1천만 달러에서 1천200만 달러의 순영업손실NOL이 나와 있는데, 우리는 이 금액을 바탕으로 달러당 약 50센트를 지불하겠다고 했다. 이미 우리 구매 가격에 포함된 내용이었다. 그러자 그들은 다시 5천만 달러에서 6천만 달러로 추정되는 새로운 NOL을 발표했고, 동일한 50센트 지불을 요구했다. 그건 미친 짓이었다! 말도 안 되는 일이었다! 우리의 지불 능력을 훨씬 넘어서는 요구였고, 우리가 힘겹게 만든 카드의 집을 무너트리는 짓이었다. 우리는 반대하며 불같이 화를 냈다. 우리 변호사는 나에게 이렇게 조언했다. "페냐, 그만둬요. 굴복하지 말아요! 저 사람들 꺼지라고 해요! 그냥 자리를 박차고 나가시죠!" 하지만 우리는 전력을 다하겠다고 마음먹은 참이었다. 싸워야 했다. 그래서 우리는 돌격했다! 우리는 결국 순영업손실이 캐나다인들이 생각했던 것보다 훨씬 많은 1억 달러에 가깝다는 사실을 알아냈고, 결국 달러당 10센트를 지불하는 것으로 타결을 보았다.

우리가 맨주먹으로 싸움을 시작한 지 72시간이 흐른 뒤 마침내 거래는 성사되었다. 그 누구도 우리가 겪은 시련에 준비가 되어 있지 않았다. 이전에 어떤 경험을 했건, 나를 포함한 우리 중 그 누구도 '협상'이라는 이름으로 당시 일어난 일에 준비되어 있지 않았다. 그 어두운 12월의 3일 동안 그곳에 있었던 사람이라면 그 거래를 결코 잊지 못할 것이다. 지금 이렇게 당시에 관한 글을 쓰는 것만으로도 소름이 돋고 목이 메어온다.

결국 결론은 이렇게 났다. 그레이트웨스턴은 보우밸리의 석탄 사업에 1억 1천600만 달러를 지급했고, 석유와 가스 지분에 대해 2천500만 달러를 지불했다. 추가적인 석유와 가스 자산에는 700만 달러를 지급했다. 우리는 1억 6천800만 달러를 현금으로 조달했다. 은행으로부터 8천500만 달러의 단기 대출을 받았고, 쿠웨이트 친구들이 사들인 그레이트웨스턴 주식의 시리즈 B 우선주로부터 8천500만 달러가 나왔다. 그레이트웨스턴은 '미래 사업'을 위해 2천만 달러를 보유했다. (초과 자금 조달은 내가 코칭 커리어를 시작한 이래로 계속 강조해온 사항이다. 거래가 적절하게 구성되고 금융기관에 모든 법적, 도덕적, 윤리적 정보를 제공한다면, 거래를 위한 초과 자금 조달은 가능하다.)

거래에는 만만찮은 비용이 들었다. 피라미가 고래를 소화하는 데는 몇 년이 걸렸다. 그러나 1987년 3월 GWDC 주주들에게 제출한 중간보고서에 제시된 우리의 총자산은 2억 7천200만 달러였다. 이전 해 회계결산보고서에 적힌 8천100만 달러에서 1억 9천100만 달러가 늘어났으니, 그야말로 퀀텀 리프 성장을 달성한 것이다.

또 다른 비용은 무엇이었을까? 찰리가 한 달 후에 죽었다는 사실이다. 갑작스러운 심장마비였다. (찰리의 죽음은 회사를 완전히 뒤흔들었다. 우리가 그의 자리에 다른 사람을 앉히는 데는 1년 반가량이 걸렸다.)

기억하라. 당신은 항상 당신의 결정에 책임을 져야 한다. 이것이 내가 이 책 앞부분에 주의사항을 써놓은 이유이다.

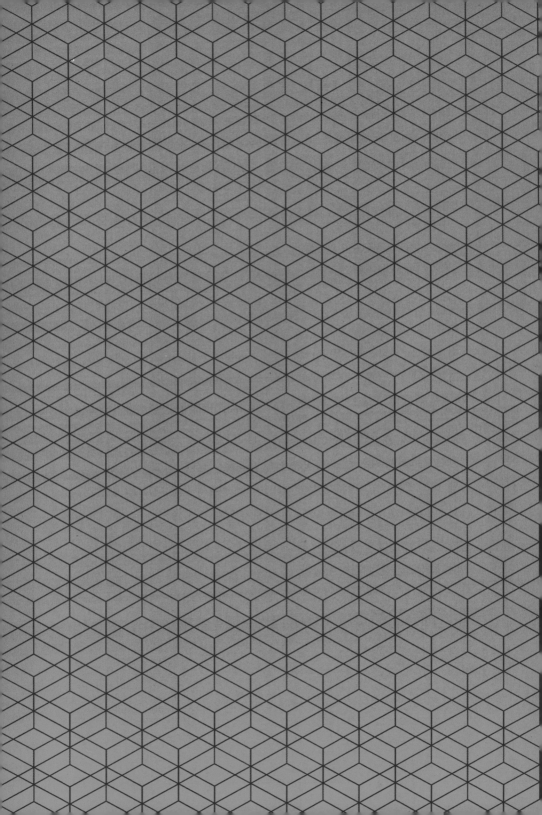

Chapter 8

탈출구 없는 계획을 세워라

"계획 실패를 예상하고 준비하는 리더는……
실패할 것이다."

기원전 204년, 한신韓信이라는 중국 장군이 적군인 조나라 부대의 주둔지 근처로 군사를 이끌었다. 한신은 적의 진지가 보이는 곳에서 강둑을 따라 부대를 정렬시켰다. 병사들의 등 뒤로는 강하고 빠른 물살이 흘렀다.

손무孫武가 쓴 고전 《손자병법孫子兵法》에는 조나라 군대가 강둑을 따라 정렬한 적을 보고 한바탕 비웃었다는 이야기가 나온다. 그리고 얼마 지나지 않아 조군은 요새를 떠나 한신의 부대를 공격했다. 한신의 군대는 격렬한 물살을 등에 업은 채 맹렬히 싸워 조군을 제압했다. 그리고 마침내 적을 퇴각시켰다.

전투를 마친 한신의 몇몇 간부는 그의 전략에 의문을 품었다. 한신은 답했다. "이런 말이 있다. '네 부대를 치명적인 위험에 빠뜨려라. 그러면 살 것이다. 절망적인 상태로 밀어 넣어라. 무사히 빠져나올 것이다.' 자신의 목숨을 위해 불가피하게 싸워야 할 상황으로 밀어 넣지 않고 부하들이 제 생각대로 행동하게 했다면 우리는 대패했을 것이다.”

이후 5천 년간 중국의 군사 전문가들은 이것이 ‘배를 불태우고 솥을 깨는 전략’이자 사실상 ‘싸우거나 죽거나 둘 중 하나’를 뜻한다며 한신의 의견에 동의했다.

이 책 전반을 살펴봤을 때, 위의 군사적 비유를 든 것은 결코 우연이 아니다. 내 리더십 능력과 태도는 군대에 있었을 때부터 다져졌다(물론 나는 군에서는 절대 만나지 못한 강인한 정신력과 탁월한 실행력을 갖춘 사람도 많이 봤다). 나는 개인에게 주입되는 군대식 훈련법을 강하게 지지한다. 자신을 단련하지 않는 인간은 동물과 다를 게 없다. 스스로 훈련하는 리더는 다른 사람에게도 높은 수준의 훈련을 요구하고, 군대든 기업이든 조직원을 통솔하는 데 정신력을 중요시한다. 분명한 건, 높은 성과를 내는 슈퍼스타 대부분이 무가치한 사회적 통념에 맞서 자신과 타인을 이끈다는 사실이다.

조지 워싱턴George Washington, 토머스 제퍼슨Thomas Jefferson, 앤드루 잭슨Andrew Jackson, 에이브러햄 링컨Abraham Lincoln 등 가장 강인한 미국 대통령들은 젊었을 때 전쟁의 화염 속에서 단련되었다. 드와이트 아이젠하워 장군은 불안정한 연합군을 강력한 전투 부대로 만들었고, 수많은 육해공군의 진군을 지휘했으며, 험난한 노르망디 해변에서 승리를 이끌었다. 조지 H. W. 부시George H. W. Bush는 독재와의 전쟁에서 죽어간 용감한 이들을 목격하기 전까지 그냥 부잣집 아들에 지나지 않았다. 몇 년 뒤, 전직 해군 전투기 조종사였던 그는 또 다른 독재자 사담 후세인Saddam Hussein의 군대를 쳐부수기 위해 미국, 러시아, 아랍, 이스라엘로 구성된 연합체를 만들기로 한다. 남북전쟁 당시 북군의 사령관인 조지 매클렐런George McClellan은 북군에 빠른 승리를 가져다 주는 완벽한 리더처럼 말하고 행동했다. 병사들은 그를 존경했다.

군대는 정보를 단호하고 빠르게 분석하고 곧바로 행동에 옮길 수 있게 훈련한다(아니면 내가 45년 넘게 일하는 동안 어떻게 10만 건 이상의 사업 결정을 내릴 수 있었겠는가).

전에도 말했듯이 사업을 할 때도 자신의 능력에 한계가 없는 듯 행동해야 한다. 실패를 떠올려서는 안 된다.

1986년 늦여름, 나는 찰리 솔라데이를 뉴욕으로 보내면서 보우밸리 매입을 위한 단기 자금을 융통하지 못하면 돌아오지 말라고 지시했다. 찰리는 열흘 동안 뉴욕에 머무르면서 밤낮으로 일했다. 단기 대출을 위해 씨티은행그룹과 협상하고, 우리 측 자금 담당자와 의논했다. 융자를 승인받기 위해 월스트리트의 전통 있는 투자은행인 살로몬브라더스Salomon Brothers와 협상을 벌였다. 그때는 연말이라 다른 투자은행들과 마찬가지로 그들의 돈은 우리보다 더 큰 주요 기업들 차지였다.

나는 대출기관이 우리 제안에 귀 기울이고 눈알이 빠질 정도로 아주 꼼꼼하게 살필 거란 걸 알고 있었다. 투자은행들도 직감을 이용한다. 그래서 우리의 전략은 기가 찰 정도로 자신감 있게 행동하는 것이었다. 사실상 거래가 성사된 것처럼 말이다. 자금 조달을 위한 파이낸싱은 사업상 꽤 흔한 거래였고, 그러한 과정에 참여하는 기회는 막대한 수익에 대한 기대감이 따르는 특권이었다. 그래서 찰리는 씨티은행그룹에는 25만 달러, 살로몬브라더스에는 50만 달러를 아무렇지 않게 선지급했다. 단지 거래를 살펴보는 것에 대한 대가로 말이다! 그 돈은 나중에 대출이 진행되면 전체 수수료의 일부가 되겠지만, 반대의 경우가 되더라도 환급은 불가했다. 1980년대에 75만 달러면 상당한 액수였다. 당시 그레이트웨스턴은 현금 보유액이 약 100만 달러였기에 투자 가능한 금액에서도 큰 비중을 차지했다! 그리고 인정하건대, 그것은 보통 내가 수수료를 처리하는 방식에서 벗어난 과격한 시도였다. 하지만 힘든 시기에는 '뭐라도 해야 한다'!

꼼꼼하고 원래부터도 보수적인 은행원들이 우리의 자신감을 어떻게 받아들였을지 한번 상상해보라. 찰리는 선제적으로 돈을 건넴으로써 그들을 협상 테이블로 밀어 넣었다.

낙하산 줄도 안전장치도 없는
계획을 세워라.
그러지 않으면 당신은 실패한다.

한편 우리는 살로몬브라더스의 관심도 끌었다. 나는 그들이 눈을 크게 뜨고 작은 손을 탐욕스럽게 문지르며 이렇게 말하는 게 상상이 됐다. "이건 정말 굉장한 거래네요. 페냐가 50만 달러를 먼저 턱하고 내놓다니. 이 석탄 사업 거래를 더 꼼꼼히 살펴보는 게 좋겠습니다. 자칫하면 거액의 수수료를 놓칠 수도 있을 테니까요. 앞으로 얻게 될 더 많은 수수료도 그렇고요." 그들은 줄무늬 셔츠에다 침을 흘리고 있었을 것이다.

하지만 찰리는 더 세게 밀어붙였다. 그는 자신의 능력에 한계가 없는 것처럼 행동했다. 은행원들에게 열흘 안에 아무 조치가 없다면 영국에 있는 우리 거래 은행으로 이 거래를 돌리겠다고 말했다. 열흘이야, 애들아. 아니면 영원히 안녕이야!

하지만 우리의 등 뒤로는 거센 강물이 흘렀다. 지원군은 없었다. 영국에 있는 우리 거래 은행인 새뮤얼몬터규Samuel Montagu도 이미 우리의 제안을 거절한 상태였다. 우리는 거래를 되살리기 위해 필사적으로 싸웠다. 허세는 효과가 있었다. 우리는 씨티은행그룹으로부터 8천 500만 달러의 단기 대출을 받아냈고, 살로몬브라더스는 1987년 초반에 발행될 채권을 통해 대출 보증을 서기로 했다.

여기서 우리가 배울 점은 무얼까. 성공을 위한 계획을 세우고 성공을 예상하라는 것이다. 이는 지원군이 없는 계획을 뜻한다. 낙하산 줄도, 안전장치도 없다. 이렇게 하지 않으면 당신은 실패할 것이다. 최고의 줄타기 곡예사는 안전망 없이 줄을 탄다. 겁쟁이들은 관객 속으로 숨어든다. 도입부 이야기에서 중국의 한신은 병사들이 절박한 상황에서 최고의 전투를 펼친다는 걸 알고 있었다. 다른 방도가 없어 제일 굶주린 판매원이 가장 열심히 일한다. 궁지에 몰려 죽음에 직면한 짐승이 가장 사나운 법이다.

지혜로운 손무의 이야기로 다시 돌아가보자. 이 고대 전략가는 진군하는 장군들에게 필사적인 적을 너무 강하게 몰아붙이지도, 후퇴하는 적군을 가로막지도 말라고 조언한다. 왜냐하면 그들은 "자신들의 앞을 막는 어떤 공격에도 대항하여 죽기 살기로 싸울 것이기 때문이다. 그러면 상대는 아주 무시무시한 적수로 변한다".

위험성이 높을 때 당신 직원들과 당신 자신을 위해 일정 수준의 공포 분위기를 조성함으로써 당신의 직원들을 그야말로 '위험한 적수'로 만들 수 있는 방법을 찾아라. 이것은 당신이 어느 수준까지 위험을 감수할 수 있는가 하는 문제와 관련된 것이기도 하다. 당신이 얼마나 많은 위험을 얼마나 자주 감내하는지와 상관없이 위험은 늘 두렵다. 전혀 두려워할 필요가 없는 위험은 감내할 필요가 없는 위험이다. 만약 사업을 성장시키면서 전혀 불안하지도 않고 가끔이라도 두렵지 않다면, 그런 위험은 당신이 감내할 가치도 없는 위험이다.

두려움에 대처하는 법에 대해 알아보자. 두려움과 고통은 당신의 몸과 마음이 편안함의 한계를 넘어섰다는 신호이다. 물집이 생기면 아픈 것처럼 모험에는 두려움이 따른다. 둘 다 자연스럽고 원초적인 반응이다. 그러한 반응에도 불구하고 편안해지는 것이 요령이다. 뛰어난 운동선수는 그러한 고통에 대처하기 위해 편안함을 느끼는 수준을 높인다. (최근에 나는 이런 비유를 쓴다. QLA 멘티들은 "불편함에 익숙해져야 한다"고.)

역사적으로 아라비아의 로런스Lawrence of Arabia로 알려진 토머스 에드워드 로런스Thomas Edward Lawrence와 관련된 일화가 있다. 로런스와 어느 영국 장교가 주둔지인 아라비아 사막에서 고통에 관해 이야기하고 있었다. 로런스는 육체적 고통이 별거 아니라는 걸 증명하기 위해 촛불 쪽으로 다가갔다. 그러고는 살이 벌게질 때까지 촛불 위에다 손바닥을 엎어두고 있다가 빼냈다. 영국 장교가 깜짝 놀라며 물었다. "뜨겁지 않아요?"

"고통이 문제가 아니에요." 로런스가 답했다. "중요한 건 아픔을 신경 쓰지 않는 태도이죠."

실행력이 탁월한 사람이 되려면 위험이 불러오는 두려움에 대해서도 로런스와 같은 태도를 보여야 한다. 두려움은 사라지지 않는다. 우리는 그저 두려움에 대처하고 두려움의 존재에 익숙해져야 한다. 나댄 페냐도 여전히 일말의 두려움을 느낄까? 물론이다. 하지만 어느 쪽인지 태도를 명확히 해야 할 때 댄 페냐는 그럴 준비가 돼 있는가? 빌어먹을, 물론 그렇다! 내가 오랫동안 사람들에게 말해온 것처럼, 나는 준비된 상태로 태어났다! (지금 나는 76세다. 하지만 육체적, 정신적으로 내가 견딜 수 있는 고통의 정도를 이야기하면 여전히 사람들은 놀란다.)

하지만 사실은 이렇다. 나는 일부러 불편한, 심지어 위험한 상황에 수없이 나 자신을 노출하며 단련해왔다. 그래서 나를 시험하는 시기가 왔을 때 내 능력을 편안하게 발휘했다.

난 조금도 특별하지 않다. 실행력이 탁월한 사람은 갈등이나 위기, 문제 상황에서 오히려 성장한다. 실제로 엄청난 발전은 종종 고난을 가장한다.

———

두려움은 사라지지 않는다.
우리는 그저 두려움에 대처하고
두려움의 존재에 익숙해져야 한다.

———

그리고 이건 여담인데, 나는 '도전'과 '기회'를 '고난'과 '문제'의 동의어 또는 완곡어로 포장해서 단어의 본래 의미를 흐리는 걸 싫어한다. "우리에겐 도전해야 할 과제가 있어요." 사무실의 명랑한 바보들이 이렇게 말하면 나는 구역질이 난다. 타이태닉호의 선장이 바닷물을 힘겹게 헤쳐나갈 때 선원들에게 도전과 기회를 언급했을까? 남북전쟁 당시 조지 암스트롱 커스터 George Armstrong Custer 장군이 리틀 빅혼 전투에서 기병들을 향해 이렇게 말했을까? "병사들이여, 오늘 아침 화살과 관련해서 해결해야 할 과제가 있다……."

만약 당신이 크게 난처한 상황이라면 '도전'이라는 말을 써가며 사탕발림하지 말고 간부에게 예의를 갖춰 사실대로 말하면 된다. 잠시 뒤 갈등에 대해 좀 더 이야기하겠지만, 지금은 고성과 환경에서 전략과 구조의 관계에 유념해 자세히 살펴보자. 나는 의심을 공유하는 것에 대해 말하는 것이 아니다. 터놓고 말해야 할 큰 문제, 찾아내야 할 해결책에 대해 말하는 것이다. 당신의 의심은 혼자 간직하라.

전략과 구조 가운데 무엇이 먼저인가

———

잘 준비된 계획을 망치는 예상 밖의 문제가 일어날 수 있다는 점을 생각하며, 기업의 독립적 구성 요소인 구조와 전략의 활용에 대해 알아보자.

구조는 회사라는 존재의 조직적 구성, 다시 말해 존재의 형태와 성질을 의미한다. 조직의 증거로는 흔히 볼 수 있는 조직도, 명령 체계, 집행위원회, 모든 칸막이 사무실에 활자로 게시된 개인 직무기술서…… 그리고 '여태까지 이어져온' 사고방식 등을 꼽을 수 있다.

구조는 매일매일의 모든 프로젝트와 수익 창출을 위한 모든 잠재력, 앞으로 나아가는 모든 움직임이 거치는 영구적 틀이다. 그러나 아마도 구조는 시간이 지나면서 사회적 통념의 성전이 되었을 것이다. 동시에 신속하고 결정적으로 행동하는 데 방해가 됐을 것이다. 구조가 한때 전략적 기획과 실행을 가능하게 했을지 모르지만, 오늘날에는 그것을 저해하고 좌절시킨다. 대기업일수록 구조는 더 복잡하고 위협적이다.

최근의 시어스Sears, 제너럴모터스GM, 아이비엠IBM 같은 거대 기업은 이러한 진실을 전형적으로 보여준다. 물론 이들의 할아버지는 빌어먹을 문서 작업과 관료주의를 묵묵히 실천하는 연방정부다. (시어스, GM, IBM 같은 회사의 교체는 일어나지 않았고 오히려 마이크로소프트와 구글 같은 기업이 가세했다. 예상컨대 언젠가 페이스북도 그럴 것이다.)

그건 그렇고, 우리가 주목할 점은 구조 자체가 본래 나쁜 게 아니라 어떤 형태로든 꼭 필요하다는 것이다. 구조가 있기에 회사는 질서 있는 운영이라는 외관을 유지한다.

전략은 완전히 다르다. 거의 구조와 정반대이다. 전략이 존재하기 위해서는 아이디어가 필요하다. 전략은 목표를 향한 움직임을 내포하고 사실상 가변적이다. 목표 추진을 위해 만든 계획이며 사람과 자원을 효과적으로, 가성비 좋고 수익성 있게 활용하도록 만든 계획이다. 구조는 기원이 불분명하나 액자에 끼워져 로비에 걸려 있는 반면 전략은 조상들이 많고 화이트보드에 마커로 휘갈겨 쓰여 있다.

오늘날 꽤 많은 기업에서 전략은 구조를 따른다. 지나가는 기회를 좇아 전략을 개발하려는 간부들은 승인을 얻고, 형식을 따르고, 프로토콜을 준수해가며 기존 구조의 복잡한 회로를 헤쳐나가야 한다. 앞에서 언급한 시어스나 GM 같은 기업은 전략이 구조를 따르는 교과서적 예이다(1990년대 중반에 기업들이 더 유연하고 참여적인 경영 구조로 돌아가면서 이러한 경향은 약해졌다).

그레이트웨스턴을 운영할 때 나는 "구조가 전략을 따른다"라는 말을 줄곧 강조했다. 물론 CEO 한 명, 부사장 셋, 중간관리자 여러 명으로 이루어진 기본 조직 구조는 유지했다. 하지만 기업 인수와 같은 한 프로젝트 실행을 위해 결정을 내리고 전략을 수립할 때는, 전략의 필요에 맞춰 구조를 간소화하는 유연성을 발휘했다. 직무기술서도 바꾸었다. 절차도 압축했다. '정상' 근무시간은 자연스레 낮과 밤, 그리고 주말로 바뀌었다. 전시 체제일 때는 무슨 수를 써서라도 전략이 목표와 계획에 일치하도록 변화시켰다. 우리의 목표는 무슨 일이 있어도 이기는 것이었다!

더 중요한 것은, 전략을 지지하는 구조가 위기를 헤쳐나가고, 예상 밖의 숨은 문제를 재빨리 처리해 다음 단계로 넘어갈 수 있게 해준다는 점이다.

갈등 상황에서도 성장하기

———

갈등은 삶의 일부이다. 갈등은 사람들이 다양한 관심사, 우선순위, 욕망을 추구할 때 나타나는 자연스러운 현상이다. 아이들은 장난감을 가지고 싸운다. 원시 부족은 영토를 놓고 싸우며, 범죄 조직은 활동 영역을 놓고 싸운다. 기업들은 시장 점유율을 두고 싸운다.

감상적인 이상주의자의 생각과는 달리 갈등이 반드시 나쁜 것만은 아니다. 갈등은 패자를 솎아내고 월등한 사람이 이길 권리를 공고히 해준다. 갈등을 어떻게 관리하느냐, 잘 관리하느냐 마느냐에 따라 갈등의 질이 달라진다. 이것은 다윈주의처럼 진화적이다. 적자생존이론이 축소경영, 합병, 대대적 통합의 형태로 기업 환경에 나타난다.

사업 거래, 특히 실행력이 탁월한 사람들 수준에서의 거래는 갈등을 증류해서 농축하는 식이다. 안 그러면 위험 부담이 너무 크기 때문이다. 세계 정치에서 협상이 되돌릴 수 없이 나빠졌을 때 국가들은 전쟁을 일으킨다. 전쟁 중 살인은 불법이 아니기 때문이다. 하지만 사업에서는 법과 윤리(주로 법) 때문에 원하는 것을 얻기 위해 상대에게 물리적 해를 가하는 일을 하지 못한다. 그러므로 법적 조치 외에 갈등 해결을 위한 궁극의 무대는 협상 테이블이다.

당신의 분야에서 당신만의 조건으로 승리하기

대성공처럼 협상도 감성주의자의 것이 아니다. 승리보다 애정을 더 갈구하는 사람들은 협상 테이블에서 늘 패배할 수밖에 없다. 성공한 석유 기업가 진 폴 게티Jean Paul Getty는 이렇게 말했다. "유약한 사람들은 땅을 물려받을지 모르지만 채굴권까지 물려받지는 못한다." (게티를 만난 적은 없지만, 그가 죽기 전쯤 그의 명성을 들었고 직접 만나보고 싶었다.)

나는 협상의 역동성을 좋아한다. 숙련된 협상가(그중 최고는 나 자신이다)는 에너지 넘치고 끈질기며 통찰력 있고 진득하다. 나는 상대의 안전지대(4장에서 다룬 가상의 상자)를 찾아 명백히 드러내는 걸 즐긴다. 그러고 나서 안전지대의 경계선 안쪽에다 내 이익에 가장 부합하는 제안을 슬쩍 밀어 넣는다. 이러한 미묘한 제안은 멍청이들이 거래를 성사시키기 위해 수용할 수 있는 절대 최소치를 제시하는 것이다. 그러면 그 멍청이들은 자신들이 이겼다고, 내가 받아들일 수밖에 없게 했다고 스스로 확신한다.

협상은 포커 게임이다. 칩 대신 돈을 걸고 하는 게임이다. 이기기 위해서는(이게 핵심이다) 당신이 상대가 가진 것을 원하기보다는 상대가 당신이 가진 것을 더 원하게 만들어야 한다. 케니 로저스Kenny Rogers의 노래에는 이런 말이 나온다. "언제 패를 취하고 언제 버릴지 알아야 한다."

협상은 파워플레이의 극치를 보여준다. 적을 아는 것이 가장 강력한 무기이다. 물론 나는 정확히 이런 목적을 위해 직원 중에 전임 조사원을 두고 있다. 하지만 협상에서는 물리적 요소의 통제도 상당히 중요하다. 당신이 회의실에 들어서는 순간부터 가능하면 많은 힘을 가지고 싶을 것이다. 협상에 임하는 5가지 기본 원칙은 다음과 같다.

1. **양복은 필수다.** 이건 말하지 않아도 명백하다. 하지만 나는 골프 복장을 한 바보들과 오전 시간대에 협상을 한 적이 많다. 오후에 골프 칠 생각에 그렇게 입고 나온 온 것이다. 당신은 이렇게 생각할 수도

있다. '댄 페냐는 자기 조건에 맞게 거래를 성사시킬 때까지 협상 당일은 골프 약속도 잡지 않는가? 그게 페냐의 전략인가?' 바로 그렇다! 토요일 오전 6시나 일요일 밤 10시라도 협상을 하러 갈 때는 꼭 양복에 화려한 단색 넥타이를 매고 가라. 그리고 상대에게 오직 사업 목적으로 그곳에 왔고, 그 협상이 당신의 최우선순위라는 걸 보여줘라. 협상 테이블에 운동 셔츠를 입고 온 얼간이는 다른 생각을 하고 있다는 걸 스스로 광고하는 꼴이다.

2. **나의 장소**. 여느 '신체적 접촉 스포츠'처럼 협상도 홈팀이 유리하다. 내 회의실, 익숙한 가구, 내가 앉은 의자의 친숙한 감촉, 심지어 지난날 거둔 승리의 여운까지, 이 모두가 내 편이 되어 협상에 힘을 실어준다. 반대로 상대방에게는 낯선 환경이다. 그들은 커피를 마시거나 다른 편의시설을 이용할 때도 나 또는 다른 직원의 도움을 받아야 한다. 화장실 위치도 내게서 알아내야 한다(내가 알려주고 싶어 한다는 조건이 있긴 하지만). 협상 상대방을 압박할 준비를 할 때, 내 집만 한 곳은 없다.

3. **나의 계약**. 항상 계약서를 작성하겠다고 먼저 나서라. "내가 가서 직원들에게 계약서를 작성하라고 하겠습니다. 별문제 아닙니다." 이런 사소한 일처리를 자진해서 제안하는 것은 전혀 손해될 게 없다. 모든 사람이 당신의 드림팀 변호사가 지분을 얻기 위해 세심하게 정리한 계약서 문구를 가지고 협상을 시작한다. 상대방은 처음으로 계약서를 받아들고, 그 내용과 의미를 파악하려고 한참을 들여

다볼 것이다. 당신의 관점이 담긴 익숙한 문서를 들고 협상에 임하라. 그러면 불리한 조건과 용어, 조항을 찾고 파악하는 부담은 상대방에게 넘어갈 것이다.

4. **거래가 성사될 때까지 아무도 자리를 뜨지 않는다.** 협상 전 상대방에게 이번 협상 미팅이 끝나는 순간 계약서에 서명할 수 있도록 마라톤협상을 위해 필요한 준비를 다 해주기를 기대한다고 말해둬라. 그런 취지가 담긴 메모를 보내라. 그들도 동의할 것이다. 자신들의 안락한 사무실에서는 당신이 머릿속으로 그려놓은 미팅의 유형을 상상할 수 없기 때문이다.

5. **최종적이고 확정적인 결정에 필요한 모든 사람은 반드시 미팅에 참석해야 한다(그게 아니라면 미팅은 없다).** 이것은 판매를 결정짓기 위해 구매위원회가 참석해야만 하는 영업사원이 마주한 상황과 같다. 만약 경영진 한 명이 수백만 달러가 걸린 중요한 협상에 '참석할 수 없다면' 2개의 동력 가운데 하나만 작동한 것이다. 어떤 상대방은 닫혀 있던 회의실 문이 열리기 전에 최종 결정을 내리고 계약서에 서명하는 걸 원하지 않는다. 혹은 다른 주요 참가자가 태도 문제를 드러내며 회의에 참석하지 않은 채 다음과 같이 말할 수도 있다. "나는 이 거래가 싫어. 나는 네가 싫어. 나는 모든 결정에 거부권을 행사할 수 있고, 양측이 공들인 일을 무효화할 권리도 있어." 어느 쪽이든 협상이 진지해지기 전에 해결해야 할 부정적 세력이다.

위의 원칙이 모두 충족된 상태에서 상대방 팀이 아침 9시에 도착한다고 가정해보자. 당신은 친근하게 그들을 맞이하고, 커피를 권하고, 그들이 앉을 수 있는 곳으로 안내한다. 그런 다음 비서에게 인터폰으로 연락해서 아무 전화도 전달하지 말라고 지시한다. 참석자 전원에게 휴대전화, 아이팟, 그리고 그밖에 방해가 될 원천을 꺼달라고 요청한다. 이제 당신은 일어나서 회의실 입구 쪽으로 가서 문을 잠근다. 그리고 이렇게 말한다. "이 협상이 우리에게 중요한 만큼 당신들에게도 중요하다는 걸 알고 있습니다. 그러니까 우리는 방해받고 싶지 않습니다. 그렇죠?"

그들이 어떻게 반대할 수 있겠는가? 동시에, 거래가 성사될 때까지 협상장에 남아 있어야 한다는 당신의 메시지나 메모가 이제 실감 나기 시작할 것이다. '저 사람 진심이야.'

물론 화장실 갈 시간은 줘야 한다. 당신이 그들에게 커피를 제공했기 때문이기도 하다. 이것이 고성과를 내는 회사들의 회의실 가까이에 화장실이 있는 이유이다. 하지만 핵심은 그 누구도 회의장을 떠날 수 있다고 생각하지 않아야 한다는 것이다. 또 다른 미팅이나 3시에 잡힌 골프 약속, 심지어 당신이 사려 깊게 배달시킨 식사를 위해서도. 이런 식으로 미팅을 진행함으로써 당신은 아무것도 의심하지 않는 바보들을 대상으로 통제력을 행사할 수 있다. 당신의 집에서 당신의 계약과 당신의 규칙대로 말이다.

이기기 위해서는
당신이 상대가 가진 것을 원하기보다
상대가 당신이 가진 것을
더 원하게 만들어야 한다.

가장 성공적인 협상은 '윈윈' 거래이다. 그렇다고 해서 꼭 양측이 모두 승리하는 것은 아니다. 물론 그런 상황이 생길 수도 있다. '윈윈' 상황은 겉으로 봤을 때 양측이 승리를 선언하기 위해 추구했던 목표를 충분히 달성했다고 믿는 것을 의미한다. 물론 진정한 윈윈 상황이라는 것은 존재하지 않는다. 그런 허상에 불과한 현상은 협상 현장을 직접 겪어본 적도 없는 지적인 물렁이들의 입에서 흘러나온, 듣기 좋은 미사여구에 불과하다.

협상 스타일은 스펙트럼이 다양하다. 미국인은 대부분(댄 페냐를 제외하고) 기본적으로 인정받고 싶어 하는 욕구가 있고, 절제되고 인내심 있는 스타일을 유지한다. 임원 대부분은 전 인류에 대한 기쁨과 사랑까지는 아니더라도, 모든 사람이 만족감과 상호 존중을 한껏 느끼며 자리를 뜰 수 있는 진정한 '윈윈' 상황에 대해 편안함을 느끼도록 조건화되어왔다! 하지만 인식은 현실이기에, 이런 상황이 이론적으로는 가능해도 현실에서는 거의 일어나지 않는다.

스펙트럼의 다른 쪽 끝에는 잔인하고 가학적이며 융통성 없는 태도가 있다. 그런 협상가들은 이런 전제 아래 일한다. "우리가 이기고 모든 것을 갖는다. 당신은 지고 아무것도 얻지 못한다."

냉전 시대에 미국 협상가들은 한 치도 양보하지 않는 소련 협상가들을 대적하며 윈윈 규칙에 따라 행동했다. 소련은 절대주의자들이었는데, 이것은 그들이 절대적인 모든 것이 아니라면 만족하지 않는다는 것을 의미했다. 1995년과 1996년에 체첸에 있는 동포들과 그들이 벌인 '협상'은 도시 전체를 파괴하고 인구를 말살하는 쪽으로 이루어졌다. 이러한 협상 스타일의 차이는 항상 미국에 불리하게 작용했고, 베트남전쟁이 있기 전에 이런 말을 낳았다. "우리는 한 번도 전쟁에서 지지 않았지만 결코 평화를 쟁취한 적도 없다."

오늘날 그들과 비슷한 사람들이 중국과 북한, 베네수엘라, 시리아, 이란을 통치하는 독재자들이다. 권력과 그것을 사용하려는 의지만 존중하는 절대주의자들인 셈이다. 나는 독재자는 아니지만, '윈윈'이라는 쓰레기 같은 말로 시작하는 사람들과 협상할 때 독재자로 인식되는 것을 꺼리지 않는다.

당신 팀의 누군가에게 진행 상황을 기록하게 하거나, 최소한 거래의 상세 내용을 꼼꼼히 메모하게 하라. 협상이 끝났을 때 혹은 심지어 긴 세션이 끝났을 때 두 수석 대표를 위해 메모한 내용을 타이핑해서 인쇄물 형태로 만들어라. 사람들이 협상의 세부 내용을 얼마나 잘 잊어버리는지, 특히 순간적인 열기 속에서 자신들이 양보한 사항을 얼마나 잘 잊는지 보는 것은 놀랍다. 그러므로 노트에 기록해서 거래를 기념하고, 각 페이지 하단에 당신과 다른 수석 협상자가 서명할 수 있는 약간의 공간을 남겨두어라.

구두 합의가 이미 이루어졌다면 그런 메모를 작성하는 건 문제가 되지 않을 것이다. 이렇게 말하라. "이건 꽤 일반적입니다. 우리는 항상 양측 모두를 보호하기 위해 이렇게 합니다. 뭐, 나도 가끔씩 뭘 잊어버리거든요." 상대방에게 사본을 건네기 전에, 마치 정확성을 확인하는 양 당신이 먼저 메모를 읽어라. 그러고 나서 선의를 증명하기 위해 먼저 당신이 가진 문서에 서명하라.

"그런데 페냐, 나중에 내용이 살짝 바뀐 계약서를 보내오면 어떻게 하죠?" 돌려보내라. 그들은 거래를 더는 질질 끌지 않고 성사시키려는 당신의 열망을 두고 당신의 결심이 얼마나 센지 시험하고 있다. 즉시 돌려보내라. 심지어 그들이 위반하거나 '조정'하려고 했던 항목에 강조 표시를 하고, 회의장에서 그들이 서명했던 메모 사본을 첨부해서 보낼 수도 있다. 1퍼센트, 숫자 1개, 혹은 1달러라도 그들이 회피하도록 내버려두지 마라.

때로는 당신의 가장 능숙한 협상과 가장 현명한 책략도 상대방의 태도를 바꾸지 못할 수 있다. 거래의 핵심 사항에 동의할 수 없다면 이렇게 말하라. "현재 상태로는 그 제안을 받아들일 수 없습니다. 교착 상태를 해결할 뜻이 없다면 우리는 협상을 깰 수밖에 없습니다."

그러면 그들은 이렇게 대답할 것이다. "지금 이 시점에서 우리는 그 문제에 대해 타협할 준비가 되어 있지 않습니다. 하지만 나중에 더 이야기를 나눠볼 순 있을 겁니다."

그렇다면…… 아무 말 없이 서류를 모아서 서류 가방에 넣고 거칠게 닫아라. 당신의 동료들도 기계적으로 똑같이 하게 하라. 그런 다음 상대 수석 협상자의 눈을 바라보며 이렇게 말하라. "내 사무실로 연락하시면 됩니다." 그러고 나서 당신 동료들과 함께 일어나서 회의장 밖으로 걸어 나가라. 만약 협상이 당신 회사의 회의실에서 이루어졌다면, 상대편을 믿을 수 없다는 듯 머리를 긁적거리다가 알아서 회의실을 빠져나가도록 내버려 두어라. 그들이 나가는 길을 못 찾으면 비서가 대신 밖으로 안내할 것이다.

만약 회의가 상대방 사무실이나 그들의 변호사 사무실(최악의 장소이다)에서 열린다면, 당신이 자리를 박차고 나가는 것이 훨씬 더 보기에 좋다. 다만 기억하라. 밖으로 나가면 절대로 절대로 뒤돌아보지 마라. 그들이 창문에서 당신을 지켜보고 있을 것이다. 자신들의 어리석고 비타협적인 태도를 반성할 시간과 공간을 그들에게 제공해라.

요점은 회의장을 박차고 나가는 것을 두려워하지 마라는 말이다. 극적인 퇴장은 결정타이다. 그런 일은 항상 예상치 못한 사건이기 때문이다. 로스앤젤레스에서 캐나다인들이 마크에게 했던 짓처럼 말이다. 그레이트웨스턴보다 작은 회사였다면 패배를 받아들였을 테지만, 우리는 그 거래를 원했다. 아니, 우리는 우리 몸속의 피보다 그 거래가 더 절실했다! 그래서 협상을 정상화하기 위해 뭐든지 해야만 했다. 밖으로 걸어 나가는 것은 창문에 등을 대고 앉아 있는 것만큼이나 확실한 전술이다. 그래야만 상대편 사람들이 눈을 가늘게 뜨고 바라보도록 만들 수 있기 때문이다.

회의장을 박차고 나가는 것을 두려워하지 마라.

그건 그렇고, 절대 공허한 약속이나 하릴없는 협박을 하지 마라. 진심으로 말하고, 그러고 나서 눈 하나 깜짝하지 말고 실행하라. 마치 천 번쯤 그렇게 한 것처럼. 회의장 밖으로 걸어 나가겠다고 말한다면, 무슨 일이 있어도 걸어 나가는 편이 낫다. 아니면 그들은 두 번 다시 당신이 하는 말을 믿지 않을 것이다. 걱정하지 마라……. 당신은 언제든지 부활할 수 있으니까.

나는 성공적인 협상의 세밀한 전략은 이야기하지 않을 것이다. 그런 책은 이미 많이 나와 있다. 내 메시지는 이렇다. 협상 중의 갈등 상황에서도 이기는 법을 배워라. 적을 잘 알고, 전술에 숙달하고, 포커 게임을 즐겨라……. 그리고 이겨라! 무슨 일이 있어도!

그러니 안전망도, 탈출구도 없는 계획을 세워라. 전략이 구조를 구동하도록 만들어라. 그 반대가 아니다. 갈등 상황에서도 이기는 법을 배워라. 그리고 협상 테이블에서 포커 게임의 달인이 돼라.

자, 이제 자본금을 모으러 가자.

Chapter 9

은행을
지렛대로
사용하라

"은행에서 돈을 빌리는 것은 연애와 비슷하다.
당사자 둘 다 하고 싶어 하지만,
상대방의 의도를 재확인하는 작업이 필요하다."

사업이든 어느 분야의 일이든 그것을 하게 됐을 때는 일상적으로 따라야 할 과정과 절차가 존재한다. 그래서 우리는 과정과 절차를 기본으로 여기고 모두가 그 방법을 알고 있다는 걸 전제한다. 만약 판자 전체에 8센티미터 깊이로 단단히 못을 박는 방법을 숙련된 목수에게 물어본다면 그는 웃으며 이렇게 말할 것이다. "그냥 해보세요!"

자금을 모으는 것도 이와 다르지 않은 것 같다. 별생각 없이 은행을 찾았다가 나올 때 보면 내 손에는 수백만 달러가 쥐어져 있다. 내게는 아주 기본적인 일이지만, 하나의 '비법'이 될 수도 있다는 걸 나는 미처 몰랐다.

나는 스코틀랜드의 내 집인 거스리성에서 퀀텀 리프 어드밴티지 세미나를 열었다. 내 집을 찾은 경영주나 사업가들에게 1주일간 거스리성에서 묵는 특별한 경험은 어디에도 비할 바 없이 좋았을 것이다. 나는 세미나를 마칠 때마다 참석자들에게 세미나 평가서를 작성해달라고 요청했다. 세미나 내용, 전달법, 전반적 가치에 대한 의견도 제안해달라고 부탁했다. 그런데 평가서를 훑어보다 응답자들 가운데 상당히 많은 수가 비슷한 질문을 했음을 알게 되었다. "어떻게 돈을 구합니까?"

난 상당한 충격을 받았다. 세미나 참석자들이 계획 실행에 필요한 자금을 어떻게 확보하는지는 직감적으로 알 거라고 생각했기 때문이다. (최근에 팟캐스트를 시작했는데, 홈페이지에 대부분의 에피소드를 무료로 공개했다. 한 에피소드의 제목은 이렇다. '지랄 같은 돈을 어디서 구하지?')

세미나 평가를 통해 나는 2가지 단순한 사실을 발견했다. 첫째, 대부분의 잠재적 대성공자는 돈을 빌리는 것에 대한 두려움에 사로잡힌다. 그들은 돈을 빌린다는 생각만으로도 입술이 떨리고 식은땀이 나며 심장이 쿵쾅거린다.

만약 당신이 은행에 갈 생각만 해도 극심한 공포에 짓눌린다면, 멀리 바라보며 조금씩 앞으로 나아가자. 얼마 전에 이런 제목의 기사를 봤다. '무엇이 우리를 죽이는가?' 기사에는 가장 흔한 죽음의 원인이 통계자료와 함께 제시되어 있었다. 심장병이 1위였고 그다음으로는 암, 뇌졸중, 폐질환이 언급되었다. 은행원에게 거절당했다고 해서(사실 거래를 거부당하는 것이다) 죽는 사람은 아무도 없었다. 거래를 제안하는 건 〈소피의 선택〉이 아니다. 그러니 극복해야 한다!

내가 깨달은 두 번째 사실은, 은행원과 성공적으로 거래하는 기술은 여전히 미스터리의 영역이라는 점이다. 심지어 일부 매우 저돌적인 내 제자들도 오래전 내가 아무 생각 없이 짓밟아 산산이 조각내버려서 이제는 생각조차 하지 않는, 불확실성이라는 장벽과 인공적인 장애물 앞에서 머뭇거린다.

은행원에게 거절당했다고 해서 죽는 사람은 없다.

이러한 2가지 발견 이후 나는 1995년 새로운 세미나를 개설했다. 이른바 QLA 자금 조달 프로그램으로, 자금을 찾고 확보하는 주제만 다룬다. 이 프로그램은 불가사의하고 험난한 자금 확보 기술과 단계별 세부 사항에 초점을 맞춘다. 심지어 역할극도 한다. 가끔 나도 출연하는데, 어울리지 않게 멍청한 은행원 역할을 맡는다.

이번 장과 다음 장은 이 세미나의 내용을 간략히 요약했다. 세미나 참석자들에게 내가 늘 하는 약속은 이렇다. 혼자 끙끙거리는 것을 멈추고 세미나에 찾아와 내 방법대로 따라 했는데 1년이 지나도록 자금을 확보하지 못했다면 세미나 수업료를 돌려주겠다. 이상 끝! (내가 이 책의 중판을 집필할 때도 그랬지만, 돈을 구하는 일의 기본은 여전히 똑같고 매우 쉽다. 내 웹사이트에도 자금 조달 세미나를 업로드했다. 이곳에서 자세한 세미나 개요를 볼 수 있다.)

자금 조달 퀀텀 리프:
우유부단은 금물!

기억하겠지만 CEO의 주된 일 2가지는 자금(다른 사람의 돈)과 거래를 찾는 것이다. 당신이 한 기업의 소유주이거나 CEO라면 운영 및 관리, 마케팅, 단체보험 등은 당신이 고용한 직원들에게 맡기고, 개구리들에게 키스하는 일에 당신 시간의 95퍼센트를 써야 한다! 아직 직원이 없다면 가능한 한 빨리 이런 일을 처리할 사람을 구해야 한다.

왜 당신이 돈과 거래를 찾아야 할까? 마약을 파는 게 아니라면 외부적 성장보다 더 빠르게 회사 내부의 성장을 기대하기는 어렵기 때문이다. 절대 불가능하다. 새로운 판매처, 새로운 제품, 비용 절감은 잊어라. 이처럼 사소한 노력으로 이룰 수 있는 것들은 단순한 산술적 성장이다. 부품 판매량이 7퍼센트 오르고, 종이 집게에 쓴 비용을 13퍼센트 줄이고……. 이런 걸 누가 신경 쓰겠는가? 당신은 사업을 기하급수적으로, 퀀텀 리프식으로 '가능한 한 빨리' 성장시키고 싶을 것이다. 산술적 성장은 1+1=2, 2+1=3…… 식인 반면, 기하급수적 성장은 1×10=10, 10×10=100, 10×100=1,000……을 의미한다. 후자가 더 흥미롭지 않은가?

'두 번 뛰어서는 협곡을 넘을 수 없다'라는 중국 속담이 있다. 이를 잠재적 실행력이 탁월한 사람에게 대입하면 '우유부단하게 굴어서는 비약적 성공을 이룰 수 없다'가 될 것이다. 성공을 연습하고, 사회적 통념을 버리고, 꿈을 시각화하고, 새로운 원칙을 도입하고, 당신과 비약적 성공 사이의 협곡을 향해 달리기 시작한 뒤에는, 도약에 쏟았던 것보다 더 많은 자금이 필요할 것이다. 게다가 처음 일을 시작하려고 돈을 빌리러 간 은행에서 만난 직원은 친절한 은행원이 아닐 확률이 높다. 진지하고 열정적인 헌신은 당신뿐 아니라 은행원에게도 중요하다. 은행원에게는 당신이 받은 대출금이 수익 창출에 쓰일 거라는 확신이 필요하다. 그래야만 둘 다 거래를 통해 이익을 얻을 수 있기 때문이다.

금융 파트너 찾기

———

당신이 어디에 살든 자금을 빌리고 싶다면 금융기관을 선택해야 한다. 가능한 대상으로 은행, 상호저축은행, 벤처투자가, 금융회사, 또는 기타 자금 공급자 등이 있다. 먼저 벤처 사업의 60퍼센트 정도에 자금을 대는 은행에 대해 살펴보자.

당신도 기억하겠지만 퀀텀 리프 전략은 세계 어디에서나 적용할 수 있다. 사실 내 자금 조달 기술은 영국에서 많이 발전되었고 미국에서 완성됐다. 나는 대부분의 영국인들보다 영국의 대출기관에 대해 더 잘 안다. 그래서 영국인 청중에게 자금을 구하기 위해 방문할 만한 은행 지점이 얼마나 많은지 알려줄 수 있다(영국 전역에 중국 HSBC 지점만 약 1천800개에 달한다. HBOS_Halifax Bank of Scotland를 인수한 로이즈신탁저축은행Lloyd's Trustee Savings Bank은 이미 2천 개 이상의 지점을 갖고 있다. 만약 영국에 가면 돈을 빌릴 은행이 없다는 말은 하지 마라. 이 책의 중판을 찍은 후로 영국으로 옮긴 외국계 은행들이 더 있다. 추가 합병도 있었지만,

런던에만 여전히 400개 이상의 제대로 된 은행들이 있다).

어디에 있든 전화번호부를 한번 살펴보라. 신문의 경제면을 읽어보라. 주요 대도시 신문은 대출자를 구하는 은행의 목록을 분기별로 싣는다. 해당 신문사의 경제 데스크에 전화해서 그 보고서 최신판 한 부를 입수하라. 또 경제 전문지 〈앙트레프레너Entrepreneur〉와 〈잉크Inc.〉 같은 잡지에도 대출 의지를 홍보하는 금융기관의 목록이 주기적으로 게재된다. 그러니 자금을 구할 때 굳이 자신이 사는 지역으로만 한정할 필요가 없다. 사실 당신이 어디에 있든 자신의 활동 구역을 벗어날 것을 강하게 권한다. 물론 그런 은행이 전통적인 길거리 광고를 공격적으로 이용하긴 한다. 하지만 인터넷 광고를 하는 은행도 빌려줄 돈을 갖고 있다.

나는 세미나에서 매번 금융기관의 목록이 든 최근의 특별판 신문기사나 잡지를 높이 들어 보인다. 그리고 이런 간행물 가운데 하나를 자본금을 구하는 데 사용한 소유주나 기업가가 있으면 손을 들어보라고 요청한다. 한 명 정도가 손을 들거나, 아니면 손을 드는 사람이 아예 없을 수도 있다. 마치 이런 간행물이 화성에서 발행되기라도 한 것처럼 말이다. 나는 청중을 향해 이렇게 외친다. "지금까지도 나는 〈월스트리트저널〉 〈뉴욕타임스New York Times〉 〈파이낸셜타임스〉 그리고 기타 주요 간행물에 주기적으로 실리는 은행 관련 기사를 항상 스크랩해둔다. 만약 진지하게 자금을 구한다면 금융기관이 유포하는 어마어마한 정보에 관심을 기울여야 한다".

이용 가능한 모든 정보를 동원해서, 가장 높은 고층 건물에 본사를 둔 '초거대 은행'부터 쇼핑센터 아래쪽 문신 가게 옆에 있는 '동네의 구석진 은행'까지 대출 가능한 은행들의 목록을 작성하라. 그러고 나서 가장 유망한 은행의 매니저 또는 대출 지점을 알아보라. 목록을 차례로 훑어가면서 각 은행에 전화해서 물어보라. 은행 관계자의 이름은 국가 기밀이 아니다. 은행에 잠시 들러서 접수 담당자나 보안요원이라도 잡고 물어보라.

필요한 자금을 선뜻 빌려줄 확률이 높은 금융기관은 어디일까? 가장 먼저 찾아봐야 할 곳은 최근에 개설된 은행 지점이다. 왜일까? 새로 문을 연 은행은 손님이 없기 때문이다. 그런 은행은 수익을 내기 위해서 고객에게 퍼줄 돈을 천장까지 쌓아두고 있다. 그리고 대출 실적으로 어떻게든 능력을 입증해야 할 친절한 신임 매니저가 있다. 플로리다에 새로 생긴 은행의 실제 홍보 문구는 다음과 같다.

'로빈슨 거리와 매그놀리아 대로의 교차로에 개인 및 기업금융 업무를 담당할 플로리다 미드스테이트은행Midstate Bank of Florida: MBF이 문을 엽니다.'

MBF는 지역 공동체 은행으로서 고객과 친근한 유대 관계를 쌓는 업무 스타일을 가지고 있다. MBF는 고객의 사업상 욕구를 알아내서 최상의 금융 서비스를 조합하고 제공한다. 그리고 특정 사업 요건을 충족하기 위해 금융 서비스를 조정한다. 고객이 대출이나 신용이 필요할 때 이미 고객의 얼굴을 알고 있는 지역 관리자가 신속하게 업무를 처리해준다.

이 은행은 실제로 이렇게 외친다. "고객님에게 돈을 빌려줄 기회를 우리에게 주십시오." 금융계에서는 이런 은행을 두고 '납작 엎드린' 은행이라 부른다. 그들은 금고 앞에서 개장 행사를 열고, 삽으로 돈을 퍼줄 준비가 되어 있다. 만약 내가 플로리다에서 자금을 구하러 다녔다면, 달아나는 영양을 잡은 사자처럼 이 은행을 꽉 물고 늘어졌을 것이다! (지금은 상황이 훨씬 더 좋아졌다. 인터넷 덕분에 신규 사업을 위한 자금 조달은 거의 확실한 일이나 다름없다. 내가 지금도 말하고 있고 1995년부터 말했듯이, 세상 어딘가에는 당신의 꿈에 자금을 대줄 은행과 바보 천치 은행원이 있다.)

얼마 전 어디서 여자 은행 임원 2명이 힘을 합쳐 은행을 세웠다는 기사를 봤다. 내가 목표를 위해 자금을 구해야 하는 상황에 놓인 여자라면, 생각할 것도 없이 당장 그들에게 전화를 걸 것이다. 이것은 성차별적 발언이 아니다. 다른 조건이 모두 같은 상황에서 여성 은행 설립자와 여성 기업가 사이에 이미 존재하는 끈끈한 공감대를 누가 부정할 수 있겠는가?

마이클 필라르치크Michael Pilarczyk는 한창 젊은 시절에 네덜란드의 라디오 스타가 되겠다는 자신의 어릴 적 꿈을 이뤘다. 하지만 그는 1998년 그 일을 그만두었다. 마이클이 다른 일을 찾던 중 그의 친한 친구 콜린이 내 세미나 소식을 듣고 둘이 함께 신청했다. 그런데 세미나 당일 나는 열정 가득한 얼굴들을 맞이할 수 없을 정도로 너무 아팠다. 그래서 세미나를 취소했다.

그런데도 마이클과 콜린은 얌전히 물러나지 않았다. 둘은 멋지게 차려입고 거스리성에 나타나 QLA의 깊은 바다에 푹 빠질 준비가 돼 있었다. "정말 믿기 힘든 경험이었어요." 마이클이 말했다. "우리는 사흘 밤낮으로 우리만의 성 세미나를 했습니다. 거기서 사업을 어떻게 시작해야 할지 차근차근 배웠습니다. 집중하는 것이 중요하다는 것을 깨달았죠. 공 하나를 2개의 골문에 넣을 수는 없습니다. 그리고 가장 중요한 건, 그냥 하는 거예요. 두려워하지 말고요!"

마이클은 자금을 구할 때, 즉 자신의 꿈에 돈을 댈 기회를 금융기관에 주었을 때 자신감으로 충만한 태도가 기적을 일으켰다고 말했다.

"이루고자 하는 일에 확신을 갖고 움직이면 불가능은 없습니다. 난 은행으로 갔습니다. 대단한 이야기를 가지고 갔죠. 잠재적 대출 담당자에게 내 프로젝트의 필연적 성공을 설득할 수 있다는 자신감이 있었습니다. 1주일쯤 지났을 때, 난생처음 50만 길더(네덜란드 화폐 단위로 우리 돈 약 3억 원에 해당한다—옮긴이)를 손에 쥐었습니다. 사업계획을 세우고, 동업자와 투자자를 찾았습니다. 나는 계속 자금을 끌어모았고, 2001년에는 한 사모펀드 운영자와 7천만 길더 규모의 계약을 체결했습니다.

이 모든 일이 거스리성을 떠난 지 1년도 안 돼 일어났습니다. 한때는 넓고 텅 빈 건물을 딱 6명이 썼던 적이 있습니다. 1년도 지나지 않아 몇몇 TV 제작사를 인수한 우리는 150명 이상의 직원을 둘 정도로 성장했고 2천만 길더 이상의 총매출을 올렸습니다.

경영을 위해 영입된 임원들은 종종 창업자와는 다른 경영방식과 목표를 고수합니다. 그러면 수적으로 열세에 빠진 창업자는 강제로 회사를 떠나게 되죠. 퇴진 압박을 받은 다음 날, 나는 다른 도전을 시작했습니다. 7년 뒤 우리는 주요 출판사에 700만 길더를 받고 회사를 매각했습니다. 나는 이런 경험을 하면서 페냐의 가르침을 계속 떠올렸습니다. 꿈을 크게 가져라……. 그리고 그냥 해라!"

(이후에도 마이클은 세미나를 찾았다. 몇 년 후 출판 사업으로 부자가 된

그는 세상에 자신의 부를 환원하기로 결정했다. 그리고 QLA에서의 경험을 바탕으로 전 세계를 돌며 세미나를 열고 있다.)

기본적으로 은행은 돈을 빌리는 목적에 따라 2가지로 나눌 수 있다. 중앙 대출기관과 은행 지점이다. 중앙 대출기관은 여러 지점의 대출 신청 정보를 한데 모으고, 이러한 신청 꾸러미는 당신이 한 번도 들어본 적 없는 사람들 앞으로 보내진다. 당신의 대출 신청은 다른 후보들과 경쟁하며 객관적으로 검토된다. 한 거래가 눈부신 가능성을 지녔다 하더라도 더 강력한 담보물과 장점을 가진, 더 전도유망한 거래들 사이에서 사라질 확률이 높다.

당신은 지역 대출 승인권을 가진 은행 지점을 찾아가야 한다. MBF 같은 은행은 '지역 공동체' 은행이나 '고향' 은행으로 불리며, '은행 업무에 종사하는 동네 사람들'에 의해 운영된다. 대출심사위원회는 당신을 대변해주는 담당 은행원과 서너 명의 은행 간부, 이사들 혹은 지역 공동체 사업 관계자들, 은행원이 가르침을 받고자 하는 4인조 골프팀 회원으로 구성된다.

당신이 은행 후보를 5개로 추렸다고 가정해보자. 어느 은행의 문을 먼저 두드리겠는가? 대출을 해줄 가능성이 가장 적은 은행으로 가는 게 좋다. 전화상이든 대면이든 프레젠테이션 기술을 연습할 필요가 있기 때문이다. 가망성이 가장 높은 은행의 문을 두드리기 전에 이런저런 실수를 다 해보면서 긴장을 떨쳐내라.

제일 먼저 접촉해야 할 사람은 누구일까? 드림팀을 꾸렸다면 맨 처음 전화는 직접 하지 말고 회계사나 변호사에게 맡겨라. 어느 쪽이 은행원을 상대하든 당신보다는 말발이 먹힐 것이다. 실제로 은행원들은 당신의 전화보다 변호사나 회계사의 전화에 더 빨리 반응한다. 그리고 이렇게 대변인이 전화를 걸면 당신이 중대한 인물이거나 그게 아니라도 최소한 지역 사업계에서 인지도가 있다는 이미지를 심어줄 수 있다("인식이 곧 현실이다").

당신의 회계사, 가능하다면 그것도 명망 높은 4대 회계법인 소속의 공인회계사가 은행원에게 전화해서 이렇게 말한다. "○○○ 고객(당신의 이름을 여기에 넣어라)의 회계를 맡은 회계법인 ○○○입니다. 고객님이 사업 거래를 하는데 저희가 귀 은행을 추천했습니다. 저희 고객은 ○○○ 사업을 하고 있습니다. 혹시 문제가 될 만한 게 있을까요?" 당연히 없다. "좋습니다. 그럼 고객님께 은행으로 전화하고 미팅 날짜를 잡으라고 말해두겠습니다."

혹시라도 당신이 아직 드림팀을 꾸리는 중이고, 맨 처음 전화는 직접 해야 한다고 가정해보자(물론 그러지 않길 바란다!). 그래도 큰 문제는 없다. 매니저부터 찾아야겠지만 곧바로 부사장 혹은 대출 담당자에게 전화가 넘어갈 수도 있다. 하지만 대부분은 J. 프레드 뱅커(은행원) 씨가 '전화를 받을 수 없다'라는 사실을 알게 될 것이고, 어떤 비서가 당신의 전화번호를 메모할 것이다.

그럴 때는 전화기 옆에 앉아서 회신만 기다리지 마라. 은행원 대부분이 그렇듯, 전혀 안면이 없는 당신보다 친분 있고 더 영향력 있는 고객에게 걸려오는 전화 때문에 매우 바쁠 것이다. 다시 전화를 걸고, 또 전화를 걸어라. 음성 메일을 남길 수 있다면 끈질긴 메시지로 음성 사서함을 마비시켜라(만약 상대방 전화기에 시간 표시 기능이 없다는 것을 알게 된다면, 나는 10분 동안 13번 정도 전화할 것이다). 그러면 결국 뱅커는 '흠, 이 사람 정말 끈질기네. 전화해주지 않으면 내 음성 메시지함이 터져버리겠는데?'라고 생각하며 연락을 해올 것이다.

그러면 당신은 회신에 감사하다는 말을 정중히 건네며 자기소개를 한다. 그리고 늘 하던 대로 기본적인 내용을 읊조린다. "나는 ○○○ 분야에서 일하고 있습니다. 우리 회사는 빠르게 성장하고 있으며 여러 방면으로 성장할 가능성이 큽니다. 사업상 금융 관계를 돈독히 맺을 곳을 찾고 있고, 추천받은 여러 은행과 인터뷰를 진행 중입니다. 자세한 얘기는 유선보다는 약속을 잡고 직접 만나서 하는 게 어떨까요? 은행을 방문하고 싶은데, 언제가 가장 편하십니까?"

(이 책을 쓰고 중판을 출판한 이후로 내 세미나에 참석한 사람들은 이러한 시스템을 완벽하게 다듬었다. 링크드인을 통해 회계사와 변호사를 포함한 전체 드림팀 팀원들을 휴대전화에서 찾아낸다. 심지어 은행과의 맨 처음 관계까지도 구축한다. 이들은 새로운 세대이므로, 인터넷을 절대 간과해서는 안 된다.)

여기서 당신이 말하지 않은 것이 있다. 바로 '내가 돈을 좀 빌려야 하는데, 다음 주 목요일까지 가능할까요?'이다. 알다시피 은행원들도 관계 금융을 상당히 중시한다. 그들도 당신이 어떤 사람인지 궁금해하고, 실제 얼굴을 보고 싶고, 당신이 도대체 뭘 하는 사람인지 알고 싶어 한다. 그리고 결국 나중에 자본금을 빌려주면 당신이 다시 갚을 수 있을지 판단하기 시작한다. 당신과 프레드 뱅커 모두에게 숫자가 아니라 사람 간 궁합이 핵심 열쇠이다.

당신이 여러 은행을 인터뷰하고 있다는 사실을 프레드 뱅커에게 알려주는 것도 전략의 일부이다. 그렇게 함으로써 선택을 하는 사람이 당신이며…… 당신의 일을 처리하기 위해 한 은행, 어쩌면 그의 은행을 고용하는 일과 관련해서 당신이 통제권을 행사하고 있음을 그에게 알려줄 수 있다. 또한 당신이 그의 경쟁자들과 이야기하고 있음을 알게 되었으니, 만약 당신이 그에게 중요한 고객이 될 가능성이 있다면 그로서도 그 기회를 잡아야 할 것이다. 이러한 접근 방식은 대출을 받기 위해서라면 언제나 비굴하게 몸을 낮춰야 한다는 당신의 고정관념을 완전히 깨부술 것이다.

서로 유익한 관계로 발전시키기 위해 점심을 제안할 수도 있다. 은행원들은 항상 먼저 계산하겠다며 나서는데, 그것도 그들이 받은 훈련의 일부이다. 나는 수십 년 동안 은행원들과 거래해왔지만, 은행원에게 점심을 사야 했던 적은 단 한 번도 없었다(스코틀랜드는 제외하고!). 당신이 한 은행원과 점심 먹는 모습을 다른 은행원이 보도록 만들 수 있다면 더욱 좋다. (지금까지 오랜 세월 은행과 거래를 해왔지만, 여전히 은행원들이 밥값을 낸다. 하지만 밥이든 뭐든 스코틀랜드 은행원이 먼저 계산하는 경우는 드물다.)

첫 만남은 친분을 쌓기 위한 것이다. 서로 상대가 어떻게 생긴 사람인지, 어떤 사람처럼 느껴지는지 탐색한다. 당신은 그렇게 해서 두 사람 사이에 유대감이 형성되기를 바랄 것이다. 초반에 당신의 프로젝트를 개괄적으로 소개하는 것이 좋고, 시간은 5분이나 10분을 넘기지 말아야 한다. 그리고 미팅 중에는 이 2가지를 잘해야 한다. 경청하기 그리고 질문하기!

당신의 아이디어를 설명하다가 은행원이 당신의 이야기에 반응할 기회를 주어라. 어쨌든 무수한 꿈이 그의 책상 위에 올라왔을 것이고,

어떤 것들은 공중으로 사라졌으며, 다른 것들은 현실이 되었을 것이다. 그 남자는 당신의 아이디어에 추가할 만한, 목표를 선명하게 해주고 심지어는 다음 은행원과의 미팅에서 발표력을 상승시킬 수 있는 여러 제안과 아이디어를 제공할 수도 있다. 그런 조언은 무료인 데다 경험에 기반한 것이다. 그러니 그의 말에 귀를 기울여라.

대출을 '열망하는' 사람들은 대부분 아무 생각 없이 은행원 앞에 앉아서 이렇게 말한다. "저 좀 도와주시겠어요?" 그들은 자신들이 오히려 은행을 인터뷰해야 한다는 사실을 이해하지 못한다. 그 은행이 어떤 사업 목적을 가진 은행인지, 그 은행이 당신의 프로젝트에 자금을 대기에 가장 좋은 은행인지 질문해야 한다는 것을 이해하지 못한다. 예를 들어 영국에서라면 당신이 스코틀랜드 왕립은행그룹Royal Bank of Scotland Group과 로이즈 TSB 사이의 차이점을 알아야 한다는 것을 의미한다. 은행원과 미팅할 때 질문해야 할 것들을 살펴보고 왜 각각의 질문이 중요한지 생각해보자.

1. **개인대출한도는 얼마입니까? 담보대출인가요 아니면 무담보대출인가요?**
   모든 은행 관리자와 대출 담당 직원은 윗사람의 확인을 거치지 않고도 승인해줄 수 있는 신용한도가 따로 정해져 있다. 그러니 물어보라. 사실 이 질문은 첫 미팅 전에 전화상으로 물어보는 것이 좋다. 엉뚱한 사람에게 물어보지 않도록 말이다. 은행원이 관계 어쩌고저쩌고하면서 애매하게 둘러대지 못하도록 하라. 대출한도는 구체적인 액수다. 은행원이 5만 달러를 부르면 당신은 4만 8천 달러가 필요할지 모르고, 40만 달러라고 했으면 우연히도 35만 달

러가 필요할지 모른다. 그 사람이 당신이 원하는 액수까지 승인해
줄 권한이 없다는 걸 알게 되면 바로 다른 사람으로 갈아타라.

2. **한 단계 높은 자금 조달 승인을 받으려면 누구를 찾아가야 합니까?** 프레드
   뱅커가 다음 단계에서 승인을 처리해줄 직원이 누구인지 알려주
   면, 당신이 만나야 할 인물은 바로 그 사람이다. 엉뚱한 사람에게
   가서 프레젠테이션하느라 시간을 낭비하지 마라. 대출한도에 관
   해 물어보는 참에 해당 은행의 신용한도액도 알아보라. 은행원에
   게 은행의 무담보 신용한도(대개 자산의 1퍼센트)에 관해 물어본다
   면, 그는 머릿속으로 당신의 대출 건과 관련해서 최고액을 떠올리
   게 될 것이다.

3. **대출 신청을 모으는 중앙 대출기관입니까? 아니면 지점 대출기관입니까?** 우
   리는 이미 당신이 지점 은행을 찾아가야 한다는 점과 그 이유에
   대해 살펴보았다.

4. **당신 은행은 대출을 권장합니까? 아니면 대출을 긴축하는 중입니까?** 이 말
   은 이런 뜻이다. '당신 은행이 정부의 감시를 받을 정도로 최근 악
   성 대출을 일부 해준 적이 있는가?' 이건 기밀 정보가 아니다. 그
   리고 해당 은행원은 그런 질문을 던진 당신을 존경의 눈빛으로 쳐
   다볼 것이다. "네, 지금은 자금을 보유하는 중입니다." 만약 은행
   원이 이렇게 답한다면 다음과 같은 뜻이다. "우리는 지금 죽음의
   길을 걷고 있습니다. 혹시 전 은행원을 위한 일자리가 있을까요?"

자리를 떠나기 전에 당신은 그 은행원에게 점심을 사주고 싶어질지 모른다.

5. **대출해줄 때 선호하는 사업 분야가 무엇입니까?** 은행마다 통신, 의료, 국제 무역 등 주력 분야가 다르다. 예를 들어 당신이 철물점 체인을 하나 열거나 매입하거나 확장한다고 가정해보자. 당신은 과거에 소매사업 부문 대출을 잘해준 은행을 찾고자 할 것이다. 작은 주류 업체를 운영하거나 '남자 전용 클럽' 체인을 확장하고 싶다면, 당신은 방침상 그러한 '주류 관련' 사업을 꺼리는 은행들이 있음을 알고 있어야 한다(2천만 달러 정도가 예치금으로 들어올 수 있다고 생각하면 그런 방침이 바뀔 수도 있다).

6. **당신 은행이 마지막으로 거절한 거래는 무엇입니까? 왜 거절했습니까?** 이것 또한 예상치 못한 질문이다. 은행원이 마지막으로 거절한 거래에 관해 이야기하도록 만들어라. 심지어 상황을 가정해서라도 말하게 유도하는 게 좋다. 은행원이 원치 않는 거래를 말하는 사이, 당신은 은행원이 원하는 이상적인 대출 관계를 간파할 수 있다.

7. **당신이 마지막으로 담당했던 500만 달러 정도의 거래는 무엇이었습니까?** UBS, 뱅크오브아메리카Bank of America, 바클레이Barclays의 부사장에게는 하지 않을 질문이겠지만 지역 은행에서 돈을 빌릴 때 이 질문은 의미가 상당히 크다. 사실상 은행원에게 수백만 달러 규모의 대출을 처리하면서 안정적으로 그리고 능숙하게 과정을 잘 이끌

수 있는지 증명해보라고 요구하는 거나 마찬가지이기 때문이다.

8. **당신 기관은 내가 다음 단계의 퀀텀 리프를 이룰 수 있게 도울 수 있습니까?**
   은행의 총자산이 얼마인지 물어라. 일반적으로 대부분의 은행은
   총자산의 1퍼센트는 무담보로, 2~3퍼센트는 담보로 대출한다. (비
   율이 약간 바뀌었을 수는 있지만 일반적으로는 그렇다.)

9. **'자산 기반 대출'과 '현금 흐름 기반 대출'에 대한 당신 은행의 방침은 무엇입
   니까?** 이쯤이면 프레드 뱅커는 경외하는 눈빛으로 당신을 바라보
   며 자세를 고쳐 앉을 것이다. 지금까지 그 은행원이 대출 상담했던
   95퍼센트의 바보들보다 훨씬 더 지적으로 보이기 때문이다.
   　자산 기반 대출에서 대출한도는 자산 대비 담보대출 비율로 결
   정된다. 대출한도 50퍼센트의 경우, 유형자산이 약 10만 달러라
   면 은행은 5만 달러까지 대출해준다. 요즘은 대다수 은행이 자산
   기반 대출을 선호하지 않는다. 과거에 채무불이행으로 인해 내키
   지 않는 재산 소유인이 되었기 때문이다. 당신으로서는 자산 기반
   담보대출을 알아보는 게 좋다. 왜냐하면 대부분의 은행은 위기 상
   황에서 당신의 세탁소나 애완동물 가게 체인을 소유하기보다는
   당신을 통해 해결을 보려고 애를 쓸 것이기 때문이다.
   　현금 흐름 기반 대출은 운영 비용, 현금 비용 및 세금을 차감한
   현행 현금 흐름 수입의 비율을 대출 변수로 사용하며, 일반적으로
   현금 흐름의 50~65퍼센트 사이다('눈속임'이 없어야 한다). 수입이
   이미 생기고 있다면 은행은 대부분 현금 흐름 기반 대출을 선호한

다. 번거롭게 재산소유권을 요구하거나 애써 유형자산을 현금화하지 않아도 수입을 확보할 수 있기 때문이다. 당신이 사업을 막 시작하는 처지라면, 당신의 사업이 창출하는 수입이 어느 정도인지 은행원에게 보여주어라. 그래야만 그들은 미래 현금 흐름에 근거해 당신의 대출을 검토할 것이다.

10. **당신들은 주간 은행입니까? 아니면 이 주에서만 운영되는 은행입니까?** 물론 나는 지금 미국 은행을 예로 들고 있다. 당신과 프레드가 마주 앉을 때쯤이면 당신은 이 질문의 답을 알고 있을 것이다. 한 주에서만 운영하는 기관과의 거래가 더 간편하므로 주내 은행이 낫다. 게다가 주간 은행들은 연방제의 형식적 절차와 법규에 더 많이 구속된다. 하지만 이와는 별개로 자금을 가지고 있고 당신의 꿈을 기꺼이 사줄 은행이라면 어디든 선택해야 할 것이다!

11. **최근에 사업 대출을 승인해준 회사는 대표적으로 어디입니까?** "이봐요, 페냐, 누구한테 대출을 해줬는지 은행원에게 묻는 건 좀 외람된 질문 아닙니까?" 맞다. 그렇다! 그래서 뭐가 어떻다는 건가? 은행들과 면담 중인데 그러면 뭘 물어봐야 한다는 건가? 참고할 만한 서류를 요구하는 것 역시 당연하다. 은행원은 당신의 서류를 확인할 것이니 당신은 그들의 것을 확인하면 된다. 금액이나 조건을 물어볼 필요는 없다. 그냥 대출 승인된 회사가 어디인지만 알면 된다(나라면 그들이 대출받은 금액도 물어볼 것이다. 사실 나는 은행원이 대답해주는 한 계속 질문한다).

만약 은행원이 대출 거래에 충분히 열의가 있다면 최근의 대출 승인 목록을 건네줄지도 모른다. 하지만 그가 비밀 유지나 은행 방침을 들먹이며 우물쭈물하더라도 일단 그런 질문을 들으면 바짝 긴장할 것이다. 그리고 이 미팅의 주도권을 가진 사람이 누구인지 떠올리게 된다. 바로 당신이라는 사실을!

12. **내 은행 업무를 처리하는 과정에서 다른 고객들과 마찰을 빚을 것으로 예상하십니까?** 이것은 부수적인 질문이지만 은행원이 가질 만한 우려에 대한 당신의 예민함을 넌지시 드러낸다. 이해 충돌 가능성은 희박하지만 이러한 질문과 답을 주고받으면서 그런 문제에 대해 공감하는 것이 좋다.

당신이 한 은행원과 업무적인 친밀감을 쌓는다고 가정해보자. 당신은 그 은행원과 정기적으로 만나서 점심을 먹거나 골프를 친다. 몇 달이나 몇 년 동안 관계를 쌓는다. 그런데 갑자기 그가 다른 은행으로 자리를 옮긴다면 당신은 처음 거래한 은행과 계속 거래해야 할까? 아니다! 그러한 관계의 핵심과 실체는 개인에게 있지, 은행에 있지 않다. 은행은 은행원이 당신에게 대주는 자본을 얻기 위한 메커니즘에 지나지 않는다. 그가 자리를 이동한 이유에 대한 적절한 답변을 얻지 못한 게 아니라면, 은행이 아닌 은행원과 계속 관계를 유지하라. 그러지 않으면 지금의 은행에서 원점부터 다시 시작해야 한다. (내가 덧붙이고 싶은 한 가지 주의사항은 그 은행원이 승진해서 자리를 옮기는 것이 아니라 더 낮은 직급으로 가더라도 그를 따라가야 한다는 점이다.)

마지막으로, 은행을 선택하는 문제에 있어서 당신이 필요로 하는 자본금을 두 곳, 심지어 세 곳의 은행으로 나눠서 조달하는 방안도 간과하지 마라. 이 내용은 뒷부분에서 좀 더 논의할 것이다.

금융기관과 거래하는 법

사업가 대부분은 자금을 빌릴 때 2가지 잘못된 가정을 한다. 첫째, 잠재적 대출자는 무한하고 빌릴 수 있는 돈은 한정됐을 거라는 생각이다. 둘째, 은행원이 대출을 방해하는 적이라는 생각이다. 하지만 은행원과의 거래에서 다른 건 모두 잊더라도 이 2가지는 기억하라.

1. 사람들이 빌리려는 돈의 양보다 어서 빌려 가기를 애타게 기다리는 돈이 더 많다.

최근 몇 년 동안 금리가 매우 낮은 상태이다. 지금으로부터 10년 후에는 거의 공짜인 돈을 활용하지 않은 것을 두고 당신은 심한 자책에 빠질 것이다. 터무니없는 액수가 아니라면 어떤 사업이 됐든 자금을 댈 돈은 항상 있는 법이다.

2. 은행원은 사람들이 대출하기를 바란다. 그래야 은행원도 돈을 벌 수 있기 때문이다.

은행의 돈이 가만히 자리를 틀고 앉아 있다면 수입을 창출할 수 없다. 이것은 은행원이 당신 꿈의 실현 가능성을 절반 정도만이라도 확신한다면 당신 말을 일단 믿어줄 거라는 것을 암시한다. 당연히 대부분의 은행은 당신이 어떤 생각을 하고 있는지와 상관없이 '납작 엎드린' 존재들이다. 클라이스데일은행Clydesdale Bank에 다니는 내 동료는 1997년 초에 대출을 기다리고 있는 돈이 7억 8천800만 파운드나 된다고 말했다. 엄청난 액수의 '돈'에 먼지만 쌓여가는 셈이다! 그는 이렇게 애원했다. "우리 은행과 거래 좀 해줘. 타당하다고 여겨지는 거래라면 그 돈은 다 네 거야."

유럽 전역에 퍼져 있는 막대한 자금줄에 접근할 방법을 영국 기업가들도 알아낼 수 있어야 한다. 유럽 은행에는 자금이 넘쳐난다.

앞서 논의한 은행 선정 단계에서 당신이 어떻게 금융기관에 대처할 것인지와 관련한 미묘한 지점이 모습을 드러낸다. 한 가지 전제 조건이 있다면 그것은 은행원이 당신의 첫마디 말을 듣고 당신을 처음 보는 순간부터 당신이 그 은행원과 친밀한 관계를 맺고, 서로 이해하고, 궁합을 맞춰나가고 싶어 한다는 것이다. 그것이 당신이 은행원에게 불쑥 말하기 전에 할 말을 연습해야 하는 이유이다. 당신이 은행원과 대화를 나눌 때 그가 편안하게 느끼는 정장 복장을 갖추는 이유이고, 그가 점심을 사주는 레스토랑에서 이야기를 나누는 모습을 연출하는 이유이다. 안전지대에 관한 우리의 논의를 기억하는가? 은행원들도 안전지대를 갖고 있고, 당신은 그 한복판에 자신을 밀어 넣어야 한다!

당신이 무슨 말을 먼저 해야 할지 살펴보자. 말에는 의미가 있다. 말은 무기이자 도구이다. 아직도 당신이 알아차리지 못했을까 봐 말해두자면, 은행가들은 '관계' '파트너십' '장기' '상호 이익' 같은 단어를 듣는 것을 좋아한다. 당신이 은행원과 대화할 때 당신은 결코 '돈이 필요하지 않다'. 세련되고 예민한 은행가에게 그런 말은 상당히 조악하게 들린다. 그 대신 당신에게는 '자금 수요'가 있다. 당신의 회계사를 '씨-피-에이CPA' 혹은 '내 씨에이CA(영국의 경우)'라고 부르지 마라. 모든 이가 당신에게 회계사나 유사한 자격을 가진 사람이 있을 거로 가정한다. 하지만 당신이 그 용어를 사용하면, 당신에게 회계사가 있다는 것을 당신 스스로 자랑스러워하는 것처럼 들린다. 그냥 전 세계 어디에서라도 '회계사'라는 말을 사용하라. 나 아니면 이런 디테일을 알려줄 사람은 세상 어디에도 없다.

프레젠테이션 기술은 연습으로 얻어질 수 있다. 이 일을 시작한 지제법 지났을 때 나는 규모 있는 기관을 대상으로 금융 프레젠테이션을 했다. 내 생각에는 프레젠테이션이 잘 진행된 것 같았다. 도표와 그래프도 사용해가며 요란을 피웠다. 성과를 강화하기 위한 나만의 작은 테크닉 가운데 하나는, 기회가 닿을 때마다 사람들에게 프레젠테이션 기술을 어떻게 하면 개선할 수 있는지 물어보는 것이다.

프레젠테이션이 끝나자 영국의 관습대로 기관장이 나를 엘리베이터까지 바래다주었다. 그는 옛 바링머천트은행Baring Merchant Bank의 바링 경Lord Baring이었다. 나는 그날 프레젠테이션을 썩 잘한 것 같아 기분이 좋았다. 하지만 엘리베이터 버튼을 누르면서 평소대로 그 신사에게 어떻게 하면 내 프레젠테이션을 더 개선할 수 있겠는지 물었다. 곧 엘리베이터 문이 열렸고, 내가 안에 들어설 때까지 그는 아무 말도 하지 않았다. 그러고 나서 문이 미끄러지듯 닫히며 그가 내 시야에서 사라지기 직전에 그가 말했다. "페냐 씨, 외람되지만 말 더듬는 버릇을 개선해보라고 제안해도 될지요?" 물론, 여기서 우리가 얻을 수 있는 교훈은 전문적이고 지적인 프레젠테이션과 능숙한 프레젠테이션 사이에는 미묘한 차이가 있다는 점이다. 하지만 이것은 고급반용 내용이므로, 지금 당신으로서는 크게 신경 쓸 필요가 없다.

이렇게 가정해보자. 당신은 남부 캘리포니아에서 느긋하게 살고 있다. 아니면 태평스럽고 찌는 듯한 날씨의 플로리다, 아니면 텍사스 노섬벌랜드의 시골 농장에서, 혹은 지구상의 다른 지역에 살고 있다. 그리고 당신은 농업 관련 부문의 인수를 위한 자금 조달이 필요한 상태이다. 은행원을 만나러 갈 때 당신은 어떤 옷을 입어야 할까? 보수적인 비즈니스 정장이다. 이상 끝.

—

옷은 영국인처럼 입고
생각은 유대인처럼 하라.

—

나는 당신이 스코틀랜드 피터헤드에서 돼지 농장을 연다고 해도 별 상관하지 않는다. 은행가와 미팅하러 갈 때는 흰색 셔츠와 노란색 또는 빨간색 넥타이에 검정 또는 진한 회색 또는 짙은 청색 양복을 입고, 짙은 색 양말(농담이 아니다!)에 끈이 있는 구두를 신고, 짧게 친 머리를 하고서 가라.

금목걸이는 집에 두고 가라. 가죽 밴드가 달린 고상한 시계 외에는 보석을 착용하지 마라(스와치 시계는 너무 유행에 민감해 보이니 차지 말고, 돈을 구하는 사람치곤 너무 사치스러워 보이니 롤렉스도 안 된다). 시계 밴드, 신발, 벨트 또는 멜빵(런던의 스레드니들가에서는 '브레이스braces' 라고 한다)은 모두 서로 잘 어울려야 한다. 되도록 검은색이 좋다. 은행 업계에서 이런 말이 있다. "옷은 영국인처럼 입고 생각은 유대인처럼 하라."

만약 당신이 여자라면, 당연히 당신 옷장 안에 있는 어떤 정장이 내가 방금 설명한 남성복에 해당하는지 알 것이다. 장담하건대, 고위 여성 임원들은 중요한 사업 미팅에 나갈 때 세로줄 무늬 옷을 입는다.

왜 그런지 이미 알고 있겠지만, 다시 한 번 더 말해주겠다. 은행원은 자신과 그의 동료들을 닮은 사람과 함께 이야기할 때 가장 편하게 여긴다. 그런데도 얼마나 많은 똑똑한 사업주들이 스포츠 셔츠에 면바지를 입고서 중요한 대출 프레젠테이션에 나타나는지 알면 당신은 놀랄 것이다.

전지전능한 사업계획서

내 세미나 참석자들은 내가 자본금을 빌리기 위해 사업계획에 의존한 적이 거의 없다고 말하면 내가 미쳤거나 거짓말이라도 하는 것처럼 쳐다본다. 나는 사업을 하며 500번 이상의 금융 관련 프레젠테이션을 했고, 수억 달러를 대출받았다. 최근 몇 년 동안 금융기관에 대한 규제가 강화되면서 점점 더 많은 은행가가 일상적으로 사업계획서를 요구한다. 하지만 그건 눈속임에 불과하다. 나는 어떤 대출기관의 누군가가 그 사업계획서를 전부 읽어보기나 하는지 궁금하다. 당신 책장에는 이미 사업계획서를 완성하기 위한 단계별 정식 절차를 설명하는 책과 소프트웨어가 있을 것이다. 하지만 여기서는 누군가가 실제로 읽어본다고 가정하고 사업계획서를 준비하는 방법에 관해 이야기해보자.

초조한 대출자들 대부분은 첫 악수를 한 다음 바로 사업계획서를 내놓기 위해 사업계획서를 서류 가방에 넣거나 겨드랑이에 끼고 첫 은행 미팅에 간다. 틀렸다. 첫 미팅에는 당신의 꿈만 가져가서 평범한 말로 설명해라. 이건 친분을 쌓기 위한 미팅이고, 맨 처음 데이트라는 사실을 명심하라. 당신의 사업과 장기적으로 사업을 어떻게 발전시킬 것인지에 대해 이야기하라. 하지만 기회가 생긴다면 은행원이 자신에 관해 이야기하도록 만들어라. 은행 일을 마친 후 그가 관심을 가지는 여가활동은 무엇인가? 골프인가? 낚시인가? 여행인가? 62년식 머스탱 개조하기인가?

요점은 이것이다. 첫 번째 미팅에는 당신의 재정 상태와 관련한 어떤 정보도 가지고 가지 마라. 사업계획서 없이 시작하라는 것이다. 초기 단계에서 은행에 어떤 구체적인 것을 넘겨서는 안 된다. 그래야 그들은 흥미를 느끼고, 불완전한 초기 의견을 형성한다. 사실 은행원이 사업계획서를 전혀 언급하지 않는다면 당신이 먼저 언급할 필요가 없다. 곧장 대출을 승인한다면 가장 좋은 일이다. 하지만 그가 실제로 사업계획서를 요구한다고 가정해보자. 당신은 이렇게 대답하면 된다. "아, 물어봐줘서 감사합니다. 사업계획서를 준비하겠습니다. 어떤 유형의 사업계획서를 원하시는지 알고 싶습니다. 그리고 회사가 성장하는 시기가 오면 원하는 최저 이익률은 어떻게 되는지 알고 싶습니다."

좋다. 여기서 잠깐 멈춤.

은행은 기업 합병에 필요한 자금을 대출해줄 때 거래를 평가할 수 있는 몇 가지 방법을 가지고 있다. 그중 2가지는 다음과 같다.

현금성 수익률. 이것은 회사의 총자산과 비교하여 구매하고자 하는 회사의 수입을 알려준다. 총자산이 100만 달러이고 이자 및 세금을 뗀 수입이나 이익이 약 33만 달러라고 가정해보자. 이는 현금성 수익률 30퍼센트로 표현된다.

회수 기간. 이 대출 조건은 연간 상환액 측면에서 초기 투자금액을 미래 현금 흐름과 같아지도록 만드는 것이다. 예를 들어 당신이 70만 달러를 빌리고 싶은데 은행이 4년 후에 상환을 원한다고 가정해보자. 하지만 그 기간에 당신이 예상하는 현금 수익은 각각 13만 달러, 15만 달러, 18만 달러, 22만 달러이고, 다 합쳐서 68만 달러에 불과하다. 70만 달러를 갚을 수 있도록 상환 기간을 5년으로 하거나 대출 금액을 줄여야 한다. 그도 아니면 다른 은행원을 찾아봐야 한다.

할 말을 능숙하게 구사하는 당신의 능력에 다시 한 번 놀란 당신의 은행원이 11퍼센트의 현금성 수익률과 6년의 상환 기간 조건을 받아들일 수 있다고 당신에게 말한다면 이제 당신의 사업계획서를 위한 탄약이 준비된 것이다.

현실을 직시하자. 사업계획서에 나와 있는 수치는 단지 합리적인 추측일 뿐이다. 경제는 요동치고 시장은 변화한다. 내년 사업과 관련해 확실한 것은 아무것도 없다. 그러므로 은행이 보고 싶어 하는 것을 건네주어라. 그들이 원하는 비율에 맞게 수치를 보완하고, 그들이 설정한 최소치를 넘어서는 건실한 이윤율을 확실히 설정하라. 이것은 부정직한 행위가 아니다. 누구도 미래를 예측할 수 없으므로, 오히려 그 누구라도 미래를 예측할 수 있다. 퀀텀 리프라는 미래에 있는 당신도 거기에 포함된다.

게다가 내 경험상 모든 수치가 정확히 들어맞지 않더라도(아마도 들어맞지 않을 것이다) 당신은 어딘가에서 자금을 구할 수 있다. 기억하라. 어떤 거래 자금도 어딘가에서 누군가로부터 조달받을 수 있다. 당신이 간절히 원하기만 한다면!

다음으로, 은행원에게 당신이 대출심사위원회의 눈높이에 맞게 맞춤식으로 준비할 사업계획서의 물리적 요건에 관해 물어보아라. 그 사람들이 어떤 것을 편하게 받아들입니까? (내가 조금 앞에서 안전지대에 대해 언급했다는 걸 기억할 것이다.) 어떤 종류의 문건이면 그들이 동료와 상사에게 전달하는 데 주저함이 없겠습니까? 구체적인 사항으로는 이런 것들이 있다. 페이지 수는 몇 장 정도면 됩니까? (그들은 틀림없이 향후 3년간의 손익 예측, 현금 흐름 분석, 대차대조표를 반영하는 도표, 더불어 손익분기점 예측 도표도 원할 것이다.) 막대 도표를 선호합니까, 아니면 원형 도표를 선호합니까? 색깔이 들어간 그래픽을 좋아합니까? 어떤 종류와 색깔의 종이를 선호합니까? 파워포인트 프레젠테이션도 가능합니까? 스프링 제본과 링 제본 중 어떤 것을 선호합니까?

만약 이러한 질문이 초보적으로 들린다면 이 사실을 상기하자. 은행가들은 가끔 누런색 노트 종이에 손으로 쓴 사업계획서를 받거나, 아니면 300쪽에 달하는 총천연색 가죽 제본 책자를 받는다. 물론 그 2가지 사이에 있는 온갖 것들도 받는다!

만약 당신이 2가지 이상의 자금원에 접근하려는 경우에는 2가지 버전 이상의 사업계획서가 필요하다. 은행가들은 안전성에 깊은 관심을 가지므로, 당신의 사업계획서는 담보물이 풍부하다는 점을 확인시켜주어야 한다. '담보물이 풍부하다'라는 말에 당황할 필요는 없다. 이 말은 지분이라고는 집이나 자동차밖에 없다면 그거라도 담보물로 내놓아서 당신의 결의를 보여주라는 뜻이다. 이 사업에서 당신이 위험을 감수할 준비가 되어 있지 않다면, 도대체 어떻게 은행이 당신의 계획을 뒷받침해주리라 기대할 수 있겠는가?

반면에 벤처투자가는 개입된 위험의 성격과 범위에 더 관심이 있으므로, 사업계획서의 두 번째 버전은 이러한 문제를 다뤄야 한다.

존 도어John Doerr는 오늘날 가장 성공한 역동적인 벤처투자가 중 한 명이다. 캘리포니아주 팔로알토 근처에 있는 클라이너퍼킨스 코필드 앤바이어스Kleiner Perkins Caulfield & Byers: KPCB의 파트너로서 많은 사업계획서를 보고 비교해본 경험이 있다. 존 도어는 잡지 〈패스트 컴퍼니Fast Company〉에서 기업가들에게 이렇게 충고했다. "사업계획서에 집착하지 마십시오. 우리가 본 더 나은 계획서는 대부분 짧았습니다. 종종 30쪽 정도이거나 때로는 3쪽에 불과합니다. 인텔의 사업계획서는 1쪽이었습니다. 선 마이크로시스템스Sun Microsystems의 사업계획서는 3쪽이었습니다. 우리가 계획서에서 찾는 것은 해당 팀이 생각하는 방식입니다. 나머지는 설립자들과 대화하며 알아낼 수 있습니다."

당신의 거래가
사람들이 사는 방식을 영원히 바꿀 것처럼
사업계획서를 작성하라.

은행원에게 최근 승인된 사업계획서 사본을 받을 수 있는지 물어보라. 답이 긍정적이라면 한 부를 복사할 수 있다. 당신은 이렇게 말할 것이다. "이봐요 페냐, 그건 시험감독관에게 답을 알려달라고 요청하는 것과 같지 않습니까?" 절대 아니다! 그 사람들은 당신과 함께 일할 사람들이다. 그가 멍청해서 함께 일할 생각이 없다면, 당신 목록에 있는 다음 후보자로 넘어가라.

유능하고 능숙한 은행원은 당신에게 돈을 빌려주기를 원하기 때문에 당신을 돕기 위해 최선을 다할 것이다. 투자은행가는 심지어 당신이 사업계획서를 제출하기 전에 직접 수정해줄 것이다(투자은행가는 분명히 공모를 준비하기 위한 당신의 투자설명서를 작성해줄 것이다). 기억하라. 은행원은 돈을 금고 밖으로 가지고 나올 필요가 있다. 그들은 당신이 유자격자이기를 원한다.

당신의 열정을 증명하는 일과 관련해서 내가 한 말을 기억하는가? 당신의 잠재적인 대출자와 대화를 나눌 때마다 그가 당신의 눈에서 열의의 불꽃을 보고 목소리에서 당신의 꿈을 엿듣도록 만들어라. 이런 열정에는 사업계획서에 쓰인 언어도 포함된다. 당신의 거래가 사람들이 사는 방식을 영원히 바꿀 것처럼 사업계획서를 작성하라. 당신의 사업계획서에 활기를 불어넣고, 팔아라. 팔고, 또 팔아라! 전문 카피라이터를 고용해서 강렬함을 더하라. 비록 당신의 사업계획서가 조금 과도하더라도 열정의 표현이라 여길 것이다.

은행원이 듣고 싶어 하는 말: 무엇보다도 크고 분명한 소리

점심, 미팅, 대화, 그리고 꼭 필요한 경우의 사업계획서 같은 사전 준비 사항은 전희이다. 이 전희를 통해 은행원은 한 가지 사실에 익숙해 진다. 그가 승인할 예정인 돈을 당신이 전부 갚고자 한다는 사실이다. 어떤 일이 있어도 말이다! 대출 금액과 이자 회수 일정은 협상할 수 있지만, 그가 속한 은행이 최소한 원금을 돌려받을 거라는 점을 아는 것은 대출 승인 과정과 그의 개인적인 안전지대 구축에 절대 필수적 이다. 그리고 담당 은행원은 그렇게 믿고 싶어 한다. 이 부분에 밑줄을 그어라. 은행원은 당신에게 돈을 팔고 싶어 한다.

은행원은 또한 당신이 할 수 있는 한 많은 일을 그에게 맡길 계획 인지 알고 싶어 한다. 필요하다면 그가 대출심사위원회에 한 번 이상 찾아가서 당신의 거래를 설득시켜야 할 이유를 생각나는 대로 모두 말해주어라.

은행원에게
절대 말하면 안 되는 것

만약 당신 계획의 어떤 요소에 대해 확신이 없다면, 만약 그것이 통하지 않을 거라는 의심이 든다면, 은행원에게 이를 절대 언급하지 마라. 당신에게서 자신감을 찾는 직원들에게 의심을 털어놓거나 공유하지 마라. 그리고 절대로 이렇게 말하지 마라. "지난번엔 크게 실패했지만 나는 교훈을 얻었습니다. 그리고 이번에는 다를 겁니다. 어쨌든 최선을 다하겠습니다."

내 회사 중 한 곳의 동료는 금융 프레젠테이션이 있는 동안에는 집에 머물러야 한다. 그가 "이봐, 지난번에 내가 파산했을 때 은행 두 곳과 보험회사 한 곳도 같이 파산했어!"라고 불쑥 말한 이후로 말이다. 그런 바보 같은 말 하나가 당신의 계획에 부정적인 기운을 지울 수 없는 잉크처럼 퍼뜨릴 수 있다. 따라서 대화의 초점을 과거의 실패가 아닌 미래의 성공과 긍정성에 맞추도록 하라.

당신은 유망한 은행과 두세 번 정도 회의를 하게 된다. 그 과정에서 요구 사항은 점점 더 구체화한다. 아마 그들은 당신의 최근 재무제표를 보고 싶어 할 것이다. 괜찮다. 왜냐하면 4대 회계법인 소속의 당신 회계사(당신의 'CPA'가 아니라)가 양각으로 자기 회사 이름이 새겨진 종이에다 회계감사 내용을 준비해두었기 때문이다. 은행원이 그걸 집어 들기도 전에 그것은 매우 인상적인 서류가 된다. 현금 흐름, 현재 자본금, 장기 부채 및 단기 부채에 대한 상세 내용이 거기에 나와 있다. 그것은 당신 사업에 대한 정확한 스냅샷이다.

다시 한 번 말하지만, 만약 당신이 처음 시작하는 처지라면, 당신이 실적을 만들어가는 동안 활용할 수 있는 기존 실적을 가진 합작 벤처 파트너를 찾는 것이 좋다.

당신의 회계사는 몇 가지 수준에 걸쳐 문서를 제공해줄 수 있다. 가장 기본적인 것은 취합과 (의견 없는) 검토이다. 이것은 기본적으로 당신이 그에게 제공한 수치를 명망 높은 회계회사의 이름이 새겨진 종이에다 보고하는 것이다. 어쩌면 매출 채권과 같은 분리된 특정 항목을 다루는 보증서를 받을 수도 있다.

다음 단계는 재무검토서 단계로, 가장 비용이 적게 든다. 이 문서는 당신의 회계사가 수치를 확인하지 않았지만, 일반회계원칙에 따라 당신이 제공한 내용을 준비하고 형식에 맞게 정리했다고 은행원에게 말해주는 문서이다. 이것은 사실상 어떤 사항도 말하고 있지 않으며, 훌륭한 은행가에게는 아무 의미도 없다.

가장 비용이 많이 들고 포괄적인 것은 의견이 첨부된 전면적인 회계감사서이다. 이것은 은행원에게 당신의 고도로 전문적인 회계사가 당신의 수치를 직접 감사하고 확인했으며, 그 안의 내용이 그가 아는 한에서는 사실이고 정확하다는 것을 말해주는 문서이다. 수수료를 지불하고 재무제표를 요청하는 모든 은행원에게 회계감사한 재무제표를 가져가라. 은행들은 항상 회계감사한 숫자에 더 많은 돈을 대출해준다. 게다가 은행원들은 항상 4대 회계법인에서 회계감사한 숫자에 더욱 편안함을 느낀다.

요약해보자. 당신이 시간과 정성을 들인 은행원이 결정을 내려야 할 시간이 다가옴에 따라, 그들은 다음 사항의 전부 또는 일부를 고려

할 것이다.

- 프로젝트에 대한 당신의 명확한 열정과 그것이 성공할 수 있는 압도적인 가능성
- 은행 측이 원하는 대로 준비하고, 형식화하고, 제시한 사업계획서
- 당신의 일류 회계법인 소속 회계사가 준비한 재무제표와 그들이 생각해 낼 수 있는 만큼의 많은 질문에 대한 대답

하지만 이쯤에서 그들이 당신이 예상하지 못한 질문을 한다고 가정해보자. 아무래도 당신은 그들에게 반짝반짝 빛을 내며 희망으로 가득 찬 첫 기업가는 아니다. 최근 한 은행원이 내 회사 중 한 곳의 이사회에 있는 이름들을 자세히 훑어보았고, 내 재무 관련 서류를 발견했다. 나는 그 회의에 없었기 때문에 그 은행원은 내 동료에게 물었다. "왜 페냐 씨에게 당신 프로젝트를 위한 자금을 대달라고 하지 않았습니까?" 내 동료는 곧바로 대답했다. "물론 페냐 씨는 이 프로젝트 전체를 위한 자금을 대줄 수 있습니다만, 그는 이미 아낌없이 우리에게 시간을 내주었습니다. 그리고 우리는 페냐 씨의 돈보다는 그의 시간을 갖는 편을 더 선호합니다." 훌륭한 대답이다! 그리고 그것은 은행원의 질문에 적절한 답이 되었다.

하지만 경험의 법칙을 따르자면, 만약 당신이 답을 가지고 있지 않은 경우, 절대 헛소리를 지껄여서 상황을 모면하려고 들지 말아야 한다. 단지 당신의 헛소리 수준을 확인하기 위해 이미 그들이 답을 알고 있는 몇 가지 질문을 할 확률이 높기 때문이다. 간단히 이렇게 말하라.

"좋은 질문이네요. 솔직히 말씀드려서 지금 당장은 어렵습니다만, 나중에 반드시 답을 드리겠습니다." 그리고 그것을 마음속으로 기억하고, 메모장에도 메모하라.

마지막으로, 대출을 거절당하면 어떻게 해야 할까? 내가 과거에 한 일을 알려주겠다. 나는 이렇게 소리를 질렀다. "뭐라고요? 어떻게 그렇게 명백하게 당신 기관에 이익이 되는 거래에 참여하길 거부할 수가 있습니까? 이건 당신네 주주들의 신뢰를 저버리는 거 아닙니까?" 그리고 그건 효과가 있었다. 하지만 내가 당신보다는 비명을 지를 만한 위력이 조금 더 있었을 것이다! 당신이 거절당한 이유는 아마도 진행 과정에서 당신의 판매 요소 가운데 하나가 먹히지 않았기 때문이다. '아니요'라는 말은 실제로 이런 의미이다. "당신은 당신의 아이디어를 승인할 만큼 충분한 데이터를 제공하지 않았습니다. 당신은 모든 요건을 충족하지 못했고 일을 적절히 해내지 못했습니다."

당신은 이렇게 물어야 한다. "제안서에서 어떤 요소가 미비했다고 생각하십니까? 어디가 문제입니까?" 잘못된 소통이 종종 거래가 무산되는 가장 단순한 원인이다.

그레이트웨스턴은 보우밸리를 1억 3천500만 달러에 인수하기 위해 협상을 진행 중이었는데, 무슨 이유에서인지 모르지만 거래가 진행되지 않고 정체하고 있었다. 보우밸리 사장은 내 전화에 응답하지 않았다. 마침내 집에 있는 그와 연락이 닿았고, 나는 물었다. "도대체 무슨 일입니까?" 그는 거래를 성사시키려면 1억 3천900만 달러가 필요하다고 말했다. 젠장, 고작 그런 이유였어? 나는 생각했다. 우리가 겪은 많은 일에 비하면 추가적인 400만 달러는 아무것도 아니었다.

나는 그의 요구를 들어주었고 거래는 다시 시작되었다.

그러니 물어보라!

당신이 거절당한 정당한 이유가 있다면, 그 이유가 무엇인지 물어보는 것은 선을 넘는 일이 아니다. 당신이 쉽게 수정할 수 있는 문제일 수도 있다.

이 장을 마무리할 수 있는 훌륭한 성공 사례가 있다. 바버라 바데 Barbara Baade는 위스콘신 브루크필드에 본사를 둔 직원복지 컨설팅 회사 창립자이다. 바버라는 1995년 5월에 나의 성에서 열린 세미나에 참석했고, 그다음 해 8월에는 로스앤젤레스에서 열린 퀀텀 리프 어드밴티지 자금 조달 세미나에 참석했다. 바버라의 회사는 성장기에 들어서서 기업 인수를 물색하고 있었다. 처음으로 나 댄 페냐가 제조하는 약을 먹은 뒤 바버라는 회사로 돌아가서 드림팀을 결성했다. 같은 해 얼마 뒤 바버라는 대출을 받을 수 있는지 알아보기 위해 이전에 일하지 않았던 은행과 접촉해보기로 했다. 먼저 은행장을 자기 사무실로 초대했고, 관계를 시작하는 것에 대해 이야기했다. 바버라가 직접 설명한 내용은 이렇다.

"우리는 '관계 형성'에 1시간을 소비했습니다. 이것은 우리가 사업에 관한 일반적인 이야기를 나누었고, 그 은행가에게 내가 좋은 사업을 하는 식견 있고 책임감 있는 사업가라는 깨달음을 주었음을 의미했습니다. 나는 그에게 사업계획서를 주지 않았습니다. 아무것도 주지 않았습니다. 페냐가 말했듯이, 나는 그 남자에게 우리와 함께 성장할 기회를 제공했습니다. 나는 그가 승인할 수 있는 대출한도가 얼마인지 물었습니다. 그는 80만 달러까지 무담보대출을 승인하는 데는 문제가 없으며, 만약 필요하다면 더 많은 자금 지원을 위한 그의 권고를 은행의 이사회가 받아들일 것으로 확신한다고 내게 말했습니다.

나는 기쁨을 억누르며 80만 달러가 지금 내게 필요한 전부라고 말했습니다. 게다가 담보는 서류가 복잡해서 너무 번거로운 일이라는데 그도 동의했습니다. 다음 주쯤 대출 담당 직원 중 한 명을 서명할 서류와 함께 보내겠다고 그는 말했습니다. 그렇게 일이 끝났습니다. 그때 내가 떠올린 생각은 댄 페냐가 옳았다는 것입니다. 나는 페냐의 방법을 사용했고, 질문을 했고, 80만 달러라는 돈이 제 책상 위를 떠다녔습니다.”

당신이 거절당한 정당한 이유가 있다면, 그 이유가 무엇인지 물어보는 것은 선을 넘는 일이 아니다.

은행원은 신이 아니다. 은행원이 당신에게 어떤 것을 믿도록 했는지와 관계없이 말이다. 은행원은 유연성 있는 기업 정책과 지침을 가진 기관을 대표하며, 또한 인간적 욕구를 가진 사람들이다.

은행원을 당신의 꿈을 향해 함께 나아가는 파트너와 공모자로 만들어라. 만약 당신이 전문적인 식견과 함께 장기적이고 상호 이익이 되는 관계로 발전할 수 있는 무기를 가지고 단계별로 구애한다면, 그는 어느 순간 자신의 고용주 대신 당신을 위해 일하는 동업자처럼 보일 것이다.

이제 퀀텀 리프를 시작하기 위한 본격적인 자금 조달의 '비밀'로 넘어가보자.

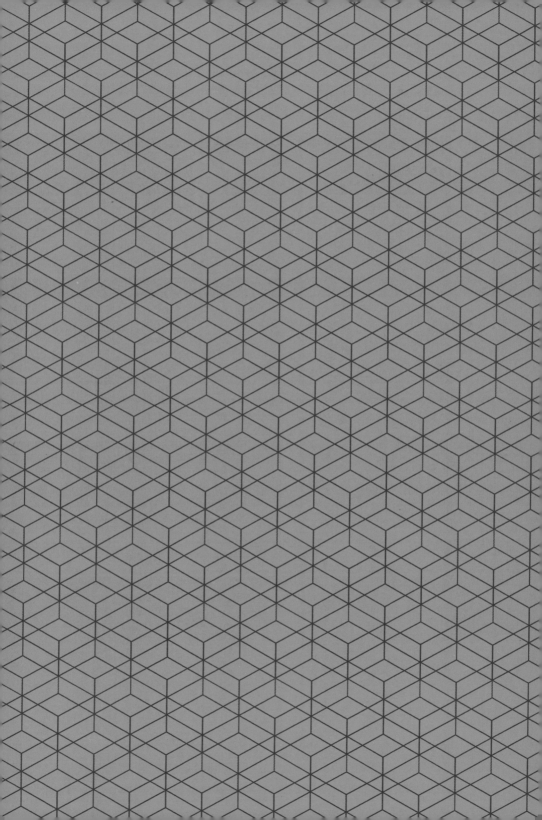

Chapter 10

자금 조달을 위한 훌륭한 아이디어

"비즈니스 세계는 자금원의 보고다.
하지만 저절로 당신 앞에 오지는 않을 것이다."

이 글을 쓰는 지금, 미국은 대공황 이후 최악의 경제 위기에 빠져 있다. 악성 대출로 인해 주택담보대출 상환금을 회수할 수 없는 다수의 대규모 금융기관이 파산하거나 다른 은행에 의해 합병되었다. 바로 지금 한 은행이 다른 은행에 빚진 대출을 갚을 거라는 기대가 사라졌으므로, 모든 종류의 대출이 위태로운 지경이다. (내가 이 글을 쓴 시점인 2009년 무렵, 세계는 엄청난 금융 붕괴를 겪고 있었다. 그러나 내 생각에 은행들이 파산하는 것을 허락하지 않음으로써 우리는 잘못된 방법으로 그 위기를 빠져나왔다.)

그렇다 하더라도 이번 장과 이전 장에 제시한 대출 전략과 전술은 여전히 유효하다. 나는 당신이 곤경에 처해 어쩔 줄 모르는 대출기관을 상대로 스스로 힘든 상황을 이겨내고 성공한 사업가임을 보여줄 수 있도록 프레젠테이션을 해보길 권한다. 프랭크 시나트라의 노래를 인용하자면 이렇다. "지금 해낼 수 있으면 언제든 해낼 수 있다!"

나는 대서양과 태평양을 오가며 기조연설과 워크숍, 퀀텀 리프 세미나를 한다. 그러다 참석자들의 자금 조달에 대한 이론적 이해와 실제로 그것을 추구하기 위한 정서적 몰입 사이에 존재하는 거대한 간극을 발견하며 깜짝 놀란다.

나는 여러 번 청중에게 물었다. "지난 24시간 동안 금융 프레젠테이션을 한 사람이 있습니까? 있으면 손을 들어보세요." 아무도 없었다. "그럼 지난 3일 동안은 어떻습니까?" 아무도 손을 들지 않았다. "그럼 3주 전은요?" 한 사람이 손을 들었던 것 같다. 아마도.

매번 나는 방 안을 가득 메운 공포로 얼어붙은 CEO, 사업주, 야심 찬 기업가를 수없이 마주한다. 우리는 나이아가라 폭포에서 줄타기를 하는 모험에 관해 논하는 게 아니다. 거절당하는 게 끔찍하게 싫을 수 있지만, 앞에서 지적한 것처럼, 금융 프레젠테이션을 한다고 해서 죽거나 다치는 게 아니다.

그렇다면 거절이나 프레젠테이션의 공포를 어떻게 극복할까? 연습하라. 억지로 프레젠테이션함으로써 편안함을 느끼는 당신의 수준을 높일 수 있다. 나는 내용과 리듬, 흐름의 순서를 적어두고 거울 앞에서 프레젠테이션을 연습했다. 차분하게 또는 강하게 말하기, 잠시 머뭇거리며 효과를 극대화하기, 심지어 호통치는 타이밍까지 정해서 연습했다(요즘 내 주변 사람들은 내가 마지막 기술만 남기고 전부 다 잊어버렸다고 생각한다).

오늘날 나는 사업을 키우는 일에 대해 아주 많은 것을 알지만, 여전히 세미나를 시작하기 전에 준비하고 연습한다. 어떤 제안을 할 때 이렇게 프레젠테이션을 연습하면 상대가 강아지라도 더 잘, 능숙하게,

그리고 수월하게 할 수 있다.

그래도 걱정된다면 회계사와 함께 가라. 함께 갈 다른 누군가에게 보수를 지급하라. 하지만 반드시 당신이 직접 프레젠테이션을 해야 한다. 대성공을 위해 퀀텀 리프를 이루고, 지분 거래로 거금을 벌고 싶다면 프레젠테이션을 피하면 안 된다. 이제 당신도 확실히 이해했으리라 믿는다. 그러길 바란다.

나는 내 제자들에게 1주일에 두 번씩 프레젠테이션을 하라고 권고한다. 아니 강하게 요구한다. 이것은 은행원 2명과 따로 점심을 두 번 먹거나 미팅을 두 번 했다는 것을 의미한다. 이렇게 한 달 정도 지나면 프레젠테이션에 익숙해질 것이다. 나아가 그날 은행원과의 미팅에서 가장 중요하다고 여겨지는 요소를 바탕으로 프레젠테이션을 변주하게 될 것이다.

1주일에 프레젠테이션 두 번이 그렇게 많은 건 아니다. 나는 20여 개 회사의 상당 지분을 소유하고 있으므로, 어떤 주에는 대여섯 개의 프레젠테이션을 한다. 프레젠테이션 두 번은 미약하지만 퀀텀 리프를 통해 스스로 거금을 끌어모을 수 있는 행동에 대한 소소한 대가라는 걸 명심하라.

그러니 지금 바로 무거운 엉덩이를 들고 일어나서 은행을 검토하고 프레젠테이션을 준비하라.

은행원들과의 미팅은 언제 시작해야 할까

9장에서 나는 은행원에게 전화를 걸기까지 꾸물대지 말라고 말했다. 돈이 필요한 목요일까지 뭉그적대서는 안 된다. 농담으로 한 말이지만 많은 기업인이 그렇게 하는 건 사실이다. 월요일에 경쟁업체를 인수하거나, 조건이 좋은 거래 기회를 잡거나, 공장 규모를 2배로 늘리기로 하면, 많은 사람이 그제야 예금계좌가 개설되어 있는 은행에 전화를 건다. 시중은행을 수백만 달러가 든 ATM 기기로 생각하는 것이다. 하지만 일은 그런 식으로 진행되지 않는다.

은행과 9월에 연애하기를 원한다면 5월부터 작업을 걸어라. 가망성이 있어 보이는 은행원과의 첫 미팅에서 당신의 향후 계획을 설명하라. 이런 식으로 말하면 좋다. "우리가 앞으로 6개월에서 3년 사이에 자금이 필요할 것 같습니다. 대략 X(숫자를 넣어라)달러 정도요……." 이때 예상 자금보다 더 높게 불러라. 그러고 나서 3개월에서 6개월 사이에 '중간 자금'이 필요할지 모른다고 언급하라. 그렇게 몇 주가 흐르고, 두세 번의 미팅을 하고, 골프 라운드를 한 번 할 때쯤, 죽이는 프레젠테이션을 선보이며 필요한 자금을 정확히 공개하라.

이사회의 가치

은행원은 당신을 도와주기에 앞서 온갖 춤을 추길 즐긴다. 은행원은 고객이 돈을 갚지 않아서 자신들이 곤란한 상황에 맞닥뜨리길 원치 않는다. 그래서 당신이 이사회를 언급하면 은행원은 이렇게 말할 가능성이 크다. "아, 다음에는 고객님 이사진도 뵙고 싶습니다." 그러면 당신은 이렇게 생각할 것이다. 이 바보 천치는 우리 회사에 이사회가 있다는 걸 믿지 않는구나. 그래서 이렇게 말한다. "아, 좋습니다. 사실 우리 이사진도 내가 은행에 간다고 하니 관심을 보였습니다. 자신들이 같이 가면 대출 과정에 도움이 되지 않을까 하고요."

드림팀 만들기와 관련된 장에서 우리가 이사회의 가치에 관해 이야기했던 내용을 기억할 것이다. 그러니 이사회가 없으면 이사회를 구성하라. 이사회가 있으면 도움을 많이 받을 수 있다. 게다가 사실 문제가 될 건 거의 없다. 술친구나 사촌보다 경제계에 어느 정도 알려진 기업인들이 좋다. 은행원들은 돈 문제가 거의 없는 성공한 퇴직 임원이 자신들의 명성에 민감하다고 믿는다. 수십 년간 쌓은 자신들의 명성에 먹칠하는 기업과는 손잡지 않을 거라고 생각하는 것이다. 다시 한 번 말하자면 여느 합작 투자자들이 그렇듯 당신의 일을 추진하는 데 그들의 신용을 빌려야 한다.

은행 거래를 지렛대로 사용하기

———

당신이 지금 알아보고 있는 은행이 가장 대출 가능성이 큰 은행일 수 있다. 그건 분명한 사실이다. 하지만 예금 거래만 해오던 사람이라도 은행과 가까이 지내서 손해 볼 건 없다. 현재 진행하고 있는 일이 뭐가 됐든 그것을 지렛대로 사용하라. 이번에 찾은 은행이 당신의 대출에 적극적이지 않은 반면 다른 은행은 좀 더 협조적이고 심지어 열의를 보인다면 그쪽으로 옮겨가라. 회계 담당자가 당신을 미워하겠지만 그게 뭐 중요한가.

새로 선택한 은행과 대출 관계를 형성하고 나서 허니문 기간에 있을 때, 당신 회사의 예금, 급여 및 기타 업무를 옮기는 작업에 대해서도 논의를 시작하라. 모든 것을 옮기는 불편함에 상응하는 양보를 요구하라. 당신 회사 임원과 관리자 개인의 신용한도 설정부터 시작하라. 가장 좋은 이율로 주택담보대출의 차환대출을 요구하라. 당신과 당신 주변의 사람들을 위한 신용카드도 최고 한도로 발급받아라. 그에 대한 보답으로 내가 그랬던 것처럼 예금에 대한 무이자를 선택하는 것도 한 가지 방법이다(요구불 예금이나 양도성 예금 증서를 말하는 게 아니다).

금융과 자본금의 유형

자금 조달을 전문적으로 진행하기 위해서는 은행원과 대출 전문가가 무슨 말을 하는지 이해할 수 있어야 한다. 부채, 자기자본, 신용 등 가끔 난해한 용어를 말할 때가 특히 그렇다. 다음 예를 살펴보자.

- **장기 부채 대 단기 부채**: 장기 부채는 상환 기한이 1년 이상인 부채다. 단기 부채는 상환 기한이 1년 이내인 부채로, 주로 재고 물품이나

장비 구매 등 운영자금을 마련하기 위해 빌린다.

· **담보 부채 대 무담보 부채**: 당신이 경력을 폭발적으로 키워나가는 현재 단계에서 당신의 부채는 모두 담보 부채이다. 예를 들면 사업 자산, 예상 현금 흐름, 당신의 집, 자동차, 기타 개인 자산, 당신이 보유하고 있을지도 모를 특허 그리고 다른 여타 항목이 여기에 해당한다. 모두 상황이 안 좋아지면 대출자가 대출 원금을 충당하기 위해 차압할 수 있는 것들이다. 무담보 부채는 당신이 믿을 수 있는 대출자임을 증명했다는 것을 은행이 인정하는 신용 대출이다.

· **보증인**: 나는 내 세미나에서 보증인을 '펜을 든 바보'라고 정의한다. 안타깝게도 신생 기업이나 작은 기업의 소유주인 당신은 궁극적으로 '문서상' 채무 관계에 이름이 명시되는 일을 피할 수 없다. 그러니 어금니 꽉 깨물고 서류에 서명한 뒤 사력을 다해라. 당신은 정말로 감당할 각오가 됐는가. 이것은 당신이 당신의 꿈을 믿는지 안 믿는지 보여주는 시금석이다.

· **신용한도**: 당신은 절대적으로 무담보 신용한도가 있어야 한다(영국과 다른 나라에서는 이를 '초과인출 한도'라고 한다). 쏟아지는 마케팅 덕분에 사실상 요즘에는 모든 사람이 신용한도를 갖고 있다. 단지 카드 등급만 다를 뿐이다. 하지만 신용을 얻어야 하는 사업가 처지에서는 잠재적 대출기관이 "무담보 신용한도가 있나요?"라고 물었을 때 제시할 만한 좀 더 실질적인 무언가가 필요하다. 당신이 있다고 대답한다면 대출기관은 그 전의 다른 은행원이 당신의 신용 기록을 살펴본 적이 있고 무담보대출을 내줄 정도로 당신을 신뢰했다고 생각할 것이다. 액수는 중요하지 않다. 무담보 신용한도가 없

다고 대답한다면, 대출기관 측은 한숨을 쉬며 이렇게 말할 확률이 높다. "흠, 그러면 담보 신용한도를 알아봐야겠네요." 그러면 당신 개인이나 회사에 속한 또 하나의 자산이 담보로 변한다. 오늘날 변덕스러운 대출 시장에서 이것은 더더욱 사실이다.

주거래 은행부터 알아보라. 아는 사람이 드라이브스루 창구 직원뿐이라 하더라도 그들은 적은 액수의 무담보 신용한도를 당신에게 줄 수 있을 것이다. 그렇지 않다면 다른 은행을 알아봐라.

신용한도와 기업금융에 대해 우리가 논의하는 동안 당신은 신용한도를 높일 필요가 있다. 만약 당신의 은행원이 거절한다면 당신은 이렇게 대답해야 한다. "지금까지 우리가 좋은 관계를 유지해왔지만 당신 은행은 우리 회사가 성장하는 동안 파트너로 삼고 싶은 은행과는 맞지 않습니다. 우리 회사와는 어울리지 않으니 이제 관계를 접을 때가 된 것 같습니다." 그러면 은행원이 "음, 신용한도가 얼마나 필요하십니까?"라고 물을 수 있다. 하지만 그가 여전히 꿈쩍하지 않는다면 당신은 자리를 떠나 다른 은행을 찾아야 한다.

이것은 내 제자들 가운데 한 명에 관한 이야기를 떠올리게 한다. 그는 3일간 진행되는 나의 퀀텀 리프 어드밴티지 세미나 수료생 중 한 명이다. 요즘 두바이에서 꽤 잘나가는 성형외과의사로, 개업 당시에 사무실 바로 옆에 자신만의 수술실을 갖기를 원했다. 그런데 은행에 대출을 받으러 갔다가 거절당했다. 두 번째 은행에서도 역시 거절당했다. 결국 세 번째 은행이 수술실 관련 대출을 해주기로 동의했기 때문에 모든 은행 업무를 그 은행으로 바꿨다.

이 사례는 우리에게 2가지를 말해준다. 첫째, 그는 은행이 아닌 그 자신이 규칙을 만드는 주체임을 이해했다. 둘째, 기업가가 아닌 성형외과의사조차 자신만의 퀀텀 리프를 이루기 위해서는 아무리 불편하더라도 일정한 노력을 들여야 한다.

지속적인 은행 관리

시중은행으로부터 자금을 조달받았다고 해서 돈만 들고 튀면 안 된다. 대출해준 은행원과 관계를 발전시키고 유지하는 것이 당신과 당신 회사 차원에서는 가장 큰 이익이 된다. 언제 또 퀀텀 리프를 위해 자금 조달이 필요할지 아무도 모른다. 실제로 당신이 사업을 계속한다면 더 많은 자금이 필요할 것이라 나는 확신한다.

하지만 그걸 떠나서 당신은 은행의 상황이 어떤지 파악할 수 있도록 은행원에게 몇 주에 한 번씩 안부 전화를 하거나, 점심을 같이 먹거나, 골프를 치는 게 좋다. 경기 상황이 바뀌거나 은행이 자금의 보수적 운영이 필요하다고 판단하면, 당신의 신용한도가 축소될 수 있다. 그러니 은행원과 연락하고 지내는 건 이득이다.

또한 대출을 받아서 은행을 바꿔가며 굴리는 방법을 추천한다. 예를 들어 A 은행에서 5만 달러를 빌렸다고 치자. 그리고 3개월 뒤에 B 은행에서 5만 2천500달러를 빌린 뒤 A 은행의 돈을 갚는다. 그리고 4~5개월 뒤 C 은행에서 5만 3천750 달러를 빌린 뒤 B 은행의 돈을 갚는다. 이렇게 대출금을 돌려가며 갚으면 여러 은행에 신뢰할 만한 대출자로 기록된다. 어떤 목적으로 빌리든 A 은행에서 원금을 빌려라. 그리고 B, C, D 은행에 '부채를 통합'하는 중이라고 알려라. 이것은 나중에 보면 사실이다.

일부 사업주는 은행 수수료를 걱정한다. 현실을 직시하자. 은행원들은 웃으며 이렇게 말할 것이다. "우리는 정상 범위 안에서 수수료를 청구합니다……." 그러면서 가능한 한 높은 수수료를 최대한 자주 부과할 것이다. 은행 수수료는 인생의 미스터리인 데다 필요악이다. 만약 당신이 그래도 수수료를 걱정하는 사람이라면 사업가 스타일이 아니니 이 책을 치워버려도 좋다. 위대한 계획 앞에서 은행 수수료는 그다지 중요하지 않다. 돈이 많다면 그게 무슨 대수겠는가……. 언제나 그렇듯 말이다.

나는 스코틀랜드 은행의 은행원에게 이렇게 말한 적이 있다. "난 리보LIBOR(표준 우대금리를 뜻하는 그들의 용어)를 1~3퍼센트 정도 넘는 수수료도 진짜 괜찮습니다. 필요할 때 언제든 대출이 되기만 한다면 말이죠." 거래가 잘되거나 그렇지 않거나 관계없이 나는 미리 그 말을 했다. 만약 당신의 거래가 뜨뜻미지근하거나 심지어는 전혀 흥미롭지 않아서 높은 이자율이 '성패를 좌우'할 정도라면 아예 다른 거래를 찾아보는 것이 좋다. 알겠는가?

매출채권 담보대출

보통 담보대출의 2가지 유형으로 자산 기반 대출과 현금 흐름 기반

대출을 이야기한다. 만약 어떤 이유로 이러한 대출이나 다른 금융 거래가 불가하다면(장래가 유망한 기업가인 당신이 그런 경우일 수 있다) 이른바 '매출채권 담보대출'을 시도해보자. 이것은 당신의 고객이 갚아야 하는 채권을 담보로 돈을 빌려주는 것이다. 몇몇 은행에서는 매출채권 담보대출을 운용한다. 매출채권 담보대출이라 해도, 당신은 직접 채권을 회수함으로써 신용 관계를 유지할 수 있다.

매출채권 담보대출은 간혹 '채권매입업'으로도 불리며, 당신에게 고리대금금지법이 허용하는 금리로 전체 필요 자금(혹은 그중 일부)을 빌려주는 금융회사와 같은 제3의 대출기관에서 이용할 수 있다. 은행 대부분은 채권매입업에 뛰어들지 않는다. 채권매입업의 장점은 금융회사가 자신들이 산 채권의 회수와 관련한 회계를 책임진다는 것이다. 은행은 다른 기관이 대출 회수를 위해 당신과 계약을 맺으면, 당신의 전체 대출 총액 중 일부만 대출해주면 되어서 부담을 조금이라도 덜 수 있다고 생각한다.

기억하자. 매출채권 담보대출과 채권매입업의 가장 큰 차이는, 채권매입업의 경우 보통 당신이 채권에 대한 통제권을 잃는다는 사실이다.

매출채권 담보대출을 신청할 수 있는 고객은 '채권'을 기준으로 'A'부터 'F'까지 6가지로 분류된다. IBM은 'A 채권' 대출자일 것이고 당신은 틀림없이 'F 채권' 대출자일 것이다. 매출채권 담보대출은 비싼 옵션이긴 하지만, 내가 말했듯이 가끔은 "해야 할 일이라면 해야 한다".

부채 조달 대 자기자본 조달

지금까지 대출을 통해 퀀텀 리프를 위한 여러 자금을 조달하는 방법을 살펴보았다. 사업을 성장시키기 위한 3가지 방법이 있다. 수입 할당, 부채 또는 자기자본 금융이다. 당신이 퀀텀 리프에 필요한 자금 조달을 위해 수입을 축적할 가능성은 거의 없다고 봐도 무방할 것이다. 나는 부채 금융을 제일 싫어한다. 채무는 물론이고 이자와 불확실한 미래까지 짊어져야 하기 때문이다. 이자율 증가나 경기 침체는 빚 갚을 능력을 무력화할 수 있다. 또한 거래가 무산되고 당신이 실패하면 채권자는 미친 듯이 대출금 회수를 요구할 것이다. 당신의 살점이라도 뜯어낼 듯 굴 것이다.

나는 언제나 자기자본 조달이 더 유리하다는 견해를 갖고 있다. 지분 소유의 대가로 '다른 사람들의 신선한 돈'이 기업으로 흘러든다는 점에서 그렇다. 이렇게 하면 기업의 생존과 수익성이라는 배에 그 사람과 당신이 함께 올라타는 격이다. 그들은 투자금을 잃을 수 있다는 걸 알면서도 당신 꿈의 지분을 사들인다. 안타까운 사실은 지분 공여를 어떻게 하느냐에 따라 당신이 꿈을 이루려고 애쓰는 방식에 그들의 입김이 반영된다는 것이다. 따라서 50퍼센트 이상 지분을 잃기 전에 당신의 퀀텀 리프를 향해 순항할 수 있어야 한다.

하지만 오해는 하지 말길! 당신은 거의 모든 형태의 지분 투입에 대해 이자를 지급해야 하며, 그것은 종종 높은 수준의 이자율이다.

그레이트웨스턴을 처음 운영할 당시 내 지분은 100퍼센트였다. 그러다 마크와 찰리에게 각 10퍼센트의 지분을 주었다. 그 뒤 1984년 런던 시장에 주식을 상장하면서 25퍼센트를 팔았고, 시가총액상 5천만 달러를 벌어들였다. 그렇게 해서 현재 내 지분은 60퍼센트이며, 동업자 2명의 지분은 각각 15퍼센트이다.

1986년 보우밸리를 인수하는 과정에서 우리는 의결권의 약 15퍼센트를 쿠웨이트 투자청Kuwaiti Investment Office: KIO에 매각했다. KIO가 전체 자금의 78퍼센트를 부담했음에도 불구하고 내 지분 비율은 45퍼센트 아래로 떨어졌다. 1980년대 후반과 1990년대 초반의 추가적인 금융 구조조정 탓에 궁극적으로 내 꿈에서 내 몫이 차지하는 비율은 15퍼센트를 조금 넘는 수준까지 축소했다. 그래도 1982년의 투자금 820달러에서 4억 달러 이상의 가치(시가총액 기준)로 성장할 3억 달러 규모 에너지 대기업 지분의 15퍼센트였다.

믿을 수 없을 만큼 좋았던 그 세월 동안, 우리는 할 수 있는 모든 곳에 자기자본 조달을 실행했고, 꼭 필요한 경우에는 부채 조달도 실행했다. 나의 리더십 아래 부채 원금은 한 푼도 빠짐없이 상환되었고, 우리 주주들은 거금을 벌었다. 초등학교 5학년이 되기 전 학교에서 세 번 퇴학당한 동부 로스앤젤레스 출신의 날라리 아이치고는 전체적으로 나쁘지 않은 성적이다.

벤처캐피털:
다른 의도를 가진 대출업자

———

벤처캐피털은 위험 부담이 큰 자금을 운용하는 전문적인 경영회사이다. 그들은 연기금, 보험회사, 합자회사 같은 기관에서 자금을 얻고 대체로 약 50만 달러 이상의 투자 기회에 집중한다. 나를 포함해 벤처투자가들은 성장 잠재력이 높은 전도유망한 신생 기업에 자금을 대기 위해 개인 돈을 사용한다.

벤처투자는 많은 투자상품을 고려하겠지만, 이자와 같은 고정수입에는 특별히 관심이 없다. 그 대신 회사를 공개하거나 미래에 매각할 것을 기대하기 때문에 지분 취득을 선호한다. 그리고 나서 공모(출구전략)를 통해 엄청난 돈을 벌고자 한다. 출구전략 실행을 위한 기간은 다양하지만 대개 3년에서 7년 사이이다.

벤처투자가는 거래의 초기 단계에 관여하는 것을 선호하며, 그래서 큰 가능성을 가진 작은 회사에 특히 관심이 있다(그러나 일부 벤처투자가들은 2단계 자금 조달에만 관심이 있다). 그들은 탄탄한 관리와 입증된 실적 같은 지표를 찾는다. 만약 당신이 막 시작하는 경우라면 벤처투자가가 수용할 만한 실적을 가진 합작 벤처 파트너를 고려해볼 수 있을 것이다. 이것이 사람들이 나에게 거래를 제시하는 주된 이유이다.

벤처투자가들 역시 은행가들보다 더 편안하게 모험을 즐기는 사람들이다. 당신의 전형적인 부사장 또는 우유부단한 은행의 상업 대출과는 달리, 벤처투자가들은 보다 빨리 현명한 결정을 내리는 경향이 있는 성공적인 기업가일 가능성이 크기 때문이다. 그런 이유로 당신은 처음부터 벤처투자가들이 당신과 분명하게 소통할 것을 주장해야 한다. 벤처투자가 존 도어는 이렇게 제안한다. "첫 번째 미팅이 끝났을 때 사업가는 이렇게 말해야 한다. '나는 지금 당장 확답을 듣길 원하지만, 당신에겐 한 번 이상의 미팅이 필요하다는 것을 이해합니다. 당신의 관심 수준은 어느 정도이고, 다음 단계는 무엇입니까?'" (벤처 투자가라는 말 대신 현재 더 자주 쓰이는 용어는 사모펀드 운용사이다.)

창업 관련 점검 목록에 올라와 있는 많은 다른 항목 때문에라도, 길게 질질 끄는 '아마도'라는 대답보다는 결정적인 '아니요'라는 대답이 낫다. 감히 그런 행동을 강요하는 사람은 거의 없다. 게다가 만약 한 벤처캐피털그룹이 즉각 당신의 제안에 참여하기를 거부한다면, 당신에게는 다른 후보자들에게 집중할 수 있는 시간이 더 많아진다. 나를 믿어라. 빠른 '아니요'가 진정한 축복이다.

전 세계에는 150개 이상의 벤처캐피털클럽이 있는데, 이곳에서 기업가들은 그들의 계획과 아이디어를 잠재적 투자자들에게 제시한다. 보통의 월례 회의에서 당신과 비슷한 처지의 사업가가 자리에서 일어나 퀀텀 리프를 위한 자금 15만 달러 또는 50만 달러의 필요성을 설명할 수 있다(물론 퀀텀 리프라는 말을 직접적으로 사용하지는 않을 것이다). 같은 회의에서 한 벤처투자가가 일어나서 그가 하나 또는 여러 프로젝트에 투자할 500만 달러를 가진 투자자들을 대표한다고 말할지도 모른다. 이러한 클럽은 기업가들과 벤처투자가들이 비공식적 분위기에서 대화하고 접촉할 수 있는 좋은 수단을 제공한다.

버지니아주 알링턴에 있는 전미벤처캐피털협회National Venture Capital Association: NVCA는 주소, 전화번호, 웹사이트 및 연락처를 포함한 수백 명의 회원(벤처캐피털 단체, 금융업자나 개인)이 목록화되어 있는 회원 명부를 발행한다. 협회 직원들은 또한 당신에게 연방 규정과 벤처투자에 관한 최신 법률 정보를 제공하기도 한다. 영국에서는 이와 비숫하게 영국벤처캐피털협회 매뉴얼을 무료로 얻을 수 있다. 영국판과 유럽판 2가지 버전으로 이용 가능한 〈벤처캐피털저널Venture Capital Journal〉도 있다. 자세한 내용을 보려면 웹사이트 www.nvca.org를 클릭하라.

프라이스워터하우스쿠퍼스는 벤처투자와 관련해 여러 간행물을 제공한다. 그중에는 〈벤처투자 확보를 위한 3가지 핵심 사항〉이 포함된다. 사실, 모든 4대 회계법인이 비슷한 정보를 발간한다.

《사모펀드 및 벤처캐피털 출처에 대한 프래트의 가이드Pratt's Guide to Private Equity & Venture Capital Sources》는 벤처 자금 조달을 모색하는 모든 기업에 귀중한 자료이다. 활동 중인 벤처기업의 포괄적 목록, 소재지, 투자 선호도, 연락 담당자 및 자본 후보군과 같은 자료를 제공하는 책자로, 매년 발행된다.

벤처캐피털 네트워크의 가장 포괄적인 목록과 벤처투자의 성격에 대한 몇 가지 논의를 위해 구글에서 '벤처투자'를 검색하고 1주일 내내 그 흥미로운 주제를 익히는 데 시간을 보낼 수도 있다. 인터넷은 벤처투자가 목록으로 넘쳐난다. 사실 주요 협회 2개는 영국과 유럽의 벤처캐피털협회이다. 자본을 찾는 것은 이제 그 어느 때보다 세계적 모험이 되었다.

벤처캐피털은 은행 자금처럼 소수의 특권층에게만 알려진 비밀 금고에 묻혀 있지 않다는 것이 요점이다. 많은 출처에서 정보를 쉽게 구할 수 있다. 일부러 벤처투자가들 주변을 고양이처럼 살금살금 돌아다닐 필요가 없다. 그들을 찾아서 당신의 거래를 팔아라. 그들에게 당신의 꿈에 투자할 기회를 똑같이 주어라.

활용 가능한 벤처 자본은 얼마나 될까? 2008년을 기준으로 보면, 실제로 운영되고 있는 벤처캐피털 회사 600개 이상이 350억 달러 이상의 자본을 관리하고 있다. 초기 성장 기업, 확장 기업, 그리고 후기 성장 기업에 투자하기 위해서다. 심지어 오늘날 침체한 경제 상황에서도 이러한 수치들은 계속 증가하고 있으며, 미국의 벤처투자가들이 성장 중인 기업을 위해 수천억 달러를 사용할 수 있음을 보여준다. 여기에는 당신의 사업도 포함된다.

회사채: 거래 차용증

채권 혹은 확정금리부 증권을 발행하는 것도 회사가 자본금을 조달하는 방법이다. 채권 보유자들은 매년 고정 이자율인 표면 이자율을 받고, 원금은 미리 정해진 미래 날짜에 만기가 되면 상환받을 수 있다. 기업이 발행할 수 있는 채권은 사업의 성격과 구조, 자본 요구 사항에 따라 다양하다.

- **후순위 전환사채 혹은 차입 증명서**: 회사는 벤처캐피털 회사에 매각된 채권에 대한 이자(예를 들어 12퍼센트)를 구매자에게 지급한다. 그러다 미래에 회사가 크게 성장할 때, 보유자는 채권을 보통주로 교환하거나, 아니면 그냥 이자만 받을 수 있다. 혹은 만기가 될 때까지 이자를 받고 난 후 만기가 되었을 때 원래 액면 금액을 돌려받을 수 있다. 한편, 차입 증명서는 보통 무담보 상태이며 같은 시기

에, 심지어는 나중에 이루어진 은행 대출보다 부차적이거나 '하급'
이라는 점에서 '후순위'이다. 회사가 망하면 은행이 회사 자산을 상
대로 먼저 청구권을 행사하고, 그다음이 후순위 채권 보유자이다.

- **로열티 채권**: 보유자는 제품에 대한 로열티 수익 혹은 다른 특정 수
  입원에서 나오는 수입을 받는다.

- **무이자 할인채**: 이 인기 있는 유형의 채권은 1980년대에 퇴직금이
  나 자녀의 대학 교육비 마련을 위해 예상 가능한 투자 수익을 찾는
  투자자들을 끌어들이기 위해 만들어졌다. 무이자 할인채는 이자를
  주진 않지만 대폭 할인된 가격에 판매된다. 투자은행가들이 회사
  의 성장에 자금을 대기 위해 판매하는 이 채권은 은행이 재무부 채
  권을 담보로 잡고 있다면 안전한 투자처가 될 수 있다.

다른 자금원들

보험회사와 연기금은 종종 장기 자본을 조달하려는 기업들 사이에서
투자를 모색하지만, 더 일반적으로는 담보로 잡을 수 있는 장비나 부
동산 구입에 투자한다. 이러한 유형의 장점은 대개 낮은 금리와 장기
대출 만기이다.

엔젤은 존재한다! 기업 세계에서 그들은 개인이나 단체와 같은 형
태를 띤다. 엔젤투자의 지원을 받을 가치가 있음을 증명하는 기업가
적 노력을 장려하고 후원하고자 하는 민간 재단이 한 가지 예이다.

포드재단과 맥아더재단 같은 민간 재단은 특히 사회적 진보, 건강

관리 또는 환경보호와 같은 특정 분야에서 활동하는 기업들의 성장에 자금을 지원하고자 한다.

마지막으로, 자금 조달 가능성 목록에 부를 축적한 개인들을 추가하라. 그들은 종종 엄선된 기업 성장 프로젝트를 보증하는 일에 자신들의 부를 사용한다. '긍정적 마음가짐Positive Mental Attitude: PMA'의 창시자인 W. 클레멘트 스톤W. Clement Stone은 엔젤의 훌륭한 예이다. 클레멘트 스톤은 일체 경영에 관여하지 않고, 대가로 기업 수익에 대해 일정한 비율로 자신의 몫을 요구한다.

전설적인 투자자인 워런 버핏은 자주 엔젤로 등장한다(물론 그는 엔젤이라는 말 자체에 이의를 제기하겠지만). 나는 최근에 이런 글을 읽었다. 당신이 1956년에 버핏의 맨 처음 동업 사업 가운데 하나에 1만 달러를 투자하고, 9년 후에 버크셔 해서웨이Berkshire Hathaway 주식에 재투자했다면, 1995년까지 1억 달러 이상을 벌어들였을 테고, 모든 수수료를 내고 난 뒤에는 지금까지 2억 7천만 달러 이상을 벌었을 것이라는 내용이었다. 만약 그가 엔젤이 아니라면 과연 누가 엔젤일 수 있을지 모르겠다! (하지만 지금까지 내가 경험한 바에 따르면 엔젤투자자는 실제로 존재하지 않는다.)

공공 자금 대 민간 자금

회사를 공개하는 것은 자본주의 시스템의 훌륭하고 짜릿한 경험 중 하나이다. 1984년 8월 10일(나의 39번째 생일날이었다) 영국 런던 증권거래소에서 그레이트웨스턴이 첫선을 보인 날은 내 평생에 다시 한 번 재현하고 싶을 정도로 기억 속에 깊이 각인된 경험이다. 회사를 상장하는 것은 위험하고 비용이 많이 드는 일이다. 어디서 상장하느냐에 따라 다르긴 하지만, 일반적으로 전체 공모액 혹은 전체 조달 자본금의 10~20퍼센트 또는 그 이상이 수수료와 기타 비용으로 소요된다.

하지만 회사를 상장할 수 있을 만큼 충분히 성장시키기 위해 상당한 투자를 한 창업자로서, 회사의 순자산가치 대비 당신의 수익률은 놀라우리만치 높을 수 있다. 주식 1주의 주가수익률P/E이 10~12 정도 될 것이고, 이것은 주식이 회사 순세후 수입의 10~12배에 팔린다는 의미이다. 소규모 신규상장 중 이러한 배분은 회사 수입의 30~40배까지 치솟을 수 있다. 그레이트웨스턴에서는 초기 투자, 즉 광물권에 대한 6만 달러 옵션이 5천만 달러로 바뀌었다. 심지어 오늘날에도 마스크와 총으로 무장해 은행을 털지 않고서 그 정도로 많은 돈을 빠르게 버는 것은 상상하기 힘든 일이다! 감정적 흥분과 함께 아드레날린 분비를 촉발하기에 충분하다!

다른 사업 옵션과 마찬가지로 상장에도 단점이 있다. 일단 모든 비밀성이 사라진다. 당신의 사업 거래, 재무 기록, 심지어 마케팅 방법까지도 규제 당국, 공급업체, 주주, 예비 주주 및 심지어 경쟁업체에 의해 정밀 조사를 받게 된다.

공개 기업은 또한 내부적 책임, 특히 회사와 간부들 또는 이사들 간의 거래에 대한 책임을 진다. 정부 규제 당국은 불법은 아니더라도 주주들에게 이익이 되지 않는 것으로 해석될 여지가 있는 이해 충돌, 내

부자거래, 특혜의 냄새를 끊임없이 맡고 다닌다.

또 다른 단점이자 아이러니한 사실은, 당신이 꿈에 도달할 수 있는 자금을 확보함에 따라, 동시에 그 꿈에 대한 완전한 통제력을 잃게 된다는 것이다. 기업공개 및 후속 공모 과정에서 발생한 그레이트웨스턴의 사례와 같이, 우리가 공모할 때마다 회사 지분에 대한 내 몫은 상당히 줄어들었다.

마지막으로, 내가 기업공개의 '어두운 면'이라고 부르는 것이 있다. 언젠가 당신이 필연적으로 당신의 회사를 떠나야 한다는 사실이다. 당신은 당신의 꿈이라는 배에 함께 올라타자고 초대했던 많은 사람에 의해 쫓겨나게 된다. 기업가가 공개 기업과 함께할 수 있는 날은 한정되어 있다. 자신의 꿈을 상상하고 생명과 활기를 불어넣는 데 천재일지 모르지만, 경영의 귀재이자 위대한 지도자가 될 인내심과 기술을 가지고 있지 않다면 조만간 자신이 퇴출당할 날이 다가옴을 느낄 것이다.

'어두운 면' 대비 밝은 면은 없냐고? 당신의 호주머니에 많은 돈을 넣고서 회사를 떠날 수 있다. 그리고 언제든 원할 때 다시 신나는 모험을 시작할 수 있다.

1991년 걸프전은 나의 워털루 전투였다. 차츰 나의 시대는 지나갔다고 느끼던 때에 결국 침략과 다른 내분에 몰두하고 있던 내 쿠웨이트 친구들이 그들의 충성심과 투표권을 회사 내의 한 파벌에 이양했고, 나는 그레이트웨스턴의 수장 자리에서 밀려났다. 비록 문제 해결을 위해 법정 다툼을 해야 했지만, 그레이트웨스턴은 나에게 수백만 달러에 달하는 '두둑한 퇴직금'과 섬유사업 부문의 신생 자회사를 넘겨주었다. 그리고 나는 1997년 1월 회사가 매각되기 전까지 GWR 주식을 가장 많이 보유한 개인 주주였다.

자금 조달과 관련해 자주 듣는 질문

"어떻게 돈을 구할 수 있습니까?"라는 기본 질문 외에 세미나 참석자들은 필연적으로 다른 질문을 계속해서 던진다. 향후 퀀텀 리프 세미나에서 누군가가 그런 질문 중 하나를 하지 않도록, 나는 이 장을 간략한 '질의응답'으로 마무리하고자 한다.

Q: 얼마나 많은 돈을 요구해야 합니까? 요구할 금액을 어떻게 산정합니까?

A: 당신이 기업 인수, IPO, 또는 다른 퀀텀 리프를 위한 비용을 얼마라고 생각하건 간에, 당신이 생각하는 숫자는 분명 모자랄 것이다. 당신이 확신할 수 있는 유일한 수치는 은행이 당신에게 담보대출로 총자산의 최대 2~3퍼센트를 대출해줄 거라는 점이다. 나는 당신이 필요하다고 생각하는 것보다 3~5배 더 많은 금액을 요구할 것을 권한다. 만약 대출을 받는다면, 당신은 언제라도 사용할 수 있는 자본금 단지를 확보하게 된다. 대출이 거절된다면? 적어도 당신은 더 적은 액수의 대출을 위한 협상 여지를 확보하는 셈이다.

한편 은행은 당신이 승인만 받을 수 있다면 더 많은 돈을 '팔고' 싶어 하므로, 더 큰 거래를 위한 자금을 조달하는 것이 실제로는 더 쉽다. 은행원들은 덜 일하면서 더 많은 돈을 밖으로 내보내야 한다.

그들의 보너스는 그들이 얼마를 빌려주느냐에 달려 있다. 이것들은 모두 당신이 필요할 거라 생각하는 액수보다 더 많은 금액을 요구해야 하는 이유이다.

Q: 나에겐 실적이 없습니다. 은행에 보여줄 것이 없는 신생 기업의 소유주입니다.

A: 실적이 있는 합작 투자 파트너를 찾아라. 당신의 회사를 이미 기반을 다진 회사와 연계하라. 당신은 국방 유류보급본부에 있는 그 누구도 GWDC에 대해 들어본 적이 없다는 사실을 기억할 것이다. 하지만 그들은 마리온 정제회사와는 거래한 적이 있었다. 당신에게 자신들의 명성을 빌려줄 유명하고 성공적인 사업가로 구성된 이사회를 만들어라. 그들의 신용을 빌려라. 그렇게 하면 돈을 빌릴 수 있다.

Q: 얼마나 많은 금융 프레젠테이션을 해야 합니까?

A: 이 질문은 이렇게 묻는 것과 같다. "내가 불타는 집에 갇혀 있는데 몇 번이나 빠져나가려고 시도해야 하나요?" 이 멍청이, 필요한 만큼 최대한 많이 해야지! 당신이 할 수 있는 한 많은 프레젠테이션을 해라! 만약 편안함을 느끼는 수준을 더 빨리 높이고 싶다면 프레젠테이션을 1주일에 적어도 두 번, 혹은 그보다 많이 하는 것을 목표로 삼아라.

Q: 우대금리나 대출금리 수치를 놓고 은행 측과 싸워야 할까요?

A: 금리가 우대금리보다 몇 퍼센트 정도 높을지 따위의 걱정은 하지

말고 대출을 받는 일에만 집중해라. 만약 이자율 수치와 당신이 지급할 이자 액수가 큰 문제라면, 당신의 거래는 너무 빠듯한 것이다. 어쩌면 한 치의 어긋남도 없는 대출액을 요청하고 있는지 모른다. 조만간 당신은 들어본 적도 없는 비용이 나타나 당신에게 한 방 먹이는 일이 생길 거라는 걸 회사 간부들에게 장담해도 좋다. 75만 달러나 100만 달러를 요구하는 것과 250만 달러나 300만 달러를 요구하는 것, 이 2가지 사이의 난이도 차이는 크지 않다. 아마 후자가 더 쉬울 것이다. 시도해보라!

Q: 프레젠테이션을 몇 개 했지만 거절당했습니다. 다음으로는 무엇을 해야 합니까?

A: 해당 기관으로 다시 가서 왜 당신이 거절당했는지 알아보라. 그들이 던진 질문에 당신이 만족스럽게 대답하지 못했을지도 모른다. 허점을 메움으로써 당신의 거래 제안을 부활시킬 수 있도록 노력하라. 만약 당신이 같은 기관을 찾아갈 수 없다면, 다음 단계는 다른 자금원으로 옮겨가는 것이다. 다른 은행, 벤처투자가, 재단, 보험회사, 연기금, 엔젤투자 등등 목록은 끝이 없다. 자금을 조달하기 위한 당신의 결의도 그만큼 끈질겨야 한다.

Q: 금융기관에서 퇴짜를 맞으면 신용이 나빠지지 않나요?

A: 아니, 그렇지 않다. 자금 조달 방법을 알아보는 것은 당신의 신용을 해치지 않는다. 사실, 대출 과정이 어떠한지 이해하려면 5~7번의 프레젠테이션을 해봐야 한다. 당신의 신용에 타격을 주는 것은 어

떤 이유에서든 돈을 빌린 다음 재정적으로 무책임하게 행동할 때이다.

Q: 대출을 받으러 가기에 가장 좋은 시기는 언제입니까?

A: 의심할 여지 없이 연말이다. 전체 사업 대출의 약 75퍼센트가 당해 마지막 분기에 이루어진다. 그리고 기억하라. 월말의 자동차 딜러들과 마찬가지로 은행원들도 자신들이 대출한 돈의 양에 따라 정해지는 연말 보너스를 늘리려고 안간힘을 쓴다.

감정계좌에 대한 수표 발행을 멈춰라!

———

나는 세미나에서 우리 모두에게 2개의 은행계좌가 있다고 말한다. 그건 바로 금융계좌와 감정계좌이다. 당신이 금융계좌 잔액이 부족하다고 생각하는 동안 당신의 감정계좌는 훨씬 빨리 고갈될지 모른다. 실패에 대한 두려움은 균형을 무너뜨린다. 두려움은 적어도 당신 마음속에서는 '실제처럼 보이는 거짓 기대'이다.

나의 감정계좌는 높은 수준을 유지하고 있다. 불편한 상황에서 내 능력을 시험해온 세월이 나의 두려움과 불안 수준을 사실상 0으로 감소시켰기 때문이다. 전에도 말했지만 나도 가끔은 틀릴 수 있다. 하지만 나는 절대 의심하지 않는다. 의심할 여지 없이 당신은 실행력이 탁월한 사람이 이렇게 불평하는 것을 들어보지 못했을 것이다. "글쎄요, 우리가 해낼 수 있을지 모르겠어요."

실패는 시험이다. 실패는 배움이다. 당신이 하는 모든 금융 프레젠테이션은 비록 은행가들이 당신을 비웃으며 내쫓는다고 해도(물론 그들은 절대 그러지 않는다), 당신이 제출한 작고 소박한 사업계획서를 찢어서(사업계획서는 필요치 않을 수도 있다) 당신의 비참한 얼굴에 던져버린다고 해도 긍정적인 경험이다. 당신의 감정계좌를 소모할 필요가 전혀 없다.

그러니 움직여라. 금융 프레젠테이션을 하라. 더 많은 프레젠테이션 자료를 만들어라. 당신이 꿈에 도달할 수 있도록 돈을 빌려줄 사람을 분명 어딘가에서 찾을 수 있을 것이다.

그뿐 아니다. 당신이 세미나에서 참석자에게 지난 3주 안에 프레젠테이션을 한 사람이 있는지 큰 소리로 묻는 나 댄 페냐를 본다면 손을 들어도 된다.

주의사항: 나는 당신이 결정한 세부 사항에 대해 조언해줄 수 없다. 이것이 이 책 맨 앞부분에 있는 주의사항에서 당신 자신만의 전문가들과 상담하라고 알리는 이유이다.

Chapter 11

비약적 성장을
추구하라

"실행력을 키우려면
산술적 성장은 용납되지 않는다.
기하급수적 성장을 해야 한다."

이 책 전반에 걸쳐 비약적 성장에 대해 거듭 이야기했다. 이제까지 우리는 대성공과 막대한 부를 이루는 퀀텀 리프를 달성하는 방법을 살펴보았다. 이 장에서는 비약적 성장에 관한 구체적 내용과 그것을 이루는 최고의 방법, 즉 기업 인수를 다룰 것이다.

먼저 요즘 가장 남용되는 말인 '성공'에 대해 잠깐 살펴보자. 모든 게 상대적인 세상에서 '성공'이라는 말처럼 진부한 표현이 또 있을까. 세미나에서 달콤한 말만 내뱉는 사람들은 천연덕스러운 얼굴로 성공이란 별것이 아니고 스스로 만족하고 조화롭게 사는 게 전부라고 말한다. 맙소사! 말똥을 치우거나 굴다리 밑에 살아도 만족하고 행복하기만 하면 '성공한 삶'이라니.

그런 사람들이 실패자이고 쓸모없는 인간이라는 말이 아니다. 점점 더 많은 초등학교에서 이른바 교육자라는 사람들이 경쟁 스포츠를 금하거나 점수를 기록하지 않는다. 그렇게 하면 지는 아이는 없고 이기는 아이만 있다. 어린 시절부터 이러한 자아상이 인위적인 '성공'을 통해 새겨진다. 이런 식의 준비가 진짜 세상으로 나가는 데 과연 도움이 될까? 거꾸로 생각하는 덕분에 요즘에는 실패도 성공이다! 조지 오웰의 《1984》에 나오는 세상은 이 땅에서 사라졌다. (오늘날 이러한 현상은 이 책을 처음 썼던 몇 년 전보다 훨씬 더 심해졌다. 1등, 2등, 3등은 없다. 참가상만 있을 뿐이다.)

1990년대에 1인당 참가비 7천 달러를 내야 들을 수 있는 세미나에서 한 엉터리 예술가는 전 재산을 날려버려도 극도로 비참한 가난 속에서 자연과 더불어 살아가는 법을 알려주었다! 그러면 바보들은 그 말에 속아 넘어간다. 이렇게 멍청한 것도 반칙이다!

다시 현실로 돌아가보자. 현실에서, 특히 사업에서 유일한 성공은 수치로 나타낼 수 있어야 한다. 그렇지 않으면 말장난에 불과하다. 나는 성공을 가장 보편적으로 셀 수 있는 것, 즉 돈으로 측정해야 한다고 생각한다. 돈이 바로 성공이다! 이 말에 반박하는 사람은 아무도 없을 것이다. "돈이 중요하지 번지르르한 말은 아무 소용없다." 퀀텀리프를 이루어 수백만 달러의 자산을 지닌 사람은 의심의 여지 없이 성공한 것이다. 많은 사람이 이 대열에 합류했다.

1장에서 언급했던, 돈에 관한 대화를 불편해하는 사람들을 기억하는가? 바보들은 돈 이야기를 절대 하지 않는다. 성공을 향해 달려가는 당신은 막대한 돈에 익숙해져야 한다. '진정한' 성공에는 '진짜' 돈이 따라다니니까 말이다!

그런데 성장한 건 맞는 것 같지만 비약적인 성장이라 할 수 없는 건 무엇일까?

전년보다 더 많은 매출을 올리거나 새로운 고객을 유치하는 건 비약적 성장이 아니다. 상품, 가게, 지점을 점점 더 많이 늘리거나 경비를 줄이는 것도 비약적 성장이 아니다. 이러한 것은 '내적' 성장을 보여주는 지표다. 기업가는 '산술적' 재정 성장을 중요한 지표로 생각한다. 1 더하기 1은 2, 2 더하기 1은 3 등등 조금씩 커지는 숫자를 중요하게 눈여겨본다. 어느 업계에서든 건전한 내적 성장은 장기적으로 꾸준한 산술적 성장으로 이어지기는 한다. 하지만 거기까지다.

현실에서, 특히 사업에서 유일한 성공은 수치로 나타낼 수 있어야 한다. 그렇지 않으면 말장난에 불과하다.

왜 기업가들은 완만하고 지루한 성장에 안주하는가.

어쩌면 누군가는 산술적 성장이 아예 성장하지 않는 것보다 낫다는 그럴듯한 핑계를 댈지 모른다. 하지만 당신 회사가 산술적 성장만 하고 있다면 이미 쇠퇴의 길로 들어섰다고 보는 게 좋을 것이다. 한때 회사를 세우기 위해 대담한 비전을 세우고 목표를 달성하기 위해 밤낮으로 열심히 일했던 비범한 기업가가 어째서 이제는 작년보다 매출을 4퍼센트 높이거나 이윤을 2.5퍼센트 더 남기는 단조로운 성장을 용인하게 된 걸까?

이 기업가가 비약적이고 획기적인 성장을 모를 리 있겠는가. 사실

성공한 기업의 설립자는 대부분 사업 초반에 비약적 성공을 '경험했다'. 그 경험은 아주 짜릿했을 것이다! 틀림없이 아무것도 없는 상태에서 엄청난 성공을 하는 급격한 성장을 이루었을 것이다. 어쩌면 사업 첫해에 수십만 달러의 매출을 달성했을지 모른다. 지금 있는 모든 사업은 처음 해보는 새로운 사업이었고, 모든 돈은 처음 만져보는 돈이었다. 성장 곡선은 가파르게 상승하며 혜성처럼 위로 솟구쳤다!

그러고 나면 필연적으로 기업은 평범한 길로 들어서고 더는 혁신이 보이지 않는다. 관리자 역할에 충실해진 기업가는 판매 실적, 단체보험, 급여의 수렁에 빠진다. 성장 곡선은 둔화하고 혜성은 쉬익 소리를 내며 사라진다……. 한때 용감했던 모험가는 이런 변화를 두고 경영은 다 그런 것이라고 생각하게 된다. 결국 같은 업계에 속한 다른 회사도 비슷한 길을 걷는다. 이렇게 해서 '모두'가 성공하고 충분히 만족한다. 하지만 그들은 '자신의 능력보다 못한' 존재가 되었다. 그들의 기대는 '평균'에 머물렀다.

평균이라니. 내가 정말 싫어하는 단어다!

1984년 와이오밍에서 그레이트웨스턴이 공모한 자금을 다 쏟아부으며 기술자들이 계획한 대로 계속 석유를 퍼 올렸다면 어땠을까? 아마 회사는 꾸준하게 내적 성장과 산술적 성장을 이루었을 것이다. 또한 투자설명서를 움켜쥐고 배당금을 받고 있던 영국의 그레이트웨스턴 주주들은 배부른 돼지처럼 아주 흡족해했을 것이다. "이것 봐, 우리가 12퍼센트의 투자 수익을 냈어. 이제 그 시끄러운 미국인들도 좀 잠잠해지겠지?"라고 위안하며 더 큰 성공은 기대하지 않았을 것이다. 하지만 내가 회사와 주주들과 함께 가려는 방향, 궁극적으로 내가 도달하려고 한 목표는 와이오밍에 구멍 수백 개를 뚫는 일 따위가 아니었다. 내 비전은 몇 광년 더 멀리 있었다.

나는 회사의 재정 능력이 초고속으로 발전하길 바랐다. 그리고 그러한 비약적 성장은 '외적' 성장을 통해서만 달성된다는 걸 잘 알고 있었다. 앞에서 말했듯이 외적 성장은 지속적인 지분 거래를 통해서만 가능하다.

우리가 흔히 말하는 제품 거래와 지분 거래의 차이를 살펴보자. 제품 거래는 그야말로 장사다. 하지만 돈이 되는 제품을 팔아서 만드는 수익은 미미하다. 일반적으로 '이윤 폭'이라는 말을 쓰는데, 그 빌어먹을 이윤이라는 게 총 거래에서 눈에 겨우 보일 정도의 돈이기 때문이다. 그래서 영업 부서가 상당한 수익을 올리려면 막대한 양의 제품을 팔아치워야 한다.

이와 대조적으로 지분 거래는 가치를 창출한다. 이사회의 협의를 통해 회사는 자금을 확보하기 위해 주식을 판매한다. 회사가 공모주 50만 주를 발행한다고 해보자. 공모주가 주주에게 팔리면 새로운 가치가 창출되는 것이다!

사실 투자자들은 제품이 아니라 '미래의 가능성'에 투자한다. 눈에 보이지 않는 것, 즉 미래에 존재 여부가 불확실한 것에 선불로 돈을 지급하는 것이다! 그러니 회사가 무한정 주식 부풀리기를 할 수 없다는 게 얼마나 안타까운 일인가.

당신이 가진 모든 것을
걸지 못하겠다면
사업체를 인수하겠다는 생각은 버려라.

비약적 성장의 비결인 지분 거래는 결국 '인수'다. 다른 사업체의 자산을 매입하는 인수는 회사의 경영을 활성화하고 실제로 기업의 순자산을 기하급수적으로 증대시킨다. 인수한 자산이 팔리면 막대한 자금을 얻을 수도 있다.

21세기 첫해에 미국의 세미나 업계를 휩쓸던 구루들 사이에서 크게 유행한 것 중 하나가 '부동산 투자'였다. 대개 '하우스 플리핑' 식으로 저렴한 집을 적은 돈으로 사고 되팔았다. 허름한 집을 구매해 최소한의 리모델링만 한 다음 다른 매수자에게 팔아 단기간에 몇천 달러의 차익을 남긴 것이다.

그러다 2004년쯤 주택 가격이 천정부지로 치솟았다. 어느 정도였는지 당신도 기억할 것이다. 기관이든 개인이든 탐욕스러운 투자자들이 터무니없이 가격이 오른 집을 사들였다. 여기에 가담한 은행은 탐욕이 도를 넘은 부동산 매수자에게 자금을 대출했고 결국 서브프라임 모기지 사태를 유발했다.

그렇게 펑! 부동산 거품이 터졌다. 21세기에 들어와서 첫 10년의 후반기에 부동산 시장이 침체기를 겪었다. 주택 가격은 폭락했다. 꿈만 같던 주택 시장의 거품이 한순간에 꺼졌다! 마을에는 '부동산 매각'이라는 표지판만 수두룩했다. (2008년 무분별하게 대출을 한 대형 금융기관이 줄줄이 도산했다. 베어스턴스, 패니메이Fannie Mae, 프레디맥Freddie Mac만 연방정부의 세금으로 살아남았다. 연방준비제도의 구제금융으로 살아난 AIG는 850억 달러를 빌리는 조건으로 기업 지분 80퍼센트를 내주었다.)

다행히 당시는 선거가 있는 해라서 의회는 서브프라임 모기지라는 지뢰를 밟아 엉덩이를 붙일 집을 잃은 바보들을 상대로 재정 구제책을 펼쳤다.

하지만 상황이 나아졌어도 이런 식의 투자는 시작이면 시작이지 절대 끝나지 않는다. 하우스 플리핑은 가난한 사람들의 지분 거래나 마찬가지다. 하물며 남의 돈 500만 달러를 빌려 인수한 기업을 잘 불려서 1천만 달러나 1천200만 달러에 판다면 얼마나 수익성 높은 지분 거래인가!

도약의 위험 요소

당신이 사업 거래를 처음으로 고려하고 있다면 개인적으로 직면할 최대 위험 요소 3가지를 미리 알고 모험에 뛰어들어야 한다. 앞서 4장까지의 내용에서 다룬 것처럼 이러한 장애물을 넘어서려는 의지와 결단력을 갖는 것이 바로 대성공을 이루는 실행력이 탁월한 사람이 되는 비결이다. 3가지 위험 요소는 다음과 같다.

1) 개인에게 큰 희생이 요구된다. 기업 인수는 평범한 개인사보다 우

선순위에 '있어야 한다'. 당신의 시간과 에너지를 모조리 쏟아야 한다는 말이다. 회사를 매입할 때는, 특히 처음으로 회사를 매입하는 경우 자신의 시간을 온전히 바쳐야 한다. 다른 일을 동시에 하고 있다면 그 일을 그만두어야 한다. 그러지 않으면 인수를 통해 퀀텀 리프를 이룰 생각은 버려야 할 것이다. 밤낮을 가리지 않고 궁리하고 생각하고 분석하고 전략을 짜야 한다. 그리고 이 과정을 처음부터 반복해야 한다. 각 단계를 대충 계획하고 예측하거나 세부적인 내용을 치밀하게 살펴보지 않으면 실패할 확률이 높다. 이렇게 하다 보면 쉬는 날이나 휴가는 없고 출장과 미팅만 줄줄이 잡혀 있을 것이다.

잠재적 동료를 압박하는 '얼간이 테스트'를 기억하는가? 인수를 계획하고 있다면 당신의 생활은 완전히 얼간이 테스트 상황에 놓여야 한다! 소파에서 자고 책상에서 밥을 먹고 침대에서 일하는 게 일상이 될 것이다. 정원은 엉망이 되고, 친구들은 미쳤다고 할 것이다. 당신이 가족의 생일이나 중요한 행사를 잘 챙기지 못하기 때문에 가족들은 가정을 소홀히 여긴다며 당신에게 계속 화를 낼 것이다.

따라서 가족의 지지를 받는 게 '꼭' 필요하다. 그렇지 않으면 퀀텀 리프냐 가족이냐를 놓고 선택을 해야 하는 순간이 온다. 그냥 넘어가도 될 문제가 아니다. 그래서 나는 거스리성에서 1주일간 세미나를 개최할 때 배우자나 애인과 함께 참석하라고 말한다. 퀀텀 리프를 이루려면 개인적으로 친밀한 사람이 기꺼이 희생하겠다는 동의가 '반드시' 필요하기 때문이다. 가끔 세미나 참석자 중에는 배우자 또는 동료와 결별하는 사람도 있었다. 배우자나 동료가 '상대의 꿈'을 위해 기꺼이 희생하려고 하지 않았기 때문이다.

2) 재정적 위험을 감수해야 한다. 당신의 재정적 자산, 즉 당신이 운용할 수 있는 자산을 '모조리' 쏟아부을 각오를 해야 한다. 물론 다른 사람의 돈을 활용할 수 있지만 돈을 빌려주는 사람들은 당신이 자신의 자산을 먼저 투자했는지 알아볼 것이다.

이 말을 주목하자. '지금 그리고 불확실한 미래에 당신이 가진 모든 것을 걸지 못하겠다면 기업 인수에 도전하지 마라.' 그럴 형편이 안 되거나 예금, 집, 차, 아이들 교육 등 당신의 모든 것을 걸 의지가 없다면 생계를 꾸릴 다른 방법을 찾는 게 좋을 것이다. 그렇게 꿈을 접고 악몽 속에서 사는 수밖에. 다행히 '나는 악몽을 피했다'.

3) 상당한 스트레스를 견뎌야 한다. 나는 대성공을 이루기 훨씬 전부터 실행력이 탁월한 사람이 되기 위한 연습을 했는데 여기에는 중요한 이유가 있다. 이미 보고 들은 내용을 통해 나는 퀀텀 리프가 쉬운 일이 아님을 알고 있었다. 목표를 이루기 위해서는 불편함을 감수하고, 거침없이 행동하고, 적을 무찌르고, 인질을 확보하고, 죄수를 죽여야 한다는 걸 인식하고 있었다. 발뺌하고 타협하고 굴복하는 것이 얼마나 큰 압박이 되는지도 거의 본능적으로 느꼈다. 실행력을 키우기 위한 연습을 하지 않으면 긴장과 스트레스, 자책감에 시달리다 결국 나가떨어지리라는 것을 예상할 수 있었다.

그래서 부단히 훈련했다. 일부러 나 자신을 불편한 상황에 연달아 밀어 넣었다. 다른 사람은 뒷짐을 지고 있는 상황에서도 나는 앞으로 나아가 임무를 수행했다. 다른 사람이 항복할 준비를 할 때도 나는 공격적으로 싸웠다. 사소한 일탈을 몇 번 하긴 했지만 50년 넘는 세월 동안 몸과 마음을 최상의 전투 준비 태세로 유지했다. 그렇게 거침없는 스타일 때문에 나는 텍사스에서 에너지 업계의 거물들과 한창 경쟁하던 시기에 '구부러진 강철과 싸구려 위스키'라고 불리기도 했다. 다른 별명도 있었지만.

스트레스는 언젠가 많은 사람을 죽일 수도 있다. 스트레스는 내 소중한 친구이자 동업자였던 찰리의 목숨도 앗아갔다. 하지만 결국 우리는 모두 죽는다. 신성모독을 하려는 게 아니라 그냥 내 생각이다. 죽은 뒤의 삶은 죽기 전의 삶만큼 소중하지 않다. 그래서 나는 악착같이 살고 기회를 놓치지 않으며 지독한 스트레스에 시달린다. 하지만 다른 사람에게 위궤양을 선사할지언정 내가 위궤양에 걸리지는 않는다! 스트레스를 다스리지 못하는가? 퀀텀 리프보다 건강에 더 신경이 쓰이는가? 그 지독한 수렁에서 빠져나와라. 거듭 말하지만 '모두에게 해당하는 말은 아니다'.

첫 번째 인수 기업을 찾는 방법

인수 자금을 어떻게 마련해야 하는지 앞서 상세하게 다루었다. 하지만 대출기관과 상담하기 전에 명확하게 정리해야 할 몇 가지 기본 사항이 있다.

세 자릿수 IQ를 지닌 열정적이고 야심에 찬 사람이 있다고 가정해보자. 성공적인 기업을 운영하고 호화로운 삶을 살다가 어느 날 갑자기 회사를 매각한 뒤 열대 섬에서 남은 삶을 즐길 정도의 능력은 그에게 아직 없을 수 있다. 아마 현재는 어느 기업의 직원으로 일할지 모르지만 직접 회사를 창업할 정도의 창의력과 자제력, '배짱'은 있다. 그리고 이제는 사장에게 돈을 벌어다주려고 뼈 빠지게 일하는 것도 지긋지긋하다.

이 사람이 제일 먼저 해야 할 질문은 무엇일까? 바로 '어떤 회사를 인수해야 할까?'라는 질문이다. 이 질문에 대한 몇 가지 지침을 알려주겠다. 첫째, 제자에게 설교하듯 말하자면 이렇다. '하던 일을 계속하라.' 당신이 전문성을 갖추고 있는 분야가 있다면 그 분야에서 일을 찾으라는 말이다. 그러면 완전히 낯선 분야의 기술과 용어를 익힐 필요가 없다. 물론 문제('도전'은 아니다)가 있을 수 있다. 이를테면 자금을 빌리고, 드림팀을 꾸리고, 회사를 인수하고, CEO가 되기 위한 연습을 해야 한다. 그렇다 해도 잘 아는 일을 하라. 나중에 퀀텀 리프를 여러 번 이루고 인수 절차에 익숙해지면 그 일에 어떠한 공통점이 있는지 알게 될 것이다. 그러면 어떤 분야에서든 인수를 잘하게 될 것이다. 지금의 나처럼 말이다.

그에 더해 '좋아하는' 일을 하라. 퀀텀 리프를 이루는 과정에서는 여러 가지 난관에 부딪히기 마련이다. 하지만 자신이 잘 알고 재미를 느끼는 분야라면 그 난관이 무엇이든 덜 괴로울 것이다.

현실적으로 고려해야 할 점도 있다. 당신은 한 산업 분야에서 각자 독립적으로 경쟁하는 회사나 가족경영 회사, 한동안 인수 계획을 세우지 않아도 될 정도의 대규모 기업을 인수하려고 할지 모른다. 그런데 차량 안테나 수리업체나 먹지 제조업체처럼 기본적으로 한정되고 좁은 시장에서 기업을 인수할 계획이라면 더는 확장할 시장이 없다는 점도 고려해야 한다.

20~40퍼센트의 수익을 남기는 분야도 좋을 것이다. 내 경험에 비추어보면 보석 소매업, 조경, 건물 관리, 출판, 주택 개조, 이동식 주택촌처럼 다양하고 기민하게 움직이는 분야가 이에 해당한다. 만약 당신이 3~5퍼센트의 수익을 남기는 사업을 시작한다면 꿈을 이루는 데 상당한 시간이 걸릴 것이다. (여기서 언급한 수익은 매출 총이익이다.) 초점을 한곳으로 집중시켜라. 의료 서비스 분야에 관심이 있는가? 그렇다면 보육 서비스나 노인 생활시설처럼 그 누구도 합병을 시도하지 않은 틈새시장을 노려야 한다.

목표가 크고 비전이 명확할수록 인수하려는 기업의 규모는 커진다. 지금까지 이 책을 읽었다면 당신은 1주일에 두어 번 의류를 세탁소에 맡길 정도의 꾸준한 수입과 안정적인 은퇴생활 정도로는 만족하지 않으리라 생각한다. 부디 그러길 바란다! 당신이 감히 생각지도 못한 큰돈을 버는 퀀텀 리프를 이룰 준비가 돼 있길 바란다. 퀀텀 리프를 이루려면 당신이 인수하려는 회사가 대형 제조회사든 유통회사든 간에 투자은행의 관심을 사로잡을 만한 매력이 있어야 한다.

인수하려는 회사의 규모가 어느 정도라면 좋을까? 대체로 사업주는 수입을 합리적으로 기대한다. 상환해야 할 부채는 제쳐두고 회사의 무형 서비스가 2만 5천 달러, 자문료가 5만 달러 든다고 가정해보자. 재고가 없고 사무용 집기 외에 달리 비품이 필요 없을 경우 10만 달러의 매출을 올리면 2만 5천 달러의 수익이 남는다. 자동화 정도와 원료비 수준에 따라 다르지만, 제조장비 분야도 원리는 비슷하다.

핵심은 돈을 쏟아부으며 시장에 '출격'하기에 앞서 인수하고 싶은 분야를 분명히 정해 의미 있는 시간을 보내라는 것이다. 컨설팅 서비스업이든 제조업이든 인수하려는 회사가 자신에게 익숙한 분야인지 곰곰이 생각해보라.

조사하기

조건에 맞는 사업의 유형과 규모를 정했는가? 그렇다면 이제 유망한 위치를 선점할 몇 가지 방법이 있다. 이 시점에서 가장 명심해야 할 게 있다. 인수하고 싶은 마음이 간절해도 처음부터 '굉장한 거래'를 해야 하는 건 '아니라는' 점이다. 보통 집을 매입하기 전에 많은 집을 둘러보지 않는가? 그런데 어째서 회사를 인수할 때는 눈앞에 '매각'이라고 써 붙인 첫 회사를 선뜻 낚아채려 하는가? 회사를 물색하는 첫날, 완벽하고 유리한 거래를 찾았다 하더라도 좀 더 둘러봐라. 몇몇 선택지를 비교하고 분석하는 시간을 가지면 진짜 괜찮은 거래가 나타날 때 진가를 알아볼 것이다. 몇 년 전 미국의 금융가 T. 분 피켄스T. Boone Pickens는 이렇게 말했다. "페냐, 거래를 아무렇게나 막 하면 진짜 형편없는 거래를 하게 될 거야."

대도시 및 지역 신문과 〈월스트리트저널〉의 경제면을 유심히 살펴봐라. 혹시 당신은 〈포브스Forbes〉나 〈앙트레프레너〉〈잉크〉 등의 잡지를 정기 구독하지 않는 사람인가? 이유가 무엇인가? 이러한 최신 잡지를 한 부씩 구해서 당신 기준에 맞는 기회를 잡아야 한다. 제일 관심 있는 업계의 간행물을 구해서 사업 매매 '시장' 또는 '항목별 광고'면을 자세히 살펴보라. 이제는 인터넷이 훨씬 더 간편하게 정보를 제공해준다. 그러니 인터넷도 잘 활용하라.

　지역의 사업중개인과 접촉해 당신이 찾는 매물을 서면으로 분명히 설명하라. 그러지 않으면 그들은 부동산중개인처럼 아이스크림 가판대부터 장례식장에 이르기까지 모든 사업 목록을 죄다 보여줄 것이다. 일반적으로 사업 판매자가 중개인에게 수수료를 지급한다. 그러니 매물을 찾는 동안 당신은 중개인에게 돈을 내지 않아도 된다. 독점적인 계약에 서명할 필요가 없다는 말이다. 캘리포니아 뉴포트 비치에 본사를 둔 미국 최대 비즈니스 중개회사인 VR 비즈니스 브로커스 VR Business Brokers는 15개 주에 약 50개의 독립 사무소를 보유하고 있다. 회장인 돈 테일러Don Taylor에 따르면 전문적인 사업중개인은 신속하고 공정한 인수를 진행하는 데 필요한 전문 지식을 갖고 있다. 이 회사의 중개인들은 평판이 좋다. 하지만 25년이 넘는 세월 동안 내가 만난 사업중개인들은 그다지 공정하지 않았다. 각별한 주의를 당부한다. (오늘날 사업중개인들은 훨씬 더 부당하게 군다.)

　정보를 얻을 수 있는 곳은 많다. 은행원, 회계사, 변호사, 매각 의사가 있는 회사의 납품업체와 도매업자에게 물어봐라. 내부 정보가 있다면 어떤 거래에서든 유리하게 출발할 수 있다.

　가장 직접적인 접촉 방법은 조건에 맞는 회사에 연락하는 것이다. 이리저리 치여 완전히 탈진한 많은 사업주가 업계라는 정글 속에 숨어 은퇴할 날만 손꼽고 있다. 당신이 이들의 구세주가 될 수 있다.

　실제로 당신은 많은 사업주가 사업체를 매각하라는 제안을 선뜻 받아들인다는 사실에 놀랄 것이다. 세무 컨설팅 회사에서 근무하던 내 동업자는 매물 후보에 접근하는 최고의 방법은 사업주에게 직접 전화를 걸어 매각을 권하는 거라고 했다. 그러면 이런 식의 답변을 자주 받았다고 한다. "회사를 매각할 생각이 없습니다. 우리 회사는 최고의 한 해를 보내고 있죠. 그런데 혹시 인수 시기는 언제쯤으로 생각하십니까?"

포부가 큰 출판 사업가였던 또 한 명의 동업자가 있었다. 그는 던앤드브래드스트리트Dun&Bradstreet를 통해 알게 된 출판사들에 매각 의도를 묻는 편지 240통을 보냈다. 자신이 인수하고 싶은 출판사 규모와 유형은 의도적으로 모호하게 적었다. 편지에는 다만 '유일무이한 출판사를 설립 중'이라는 내용이 들어 있었다.

240통 중 '80통 이상' 회신이 왔다. 회신율이 약 35퍼센트에 달한 것이다! 그중에서 조건이 맞는 약 50곳의 출판사를 인수 희망 목록에 넣었다. 그 출판사들은 매각에 대해 논의하기를 원했다. 그들 중 다수가 제일 먼저 한 질문은 "유일무이한 출판사라니, 그게 무슨 말입니까?"였다. 미끼를 넣은 짤막한 예고편이 이처럼 놀라운 효과를 발휘한 것이다.

그 동업자는 단순하지만 강력한 편지를 계속 다듬었다. 편지가 매우 효과적이어서 나는 비싼 입장료를 받고 진행한 '거래와 인수'라는 주제의 세미나에서 그 편지를 참석자에게 나눠 주었다. 당신도 볼 수 있도록 2부 M 항목에 그 내용을 실었다. 내 제자와 동업자가 잘 활용한 다른 편지와 골자도 들어 있다. 당신은 이 책 한 권 가격으로 그 모든 자료를 이용하는 것이다.

또 다른 예도 궁금한가? 필라델피아항공에 한 열정적인 조종사가 있었다. 나중에 기업가로 변신한 그는 자신이 보냈던 편지 한 통의 복

사본을 내게 보내주었다. 자신의 회사 이름이 인상적으로 찍힌 편지지에 자신이 목표로 삼는 분야의 잠재적 매각인에게 쓴 내용이었다. 당신도 이 편지를 당신의 분야와 가격대에 맞게 수정해 사용할 수 있을 것이다.

편지 내용은 이렇다.

친애하는 윈체스터 씨에게

우리는 로스앤젤레스로 범위를 확장해 의학 연구소를 인수할 계획을 하고 있습니다. 인수 가격은 250만 달러에서 500만 달러 사이로 생각합니다. 지역 의료를 책임지는 귀사에 매우 적절한 제안이라고 판단하지만 만약 다른 제안이 있다면 우리는 융통성을 발휘해 기꺼이 검토할 것입니다.

우리는 사업중개인이 아니라 충분한 자본금으로 설립된 건전한 재정을 지닌 회사입니다. 그리고 적절한 상황에서 매우 신속하게 거래를 성사시킬 준비가 되어 있습니다.

혹시 회사 매각에 관심이 있다면 편한 시간에 최대한 빨리 연락을 주십시오. 모든 사안은 튼튼한 신뢰 관계 위에서 처리될 거라 확신합니다. 지금은 매각에 관심이 없으시더라도 훗날을 위해 명함을 동봉해서 보내드립니다. 물론

이 내용을 동종 업계에서 매각을 고려하는 다른 동료에게 소개해주셔도 감사하겠습니다.

상무이사 _____ 배상

이 편지의 내용 하나하나가 글쓴이의 회사가 크고 전문적이며 자금이 원활하게 돌아간다는 이미지를 준다. 그는 자신이 거래를 유도하는 중개인이 아니고, 책상에 고액 백지 수표를 쌓아둘 정도의 자금이 있으며, 조건이 맞으면 즉시 구매 의사가 있음을 확실히 밝혔다. 내가 윈체스터였다면 이렇게 말했을지도 모른다. "에라 모르겠다. 은퇴하고 바베이도스(카리브해에 있는 섬나라─옮긴이)나 가자." 그리고 생각해볼 것도 없이 당장 전화기를 들어 이 남자에게 전화를 걸 것이다!

내 동업자 중 거래를 아주 잘 성사시키는 사람이 있었다. 오스트레일리아 출신의 마틴 헬러Martin Heller였다. 이미 열정적으로 사업을 펼쳐나가고 있던 헬러는 내 세미나에 참석한 후 자신의 사업을 더 크게 확장할 수 있었다. 이 책을 읽고 내 오디오 테이프를 듣고 나서 그는 거물들과의 거래를 찾아 나서야겠다고 결심했다. 훗날 헬러는 이렇게 썼다.

"우리가 2000년 12월 런던호텔에서 만났을 때 나는 페냐의 생각에 빠져들고 말았다. 이미 잘 알고 지낸 사람을 만난 기분이었다. 페냐는 거래 전문가를 육성하는 투자 컨소시엄인 거스리그룹The Guthrie Group: TGG을 만들었다. 나는 거기에 합류해야겠다고 생각했다. 그래서 여러 '얼간이 테스트'와 3개월간의 탐색 기간을 거쳤고, 마침내 TGG 가입을 제안받았다. 5년 넘게 거스리그룹과 함께하면서 잠시 거스리 성에 산 적도 있었다. 그리고 마침내 나는 그들처럼 회장이 되었다.

페냐는 거래를 물색하는 최고의 방법을 알려주었다. 우리는 은행, 벤처투자가, 사모펀드 운용사들과 100번이 넘는 회의를 했다. CEO 들을 만나 면담했고 인수, 주식 매각, 경영 목표 관리, 전략적 목표 관리 시스템을 평가했다. 우리는 기업 통합을 위해 노력했고 수천 통의 이메일을 주고받으며 서로 협력했다."

———

행동의 대가를 치를 생각이 없는가?
투지와 열정이 없는가?
그렇다면 성공은 꿈도 꾸지 마라!

———

"몹시 어려운 공부였지만 거래를 하는 데 훌륭한 기반을 마련할 수 있었다. 똑같은 거래는 없지만 페냐가 알려준 성공 원칙은 결코 '변하지 않는다'. 대성공에 관심 있는 사람이라면 페냐에게 훈련을 받아보기를 강력하게 권한다. 사업과 관련해 페냐에 견줄 만한 자세와 경험을 지닌 사람은 극소수다. '누구나 대성공을 맛보는 것은 아니다'라거나 '친구가 필요하면 개를 키워라' 같은 그의 유명한 말은 즐겁게 손

뻑 치며 자기만족에 빠지는 세미나에서 듣는 말과는 차원이 다르다. 또한 페냐는 아주 중요한 핵심을 말해준다. '행동의 대가를 치를 생각이 없는가? 투지와 열정이 없는가? 그렇다면 성공은 꿈도 꾸지 마라!' 라고."

판매자에게 나를 팔아라

사업주 대부분, 특히 처음부터 시작해 회사를 세우고 키운 사업주들은 자기 회사에 대해 상당히 보수적이다. 그들에게 회사는 자식이나 마찬가지다. 회사를 팔 생각이 있더라도 자식에게 그러듯 좀 더 믿을 만한 곳에 보내려고 한다. 그들은 직원들도 안전한 곳에서 보호받기를 바라고 고객에 대한 책임감도 강하다.

그들이 당신에게 첫 번째로 던지는 질문은, 하다못해 속으로라도 생각하는 질문은 '당신은 누구인가?' 그리고 '당신이 내 회사를 잘 운영할지 내가 어떻게 알 수 있는가?'이다. 그들은 전투기를 '무모하게 적진으로 몰고 갈' 조종사에게 회사를 팔려고 하지 '않는다'. 그렇기 때문에 처음에는 변호사나 4대 회계법인의 회계사가 당신을 대신해 매도인에게 연락하는 게 가장 좋다. 그러면 바로 신뢰를 얻을 수 있다.

굳이 첫 접촉을 직접 하고 싶다면 상대가 던질 질문을 예상하고 변호사의 이름과 수, 회계사, 들으면 알 만한 이사진 한두 명 정도의 이름과 전화번호를 전해주는 게 좋다. 회사를 매각할 생각이 있는 사업주가 딜로이트앤드투쉬Deloitte & Touche나 언스트앤영에 소속된 당신의 회계사와 이야기를 나눴다면 이미 상대의 기업 실사는 끝났다고 볼 수 있다.

또 다른 좋은 방법은 이사회의 프로필이 담긴 짧은 편지를 보내는 것이다. 이는 회계법인을 찾을 때 쓰는 방법이기도 하다. 이로써 당신은 즉시 신뢰를 얻고 상대의 망설임은 줄어든다.

상대는 당신이 진지한 매수자인지 알아보려고 본론으로 들어가면서 이렇게 말한다. "회사를 매각할 의향은 있습니다. 그런데 얼마에 인수할 생각입니까?" 그러면 당신은 이런 식으로 말할 수 있다. "아, 세금을 공제하고 3배에서 8배 정도 생각하고 있습니다. 물론 회계장부를 살펴보고, 아마 회계감사를 거쳐야 할 겁니다. 자세한 이야기는 다음에 또 하도록 하죠." 이렇게 답하면 상대의 날카로운 질문에서 한 발짝 비켜설 수 있다. 이 대답은 상대에게 바보 같은 질문은 그만하라고 암시하는 거나 마찬가지다!

혹시라도 거래를 성사시켰다면 놓치지 말아야 할 점이 있다. 상대의 순자산을 증가시킬 다른 거래도 해야 한다. 거래가 성사되면 한동안은 매도자가 회사의 미래 수익에 영향을 미칠 수 있음을 잊지 말아야 한다. 매도자에게 현금이나 주식을 주어라. 현금과 주식을 '같이' 줘도 좋다. 특정 기간 자문 비용을 지급하는 것도 한 가지 방법이다. 달콤한 혜택을 주면 그는 회사를 매각한 아픔을 달래고 명예롭게 떠날 수 있을 것이다. 그의 상처에 당신이 발라줄 수 있는 최고의 연고는 돈이다.

기대 이상으로 기준에 충족하는 꿈의 회사를 찾았는데 사업주가 팔지 않겠다고 한다면 어떻게 해야 할까? 사업주의 의도가 정말 그렇다면 다음 후보로 넘어가는 게 낫다. 아니면 재정 상태가 심각하지만 현실을 받아들이지 못하는 회사를 상대로 내가 종종 사용하는 전략을 쓰는 것도 한 방법이다. 그 방법을 잠깐 소개해보겠다.

사실상 거의 모든 회사에는 빚이 있다. 당신이 인수하려는 회사에 신용 대출 30만 달러와 미상환금 6만 달러가 있다고 하자. 어느 은행에서 대출했는지 알아내서 해당 은행에 가라. 은행과 협상을 벌여 웃돈을 주더라도 그 회사가 발행한 채권을 매입해야 한다. 은행도 최대한 이익을 남기려 하기에 반드시 웃돈을 붙여서 사야 할 것이다. 채권을 매입했다면 매각을 꺼리는 회사로 찾아가 회사를 팔 생각이 있는지 다시 한 번 정중하게 묻는다. 안 팔겠다는데 왜 자꾸 귀찮게 하느냐며 당신을 쫓아내려고 하면 그 회사의 채권을 갖고 있다고 알린다. 은연중에 채무액 전액 상환을 요구할 수 있음을 내비치는 것이다. 그러고 나서 이렇게 말하면 된다. "사장님, 회사 매각에 대해 진지하게 대화를 나눠봅시다."

'내가 그런 일을 당한다면 몸서리가 쳐지겠군'이라고 생각할지 모른다. 당신 변호사가 제3자의 매입을 확실히 막는 대출 서류를 작성했다면 불가능한 일이기도 하다. 이런 일을 당하지 않으려면 은행의 '표준' 서식에 그대로 서명해서는 안 된다. 하지만 기업들은 대부분 아무 이의 없이 표준 서식대로 협의를 하고 인쇄물에 작게 인쇄된 활자는 읽지도 않는다. 개인에게 대출 서류를 작성하게 하는 은행이 드문 것도 대출받는 사람에게 불리한 요소다.

또 다른 전략은 잠재 고객에게 접근해서 현재 공급처보다 더 많은 혜택을 주겠다고 제안하며 거래를 하는 것이다.

이래도 안 되면 목록의 다음 후보로 넘어가라. 그래도 괜찮다. 이렇게 대체 전략을 쓰라고 말하는 이유는, 거래란 모름지기 강속구를 던지듯 해야 하기 때문이다. 만약 상대가 치기 쉬운 공을 던지고 있다면 어느 순간 당신은 경기장 밖에서 곤욕을 치르게 될 것이다!

강속구와 관련된 이야기를 더 해보자면, 나는 세미나 참석자에게 어느 거래든 확실한 방향도 있고 그렇지 않은 방향도 있다고 말한다. 당신은 언제나 상대가 확실한 길을 택할 것이라고 가정해야 한다. 일단 그들을 믿어줘라. 그들이 확실한 길에서 벗어나면 그때 다시 준비하면 된다.

상대방이 소송을 '언급하면' 그놈을 상대로 소송을 해야 한다. 고소하겠다고 협박하지 마라. 그냥 고소해라!

앞서 합법적인 거래 수단으로 소송을 언급했다. 당연히 누구나 소송은 피하려 한다. 소송은 돈이 많이 들고 소송에 신경 쓰다가 진짜 중요한 일이 뒤로 밀릴 수 있다. 하지만 상대방이 소송을 '언급하면' 그놈을 상대로 소송을 해야 한다. 고소하겠다고 협박하지 마라. 그냥 고소해라! 당신이 원고가 되기를 바라는 마음에서 하는 말이다. 원고는 배심 재판에서 2번의 발언권을 얻고 민사재판의 장소를 선택할 수

있다. 그걸 내가 어떻게 아느냐고? 지금껏 일하면서 미국과 영국에서 약 250건의 소송을 경험했기 때문이다.

따라서 상대가 당신의 의지를 시험하거나 계략을 써서 '문제를 일으키면' 변호사에게 알려 강력한 법의 힘으로 신속하고 단호하게 대처하라. 그리고 상대가 오판했음을 깨닫게 하라. 그런 다음 협상을 재개하면 된다.

사전 준비 작업

——

사업 유형과 규모가 적절한 회사를 찾았으면 각자의 이익을 그려봐야 한다. 최소 지난 3년 동안 회사의 수익이 '증가했는지' 보라. 일시적인 수익 상승이 아닌 동향을 파악해야 한다. 매의 눈으로 회계장부를 샅샅이 살펴봐라!

그다음 '당신의' 회계사를 회계감사에 투입하라. 4대 회계법인에는 인수 회계감사를 전문으로 하는 직원이 있을 것이다. 인수할 회사에 이미 잠정적인 매입가를 제안했다면 회계감사를 통해 제안 가격이 너무 높이 책정됐음이 드러날 수 있다. 그러면 가격을 조정하라. 상대 회사가 이의를 제기한다면 회계감사를 통해 드러난 결과를 보여주며 회사가 원하는 가격은 물론이고 당신이 처음에 제시한 가격도 줄 수 없다는 점을 알려주어라. 아마 상대도 이미 알고 있을 것이다. 인수 시 매입 가격은 기업 실사와 재무관리 대상이다. 따라서 4대 회계법인(회계사가 누구든)이 감사를 하기 전에 초기 회계감사가 필요하다. 회계사와 변호사가 포함된 드림팀을 꾸려 사전감사를 하게 하라.

당신이 투자은행에서 자금을 조달한다고 가정해보자. 은행은 당신이 한 투자에 대한 연수익률이 회사의 급여와 부채 상환액을 제한 후 35퍼센트 정도가 되기를 원할 것이다. 그렇다면 당신이 자금을 어디서 구했든 상관없이 당신의 투자 수익률은 20퍼센트를 넘지 않는다. 물론 현재 수익은 별로 없지만 개선의 여지가 있는 인수 후보들도 있다. 그래도 이런 경우 나는 나 말고 2~3명의 매수자가 서로 매입하려고 경쟁하지 않는다면 서둘러 인수하지는 않을 것이다.

회계장부에는 당신이 찾는 답이 없다. 회계장부는 완벽에 가깝게 꾸밀 수 있다. 그러니 바로 조사에 착수하라. 당신이 눈여겨보는 회사를 상대로 한 미해결 소송이나 손해배상청구가 몇 건이나 되는지 살펴봐라. 사장과 간부들은 어떤지 조사해라. 정직한 사람들인가? 그들은 어떤 사람들이며 무슨 말을 하는가? 적신호가 켜 있지는 않은지 잘 살펴보라. 인수에만 눈이 멀어 적신호를 간과해서는 안 된다. 어디선가 위험 신호가 불쑥 나타나면 아무리 수익률이 높아 보이는 거래라도 한 걸음 물러서라.

당신도 알다시피 재정적, 법적 사안은 금방 복잡하게 돌아간다. 기업 인수를 전문으로 하는 최고의 변호사와 회계법인을 찾아야 하는 이유가 여기에 있다!

일부 조사는 직접 하는 게 제일 좋다. 일단 조사할 회사를 한두 기업으로 좁히고 사장과 접촉하라. 그러고 나서 인수할 회사의 핵심 경영진과 대화를 나눠라. 혹시라도 회사가 인수되면 그들은 회사에 남을 것인가? 아니면 이전 사장을 따를 것인가? 예를 들면 고도의 기술이 필요한 제조업에서 숙련된 기술자들은 회사에 남는 것에 대해 어떻게 생각하고 있을까? 기존 고객을 놓치지 않으려면 이러한 사안을 반드시 논의해야 한다.

실제로 직원 '대부분'은 회사에 남기를 원한다. 당신은 특히 더 그럴 것이다. 기업 운영이 그대로 이어지면 인수할 기업의 수익 증가도 그대로 이어지는 장점이 있다. 당신이 매입해야 하는 건 바로 이러한 회사다. 퀀텀 리프는 제로에서 시작해서 막대한 이익을 내기까지 단번에 뛰어오르는 것이다. 그러면 기업이 성장하면서 겪을 모든 난관을 건너뛸 수 있다. 기업을 인수한 뒤에도 직원, 공급업체, 특히 고객에게 아무것도 바뀐 것이 없다는 믿음을 줘야 한다. 그러면 그들은 당신을 믿고 새로운 회사의 금전적 가치를 창출하는 데 힘쓸 것이다.

유감스럽게도 경쟁업체를 인수하는 약탈적 기업은 대부분 웃으며 이렇게 말한다. "우리는 지금 직원이나 경영방식을 바꿀 계획이 없습니다." 더욱 훌륭한 부사장을 옆에다 대기시켜놓고도 그렇게 말한다. 그런 상황에서 그나마 할 수 있는 일이 있다면 지속성을 원하는 사람들에게 기업이 그대로 운영된다는 '인식'을 심어주는 것이다. 사람들이 달라고 하는 먹이를 주라는 말이다.

또한 조사할 때는 상대방 말을 많이 들어봐야 한다. 나는 인수할 회사를 방문할 때 상대의 말을 많이 듣기 위한 계획을 세운다. 일단 CEO와 저녁을 먹는다. 아내나 남편, '핵심 인물'은 빼고 단둘이 먹는다. 그리고 그의 태도와 목표를 살피기 위해 경청한다. 이때 가장 중요한 건 나와 곧 협상할 사람이 누군지 파악하는 것이다.

그렇게 한 다음 가능하면 다음 날 아침, 그 회사의 CFO나 그와 비숫한 위치에 있는 인물과 아침을 먹는다. 이렇게 하면 같은 회사에 대한 서로 다른 시각을 파악할 수 있다. CFO가 어젯밤 CEO가 한 것과는 다른 말을 할 수도 있기 때문이다. 그리고 나서 그날 오전, 사전에 미팅 약속을 잡은 몇몇 부서의 직원들과 대화를 나눠본다. 문을 닫고 한 명씩 면담을 하면서 담당 업무는 무엇이고 일하는 건 어떤지 물어본다. 또한 회사와 관련해 말 못 할 고민은 없는지 질문한다. 그 회사의 동업자 또는 다른 핵심 간부와 점심을 먹는 것도 좋은 방법이다. 그러면서 그 회사에 대한 전체적인 그림을 그린다.

마지막으로 마케팅 부서와 영업 부서에서 어울리기 좋아하는 사람들을 불러 퇴근 후에 함께 술을 마신다. 나도 아주 사교적인 사람이니까. 이렇게 몇 번 만나다 보면 아주 친밀해진다. 직원들이 술에 취하면 아주 좋다. 자연스레 회사 욕을 하기 때문이다. 이건 더할 나위 없이 유익한 만남이다.

당신은 다양한 거래처를 확보한 회사를 인수하고 싶을 것이다. 고급스러운 새 사무실에 앉아서 매출의 40퍼센트를 독차지하고 있는 거래처의 전화를 받는 것만은 정말 하기 싫다. 그들은 "거래처를 옮길 생각입니다"라는 말을 수시로 한다. 당신이 어떤 회사를 인수하든 그 회사의 최대 거래처가 차지하는 매출은 전체 매출의 15퍼센트를 넘으면 안 된다. 인수 준비 작업 중 하나는 인수 대상 회사가 거래하는 4~5개의 대형 거래처와 대화를 나누는 것이다. 그들이 새로운 사장과의 거래를 어떻게 생각하는지 파악해야 한다. 거래처가 20~30개 이상 되지 않는 한 그들 모두를 만나야 한다.

나는 세상 곳곳에서 인수할 회사를 찾아내 매입하고 경영한다. 그래서 비행기를 지독히도 많이 탄다. 하지만 상관없다. 사업을 하면서 출장은 필수니까. 그리고 나는 비행기나 호텔 방에서도 이메일을 주고받으며 업무를 볼 수 있다.

언젠가 사업을 하게 되면 당신도 나처럼 도시와 나라를 넘나드는 생활에 익숙해질지 모른다. 하지만 첫 인수를 할 때는 당신 지역에 있는 회사를 매입하는 게 좋다. 그렇지 않으면 불가피한 문제가 터졌을 때 먼 거리를 이동해야 하는 엄청나게 머리 아픈 일이 생긴다. 가족이 있다면 그들도 돌봐야 하는데 그러면 더 힘들어진다. 당신 지역의 회사를 인수하면 출장 갈 일도 거의 없을뿐더러 이미 잘 아는 시장의 사업체를 선택할 수 있다. 거래처가 어디인지 쉽게 파악해 그 업계에서 확실히 자리를 잡을 수 있다.

최고의 회사를 찾는 건 쉽지 않다. 누군가 꿈의 회사를 당신 눈앞에 가져다주거나 어쩌다 보석을 찾는 행운을 얻지 않는 이상 인수할 회사를 탐색하기 위해 6개월 이상의 시간은 들여야 한다. 바로 다음 날 꿈의 회사를 찾았다 하더라도 다른 회사를 많이 둘러보면서 그 회사가 생각만큼 좋은 곳인지 확인해야 한다. 조건에 맞는 회사를 잘 선택해 매입하면 당신이 직면할 '문제 중 절반'은 사라지기 때문에 이러한 과정이 중요하다. 하지만 명심하자. 거래에는 수익성이 좋은 거래가 있고 그렇지 않은 거래가 있다. 둘 중 하나다. 더 이상 언급하지 마라! 아무리 수익성 좋아 보이는 거래라도 계속 조사하라.

충분히 조사한 뒤 서류상으로 판단할 때 적절한 거래로 보이고 수익성도 좋다는 '느낌'이 들면 단단히 준비하고 거래를 성사시키려는 움직임을 시작해야 한다. 나는 세부 사항을 상세히 설명하고 몇 가지 인수 가격을 제시한 인수의향서를 사용한다. 인수의향서 끝에는 '(답변을 기다릴 수 있는 최종 시한을 명시하며) 가능한 한 빨리 답변을 주십시오. 매각할 생각이 없으면 우리는 다른 회사와 접촉할 것입니다'라는 내용을 넣어 긴박감을 준다.

나는 계약서를 쓰지 않는다. 인수의향서도 똑같은 효력을 발휘하고 인수할 기업을 덜 위축시키기 때문이다. 이와 동시에 자금을 구한다. 여기서 자금은 다른 사람의 돈을 뜻한다.

가상으로 회사를 산다고 해보자. 루퍼스 일렉트로닉스라는 회사라고 하겠다. 회계감사를 해보니 이 회사의 가치는 약 1천만 달러다. 은퇴할 날만 기다리는 루퍼스 씨에게 현금으로 900만 달러를 줄 수 있다고 말한다. 어느 정도 망설이는 모습이 보였지만 루퍼스 씨는 내 제안을 받아들인다.

900만 달러의 자금이 필요하지만 문제없다. 루퍼스 일렉트로닉스는 최근 3년간 한 달에 9만 달러 정도의 현금을 꾸준하게 운용하고 있다. 이 정도 유동성이면 한 달에 6만 달러의 대출을 해결할 수 있다. 내 경험상 현금은 부채 상환액의 약 1.5배가 있으면 된다. 현금 유동성에 따라 부채 수준이 달라진다. 재무 전문가의 말에 따르면 루퍼스 일렉트로닉스는 한 해 약 72만 달러의 채무를 감당할 수 있다. 이 수치를 전체 부채의 10퍼센트로 본다면 결국 약 700만 달러의 무자본 대출을 받을 수 있다는 것이다. 이는 고정금리로 대출을 받는 거나 마찬가지라 부채가 늘어나는 걸 피할 수 있다.

따라서 이 점을 기억하라. 인수할 회사의 현금 유동성이 부채를 감당할 정도가 아니라면 '회사를 인수하기 위한 비용은 더욱 많아진다'!

물론 회사가 '손해'를 보고 있는 경우는 예외다. 나는 내 돈을 한 푼도 쓰지 않고 루퍼스 일렉트로닉스를 인수하는 방법을 보여주려고 한다.

부족분을 메우기 위해 내가 필요한 돈은 200만 달러다. 선택지로 무엇이 있을까?

1) 루퍼스 씨에게 200만 달러의 약속어음을 발행해준다. 약속어음을 통해 약속한 몇 년까지 매달 할부로 그에게 돈을 지급한다.

2) 회계사가 권하는 대로 회사 수익의 12~15퍼센트, 많으면 19퍼센트까지 그의 몫으로 챙겨준다. 사무실과 명예직 직함을 제공한다. 그렇게 수익을 배당받다가 나중에 내가 회사를 매각하면 쥐꼬리만 한 200만 달러보다 훨씬 많은 돈을 손에 쥐게 될 거라고 안심시킨다. 이 선택지는 특히 루퍼스에게 빌붙는 상속자의 마음에 들 것이다.

3) 지분투자자나 벤처투자자를 찾는다. 회사 지분의 30~40퍼센트를 주면 그 대가로 200만 달러를 받을 수 있다. 하지만 수수료와 각종 비용을 내려면 필요한 자금이 220만 달러나 240만 달러가 될지 모른다. 그리고 많은 경우 고정금리는 매입 자산의 지분 비율에 따라 책정된다. 회사의 현금 유동성도 부채 수준을 감당할 수 있을 정도로 유지되어야 한다.

4) 현금 유동성을 2차 담보로 잡으면서 자산 담보대출을 해주는 또 다른 대출기관을 찾는다.

최적의 조합을 찾을 때까지
자금 시장을 계속 조사해야 한다.
내 말을 믿어라.
'자금은 외부에 있다!'

이처럼 치밀하게 계산기를 두드리고 나서 은행에서 720만 달러를 대출받는다. 그러면 융통할 수 있는 자금이 20만 달러 정도 남는다. 이 돈으로 새롭게 나의 직원이 된 사람에게 보너스를 줄 수도 있다. 애정 어린 충성을 다짐하는 직원에게 넉넉한 보너스를 주면 수년간 루퍼스 씨에게 바쳤던 날들을 잊을 수 있을 것이다.

여기서 중요한 점은 다른 사람의 돈을 확보하는 많은 방법과 그런 방법의 조합이다. 최적의 조합을 찾을 때까지 자금 시장을 계속 조사해야 한다. 내 말을 믿어라. '자금은 외부에 있다!'

하지만 노련한 기술을 발휘하며 협상을 진행해도 종종 협상이 지지부진해지기 시작할 때가 있다. 그러면 대부분 어떻게든 거래를 확실하게 마무리하려고 시도한다. "이봐요, 우리가 너무 시간을 끌다가 이 지경까지 왔군요"라고 재촉하기 쉽다. 어쩌면 자신의 실수를 인정하고 싶지 않아 거기 계속 매달리고 있을 수도 있다.

거래를 위해 투자한 시간과 비용 때문에 그 거래에서 쉽게 손을 떼지 못하겠는가? 하지만 거래를 억지로 타협하고 절충하면 더 많은 것을 잃게 될 수 있다. 한 걸음 물러나 상황을 명확하게 보고 용감하게

손실을 감수하라. 그리고 다른 거래를 찾아 나서라. '다른 기회는 반드시 또 있다.'

두 번째 인수:
처음 인수할 때처럼 하면 안 된다!

———

최상의 상황을 가정해보자. 첫 인수에 나선 당신은 완벽한 회사를 찾았고 자금도 확보했다. 회사를 인수한 뒤 경영도 안정 궤도에 들어섰다. 여기까지는 완벽하다. 하지만 어느 날 아침 일어나 보니 당신은 '인수 열병Acquisition Fever'을 앓고 있다.

당신이 이제 막 실행력이 커진 경우라면 현재의 회사에서는 또다시 퀀텀 리프를 이루지 못하리라는 생각 때문에 생긴 '열병'이다. 그 회사를 팔아야, 또는 지분 거래를 해야 다시 성장을 이룰 수 있을 것만 같다. 지금의 기업은 수익이 조금씩 오르거나 정체되어 있고 판매 실적은 전년도 수준에 머물러 있다. '그리고 당신은 흥미를 잃었다.'

더 심각한 상황에 이르기 전에 다시 비약적인 성장을 해야 할 시간 된 것이다.

몇 년 전 바로 이러한 상황이 나의 친한 친구이자 제자인 케이시 스티븐슨Casey Stephenson에게 생겼다. 2008년에 사망한 스티븐슨은 열정적인 야심가였다. 21세에 보석 매장을 직접 운영했으며 몇 년 동안 사업을 하면서 보석 판매와 관련해서 '산전수전을 다 겪었다'. 스티븐슨은 사업을 확장하고 싶었고, 그래서 새로운 지역에 사업체를 세워

회사를 키우기 위해 노력했다. 하지만 아무리 열심히 일해도 똑같은 방식을 반복하며 늘 같은 수준에 머물러 있었다.

1993년 5월 스티븐슨은 내 첫 세미나에 참석해 인수를 통한 비약적인 성장에 관한 강연을 들었다. 스티븐슨은 내게 "너무 강렬한 내용이었습니다. 그 아이디어가 효과적일 것 같아요. 어떻게 하면 내가 그렇게 할 수 있을까요?"라고 물었다. 결국 스티븐슨은 자신이 운영하는 사업체보다 규모가 2.5배 큰 보석 매장을 인수 대상으로 삼았다. 모두가 미쳤다고 했다.

스티븐슨이 접근한 회사의 사업주는 회사를 매각하지 않겠다며 스티븐슨을 상대하지도 않았다. 하지만 스티븐슨은 "'노'는 '예스'를 의미한다"라는 내 말을 기억하고 보석 매장 중개회사 가운데 지역에서 가장 큰 회사와 접촉했다. 놀랍게도 그 중개회사는 도리어 스티븐슨이 타깃으로 삼은 보석 회사를 스티븐슨 몰래 사려고 했다.

스티븐슨은 그 회사를 놓치고 싶지 않았다. 그래서 사업주가 거절할 수 없는 제안을 했다. 매입가에 더해 인수 후 첫 3개월 동안 수익의 50퍼센트를 주겠다고 한 것이다. 스티븐슨은 사업주의 마음을 열었고 돈과 관련해 그의 자존심을 지켜주었다. 결국 거래는 성사됐다.

훗날 스티븐슨은 이렇게 말했다. "페냐가 수백만 달러의 회사를 인수하면서 썼던 방법을 똑같이 따라 하니 나도 그렇게 할 수 있었다. 페냐의 세미나에 참석한 뒤 3개월 만에 캘리포니아주에서 가장 오래된 보석 매장을 인수할 수 있었다. 미국 최대 보석 매장 중개회사와 경쟁을 벌이면서 말이다. 그 과정에서 나는 내 돈을 쓰지도, 빚을 지지도 않았다. '새우가 고래를 삼킨 것이다!' 그 회사를 인수한 덕분에 수익이 1년 만에 3배로 뛰었다. 진정한 퀀텀 리프를 경험했다."

당신이 두 번째 인수를 계획하고 있다면 고려해야 할 점이 있다. 처음 인수한 회사가 흑자를 기록하고 있었다면 좋겠지만 이러한 흑자 기록이 당연한 것은 아니다. 처음 인수한 회사의 경영이 위태롭다 해서 두 번째 인수한 회사가 저절로 숨통을 틔워주는 것도 아니라는 사실을 잊지 마라. 좋은 방법은 인수 후 3년 동안은 첫 회사를 경영하는 것이다. 그러면 당신과 당신의 '시피에이Cee-pee-a'(영국의 공인회계사를 비꼬는 말이다—옮긴이)는 회사의 장기적 성장에 대해 합리적인 판단을 할 수 있다. 또한 이 3년 동안 회사는 업계에서 자리를 잡을 시간을 벌게 될 것이다.

이 모두는 경험론적인 방법이다. '하지만' 기가 막힌 거래를 찾았고 직감이 좋다면 그대로 진행하라!

첫 사업에서 당신은 분명히 당신 소유의 기업체를 직접 운영했을 것이다. 첫 사업이라는 흥분에 젖어 열정적인 태도로 날마다 이른 아침에 사무실에 도착해 수취채권을 검토하고, 제품을 점검하고, 주문을 확인하고, 고객과 상담하고, 수익성을 나타내는 모든 수치를 모니터링했을 것이다. 아마도 직원들은 당신이 모르게 이렇게 말했을지 모른다. "사장님이 또 오시네."

만약 2개의 공장이나 2개의 매장, 2개의 사무실을 운영한다면 당신이 직접 그렇게 모든 부분을 점검할 수는 없다. 그렇기 때문에 당신의 업무를 맡을 몇 명의 직원을 훈련하거나 아니면 사람을 더 고용해야 한다. 그래야 당신이 '개구리에게 키스'하는 데 더 많은 시간을 투자할 수 있다. 인수할 만한 다양한 사업체를 조사하며 진주를 찾을 수 있는 것이다. 당신이 첫 번째 인수한 회사에서 모든 업무를 도맡아 하고 그와 동시에 두 번째 인수할 회사를 찾아다닌다면 당신은 회사에 큰 혼란을 주는 요소가 된다. 회사의 최대 적이 될 수도 있다.

두 번째 인수를 하면서 단기 대출은 피하고 싶을 수 있다. 그렇다면 두 번째 인수를 할 때는 단기간 운용할 수 있는 현금이 많이 필요할 것이다. 이때 현금은 당신 지갑이 아니라 첫 번째 인수한 회사의 수익에서 나와야 한다. 따라서 영업수익을 계약금으로 지급하라. 계속 영업수익으로 매입 비용을 충당해야 한다.

내 세미나에 참석한 사람들에게 하는 말이 있다. "절대로 단기적인 대책으로 장기적인 문제를 풀려고 하지 마라." 두 번째 인수 과정에서는 운영자금을 이용해 지분 출자를 해서는 안 된다. 장기전에 단기 대출을 이용하지 마라.

두 번째 인수 회사를 찾을 때는 첫 번째 인수 회사의 운영에 도움이 되는 회사를 고르는 게 좋다. 그레이트웨스턴에서 우리 경영진은 에너지 사업에 꾸준히 몰두했다. 처음에는 석유와 가스에서 출발했지만 석탄까지 확장했다. 우리는 계속 파이프라인을 건설하고 땅속 깊이 구멍을 뚫고 에너지를 판매했다.

단기적인 대책으로 장기적인 문제를 풀려고 하지 마라.

우리는 익숙한 분야인 에너지 회사를 인수해서 수직 합병을 할 수 있었다. 앞서 언급한 보석 사업가 스티븐슨은 자기가 잘 알고 있는 보석 분야에서 사업을 계속했다. 몇 년 전 거대 미디어 회사 타임 워너Time Warner는 터너 방송사를 인수 타깃으로 삼았다. 또한 디즈니는 몹시 복잡한 거래를 아주 단순하게 만들면서 캐피털 시티/ABCCapital Cities/ABC를 매입함으로 디즈니의 상품을 판매할 매장을 확보했다.

첫 번째 인수 경험을 통해 두 번째 인수에 적용할 많은 점을 배워야 한다. 그와 동시에 은행과 변호사, 인수할 회사에 다른 모습도 보여주어야 한다. 처음 인수할 때는 초보자로 비쳐 경험이 부족해도 상대가 좀 봐주었을지 모른다. 하지만 두 번째는 다르다. 자신의 꿈을 이루기 위해 다른 사람의 꿈을 앗아가는 탐욕스러운 투자자로 여겨질 수 있다. 사람들은 색안경을 끼고 당신을 바라볼 것이고 당신이 하는 말이나 글은 모조리 검열 대상이 된다. 이 경우 최선의 방어는 당신의 의도를 잘 설명해 상대를 안심시키고 공정한 거래를 하겠다는 확신을 주는 것이다.

한두 번의 인수를 성공적으로 완수하면 놀라운 일이 벌어진다. 거래가 생기는 곳에서 당신을 찾는 일이 발생할 것이다. 회계사나 변호사, 사업주는 거래 미팅에 당신과 동반하려고 할 것이다. 당신의 전문성이 증명됐기 때문이다.

날마다 벌어지는
시시한 업무는 무시하라.
그리고 저 너머에 있는
높은 산으로 향하라.

회사를 인수하고 성장시킨 후 수백만 달러의 이익을 내고 매각하는 과정. 이것이야말로 내가 거래를 하면서 얻는 대단히 짜릿한 경험이다. 그리고 단언컨대 가장 돈을 많이 버는 방법이다. 나는 누구보다 열정적인 탐색가다. 날마다 인수할 만한 거래를 찾아 나선다. 나는 내 세미나에 참석한 사람들에게도 거래할 만한 게 없느냐고 묻는다. 어떠한 거래든 나는 나서서 도울 준비가 늘 되어 있다. 내 도움을 받아 진취적으로 거래에 나서는 사람은 자신이 꿈꿔온 큰돈을 벌 수 있을 것이다. 당연히 내게도 거금이 생긴다.

비용 절감이나 판매 증가 등에만 연연해서는 안 된다. 생각과 비전을 10퍼센트만 조정하라. 날마다 벌어지는 시시한 업무는 무시하라. 그리고 저 너머에 있는 높은 산으로 향하라. 회사를 인수해 퀀텀 리프를 이루기 위해 나아가라. 그 회사는 당신의 전문성과 열정을 기다리고 있다.

스티븐슨은 성공 직후 이렇게 말했다.

"이제 나는 모든 것을 다르게 본다. 기회가 보인다. 주변에 기회는 많고도 많다. 내게 다가오는 많은 기회가 있다. 보석업계의 사업주들이 자신의 매장을 인수해달라고 내게 전화를 걸어온다. 경이로운 일이다."

당신이 성공 가능성과 돈의 흐름, 당신의 계좌로 몰려드는 돈을 언뜻 보기만 해도, 장담하건대 당신의 모습은 결코 예전과 같지 않을 것이다.

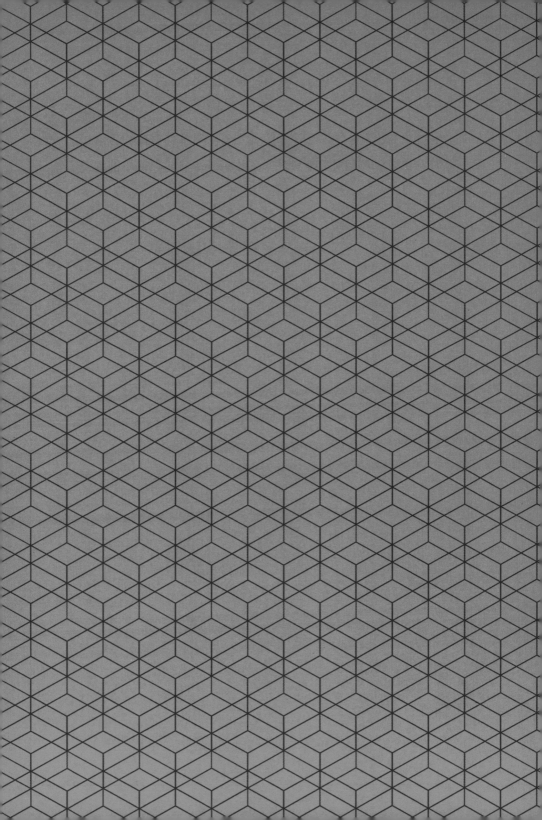

Chapter 12

완벽한 파도에 올라타라

"어떤 이는 이 세상에서 영광을 얻으려 하고
어떤 이는 예언자의 천국을 바라며 탄식하는구나.
아, 귀한 것은 현금이니 그런 약속은 잊어라."
- 오마르 하이얌Omar Khayyām, 《루바이야트The Rubaiyat》 중에서

CEO 세상에는 한때는 대범하고 용감했지만 이제는 조심성이 많아지고 안락함을 추구하는 창립자와 기업가가 많이 있다. 당신이 어느 곳에 살든 그런 사람의 이름을 들어봤을 것이다. 로터리클럽Rotary Club에서 연설을 하거나 비영리단체 유나이티드웨이United Way를 이끄는 '경영 리더'들의 이름은 우리에게 익숙하다. 그들은 회계법인이나 원목회사, 자동차 판매사, 광고회사, 제조공장을 운영하는 중견 기업가로서 지역의 기둥으로 인식되고 존경받는다.

그들은 삶의 어느 순간 자신의 운명을 손에 쥐고 테이블 위에 있는 칩을 한 번에 베팅했다. 그래서 자신의 회사를 설립했거나 인수했다. 배짱 있게 기회를 움켜잡고 성공한 것이다.

하지만 그들은 예상치 못한 성공에 스스로 놀라 자신의 큰 성취가 행운이었을 뿐이라고 생각했다. 그래서 성공 과정을 다시는 반복하지 않았다. 그들은 '기적적으로' 얻은 회사를 보호하기 위해 안정적이고 방어적인 경영방식을 택했다. 얻은 것들을 '잃지 않으려고' 기회를 눈앞에 두고도 꿈쩍도 하지 않으며 사업가로서의 남은 생을 낭비했다. 몇 년 혹은 몇십 년이 흐른 현재 그들은 여전히 가만히 있으며 평범한 기업가로 존경받는 데 만족하고 있다. 기업가로서 그들의 이름이 회사 서류에 찍혀 있거나 초상화가 회사 로비에 걸려 있을 수 있지만 그들의 멍청한 자녀들은 부회장 자리를 차지하고 앉아 그들이 죽기만 기다리고 있다.

이러한 운명은 피해야 하지 않겠는가. 그래서 나는 또다시 은퇴생활을 접고 열정적이고 결단력 있는 사업가를 최대한 많이 돕는 데 헌신했다. 나는 사람들의 주의를 집중시켜 행동에 나서게 만들어 퀀텀 리프를 처음으로 맛보게 해준다. 그런 내가 그들이 '단 한 번'의 성공을 이루고 그다음에는 책상 뒤에 숨어 벌벌 떨고 있도록 그냥 놔둘 것 같은가?

정말로 실행력이 탁월해 성공한 사람은 최초의 퀀텀 리프를 이루기 위해 발휘한 전략과 기술을 반복적으로 쓸 수 있다는 것을 잘 알고 있다. 그렇기 때문에 한 번의 모험으로 이룬 작은 회사에만 매달리지 않는다. 그들은 최초의 회사를 세운 자신의 능력에 확신을 갖기 때문에 '그 회사를 거액에 매각한다'. 그리고 회사를 세우는 과정을 다시 시작한다.

당신은 발전하는 기업가로서, 혹은 이제 막 입문한 기업가로서 언젠가 한 번은 퀀텀 리프를 이룰 수 있다. 그다음은 갈림길이다. 한 가지 길은 그 회사에 매달려 남은 삶 동안 자산을 엉덩이로 깔고 앉아 있다가 생을 마감하는 것이다. 또 다른 길은 첫 회사를 세운 이후에도 계속 꿈을 좇으며 수익률을 올리고 회사를 대대적으로 발전시켜 막대한 이익을 남기며 남에게 팔아넘기는 것이다.

간단하게 말하면 주주들에게 쫓겨나지 않는 이상 당신에게는 2가지 출구전략이 있다. '죽거나 팔거나'이다. 창업자로서 나는 몇 군데 회사에서 쫓겨나본 적이 있기 때문에 이 부분에 대해 아주 잘 말해줄 수 있다.

당신이 죽음이라는 전략을 세우도록 내가 도울 수는 없을 것 같다. 다행히 나는 그 전략을 사용하지 않았고 다른 사람에게 안내하지도 않았다. 내게는 후자가 훨씬 더 익숙하다. 즉 나는 파는 전략을 펼친다. 나는 당신이 '떵떵거리며' 공정한 거래를 준비하고 최고의 금액을 챙길 수 있도록 조언해줄 수 있다.

사업주들이 회사를 매각하는 데는 몇 가지 이유가 있다. 단순히 은퇴를 준비하며 현금을 확보해 좀 더 여유 있는 생활을 하기 위해 매각하는 경우가 있다. 그런가 하면 어떤 사람은 회사의 지속적인 성장을 위해 자금 투입을 바라거나 유통을 활발히 하고 시장과 자원을 더 확보하려고 규모가 더 큰 기업과 합병하기를 원한다. 내 생각에 회사를 매각하는 가장 좋은 이유는 자산을 넘겨 지분을 현금으로 확보할 수 있다는 것이다. '막대한' 현금이 회사 매각의 이유다!

몇 년 전 당신이 회사를 처음으로 설립하거나 인수해 퀀텀 리프를 달성했다면 그다음으로 자연스럽게 이어지는 순서는 매각이다.

당신이 젊고 에너지가 넘친다면 새로운 유동자산의 일부를 활용하거나 그 자산을 지렛대로 활용해 두 번째 그리고 세 번째 회사를 인수하라. 그리고 다시 이 과정을 반복하라. 내가 단 한 번의 거래로 갑자기 엄청난 돈을 벌면서 직감적으로 느낀 것은 이런 과정이 습관이 된다는 것이다. 정말로 매력적인 일이다! 18번을 반복했어도 충분하지 않다. 회사를 사고파는 일은 하면 할수록 더 하고 싶다! (72번째 생일을 맞을 때까지 나는 해마다 거의 100명의 멘티들과 함께 일했다. 1년에 4~5번의 세미나를 치르다 보면 그 정도의 멘티가 생긴다. 퀀텀 리프를 한번 맛본 사람은 결코 그 한 번에서 멈추지 않는다.)

자기 자신에게 보상하라!

구체적인 출구전략을 다루기 전에 자신이나 자신의 회사에 어떤 보상을 지급해야 하는지 생각해보자. 회사의 산술적 성장을 목표로 하는 사업주는 이윤을 재투자해 회사의 재정을 튼튼하게 하고 새로운 장비를 구입해 시장을 확장하려 할 것이다.

하지만 아무리 강조해도 지나치지 않은 말이 있다. 바로 사업주인 당신이 회사의 돈을 자신에게 지급해야 한다는 것이다. 그래야 라이프스타일을 즐길 수 있다. 많은 사업주가 스스로에게 보상하는 일에 죄책감을 느낀다. 마치 회사를 배신하는 일처럼 생각하는 탓이다. '회사를 매각할 생각만 없다면' 그러한 사고방식도 나쁘지는 않다. 하지만 매각할 계획이 있는 경우(나는 당신이 그렇게 하길 바란다) 당신이 자신에게 계속 보상을 지급해왔다면 돈에 연연하지 않고 거래를 더 자유롭게 할 수 있을 것이다.

직원에게 돈을 지급하는 동안에는 그 직원들이 회사를 성공적으로 키웠다는 사실을 절대로 잊어서는 안 된다. 직원들이 당신의 카리스마 있는 리더십 때문에 당신을 따를 수도 있다. 하지만 명심하라. '그들은 돈을 벌려고 당신의 회사에 있는 것이다.' 당신이 내리는 모든 지시를 따르고 돌발 행동을 하지 않는 직원들일지라도 회사의 일시적인 경영난에는 관심이 없다. 그저 월급을 계속 받길 기대할 뿐이다. 직원들은 가끔, 특히 크리스마스나 연말에는 보너스를 받기를 원한다. 그러한 보너스를 통해 회사에서 자신의 가치를 확인하려 한다.

당신이 직원을 보살피면
직원도 당신을 보살필 것이다.

따라서 적당한 자금을 확보해 당신과 직원을 위해 비축해두어야 한다. 그래야 경영 상태가 '어떻든' 적절한 보너스를 지급할 수 있다. 돈을 빌리려면 직원에게 보너스를 줄 만큼 넉넉하게 빌려라. 당신과 직원이 마땅히 받아야 할 보상을 미루지 마라. 당신이 직원을 보살피면 직원도 당신을 보살필 것이다. 이 말은 진부하지만 진리다.

당신 회사의 가치는 얼마인가?

당신 회사의 궁극적인 가치를 결정하는 것은 당신이 아니라 시장이

다. '공정한 시장가치'는 규제 없는 시장에서 판매자와 구매자 사이에 당신의 회사나 상품이 자유롭게 교환될 때 이루어진다. 회사의 가치를 평가하기 위해 전문가를 영입하면 최소한 대략적인 가치는 알 수 있을 것이다.

진지한 매수자는 자신이 직접 회사의 가치를 평가한다. 매도자가 제시하는 수치를 믿을 사람은 '아무도 없기' 때문이다. 매수자는 매입할 회사의 최근 3년간 실적을 조사한 뒤에 '자신이 직접' 추정한 회사의 가치를 근거로 매입 가격을 결정한다.

회사의 가치를 누가 계산하든 보편적으로 사용되는 4가지 방법이 있다. 여기에 한 가지 방법이 더 추가되는데, 이것은 사업주가 자주 사용하는 방법이다.

1) 공정한 시장가치에 근거한 자산평가

이 방법은 회사의 유형 부채 총액을 상계한 뒤 자산의 공정한 시장가치를 합산하는 것이다. 회사가 보유한 부동산을 이 방법으로 평가할 수 있다. 재정난에 빠진 회사가 폐업 정리 세일에 들어가기 전에 종종 이러한 자산평가를 시행한다. 이 방법은 비싼 땅에 자리 잡은 쓸모없어진 제조공장을 평가할 때 유용하다.

2) 소득 자본 총액 접근

'미래 현금 흐름의 할인가'로도 불리는 이 방법은 미래 매수자가 얻을 경제 이익을 현재 가치로 평가하는 것이다. 회사의 미래 기대수익을 계산해 현재 가치로 표현한다. 이 방법에는 '불확실성'이 많다.

미래의 이자율이나 인플레이션, 가상의 미래 수익이나 비용을 누가 정확하게 예측할 수 있겠는가? 그럼에도 불구하고 매수를 강력하게 추진하는 사람은 이 방법을 사용해 매입할 회사의 가치를 평가한다. 이 방법으로 미래의 실적을 가늠할 수 있기 때문이다. (매수자는 다른 요소가 동일할 때 일반적으로 연간 현금 유동성의 3~4배에 달하는 현금을 매입가로 제시한다.) 따라서 매도자도 이 방법으로 회사의 가치를 평가하면 매수자가 매입가로 얼마를 제시할지 사전에 좀 더 명확하게 예측할 수 있을 것이다.

3) 시장 비교 방법

이 방법은 부동산 시장에서 사용하는 방법과 유사하다. 회사의 재정 능력을 유사 업종에서 비교하는데, 즉 자산수익률, 부채자본비율, 매출수익률, 자기자본이익률, 주가수익률 등을 같은 업종과 비교해 평가한다. 이러한 항목의 평균값은 던앤드브래드스트리트와 미국 통계청이 '제조업, 광산업, 유통업 분기별 재정 보고서'를 통해 발표한다. 아마도 주가수익률이 회사의 수익 창출력과 성장 가능성을 가장 정확하게 반영하기 때문에 널리 활용되는 지표일 것이다. 주가수익률에 나타난 회사의 가치는 세금 납부 후 순수익의 2배가 된다. 이 주요 지수가 높을수록 회사의 성장 가능성이 크다.

4) 총수익 접근법

이것이 내가 선호하는 방법이다. 매출은 폭등하지만 손익분기점을 넘지 못해 사내유보가 거의 없는 상황에서 이 방법을 쓴다. 대개 회사들은 자산이나 자본출자가 거의 없다. 컨설팅 회사, 소매업, 라디오방송국, 중개회사, 전문 서비스 업종, 홍보회사, 광고회사 등이 그렇다. 이 경우 회사의 구체적인 가치는 연간 총수익의 배수로 평가된다.

이 배수는 회사의 명성, 사업 기간, 실적, 업계 영향력 등의 요소를 근거로 한다. 매우 주관적일 수 있지만 업계 지표를 통해 합리적인 예측을 하여 산출하는 수치다. 큰돈은 벌지 못하지만 꾸준한 수익을 내는 회사를 말하는 '캐시 카우Cash Cow'를 평가할 때 이 방법이 가장 유용하다.

5) '이 회사'에서 얼마를 원하는가: 사든가 말든가 방법

일부 사업주, 특히 여러 해 동안 회사에 큰 애착을 품어왔거나 특정한 액수의 현금이 필요한 사업주는 자신의 회사를 평가할 때 회사의 가치 아니라 '자신이 원하는 액수'를 근거로 평가한다. 하지만 안타깝게도 회사의 가치는 개인적인 바람이나 사업주의 계획이 아닌 회사의 강점과 약점을 근거로 평가된다.

과대 포장해 협상하기

———

'과대 포장'하려는 생각은 버리는 게 좋다. 건강한 정신과 몸을 가진 사람은 그것을 꿰뚫어보기 때문이다. 포커 게임에서 당신이 쥐고 있는 카드의 가치는 '그 카드에 적힌 숫자'로 매겨진다. 거래의 양 당사자가 아직 본격적인 게임에 돌입하지도 않았는데 눈앞의 이익에만 눈이 멀어 있으면 헛다리를 짚게 된다는 점을 기억하라. 사업 거래를 하는 당신에게 내가 알려줄 수 있는 최상의 조언이다!

타이밍: 완벽한 파도에 올라타라

한동안 사업을 해왔다면 등락을 거듭하는 경제 주기와 산업 주기의 흐름을 타며 경쟁하게 된다는 사실을 알고 있을 것이다. 말할 필요도 없이 당신은 사업체를 높은 가격에 매각하고 싶을 것이다. 하지만 회사를 시장에 내놓기 전에 당신이 반드시 이해하고 고려해야 하는 몇 가지 지표가 있다.

경기의 등락은 마치 파도처럼 당신의 회사를 덮친다. 이때 이자율이나 안정적인 성장세, 사업에 대한 확신 등이 당신의 회사에 영향을 미치겠지만 업계 전체가 심하게 등락을 거듭하는 경우라면 당신 회사도 그 파도에서 벗어날 수 없다.

예를 들어 1990년대 중반에는 컴퓨터 기술이나 커뮤니케이션, 의료업계의 진출이 급증하며 투자자들의 관심을 집중시켰다. 하지만 꾸준한 수요가 있는 업계에서는 투자자들이 그렇게 요란하게 치고 빠지는 일이 거의 없다. 회사를 매각할 생각이라면 업계의 동향을 면밀하게 살펴야 한다. 이에 더해 최근 3년간 수익과 회사의 상태를 함께 고려해야 한다. 최근 몇 년 동안 수익이 감소세를 보여왔다면 회사 매각 대금으로 최고액을 부를 수 없다. 회사를 매각하기 전에 최소한 3년은 안정적인 이익률을 달성해놓고 있어야 한다. 만약 매수자가 숫자에 관심이 없다면 그의 관심을 사로잡기 위해 회계장부를 멀리 치워 두어라.

여러 파도를 동시에 탈 수는 없을 것이다. 하지만 적어도 파도들을 관찰해야 한다. 경기와 업계의 주기, 당신의 회사를 모니터링 하고 있다면 적어도 회사를 매각할 시점은 정할 수 있다. 5년에서 10년 사이에 회사를 매각할 계획이라면 그 전에 몇 가지 변화 주기를 눈여겨봐야 한다. 내가 경험한 바로 당신이 마흔 살이 넘은 경우, 경기가 좋아지면 바로 회사를 매각해야 한다. 그리고 그 바닥에서 신속히 떠나라. 이상이다!

깨끗한 집이 높은 가격에 팔린다

회사의 재정이나 계약 상황, 물리적 환경에 대한 단편적인 기록은 잠재적 매수자에게 보여줄 수 있는 그림이 '아니다'.

잠재적 매수자가 당신 회사를 돌아다니면서 가장 인상적으로 보는 것은 안내 직원의 응대 방식, 창고에 쌓인 비품, 더러운 카펫, 로비에 모여 있는 직원들, 벽에 걸린 상장, 직원들의 태도 등이다.

반드시 잊지 말아야 할 게 있다. 사람들은 사려는 것이 자동차이든 집이든 회사이든 대부분 '감정에 따라' 결정한다는 점이다. 매수자는 재정적 상태만 고려하는 게 아니라 회사가 좋은지 그렇지 않은지 '감정적으로 판단한다'. 매도자가 자신이 힘겹게 일군 회사를 개인에게 팔지 대기업에 팔지 '감정적'으로 원하는 것처럼 말이다.

따라서 당신의 자부심이자 기쁨의 원천인 회사를 팔기에 앞서 새로 단장하라. 복도를 깨끗하게 페인트칠하고, 서류와 상자가 수북하게 쌓여 있는 창고를 정리하고, 오래된 장비를 교체하고, 필요하다면 주차장도 다시 정비하고, 사무실 인테리어도 새로 해서 효율적이고 생산적이면서도 사람 중심의 따뜻한 환경을 만들어라. 이게 바로 과대 선전이다!

조직 구조를 강화하라

———

경영에서 가장 기초적인 부분은 연봉체계, 회의록, 직무분석표 등을 만들고 주기적으로 수정하는 것이다. 아무리 규모가 작은 회사라도 직원 매뉴얼, 근무시간, 휴가, 건강보험, 정년퇴직, 실적 기록 등의 규정과 절차가 필요하다. 직무 범위를 담은 체계적인 표는 조직을 이끄는 당신의 인식을 보여주며 CEO인 당신이 직원들을 미래에 임원이 될 역량을 갖추도록 훈련하고 있다는 점을 시사한다.

신뢰할 수 있는 이사회

———

또 다른 준비 단계는 탁월한 이사회를 꾸리는 것이다(일부 국가에서는 자문위원회라고 부른다). 이 과정은 앞서 회사를 설립하는 준비와 관련해 다룬 바 있다. 회사의 명망 있는 임원 목록은 은행에 신뢰를 준다.

그러면 은행이 알아서 잠재적 매수자에게 회사에 대해 좋은 이야기를 많이 해준다. 유능한 인재로만 팀을 꾸리는 것과 비슷하게, 임원들을 한 명 한 명 신중하게 모집하라. 그들에게 신주인수권부사채를 비롯해 주식과 옵션을 제공해서 그들의 명성을 이용하는 값을 치러라. 그렇게 해서 이사진이 당신과 당신의 후임자에게 자문해주는 시간을 보상해주어야 한다.

실제로 그들은 기업매매와 관련해 형식적인 조언이 아니라 사업적 통찰력과 지혜를 당신과 잠재적 매수자에게 빌려줄 수 있다. 내가 세미나에서 자주 하는 이 말을 기억하라. "나는 내 첫 번째 드림팀으로 이사회를 꾸렸다." (1983년 새해가 되기 바로 전날 나는 회사를 살 만반의 준비를 갖추고 있는 상태에서 전화 한 통을 받았다. 회사를 매각할 돈 많은 매도자였다. 그는 세금 문제로 밤새도록 팩스를 보냈는데, 다음 날 노스씨 North Sea 창업자인 로버트 다이크가 포함된 매우 탁월한 이사회를 대동하고 왔다.)

기업 자료

회사에는 회사의 적합성을 높여주는 문서도 필요하다. 회사의 전반적인 내용을 알려주는 책자를 통해 회사가 적극적인 마케팅을 하면서 번창하고 있다는 사실을 고객은 물론이고 잠재적 매수자에게 알려야 한다. 이러한 책자는 IT기업이 딱딱한 언어로 회사가 하는 일을 설명할 때 특히 유용하다. 사진과 삽화를 넣은 책자는 따분하고 복잡해 보

이는 회사에 생기를 불어넣어줄 것이다. (지금은 웹사이트로 회사를 홍보한다. 웹사이트는 잠재적인 매수자뿐만 아니라 세상의 다른 사람들과도 연결되는 통로다. 현재 우리는 온라인으로 긴밀하게 연결되어 있기 때문이다.)

건전한 재정

재정 상태도 건전하게 만들어야 한다. 당신은 안 그러겠지만 많은 기업이 '탈세 전략'을 사용한다. 조세 당국에 수입을 숨기기 위해 직원에게 과잉 보상을 하는 경우가 있다. 하지만 이러한 방법은 부정적인 영향을 준다. 잠재적 매수자는 '흠, 이 사람들이 또 무엇을 숨기고 있을까?' 하고 의심할 것이다.

하지만 도덕적인 문제를 떠나 매수자는 일반적으로 '계산이 가능한' 이윤만 인정한다. 그들은 보이지 않거나 서류에 명확히 없는 부분에 대해서는 비용을 지급하지 않을 것이다. 당신이 뻔뻔스럽게 윙크를 하며 옆구리를 쿡 질러도 매수자는 넘어가지 않는다.

조세 당국과 잠재적 매수자 사이에서 갈팡질팡하지 않으려면 회사를 매각할 시기를 예측하고 몇 년 동안은 '세금에 투자해야 한다'. 그렇다. 뾰족한 방법이 없다면 '세금을 내라'는 말이다. 수입의 배수를 근거로 당신 회사의 가치가 결정된다는 사실을 기억하라. 따라서 1~2년 동안 착실하게 세금을 낸다면 회사를 매각할 때 보상을 받을 것이다.

유명한 회계법인에서 처리한 보고서는 당신 회사의 신뢰성을 높일 것이다. 그래서 탈세에 관해서는 '솔직해야 한다'. 명망 있는 공인회계사들이 당신 회사에 탈세 관행이 있다는 것을 알게 되면 혀를 '끌끌' 찰 것이다. 고지식한 회계 담당 직원들은 조세 당국에는 '유리하게', 당신에게는 '불리하게' 감사하도록 훈련받기 때문이다.

일상적인 경영 시기에는 수취채권을 회수하고 재고를 엄격하게 관리하는 일에 고삐가 좀 풀릴지 모른다. 재고품이 오래되고 거미줄이 쳐졌다면 상품 가치가 없어져 팔 수 없기 때문에 그와 관련된 채권을 할인해서 처리해야 한다.

잠재적 매수자는 틀림없이 회계사를 파견해 미해결된 이월 품목을 찾으려고 할 것이다. 따라서 당신이 먼저 그것을 찾아 대손상각을 해야 한다. 나는 4대 대형 회계법인의 감사를 거치지 않고 인수한 회사가 하나도 없다. 인수하려는 회사가 100만~200만 달러 정도로 규모가 작은 회사라면 당신 회사의 CFO, 재무담당이사, 업계 전문가, CEO가 회사를 매입하기 전에 사전감사를 꼭 해야 한다. 비용이 많이 드는 대대적인 감사를 하기 전에 그렇게 해야 한다.

안정적인 장기 계약

계약이 장기적으로 튼튼하게 유지되도록 미리 준비해두어야 한다. 잠재적 매수자는 회사를 매입하면서 당신이 성공을 일군 환경을 그대로 인계받기를 원한다. 이러한 환경에는 부동산이나 장비 임대계약, 노동조합, 근로계약 등이 포함된다. 회사 매각을 염두에 두고 있다면 장기 근로계약을 미리 협상해두어야 한다. 그래야 나중에 매수자가 근로자 문제와 관련해 안심할 수 있다. 이렇게 준비해두는 게 언제나 가능한 건 아니지만 노력할 가치는 분명히 있다.

그에 못지않게 고객과의 계약도 중요하다. 미국의 보우밸리를 매입하기 위해 협상을 벌일 때 우리는 그 회사가 북미 전역의 공공 에너지 기업과 맺은 포괄적인 석탄 계약을 철저하게 검토했다. 이러한 계약도 광산과 마찬가지로 회사의 자산이기 때문이다.

공급업체 계약과 관련해서도 앞으로 몇 년 동안 원자재나 부품을 얼마의 가격으로 제공하겠다는 내용을 확실하게 해두어야 한다. 모든 면에서 계약이 확실할수록 안정성이 커지고, 잠재적 매수자가 생기면 거래를 유리하게 이끌어나갈 수 있다.

서류를 정리하라

대중의 관심과 미국 증권거래위원회의 규제를 받지 않는 유한회사를 운영하고 있다면 제때에 기록을 점검하는 것 말고도 해야 할 일이 엄청나게 많다. 회사 운영이 지긋지긋해 보인다! 회사를 팔 생각이 없다면 그렇게 하지 않아도 상관없다. 하지만 언젠가는 매각할 계획이라면 잠재적 매수자가 체계적이고 효율적인 경영이 이루어지는지 판단할 때 살펴볼 모든 증거 자료를 잘 관리하는 게 가장 좋다.

예를 들면 다음과 같다.

- 급여 기록부
- 최신 정보를 담은 세금 납부내역서
- 은행 융자 서류
- 판권이나 상표권, 특허권 등의 서류
- 현재 가지고 있는 라이선싱이나 유통 및 프랜차이즈 계약과 관련된 서류 사본
- 정부 산하기관에서 요구하는 서류

정부에서 정한 규제를 반드시 지키고 지침을 따라야 한다. 평가관을 외부 인사로 고용해서 회사가 배출하는 쓰레기를 처리하고 처분하는 절차 및 과정을 점검하게 해야 한다. 그리고 모든 내용을 기록으로 남겨라.

정보 및 재무 관리 시스템

회사에 관리 시스템이 작동하고 있는 것을 매수자가 확인한다면 프리미엄까지 지급할 가능성이 크다. 매수자는 그런 시스템이 있는 회사를 선호한다. 인수한 뒤에 시스템을 만들려면 극도의 스트레스를 받을 수 있기 때문이다. 따라서 회계사나 외부 컨설턴트에게 회사의 관리 시스템과 정보 처리 체계를 회사의 필요에 맞게 점검하도록 하는 게 좋다. 이때 사용하는 비용은 시스템에 만족한 매수자가 지급하는 가격으로 만회하고도 남을 것이다.

인수인계팀

매수자는 매도자가 거래 잔금을 다 받은 뒤에 주요 정보를 넘기고 회사의 성공을 이끈 전문가들과 함께 사라지지 않겠다는 확답을 받기를 원한다. 지금은 당신이 회사를 단독으로 운영하고 있을지 모르지만 앞으로 매각할 계획이 있다면 당신이 개입을 안 해도 지장이 없도록 경영과 관리에 능숙한 경영팀을 꾸리기 시작하는 게 좋다. 그러면 매수자는 자신이 인계받는 직원에 대해 안정감을 더 많이 느끼게 될 것이다. 이러한 경영팀의 핵심 인물은 꾸준하게 정보를 관리하는 양심적이고 유능한 CFO다.

나아가 대부분의 매수자는 인수인계 기간에 매도자가 가까이서 돕기를 바랄 것이다. 매수자는 매도자가 완벽하게 숙지하고 있는 과정을 자신에게 알려주기를 바란다. 또한 회사의 직원과 고객, 공급업자, 은행 관련자 등이 자신과 지속적인 관계를 맺을 수 있도록 매도자가 돕기를 기대한다.

회사의 규모와 복잡성, 또한 매수자의 자신감과 경험에 따라 매수자는 매도자에게 적게는 3개월, 많게는 2~3년 동안 회사를 완전히 떠나지 않고 주변에서 도와달라고 요청할 수 있다. 매수자가 원하는 기간이 어느 정도인지 알아내고 협상을 통해 최단 기간으로 합의하라. 당신도 당신의 삶을 살아야 하지 않겠는가. 그리고 다음 퀀텀 리프를 시작해야 한다! 게다가 회사를 매각해놓고도 주변에서 너무 오래 서성이면 회사의 모든 업무에서 점점 있어도 상관없는 존재로 전락하면서 과거에서 출몰한 유령처럼 보이기 십상이다.

진행 중인 소송

회사를 정리하고 싶다면 소송도 깔끔하게 마무리하라. 당신이 피고라면 최대한 해결하고 소송을 잊어라. 반대로 원고라면 소송을 계속 진행해야 한다. 그리고 매수자에게 소송과 관련한 자세한 사항을 반드시 알려주어라. 소송을 끝까지 진행하는 게 왜 중요한지 강조해야 한다. 그러면 매수자는 당신의 솔직함을 인정할 것이다. 매수자에게 회사를 인계한 후 당신이 계속 머물러야 할지 떠나도 될지 선택권을 주는 것이다.

거래를 체계적으로 하라!

회사 매각에 따른 재무 및 법률 양식은 매각 회사의 유동성 목표나 세금 전략을 비롯한 여러 목적에 따라 달라진다. 이러한 목적은 매수자의 목적과 충돌할 수도 있고 그렇지 않을 수도 있다. 일반적으로 인수 협상에서는 매도자의 필요와 매수자의 수요를 절충해 타협점을 찾는다.

체계적으로 회사를 매각할 수 있는 기본적인 방법 4가지는 다음과 같다.

- 현금 확보나 다른 필요를 위해 회사 주식 구매. 매각 대금에 대한 세금은 매도자가 부담

- 주식 비과세 교환으로 주식 인수
- 현금 확보나 다른 필요를 위해 회사의 자산 전부 또는 일부를 과세 매입
- 주식 비과세 교환으로 회사 자산의 전부 또는 일부 인수

소규모 회사

미국의 경우 회사를 설립하거나 매입하는 단계에서 세금과 관련된 업무를 처리하려면 '소규모 회사s Corporation' 설립을 착수하는 시점에 회계사에게 제반 사항을 알려야 한다. 1986년 세제개혁법이 발효된 이후 요건을 갖춘 회사는 전반적으로 이 절차를 밟는다. 그러면 회사는 보호를 받으며 기업으로서 체계를 잡고 세금을 처리하는 일에 도움을 받는다. 소규모 회사는 자산을 매각하면서 이익이나 손실을 개인 주주에게 떠넘기고 개인 주주는 개별적인 이익률에 따라 세금을 부과받는다. 회사가 낼 법인세는 없는 것이다.

법 규정에 따르면 소규모 회사의 자격을 갖추려면 기관투자자가 회사에 투자해서는 안 되고 개인 주주만 있어야 하며, 주식의 종류도 한 가지여야 하고 주주가 35명 이상이면 안 된다. 기존 회사를 소규모 회사로 전환할 생각이 있다면 먼저 미국 국세청의 지침을 잘 알고 있어야 한다. 소규모 회사로 바꾸고 나서 10년 이내에 회사를 매각하거나 청산하면 안 된다. 만약 이를 어기면 소규모 회사가 아닌 일반 회사로 간주당해 세금이 부과된다. (당신에게 세세한 세금체계까지 알려주지는 못한다. 당신이 직접 세무 전문가의 조언을 받아야 한다. 더군다나 법이

바뀌면 소규모 회사와 관련해 내가 이야기해줄 수 있는 게 더는 없다.)

간단히 말해 사업을 '시작한 그 순간'부터 출구전략을 고민하기 시작해야 한다. 회사를 창립한 첫날부터 모든 기록과 문서를 잘 관리하고 정책과 절차를 문서로 만들고 어떤 어려움이 있더라도 '3개월 안에 회사를 매각할 것처럼 운영하라'.

경제 주기와 산업 트렌드를 예측하는 방법을 배우고 경제 환경을 잘 관찰하라. 경쟁 회사가 무엇을 팔고 있는지 주의 깊게 지켜보라. 사업을 하는 동안 계속 출구전략을 준비하고 있어야 한다. 그러면 어느 날 아침 우연히 매수자가 나타날 때 우왕좌왕하다가 수십만 아니 수백만 달러의 매각 대금을 덜 받는 사고를 피할 수 있을 것이다.

3개월 안에
회사를 매각할 것처럼 운영하라.

마지막으로 당부하고 싶은 말이 있다. 당신이 이제 막 사업을 시작했든 아니면 이미 경영을 하고 있든, 당신이 꿈꾸는 회사를 꿈의 종착지가 아니라 디딤돌로 생각하길 바란다. 회사를 키우고 성장시키는 것은 좋다. 하지만 누가 큰돈을 준다고 해도 회사를 차마 팔지 못할 정도의 애착은 갖지 마라. (내가 세미나 참석자들에게 자주 하는 말인데, 사업에 착수하고 꿈을 향해 출발했다면 그 사업을 매각할 준비도 해야 한다. 회사 매각을 생각하지 않는 유일한 사람은 가족에게 물려줄 가업을 세우

는 사람이다. 가끔 그런 회사도 있다.)

실행력이 탁월한 사람은 회사를 원대한 목표를 이루는 수단으로 본다. 회사는 인생의 더 큰 목표를 추구하기 위한 엄청난 부와 완벽한 독립을 안겨줄 수단이다. 당신이 이룬 퀀텀 리프는 대다수의 사람이 감히 꿈도 못 꾸는 높은 곳으로 당신을 밀어 올릴 것이다. '여러 번의 퀀텀 리프'를 달성하는 거대한 여정의 출발점에 서라!

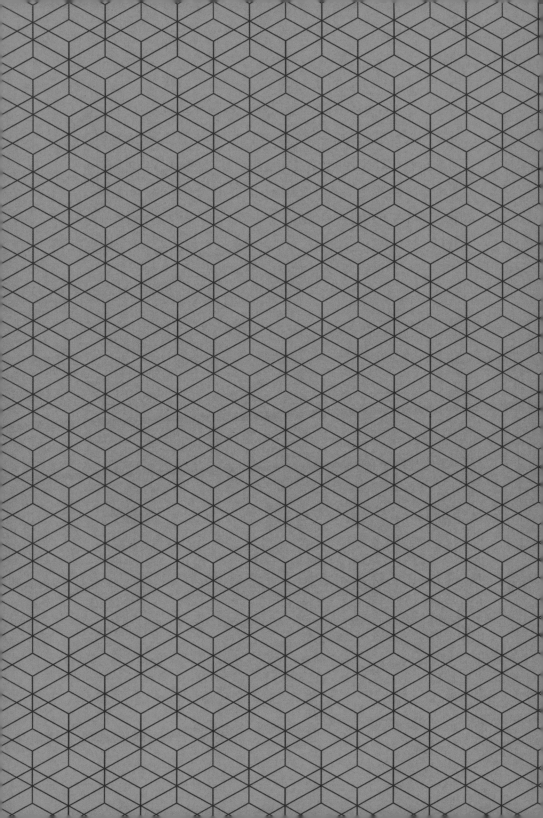

Chapter 13

지금
행동하지 않으면
결코
성공하지 못한다

"이 책을 다 읽은 후 21시간 안에
퀀텀 리프를 이루기 위한 행동에 나서지 않는다면
결코 성공하지 못할 것이다."

13은 내가 가장 좋아하는 행운의 숫자다. 이 책도 13장으로 끝난다. 여기까지 읽었다면 당신은 유용한 '페냐의 처방약'을 먹은 것이다.

이 책에서 우리는 자기 자신에 대한 고정관념을 깨고 새롭게 생각함으로써 성공의 기반을 만드는 일에 관해 이야기했다. 사회적 통념은 거의 틀렸다고 한 내 말을 기억할 것이다. 이제 나는 성공을 이룬 전문가의 조언이 아닌 '얼간이의 지혜'를 말하려고 한다.

당신은 자신의 목표와 포부에 대해 사업 동료, 친구, 이웃, 심지어 가족과도 대화가 되지 않는다는 것을 경험으로 알 것이다. 모두 사회적 통념이라는 수렁에 빠져 있기 때문이다. 그들은 또한 '패자의 사고방식'을 갖고 있다. 그들이 하는 조언이라고는 고작 "그걸 네가 어떻게 하겠어"이거나 어리둥절한 표정을 지으며 던지는 "잘해봐"라는 말뿐이다.

하지만 이제 당신은 가능성을 보았다.

또한 당신은 편안한 마음으로 결정을 내려야 한다는 것도 알게 됐다. 모든 결정이 '고르기 어려운 결정'이 아니며 당신이 일을 밀고 나가다 망쳐버려도 누구도 죽지 않는다는 것을 깨달았기 때문이다. 위험도 기꺼이 감수하게 됐다. 실패가 사회적 생명이 위태로워지는 질병이 아니라 배움의 기회라는 것을 이해한 것이다. 위험을 감수한다는 것은 운에 '맡기는' 것이 아니라 자기 자신을 대성공의 가능성에 '던지는' 것이다. 안전지대 한복판에서 꿈적도 하지 않은 채 성공하겠다는 희망은 망상이다. 장담한다. 실수를 많이 하면 많이 할수록 최종 목표를 달성할 행동도 많이 하게 된다. '행동이 핵심이다!' (당신이 사활을 건 사업을 하고 있지 않다면, 그리고 지난 몇 년간 온갖 의사를 만나야 했다면, 생명을 내놓는 일까지는 하지 않을 것이다. 그런 상황에 놓인 사람이라면 일을 어떻게 해야 하는지 스스로 잘 알고 있으리라 생각한다.)

수단이 아니라 목적에 초점을 맞춰야 한다는 사실을 당신도 이제 알았을 것이다. 무언가의 희생 없이 얻을 수 있는 건 없다. 따라서 어느 정도 계획을 세웠다면 곧장 실행하면서 거시적으로 생각하고 큰 그림을 그려라. 다음 주에 완벽한 계획을 실행하겠다는 생각은 버려야 한다. 그러지 않으면 절대 하지 못한다!

가치관이 명확할 때 결정은 쉽다.

사업가로서 당신은 당신 자신만이 아니라 당신과 함께하는 사람들

도 생각하며 '크게 보아야 한다'. 당신의 꿈과 그 꿈의 의미는 행렬의 맨 앞에 있는 깃발이나 자욱한 안개 속에서 보이는 등불처럼 모두가 볼 수 있도록 크고 명확해야 한다. '열정'을 보여주고 당신 자신의 꿈과 그 꿈에 들어 있는 가치관에 집착해야 한다. 로널드 레이건 대통령을 통해 배운 것처럼 '가치관이 명확할 때 결정은 쉽다'. (나는 이 말을 월트 디즈니Walt Diseny의 조카인 로이 디즈니Roy Diseny에게서도 들었다.)

어느 날 아침 갑자기 피아노를 칠 수 있게 되는 것처럼 어느 날 아침 눈떠보니 성공하는 건 불가능하다. 세미나에서 많은 구루가 당신도 모든 일을 당장 이룰 수 있다고 외쳐댄다. 이 말은 피아노 학원 광고에서 자기네 수업을 들으면 10시간 안에 피아노 연주를 할 수 있다고 선전하는 것과 마찬가지로 거짓말이다.

성공은 '연습'해야 한다. 마치 성공한 것처럼 행동하라. '당신의 능력에 한계가 없는 것처럼 행동하라.' 위험한 상황에 기꺼이 빠져보고 힘내서 빠져나와보라. 자신감을 키워라. 안전지대를 확장하라. 그리고 항상 '당신의 꿈을 아주 사소한 부분까지 자세하게 마음속으로 그려보라'. 미래에 갖게 될 고급스러운 사무실에 어떤 카펫이 깔려 있는지, 벽에는 어떤 그림이 걸려 있는지 상상하라.

성공학의 대가 데니스 웨이틀리가 말한 전략에 나 역시 동의한다. 웨이틀리는 이렇게 말했다. "꿈을 종이에 적어라. 그리고 그것을 지갑에 넣고 다니며 날마다 읽어라. 머릿속으로 꿈을 생각만 해서는 안 된다. 반드시 종이에 적고 읽어라!"

멘토도 필요하다. 당신이 목표로 한 분야에서 대성공을 거둔 경영자나 CEO를 멘토로 삼아라. 현업에서 물러난 탁월한 인재들은 이제 시간이 많다. 그들은 자신의 지혜를 당신에게 기꺼이 알려주려고 한다. 은퇴한 성공자들은 우리가 놓치고 있는 나라의 보물이다. 그 보물 중 하나를 당신 몫으로 요구하라!

다양한 업무를 모두 잘 처리하는 동시에 머릿속으로 시뮬레이션도 해봐야 한다. '당신이 목표한 바를 이룬 모습을 상상하라.'

당신의 꿈을 아주 사소한 부분까지 자세하게 마음속으로 그려보라.

성공한 것처럼 행동하라. 성공한 사람처럼 차려입고 다녀라. 의심을 품어서는 안 된다. 파산할 때도 미소를 잃지 말고 계속 거래하라. 당신이 성공한 사람처럼 보이면 사람들은 다투어 당신과 거래하려 들 것이다.

즉시 드림팀을 꾸려라. 오늘 당장 그렇게 하라! 이 장을 다 읽자마자 바로 첫 번째 팀원에게 전화를 걸어라. 최고의 회계사, 변호사, 금융 담당자, 동업자를 영입해야 한다. 왜 그래야 할까? 당신 혼자서 모든 걸 '할 수 없기' 때문이다. 도움을 얻고 지분을 주어라. 자격증만 내세우는 반항적인 사람을 고용해서는 안 된다. 모험에 대한 욕구가 있는 사람을 고용하라! 그리고 그들이 '모험을 하게 하라'. 그들에게 책임감을 주어서 직접 결정하게 하라. '동시에' 실수도 하게 하라.

또한 그들에게 넉넉한 보상을 지급하라. 하지만 당신 자신과 임원,

팀에게 먼저 지급하라!

나는 '거래의 11단계'를 당신에게 알려주었다.

당신의 아이디어를 확인하고 어떤 거래를 할지 정하라. 그다음 이 과정 전반을 계속 철저하게 '조사하라.' 그리고 일에 '전념'하고 '자신만의 최상 경로'를 설정하라. 필요한 경우 지속적으로 '수정'하고 거래를 확실하게 해줄 모든 단계를 '따라야 한다'. 그다음 '실행하라'.

플랜 B나 안전망 따위는 잊어라. 군대를 강물 앞에 배치한 중국의 장군 한신처럼 '죽기 살기로 싸워라'. 내일이 없는 것처럼 거래와 꿈을 위해 싸우겠다고 직원들에게 그리고 자기 자신에게 맹세하라. 요즘 사람들에게 심각하게 부족한 요소를 하나 고르라면 배짱이다. 싸워서 이기겠다는 단호한 결정을 내리는 사람이 드물다. 당신이 배짱 없는 환경운동가이거나 뉴에이지 신비주의자나 감상주의자라면 내가 제시한 길은 당신의 길이 아니다. 당신이 그런 유형의 사람이라면 탁월한 부나 성공 같은 것을 인생 목표로 삼지 않을 테니 대성공에 매우 유용한 도움을 주는 이 책은 당신에게 맞지 않을 것이다.

자금 조달을 위해 다른 사람의 돈을 어떻게 찾아낼 수 있는지에 관해 확실한 정보를 더 많이 얻어야 한다. 9장과 10장에서 그 내용을 다루어보았다. 98퍼센트의 사람들에겐 은행에서 알아서 돈을 가져다준다. 그 돈을 이용하라! 멀끔하게 양복을 차려입고 은행으로 가서 멍청한 은행 직원의 허점을 노려라. 그 사람과 악수한 뒤 은행 돈을 가지고 나와라. (불법적으로 남의 것을 뺏으라는 말이 아니다. 내가 말한 방법은 합법적이고 도덕적이고 윤리적이다. 나는 사업을 하면서 거의 50년 동안 이 방법을 사용했다.)

앞에서 우리는 퀀텀 리프를 향해 모험하는 과정의 핵심, 즉 지분 거래도 다루었다. 이것이야말로 '진짜' 돈을 만드는 방법이다. 지금 즉시 인수 대상 후보를 찾아 나서야 한다.

마지막으로, 당신이 회사를 끝까지 맡아서 사장 자리에 그대로 있다가 언젠가 사장실의 오래된 책상에 앉아 숨을 거둘 생각이 아니라면 지금 당장 출구전략을 세워야 한다. 앞서 우리는 주요한 출구전략 2가지를 살펴보았다. 한 가지는 어느 날 심장을 움켜쥐고 앞으로 고꾸라져 '2024년 비용 절감 목표'라고 적혀 있는 서류에 얼굴을 처박고 쓰러지는 것이다.

또 다른 전략은 '더 멍청한 바보'를 찾아서 더 이상 돈이 안 되는 회사를 팔아치우는 것이다. 그리고 수레에 초록색 지폐를 가득 싣고 회사를 떠나라. 그런 다음 분위기가 괜찮으면 회사를 사고파는 과정을 다시 시작하라.

선택은 당신에게 달려 있다.

부를 얻을 수 있는 귀중한 정보를 손에 넣었다면 자리에서 일어나 행동하지 않을 이유가 없다. 이 마지막 장을 다 읽자마자 카운트다운이 '확실하게' 시작된다는 사실도 긴급성을 높여줄 것이다.

―

**열정을 가지고 당신의 꿈과
그 꿈에 들어 있는 가치관에 집착해야 한다.**

―

나는 세미나 참석자에게 21일 안에 퀀텀 리프를 이룰 최소한의 행동을 시작하지 않는다면 앞으로 결코 성공하지 못한다고 자주 이야기했다. 지금은 '행동을 시작해야 하는' 시간이 훨씬 더 짧아졌다. 이제 이렇게 말하고 싶다. "'21시간' 안에 행동을 시작하지 않으면 장담하건대 당신은 결코 성공하지 못할 것이다." 이 책은 돈만 낭비한 '재미있는' 다른 책과 함께 책장에 꽂혀 있을 것이다.

당장 회계법인에 전화를 걸어라. 그리고 지역 은행에 전화하라. 꼭 필요한 상담을 연습하는 과정이 담긴 9장을 활용하면 좋을 것이다. 당신이 거주하는 곳의 지역 신문사나 주요 신문사에 연락해 돈을 빌릴 사람을 '애타게' 찾고 있는 금융기관 목록을 알려달라고 부탁하라. 제발 '뭐든' 하라!

좀 잽싸게 움직여라, 지금 당장!

당신은 이렇게 투덜거리고 있을지 모른다. "이봐, 페냐! 다 좋은 이야기야. 하지만 당신이 한 말이 페냐 당신 말고도 누구에게나 적용된다고 내가 어떻게 확신하겠어. 당신처럼 사업에 대담하게 접근하는 사람만 가능한 게 아니냐고!" (그렇다. 나는 대단히 공격적인 우두머리형 수컷이다. 그래서 현재 아주 다양한 출신의 사람들이 나를 찾아온다. 이 책을 처음 쓸 당시에는 내 세미나를 찾는 연령이 대략 35세에서 40대 후반이었다. 최근 5~6년 사이에는 10대에서 30대 중반까지로 바뀌었다. 가끔 35세가 넘는 사람도 있다. 며칠 전에 끝난 세미나에서는 참석자가 19세에서 52세 여성까지 다양했다.)

당신이 그렇게 분명하게 의문을 제기해주면 나는 좋다. 내 세미나가 끝나면 '이걸 나한테 어떻게 적용하라는 말입니까!'라는 의견을 적어내는 멍청이가 꼭 있다. 이런 사람들에게는 뇌에서 그 멍청한 생각을 도려내는 뇌엽절리술이 한 방법일지 모른다. 그러면 좀 나아질 수 있지 않을까?

지금까지 말한 모든 내용을 다시 언급하기보다 지난 몇 년 동안 나와 함께 일한 사업가 몇 명을 소개하는 게 더 나을 것 같다. 이 사람들은 모두 이미 성공한 사업가로서 자기 회사를 운영하며 돈을 벌고 있었다. 캘리포니아 보석계의 젊은 거물 스티븐슨의 성공 스토리는 앞서 이야기했다. 스티븐슨은 젊은 나이에 너무 일찍 사망했다. 나는 그를 고래를 삼킨 새우로 영원히 기억할 것이다.

물론 스티븐슨의 성공 스토리 말고도 더 있다.

캔디스 놀은 휴스턴에서 숙박업을 했다. 몇 년 동안 최고경영진을 수천 명까지 수용할 수 있는 고급 숙박시설이었다. 놀은 내 세미나에 한 번도 참석하지 않았고 QLA를 다루는 다른 행사를 통해 나의 통찰을 접하지도 않았다. 그 대신 나와 개인적이고 직접적인 만남을 통해 QLA를 배워 유용하게 사용했다. 놀은 이렇게 말했다.

"1980년대 말 페냐 덕분에 우리 회사 서비스의 품질을 높이고 사업 범위를 확장할 수 있었다. 페냐는 런던의 4성급 호텔이 제공하는 서비스에 익숙했고 그와 똑같은 수준의 서비스를 우리에게 요구했다. 그와 그의 팀은 인터넷 서비스라는 독특한 요구를 했고 우리는 서비스 수준을 프리미엄급으로 높여야겠다고 생각했다. 그래서 당시에는 새로웠던 설비를 마련하고 개인적 요구 사항을 최대한 맞춰주었다. 숙박시설에 대한 페냐의 기대 때문에 우리는 늘 고민하며 다양한 시도를 했다. 아파트와 오피스텔, 주택의 맞춤 가구 시장에 진입했고 그 다음에는 주택 판매로 사업을 확장했다."

놀은 나의 70번째 생일에도 찾아왔다. 이제는 하던 사업체를 매각하고 부동산 개발업에 뛰어들었다. 매각 당시 놀의 회사는 휴스턴 정유공업지대에서 가장 효율적이고 성공한 사업체였다.

베릴 헨더슨Beryl Henderson은 오타와에서 100만 달러의 상업부지를 거래하면서 토지개발업자로 성공했다. 1993년 9월 헨더슨은 나의 첫 세미나에 참석했고 그 뒤에도 여러 번 세미나를 다시 찾았다. 헨더슨은 글래미스성에서 치른 나의 50번째 생일 파티에도 참석해 나에게 기쁨을 안겨주었다. 다음은 헨더슨의 말이다.

"나는 천재가 아니다. 사실 나는 간호사로 일하다가 상업용 토지개발에 뛰어들었다. 그런데 페냐의 방법을 적용하기 시작하면서 나는 나 자신과 내 전문 영역에서 놀라운 성공을 경험했다. 먼저 순자산이 3배나 증가했다. 나는 200만~300만 달러의 소규모 거래를 하다가 규모가 훨씬 더 큰 거래를 하기 시작했다. 나는 엄청난 돈을 벌었다. 페냐의 방법은 정말 효과가 있다! 적용하기도 매우 쉽고 작은 회사든 큰 회사든 어디에나 활용할 수 있다."

그 이후 15년 이상 지난 오늘날 헨더슨의 삶은 새로운 전환을 맞아 모험의 길로 들어섰다. 우연한 기회에 그렇게 됐다. 요즘 헨더슨은 인도주의에 빠져 있다. 서아프리카 한 마을의 추장과 협력하여 마을 사람들의 생활수준을 개선하고 복지를 확장하는 사업에 힘쓰고 있다.

어떻게 그렇게 하냐고? 이 마을에는 천연자원이 풍부했다. 특히 금이 많았는데 그것을 마을에 이익을 가져다주는 돈으로 바꿀 수단이 없었다. 헨더슨으로서는 몹시 덤벼들고 싶은 상황이었다!

최근에 헨더슨은 어떤 거래를 하든 나의 원칙과 페냐이즘에 따라 판단한다고 단언했다. "한번 페냐의 남자면 영원한 페냐의 남자예요……. 아니 여자군요!"라고 밝게 웃으며 그녀는 말했다.

어느 여성은 자기는 나처럼 할 수 없다고 말한다. 내가 세미나에서 언급하거나 책으로 쓴 적극적인 전략을 잘해낼 자신이 없다는 것이다. 여성이라는 이유에서다. 그러면 나는 헨더슨이 떠오른다. 그래서 이렇게 말한다. "실례지만 부인, 헛소리 집어치우시죠!"

대부분의 여성은 내가 말하는 전략을 '시도'하지 않는 게 사실이다. 사회적 통념에 길들여져서 처음부터 기대를 낮게 갖는 탓이다. 사업에서 비약적 성장을 이루는 일은 여성에게 더 어렵다. 여성이 남성보다 많은 결함이 있어서가 아니라 평생 살아가면서 대성공은 남성의 몫이라는 이야기를 들어왔기 때문이다. "이봐요, 성공과 결혼하세요. 안 그러면 성공하지 못합니다!" 이 점이 궁금하면 헨더슨에게 물어보라.

자신의 능력에 한계가 없는 것처럼 행동하라.

디앤 베르디에에게 물어봐도 된다. 디앤과 (나중에 남편이 된) 그녀의 동업자 조지는 대서양 중부 지역에서 고급 공예 전시회를 조직하

는 슈가로프 마운틴 워크스를 운영하며 많은 돈을 벌고 있었다. 부부는 열심히 일했고 매년 조금씩 회사를 성장시켰다. 하지만 '전통적인' 기준 때문에 자기 생각이나 회사의 경영방식을 바꿀 계획이 전혀 없었다. '페냐의 처방약'을 접하고 1년이 지난 후에 베르디에는 내게 편지를 썼다.

"당신 세미나에 참석한 이후 많은 변화가 생겼습니다. 현금 유동성과 관련해 올해 50만 달러까지 규모를 늘리는 방법을 찾아 그 방법을 추진했습니다. 세미나 덕분에 내년 일정에 새로운 전시회를 4개 더 계획했습니다. 올해보다 50퍼센트 증가한 규모입니다."

그로부터 10년이 넘는 시간이 흘러 내가 이 장을 쓰고 있었을 때 관련 사업 분야는 경기 침체기에 들어선 듯 보였다. 하지만 베르디에가 2008년에 긍정적으로 예측한 것처럼 슈가로프 크래프트 페스티벌은 좋은 성과를 거두고 있었다. 베르디에 부부는 2009년 초 이미 8개가 넘는 전시회를 했고 그해 가을에만 10개의 전시회 일정이 예정되어 있었다. 현재 부부는 뉴잉글랜드와 뉴욕에서 미시간으로, 메릴랜드와 델라웨어에서 애틀랜타와 조지아로 시장을 확장해 한 해에 거의 20개의 전시회를 개최한다.

디앤 베르디에는 사업적 판단에서 나의 페냐이즘을 확고히 따랐다고 강조한다. 그러면서 "생각이 현실이 된다. 꿈을 품고 결코 의심하지 마라"라고 말한다.

그러니 여성들이여, 페냐이즘을 기억하라. 나는 디앤 베르디에의 성공을 믿어 의심치 않는다. 당신 역시 당신의 능력에 한계가 없는 것처럼 행동하라. 고개를 푹 숙인 채 목표에 확신을 갖지 못하면 퀀텀 리프를 달성할 수 없다. 어두운 골짜기의 반대편을 명확하게 보라. 다음번에 발을 디딜 곳은 저 멀리 있는 높은 산봉우리일 거라는 넘치는 자신감을 가져야 한다.

나의 제자들인 QLA 실행가들은 나와 헤어질 무렵에 더욱 대담해진 사고방식을 갖는 것에 더해 사업적 지혜로 무장된 도구상자를 갖춘다. 나와 오랜 시간 함께 일한 '헌팅 파트너'인 마틴 헬러는 이 점에 확실하게 동의한다. 헬러는 이렇게 말했다.

"나는 개인적으로 끝내주는 아이디어를 사업에 많이 적용했다. 이런 사업 가운데 전자상거래 스타트업이 있는데 이 회사는 단 7개월 만에 한 달 매출이 10만 8천800달러로 치솟았다. 그리고 2년 만에 총매출액이 7자리 숫자가 됐다. 또 다른 벤처회사는 몇 년 만에 유럽과 영국에서 민간 의료 분야의 선두 자리를 차지했다. 지금은 면허권을 얻어 유럽과 영국에서 독점적인 상품 거래를 하는 수면무호흡증 치료 사업 집중하고 있다. 현재 우리는 '설립 또는 매입, 매각 또는 상장' 전략으로 더 많은 회사를 인수하려 계획하고 있다."

내가 여러 해 멘토링을 해준 가장 총명한 인재 중 한 명인 로버트 역시 내 세미나를 참가한 많은 사람처럼 대성공을 거두었다. 1997년에 실직한 로버트는 식품점에서 야간 근무조로 일하며 트럭 세차를 했다. 그러면서도 내 강의를 찾아 듣고 QLA 오디오 테이프를 샀다. 로버트는 자신의 성공이 숱한 절망과 실패를 기반으로 이루어졌다고 고백한다.

결의에 찬 사업가가 된 로버트는 2002년에 인터넷 회사를 출범해 큰 성공을 거두었다. 그리고 2004년에 우리는 다시 만났다. 2005년에 로버트는 인터넷 회사를 (그의 말로는) '거액'을 받고 팔았다. 지금은 주로 아시아에 살면서 컨설팅을 하는 동시에 몇 가지 프로젝트에 참여하고 있다.

로버트는 내 세미나에 여러 번 참석했다. 로버트는 QLA가 자신이 가진 잠재력의 '브레이크를 제거해주었다'고 말한다.

"우리는 모두 스스로 한계를 만든다. 또한 몹시 안타깝게도 다른 사람이 자신의 한계를 정하게 한다. 나는 우리의 능력에 한계를 두어서는 안 된다고 페냐에게 배웠다. 나는 페냐의 말을 신뢰한다. 지금 나는 그와 함께하며 앞으로도 함께할 것이다. 자신이 원하는 모습이 되도록 뒤에서 밀어줄 멘토를 얻는 행운을 모두가 누리면 좋겠다."

———

어두운 골짜기의 반대편을 명확하게 보라. 다음번에 발을 디딜 곳은 저 멀리 있는 높은 산봉우리일 거라는 넘치는 자신감을 가져야 한다.

———

나를 오랜 친구로 생각하는 델마 박스Thelma Box는 내가 자기를 압박했다고 말한다. 내가 은퇴에 대한 정의를 '충분히' 다시 생각하라고 몰아붙였다는 것이다. 실제로 박스와 나는 30년 가까이 된 친구 사이다. 우리는 내가 그레이트웨스턴에서 일하고 거스리성에서 세미나를 하던 시기보다 훨씬 더 오래전부터 알고 있었다. 나는 텍사스에서 석유사업을 하면서 몇 개월 동안 박스가 운영하는 숙소인 그레이엄에서 묵었다.

박스는 이렇게 말한다. "페냐가 생각하는 '충분히'는 우리와 달라요. 그가 하도 몰아붙이는 바람에 나는 은퇴에 대한 나의 정의를 '충분히' 다시 생각하게 됐어요. 그 결과 은퇴 자금을 2배 이상 마련했고 지금은 초이스라고 하는 자기계발 프로그램을 운영하고 있어요. 나는 내 아이가 페냐를 롤모델이자 삶의 멘토로 삼으면 좋겠어요. 하지만 내게 가장 중요한 건 페냐가 나의 충실한 친구라는 사실이죠. 페냐는 종종 친구들이 의견을 달리해도 우정을 매우 소중하게 생각하는 사람이에요. 페냐는 내 삶을 완전히 바꿔놓았어요." (이것은 박스가 80대 중반에 한 말이다. 지금도 우리는 35년이 넘도록 서로 연락하며 우정을 이어오고 있다. 여전히 박스는 초이스라는 프로그램을 운영하고 있지만 서서히 유종의 미를 거두는 중이다.)

버니 쉰들러Bernie Schindler 박사는 이미 몇 년 전에 자신의 척추 클리닉을 정리하고 사업을 확장했어야 했다. 12년 동안 병원을 성공적으로 운영했으니 말이다. 쉰들러는 새로운 도약이라고는 꿈도 꾸지 않고 그저 진료실에만 안주하고 있다가 나를 만나게 됐다. 몇 년 전 로스앤젤레스에서 세미나를 한 적이 있는데 나에 대해 소문을 들은 쉰들러가 자녀 다섯을 데리고 세미나에 참석했다. 쉰들러는 이렇게 말했다.

"그날 페냐의 책을 4권 샀다. 그보다 더 중요한 것은 내게 영감을 주는 사람을 만났다는 사실이다. 페냐 덕분에 나는 일상적인 진료만 하고 있을 게 아니라 사업을 다음 수준으로 끌어올려야 한다는 생각을 하게 됐다. 그러다 어느 날 허리 부상을 당해 하루 종일 침대에 누워 있어야 했다. 꼼짝도 하지 않는 데다 진통제까지 먹으니 변비가 생겼다. 50대 후반에 반강제로 휴가를 얻은 나는 변비 방지 방법을 검색했고 그걸 시작으로 당시 초창기 시장이었던 인터넷 마케팅과 판매 수단을 배웠다. 그리고 새로운 통신판매사업을 시작했다.”

쉰들러는 내 세미나에 참석하러 스코틀랜드에 온 참석자 가운데 가장 나이가 많은 편에 속할 것이다. 하지만 가장 열정적인 참가차 축에도 속한다. 변비 해결에 그렇게 열정적인 사람은 누구나 당연히 열정적이다. 나는 쉰들러를 가까운 친구로 생각한다. 쉰들러는 사업에 대한 열정이 나이와 상관없이 어떻게 뛰어난 치료제가 되는지 말해주는 좋은 본보기이다.

팀 콘Tim Cohn은 마케팅 컨설턴트로 성공한 사람이다. IBM 경영협력 부서의 유능한 마케팅 인재이며 구글 애드워즈Google Adwords에서 인정받은 전문가로 오클라호마에 있는 사무실에서 70명이 넘는 고객을 관리한다. 1990년대 말 나를 만나기 전 콘은 사업 확장을 꿈꾸고 있었다. 콘은 이렇게 말했다.

“나는 내가 원하는 목표를 알고 있었지만 그것을 어떻게 달성해야 하는지는 알지 못했다. 그런데 페냐가 잃어버린 퍼즐 조각을 찾아주었다. 실행력이 탁월한 사람은 기술과 자신감을 무기로 신속히 결정을 내린다고 말하며 그 방법을 내게 알려주었다. 나는 다른 ‘전문가들’에게서도 사업을 성장시키라는 조언을 들어봤지만 페냐를 만났을 때 저 사람이야말로 진짜라는 것을 깨달았다.”

콘이 배운 것 한 가지는 은행 관계자와 잠재적 투자자를 설득하는 프레젠테이션 방법이었다. 런던에 사무실을 열 준비를 하던 콘은 동료들과 함께 '런던 금융계 사람들'을 만나러 갔다. 콘은 내 세미나에서 은행 사람들을 만나서 그들의 언어로 말하는 방법을 배웠고 그것을 비장의 무기로 삼았다. 콘이 거액의 대출을 받기 위해 은행 관계자들과 협상하는 자리에서 얼마나 말을 잘하던지 함께 간 동료들 모두 깜짝 놀라서 말을 잇지 못했다. 은행은 동료들에게까지 바클레이 카드를 발급해주었다. 이런 이야기를 들으면 나는 너무 기쁘다!

현재 콘은 수익 창출과 관련해 세계적인 전문가로 활동하고 있다. 제품과 계약만이 아니라 '인터넷 공간에서 거래 예약을 하는 방식'을 통해서도 수익을 창출한다. 최근에 콘은 이런 말을 했다.

"나는 철저한 실력주의 사회에서 일하고 있다. 지식을 활용해 얻은 통계적인 결과로만 판단받는다. 나는 날마다 1천 개의 웹사이트를 검토하며 성과를 점검한다. 무엇보다 중요한 것은 내가 일하는 방식이다. 페냐의 말처럼 나는 내 능력에 한계가 없는 것처럼 행동한다."

콘은 매우 기술적이고 난해한 과정을 활용해 인터넷 마케팅의 틈새시장을 발견했다. 그 과정을 이해할 수 있는 사람은 아마 드물 것이다. 나도 그렇다. 하지만 QLA는 다른 모든 산업에서 효과적인 것처럼 콘의 사업 환경에서도 도움이 된다.

도리스 프리미세리오Doris Primicerio는 16세에 콜센터 업무를 시작해 36년 이상 콜센터를 운영하고 있다. 22년 전 프리미세리오는 자신이 직접 콜센터 사업을 시작했다. 그녀의 틈새시장은 병원의 진료 시간이 끝난 이후 걸려오는 전화를 처리하는 전화 수신 서비스였다. 콜센터 직원들은 각종 응급의료 상황에 맞게 응답을 하고, 위급한 상황에서 전화를 한 사람을 안심시키기 위해 전문적으로 말할 수 있도록 훈련받는다. 프리미세리오의 사업은 적당한 성공을 거두고 있었다. 그러다가 1995년 프리미세리오는 올랜도의 하얏트 인터내셔널 에어포트에서 내 강연을 듣게 됐다.

나는 프리미세리오에게 전국의 콜센터를 매입하고 합병해 사업을 폭발적으로 확장하라고 권했다. 그리고 그녀는 실제로 그렇게 하고 있다. 여러 회사를 인수해 올랜도와 플로리다에 있는 본사에 합병하는 중이다. 몇 개월 전에는 필리핀에 50개의 지점이 있는 콜센터를 인수해 회사를 세계적으로 확장했다. 그와 동시에 2008년 초 거스리성 세미나에 참석해 자신의 숙원 중 하나를 이루었다.

"나는 페냐의 페냐이즘을 아주 좋아한다. '투자하기 전에 조사하라'는 조언은 내가 정말 좋아하는 말이다. 이 말을 기억했기 때문에 나도 회사를 매입하면서 수천 달러를 절약했다. 그 회사가 겉으로 보이는 것처럼 안정적이지도 않았고 서류상 조작도 있었기 때문이다." 프리미세리오는 이렇게 덧붙였다.

"얼마 전 나는 아들 제레드에게 페냐이즘을 1번부터 21번까지 외우라고 했다. 아들에게 페냐이즘을 외우면 1개당 1천 달러를 주겠다는 말은 미리 하지 않았다. 15개를 외우고 1만 5천 달러를 받은 아들은 2만 1천 달러를 벌지 못했다며 스스로 머리를 쥐어박았다. 페냐이즘은 그 정도로 내게 중요하다. 내 아들도 자신의 사업과 인생에서 페냐이즘을 중요하게 생각하기 바란다.

내가 유일하게 후회하는 일이 있다면 바로 페냐의 세미나를 13년이나 지나서 참석했다는 것이다. 1995년에야 QLA 세미나 참석을 목표로 삼았다. 당신이 그의 세미나 참석을 계획하고 있거나 목표 항목에 넣고 있다면 머뭇거리지 마라. 거스리성으로 가서 '1조 달러의 사나이' 페냐의 강연을 들어라. 거스리성에서의 경험은 믿기 어려울 정도로 놀랍다."

강연이나 세미나에서 이미 세계적인 수준으로 활동하고 있는 전문가가 나의 세미나에 대해 찬사를 보낸 건 나로서는 최고의 찬사였다. 앞서 테드 니콜라스를 언급한 바 있다. 니콜라스는 현재 아주 활발히 세미나 강연을 하는 몇 안 되는 연사 중 한 명이다. 니콜라스는 거스리성에서 세미나가 열리는 동안 스코틀랜드에서 나와 1주일을 함께 보내며 이런 말을 했다.

"이번 세미나는 내가 참석한 것 중 최고의 세미나입니다. 여기서 얻은 정보는 지금 당장에라도 수백만 달러의 가치를 지닙니다. 하버드대학교나 스탠퍼드대학교에 가도 이번 주에 페냐가 알려준 실용적이고 직접적인 정보는 얻을 수 없습니다. 대개 한 번의 세미나에서 좋은 아이디어 하나만 얻더라도 유용한 시간을 보냈다고 말합니다. 그런데 내가 세어보니 이번 세미나에서는 103개의 아이디어가 내 공책에 적혀 있습니다. 나는 이것들을 내 사업에 활용할 계획입니다." (현재 니콜라스는 은퇴했다. 지난 30~40년간 최고의 마케팅 전문가로서 그는 내게 말이 중요하다는 것을 가르쳐준 멋진 사람이다. 글로 쓰인 말뿐 아니라 입에서 나온 말도 중요하다는 사실을 그를 통해 배웠다.)

나는 내 사업 파트너 중 한 명인 피터 세이지 또한 여러 번 언급했다. 세이지의 이야기는 마지막에 하려고 지금까지 아껴두고 있었다. 지금까지 소개한 사람들이 QLA를 받아들임으로써 얼마나 큰 성공을 이루었는지 보여준다면 세이지의 비전을 통해 우리는 미래로 갈 수도 있을 것이다. 심지어 우주로도 갈 수 있다!

세이지는 스페이스에너지Space Energy의 공동 창업자다. 국제적 기업인 스페이스에너지는 상업적으로는 세계 최초로 우주에서 독자적으로 움직일 수 있는 태양발전 위성 시스템을 건설하는 프로젝트에 돌입했다. 지구에서 3만 6천210킬로미터 떨어진 곳에서 지구정지궤도를 따라 움직이는 거대한 인공위성 네트워크를 상상해보라. 정말 놀랍지 않은가. 이를 통해 환경오염이 전혀 일어나지 않는 친환경 형태의 엄청난 전기를 우주에서 지구로 하루 24시간 보내주는 것이다!

최근에 세이지는 이렇게 말했다.

"이번 프로젝트의 멘토는 페냐다. 2008년 말 우리는 최고의 사업 시기에 큰돈을 벌기 위해 드림팀을 꾸리고 있었다. 흥미롭게도 몇 년 전 페냐가 '당신의 첫 1억 달러'라고 하는 말을 처음 들었고 그때 나는 '와, 나도 규모 좀 더 키워야겠는데'라는 생각이 들었다. 현재 나는 역사를 바꿀 수 있는 150억 달러짜리 프로젝트를 추진하고 있다. 이제야 그의 말을 이해할 수 있게 됐다."

에너지 가격은 오르고 자원은 고갈되고 있지만 여전히 사람들은 에너지 하면 '주유소의 기름값' 정도만 생각하는 경향이 있다. 하지만 전 세계적 에너지 수요를 만족하려면 인도와 중국 같은 급성장 국가의 에너지 수요도 고려해야 한다. 13억 명 이상의 에너지 소비자가 있는 중국만 해도 향후 10년 동안 매주 석탄화력발전소를 세워야 할 것이다. 이 두 거대한 공룡 국가의 에너지 수요를 맞추려면 현재 가용한 에너지 자원만으로는 턱없이 부족하다. 게다가 석탄 같은 화석연료의 지속적 사용 때문에 이산화탄소, 아황산가스, 산화질소 등 유해한 배기가스가 점점 더 많이 배출되어 지구의 환경은 더욱 망가지고 있다.

그렇기 때문에 태양발전 위성 프로그램은 더욱 야심 찬 프로젝트다. 대담하고 획기적인 계획이라 항공우주산업의 지원을 받고 있다. 이러한 계획에는 설계와 실행, 운영 기술이 필요하다. 세이지는 퀀텀 리프 사고방식을 깨끗하고 저렴한 에너지를 확보하겠다는 비전으로 확장해 무해한 태양 에너지를 몇 년 안에 저렴한 가격으로 상용화하려는 계획을 배짱 있게 추진했다.

'이처럼 비전을 세우는 방법은 매우 효과적이다.' 이와 관련해 내가 알려줄 수 있는 방법과 경험은 많고도 많다. 당신의 비전에 집중적으로 초점을 맞춘 다음 당신의 열정에 불을 붙여라. 성공을 연습하라. 그러면 최초의 퀀텀 리프를 이룬 후 어느 정도 안전한 지대에 머물게 된다. 그러면 그 과정을 처음부터 다시 해보고 싶어질 것이다.

그러다 어느 날 통장 계좌를 보면 마터호른산처럼 갑자기 불어난 잔액에 놀랄 것이다. 그리고 이렇게 말하겠지. "이봐 페냐, 이거 정말 재밌군." 당연히 나도 알고 있다. 그래서 '지금도' 나는 나의 퀀텀 리프를 반복적으로 달성하고 있다. 돈 때문이기도 하지만 '그와 동시에' 퀀텀 리프를 이루는 과정을 아주 좋아해서다. 앞으로 당신의 인생에서 퀀텀 리프는 평범한 수준을 넘어서는 이익을 가져다줄 것이다!

만약 당신이 2천만 달러를 벌지 못하면 어떻게 할 것인가? 그러니까 2천만 달러를 벌어야 하는데 700만 달러밖에 벌지 못했다면? 그러면 어떻게 할 거냐는 말이다. 퀀텀 리프 말고는 답이 없다.

당신의 비전에 집중적으로
초점을 맞춘 다음
당신의 열정에 불을 붙여라.
성공을 연습하라.

나는 언제 어디서나 거래를 찾아 나선다. 400명 이상이 참석하는 세미나에서 나는 한 가지 제안을 하며 강연을 끝낸다. 나는 중견 기업의 사업가든 초보 사업가든, 아니면 '어떤 인물에 대한 신봉자'든 내 강연을 듣는 사람에게 내가 관심을 가질 만한 프로젝트나 거래를 염두에 두고 있다면 그 내용을 한 페이지로 작성해 팩스로 보내라고 말한다. 두 페이지는 안 된다. 한 페이지에서 한 글자만 더 늘어나도 안 된다. 꼭 한 페이지로 작성해서 보내야 한다. 그러면 나는 그 한 페이지를 읽고 그것이 성공 가능성이 있는 거래인지, 아니면 단지 감상적인 환상으로 포장된 것인지 알려줄 것이다.

성공 가능성이 있는 거래라면 나는 생각해볼 것도 없이 당장 그 일을 착수하는 데 필요한 절차를 알려줄 수 있다. 그 일이 수백만 달러를 안겨주는 퀀텀 리프가 되게 하려면 무엇을 해야 하는지 말해줄 것이다. QLA 세미나에 참석한 사람들에게만 이런 제안을 한다. 그러면 우리는 금세 친해지고 어느 정도 죽이 잘 맞는다! 잘 생각해보라. '내가 당신의 멘토가 되어줄 수 있다.'

나는 내 개인 돈으로 거래를 하는 일은 거의 없다. 누군가 유망하다고 생각하는 거래가 있으면 그 사람의 대리인이 한두 가지 방법을 통해 내게 접근한다. 나는 그 거래를 검토해보고 괜찮은 거래라고 판단할 경우 해당 거래에서 최소 25퍼센트의 지분이나 옵션, 거기에 더해 월별 컨설팅 비용과 그밖에 다른 비용을 요구한다. 내 요구 사항을 받아들이면 그때부터 나와 그 사람은 공식적인 멘토와 멘티 관계가 된다. (15년 정도 멘티나 제자들을 도와 거래를 해보니 사람들은 아무리 내 조언이라도 비용을 내지 않는 조언은 잘 따르지 않는다는 것을 아주 잘 알게 됐다. '행동을 하려면 대가를 지불하라'라는 말을 기억하라. 따지고 보면 나는 출구가 없는 개인 회사를 돕고 작은 이익만 얻는 것이다.)

"폐냐, 당신이 내 꿈을 25퍼센트 넘게 가져간다고?" 그렇다! 어떤 것을 선택하겠는가? 내가 끌어올려줄 수 있는 75퍼센트를 갖겠는가, 아니면 100퍼센트를 잃겠는가? 선택은 당신 몫이다.

지분 100퍼센트를 혼자 다 갖고 싶은가? 그리고 그 거래를 성사시킬 자신감과 확신이 있는가? 그렇다면 나와 내가 쌓은 40년간의 경험을 시간당 또는 일당 요금으로 구매하라. 추가 비용도 있다. 잊지 마라. 나는 싸게 먹히는 사람이 아니다.

이야기를 마치며

여기까지 내 이야기를 따라왔는가? 그렇다면 당신은 얼간이 테스트에 통과했다. 당신은 아마 진지한 사람일 것이다. 그리고 하루하루 더 멀어져가는 것 같은 꿈을 향해 발버둥 치며 살아왔을 것이다. 사람들은 무의식적으로 잘못된 행동을 반복하고, 그러면서 이전과는 다른 결과를 기대한다. 그야말로 미친 짓이다. 어떤 사람은 다양한 비용을 충당할 정도로 비교적 안정적인 회사를 운영하면서 새로운 혁신을 이룰 갈림길에 서 있다. 하지만 끝내 혁신을 시도하지 못한다. 또 어떤 사람은 여러 해 동안 수정에 수정을 거듭한 획기적인 아이디어를 가지고 있다. 전문가들에게서 돈과 명예를 안겨줄 아이디어라는 극찬까지 듣는다. 그러고도 결국 지금까지 아이디어로만 간직하고 있다.

사람들은 대개 이런 식으로 행동한다. 당신은 당신의 방식에 무언가 하나 빠졌다는 것을 '알고 있다'. 그래서 각종 세미나에 참석하고 책과 오디오 테이프를 산다. 그것들이 어떤 대답을 해주던가?

최근 세미나에서 어떤 남자가 내 강연을 듣고 평가지를 작성했다. 남자는 내 강연이 마치 '지식이 섬광처럼 자신의 눈을 뚫고 들어와 뇌에 불을 지핀 것 같다'고 평가했다. 그리고 이렇게 말했다. "나는 돈을 벌고 대성공을 이루는 비밀을 찾고 있었다. 오늘에서야 비로소 나는 그 비밀을 찾았다. 비밀이 없다는 게 비밀이다! 페냐는 경제적 감각이 있는 사람들이 어떻게 거대한 기업을 세우고 엄청난 거래를 척척 해내는지 설명해주었다. 그동안 나는 방관자 입장에서 그들이 사업을 어떻게 했는지 파악하려고 시도했지만, 페냐의 말을 듣고 나서 돈과 성공의 비밀을 알게 됐다."

이제 당신도 그것을 알고 있다. 당신이 성공을 이루지 못한다면 그 책임은 당신에게 있다. 남 탓을 해서는 안 된다.

성공은 '무언가를 하겠다고 말하는 사람'이 아니라 실제로 '무언가를 하는 사람'에게만 찾아온다.

게으름뱅이와 몽상가로 가득 찬 이 세상에서 큰 성공을 이루기 위한 비밀 열쇠는 바로 '행동'이다. 어떤 사람은 대성공을 하고 싶다고 '말한다'. 어떤 사람은 대성공을 이룰 '계획을 세운다'. 또 어떤 사람은 대성공을 '꿈꾼다'. 하지만 성공은 '무언가를 하겠다고 말하는 사람'이 아니라 실제로 '무언가를 하는 사람'에게만 찾아온다.

내 요점이 전달됐기를 바란다.

시계를 보라. 21시간 카운트다운이 시작됐다.

이 책의 13개 장은 당장에라도 재정적 성공을 연주하는 오케스트라를 이끌 수 있는 능력을 당신에게 선사한다. 자신만의 도구를 아직 개발하지 않아도 당신은 이미 유용한 도구상자를 갖게 됐다. 무엇보다 당신은 지휘자로서 다양한 도구를 어떻게 사용해야 하는지 잘 이해하게 됐다. 나는 당신이 성공했다는 소식을 간절히 듣고 싶다. 이만 마친다.

1조 달러의 사나이가.

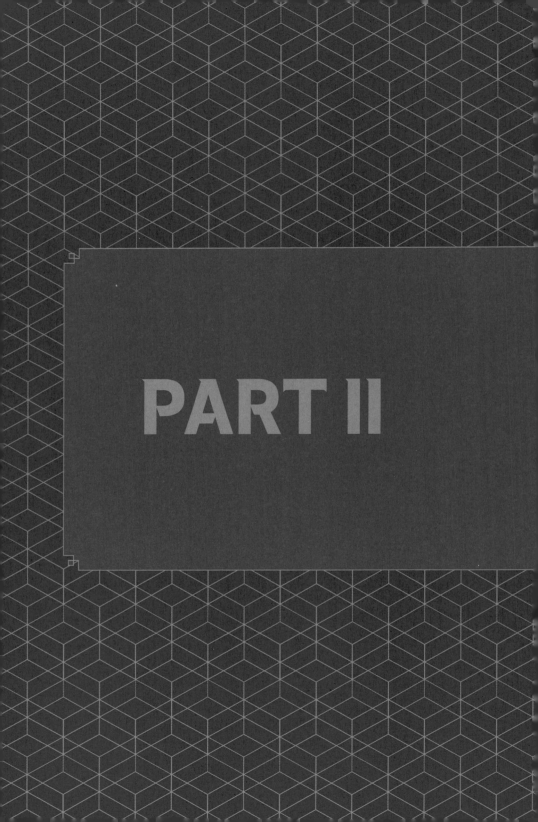

PART II

슈퍼 석세스 실천 가이드

당신에게 큰돈을 벌게 해줄 조언: 페냐이즘

세상에서 가장 위대한 교사는 많은 양의 글과 말을 간결하고 함축적인 문장이나 짧은 경구로 요약할 수 있다. 여러 해 동안 나는 퀀텀 리프의 개념을 좀 더 명확하게 알려주기 위해 다른 사람의 말을 인용하기도 하고 나만의 통찰도 활용했다. 이러한 조언을 내 제자들은 '페냐이즘'이라고 부른다.

1.　고난은 언젠가 끝난다. 강한 사람만이 살아남는다.

2.　바꿀 수 없는 일에 시간 쓰지 마라.

3.　독선적인 사람이나 자기중심적인 사람과 거래하는 경우, 억지로라도 인정해 주는 척해라.

4.　사업은 사람에서 시작하고 사람으로 끝난다. 사업은 피와 살, 뼈와 힘줄, 심장과 마음, 감정과 영혼의 상호작용이다.

5.　꿈을 크게 꾸어라. 큰 생각을 품어라. 큰 사람이 되어라.

6.　대범하게 실패하라!

7.　많이 들여다볼수록 투자할 건은 적어진다.

8. 결코 자기 자신을 의심하지 마라.

9. 현금은 죽음을 뒤로 미룰 뿐이지, 죽음을 피하게 해주지는 못한다.

10. 자기 일에 모든 시간을 쏟아붓지 않으면서 대성공을 거두거나 뛰어난 실행력을 발휘한 사람을 나는 한 번도 본 적이 없다.

11. 거래는 그것이 '실제로' 좋은 거래이기 전에 먼저 좋아 '보여야' 한다.

12. 비약적인 성장을 하는 동안에는 문제를 해결해 놓아도 곧 더 심각하고 복잡한 문제로 바뀔 것이다.

13. 어느 협상에서든 거래 당사자는 자신만의 안전지대를 갖고 있다. 유능한 협상가는 상대방 안전지대의 경계를 확인하고, 그 경계를 넘지 않는 선에서 최대한 자신에게 유리하게 협상한다.

14. 해온 일을 계속하라. 투자 수익을 극대화하려면 내 전문 지식과 경험이 있는 분야에 자산과 자원, 능력을 동원해라.

15. 인간이 계획을 세워봤자 신에게는 웃음거리다.

16. 당신이 언제나 모든 답을 알 수는 없으니 진짜로 존경하는 사람의 조언만 골라 들어라.

17. 아무리 잘못 판단한 결정의 결과라도 영원한 우주에 비하면 사소한 일이다.

18. 달을 향해 쏘아라. 그러면 달 한가운데 화살을 꽂지는 못해도 별이라도 맞출 것이다.

19. 언제나, 반드시, 꼭 당신과 직원 월급을 먼저 챙겨라! 아무리 경기가 안 좋더라도!

20. 성공을 위한 계획을 세워라. 차선책이나 낙하산, 안전장치는 생각하지도 마라. 그런 것들을 염두에 두는 순간 당신은 실패할 것이다.

21. 경영 성과를 내려다가 짓는 죄는 수익이 급증하는 순간 다 용서받기 마련이다.

22. 골프를 잘 못 치는 척하는 법을 배워라.

23. 스스로에게 엄격해라. 훈련의 고통이 후회의 고통보다 낫다.

24. 탐욕 때문에 인간은 짐승이 되고, 짐승은 악마가 된다.

25. 사람들은 죽음 이후의 삶을 걱정한다. 내 걱정은 죽기 전의 삶이다.

26. 비즈니스 세계에는 두 부류의 사람이 있다. 한 부류는 뛰어난 아이디어를 가진 사람이고, 다른 한 부류는 그 아이디어를 실행하는 사람이다.

27. 상황을 바꾸고 싶다면 먼저 자신이 바뀌어야 한다.

28. 과거에 머물러 있는 사람은 자신의 미래를 망치는 것이다.

29. 이기는 시합과 지는 시합에는 큰 차이가 있다.

30. 실패와 탁월한 실행력의 차이는 두려움을 어떻게 처리하는가에 달려 있다. 두려움은 누구에게나 있다. 실행력이 탁월한 사람은 두려움을 이용해 행동에 박차를 가한다.

31. 무지는 가시밭이 펼쳐진 낭떠러지다.

32. 챔피언champ과 멍청이chump는 한 글자 차이다.

33. 사업에서 성공하려면 올바른 방향으로 가는 것 이상의 일을 해야 한다. 퀀텀리프를 이뤄라.

34. 오늘 실행한 좋은 계획이 다음 주에 실행할 탁월한 계획보다 낫다.

35. 사업이 제대로 성공하려면 외부 조력자가 필수다. 당신과 돈독한 관계를 맺어 둔 사람이면서 당신이 거래하는 회계법인이나 법무법인에서 신뢰받는 인물이어야 한다. 이런 조력자는 각자의 조직에서 당신의 스파이 노릇을 하며, 자기 회사보다 당신에게 더 충성하게 된다. 이들은 의욕과 열정, 야망이 있고 영특할지는 몰라도 결국 당신 손바닥 안에 있다.

36. 포커 게임에서든 거래에서든 겁먹은 돈으로는 이길 수 없다. 그런 돈은 상대

에게 불쾌한 악취를 풍긴다. 시합을 하려면 당신 돈은 집에 놔두고 '남의 돈'으로 하라.

37. 꿈의 성취도는 당신이 꿈을 얼마나 갈망하는지와 꿈을 위해 얼마나 희생할 수 있는지에 정비례한다. 죽을 준비가 안 되어 있다면 살 준비도 안 된 것이다.

38. 어떤 사람과 관계를 끝내려거든 그에게 돌아올 여지를 주지 마라. 깨끗하고 확실하고 변경할 수 없게 끝내라.

39. 퀀텀 리프는 낚싯줄이 아니라 그물로 물고기를 끌어올리는 것과 같은 성공이다.

40. '탁월한 성장'을 이루려면 피할 수 있는 실수는 피하고 성공이 자연스레 자라나게 해야 한다. 잘하고 있는 걸 계속하고, 잘못하고 있는 걸 줄여라.

41. 너무나 분명한 것을 놓치는 이유는 늘 있게 마련이다.

42. 당신의 계획이 잘못될 가능성이 적다고 보지 마라. 아무리 치밀하게 계획해도 외부의 사건이나 환경 때문에 계획이 무너질 수 있다.

43. 개인적 친분이 있는 사람과는 그 인연이 시작되던 때의 기준을 유지하라. 진정한 친구라면 당신의 성공에 기뻐할 것이니 성공의 기쁨을 같이 나누면 된다. 하지만 당신이 성공했다고 해서 그들의 일과 삶을 당신 기준으로 재평가해서는 안 된다.

44. 당신이 타고난 가장 소중한 자산은 직감이다. 직감을 두려워하지 마라. 당신의 직감은 세상의 지혜보다 강력하다.

45. 사업 기회는 풍부하다. 하지만 만만치 않은 장벽도 많다. 그중에서 가장 넘기 힘든 건 심리적 장벽이다. 바로 '나 자신'이라는 장벽 말이다.

46. 획기적인 사고와 열정으로 탄생한 당신의 위대한 아이디어는 무관심과 냉담, 낮은 기대 탓에 사라진다.

47. 사회적 통념은 거의 항상 틀리다.

48. 증거 없음이 '없음'의 증거는 아니다. 어떤 일이 성공한 적이 없다고 해서 앞으로도 성공할 수 없다는 뜻이 아니다. 당신이 직접 보거나 들은 적 없다는 게 '없음'의 증거는 아니다.

49. 가치 있는 꿈에는 언제나 대가가 따른다. 이는 무언가를 얻으려면 무언가는 포기해야 한다는 뜻이다. 모든 것을 다 가질 수는 없다.

50. 케니 로저스의 오래된 노래 〈갬블러〉에는 "언제 패를 취하고 언제 버릴지 알아야 한다"는 가사가 있다. 이는 CEO가 새겨들을 만한 메시지다. CEO인 당신은 직원들로부터 버거울 정도로 많은 조언을 들을 것이다. 언제 그 조언을 취하고 버려야 하는지는 당신에게 달렸다. 직원들의 말을 경청하라. 당신의 직감에 귀를 기울여라. 당신이 결정을 내리고 행동하라.

51. 열정 없이 실행력이 탁월하고 대성공을 거둔 사람을 나는 본 적이 없다.

52. 미래를 예측하는 최고의 방법은 스스로 미래를 만드는 것이다.

53. 흥분될 만큼 핫한 거래가 아니라면 그건 거래가 아니다.

54. 그곳에 도달하는 방법을 알아야 할 필요는 없다. 하지만 자신이 어디에 도달하고 싶은지는 반드시 알아야 한다.

55. 목표가 없으면 어디에 가든 안주하게 된다.

56. 목표를 높게 잡는다고 돈이 드는 것도 아니다. 반면 목표가 없으면 아무거나 얻어걸릴 것이다.

57. 공포는 실제처럼 보이는 거짓 기대다.

58. 고민은 행동하지 않는 사람들이나 하는 것이다.

59. 비약적 성장을 이루는 과정에 쉬운 항해란 없다. 거친 파도를 헤쳐 나가는 방법을 배우는 게 좋다.

60. 혼돈에서 질서가 생긴다. 혼돈에 기회가 있다. 바로 '카오딕(혼돈과 질서의 혼재)'이다!

61. 돈으로 행복을 살 수 없다고 말하는 사람은 쇼핑할 장소를 모르는 것뿐이다.

62. 같은 일을 반복하면서 다른 결과를 기대하는 것은 미친 짓이다.

63. 똑같은 일을 더 많이 하면 똑같은 결과만 더 많이 얻게 된다.

64. 멍청이가 하는 말은 중요하지 않다.

65. 잠재적 동료와 동업자에게 '얼간이 테스트'를 하라. 그들에게 스트레스를 줘서 압박에 어떻게 반응하는지 보아라. 그들이 실행력이 탁월한 사람인지 확인해야 한다.

66. 돈은 '뭘 아는가'에서 나오는 게 아니라, 당신이 직접 또는 남을 시켜서 '뭘 할 수 있는가'에서 나온다.

67. 흔하디흔한 게 아이디어다. 아이디어를 행동으로 옮기는 사람이야말로 위대한 사람이다.

68. 성공이 쉽지 않다는 걸 이미 잘 알고 있지 않나. 그런데도 당신은 신화 같은 성공담만 듣고 싶어 한다.

69. 반쪽짜리 진실과 거짓 정보를 팔기는 쉽지만, 결과는 좋지 못하다.

70. 핑계란 능력 없고 야심 없는 사람들의 비빌 언덕이다.

71. 성공을 이루는 방법은 누구나 안다. 하지만 '실패를 어떻게 관리하는가?'라고 질문하는 사람은 없다.

72. 과거를 후회하는 것은 영혼을 갉아먹는 일이다. 후회하고 있어봤자 돈도 못 번다!

73. 자질구레한 일에 매달리면 결코 큰돈을 벌지 못한다. 지저분한 것만 남을 뿐이다.

74. 대성공을 거두는 사람은 거시적 관점을 지니고 있다. 그들은 작은 부분에서 다른 사람에게 통제권을 주면 더 큰 통제권을 얻게 된다는 것을 알고 있다.

75. 언제나 거래 상대방을 존중하라. 상대는 당신이 생각하는 만큼 어리석지 않다. 그리고 당신은 스스로 생각하는 만큼 영리하지도 않다.

76. 논리는 잘못된 결론을 논리적으로 도출하는 과정일 수 있다.

77. 큰 기회는 잡는 게 아니라 자기 자신에게 스스로 주는 것이다.

78. 다른 사람의 자존심을 세워줄수록 당신의 자존심을 더 크게 지킬 수 있다. 그리고 자존심이 충분할수록 남에게 나눠주기도 쉬워진다.

79. 성공한 사람들은 대부분 실패를 거듭하다가 성공하는 케이스다. 그냥 실수를 계속 저질러라. 완벽해질 때까지 기다려서는 안 된다. 완벽함을 추구하다 보면 결국 아무것도 하지 못한다.

80. 실행력이 탁월한 사람은 자신이 좋아하는 일을 하면서 돈을 받는다.

81. 나는 내가 틀릴 수 있다는 것을 알지만 의심은 절대 하지 않는다!

82. 구직자의 자격을 보고 고용하지 마라. 태도를 보고 고용하라.

83. 동료들을 놀라게 하라. 당신의 적들도 놀라게 하라.

84. 전략을 먼저 세우면 체계는 저절로 잡힌다. 기존 체계를 유지한 채 그 안에서 전략을 세우려 하면 과거의 성과를 뛰어넘는 잠재력을 발휘하지 못한다.

85. 당신이 달성한 성과의 고점과 저점을 관찰하라. 저점의 위치가 점점 높아지면 퀀텀 리프 작전이 효과를 발휘하는 것이다.

86. 보증인은 펜을 쥔 멍청이다.

87. 아무리 솔깃한 해법이라도 단기적 해법으로 장기적 문제를 해결하려고 하지 마라.

88. 너무 많은 회사가 도려내야 할 문제를 덮어버리려고 한다. '이 혼란을 다시

정비해 바로잡자'라는 말은 재난을 해결하는 분명한 메시지다. 실패는 도려내고, 도려낸 문제는 멀리 차버리고 앞으로 나아가라.

89. 다수의 사람보다 더 높이 더 멀리 가려면 그들보다 더 잘하려고 해서는 안 된다. 그들과 다르게 행동해야 한다. 아니면 아예 최초가 되는 것도 좋다!

90. 의심은 합리적 사고의 결과가 아니라 습관적 사고의 결과다.

91. 열정을 찾아낸 다음, 그 열정을 중심으로 경력을 쌓아라.

92. 목적 있는 삶을 살아라!

93. 당신에게 동기를 부여하는 것은 영감 아니면 절망이다. 어느 쪽을 당신의 동기로 삼을 것인가? 선택은 당신의 몫이다.

94. 자존감이 낮은 사람은 리스크를 피함으로써 자신을 보호한다. 반면 높은 자존감이 있다면 기회에 베팅을 할 자신감이 생긴다.

95. 자신에게 실수를 허용하라. 실수는 배움이다.

96. 위험을 감수하며 모험을 하지 않은 것이 이번 생에서 당신의 유일한 후회일 것이다.

97. 진짜 성공하기 위해 노력하지 않으면 당신의 인생은 한 편의 악몽 같을 수 있다.

98. 사업을 하면서 어떤 일을 하든 그것은 생사가 달린 문제가 아니다. 우주의 시간 속에서 당신의 결정은 우주 먼지일 뿐이다.

99. 당신의 부를 드림팀과 직원들에게 나눠 주지 않으면 퀀텀 리프를 이룰 수 없다. 그들의 성과와 충성에 대해 눈에 보이는 현금, 지분, 옵션, 신주인수권 등을 보상으로 주어야 한다.

100. 그 어디에서도 의구심을 발설하지 마라.

101. 당신이 할 수 있는 일은 누구나 할 수 있다. 하지만 …

102. … 모두가 대성공을 거두지는 못한다.

103. 두려움은 자부심과 자신감 부족에서 비롯된다. 두려움을 잘 처리하는 것이 대성공의 비법이다.

104. 동료나 가족, 친구가 실행력이 탁월한 사람이 아니라면 그들에게서 실행력을 키우는 조언을 듣지 마라.

105. 혼자서는 폭발적인 성장을 할 수 없다. 다른 사람의 도움이 필요하다.

106. 목표 달성에 제한 시간을 두지 마라. 시간을 초월해 목표를 달성해야 한다.

107. 당신 생애에서 이루지 못할 목표를 세워라.

108. 퀀텀 리프를 향해 나아가고 있는 중에는 사업이 자주 난관에 부딪히기 마련이다. 혼란이 있는 게 정상이다. 고요한 바다에서 사업을 하겠다는 말은 항구에 머물겠다는 뜻이다.

109. 삶이란 다양한 계획을 세워나가는 과정이다.

110. 성공으로 가는 길은 언제나 공사 중이다.

111. 인정사정없이 남과 다른 것을 시도하라.

112. 동기는 '내적 야망'이다. 불을 지피지 않으면 사라지고 만다.

113. 내게는 '나 자신' 말고는 더 오를 산이 없다!

경고

퀀텀 리프 법칙을 따르지 않으면 실패할 위험은 없다. 하지만 비약적인 수준으로 성공하지도 못한다. 당신이 이 법칙을 적용한다면 사회적 통념에만 갇혀 있는 멍청이들에게 모욕과 무시, 배척을 당할 위험이 있다.

하지만 용기를 내라. 그런 반응은 당신이 비약적인 성공을 이루고 있다는 분명한 신호다!

이 책의 저자와 출판사에는 책임이 없다.

자신의 행동에 책임을 지게 된다는 것을 아는 사람이 성공을 거둘 것이다. 어떤 사람은 실패하면 나를 다시 찾아와 투자와 거래에 대해 내가 '그들에게 해준 말'을 들먹인다. 잘못된 행동이다! 자기 숙제는 자기가 해야 한다. 변호사나 전문가의 조언을 직접 들어라! 그래서 내게는 책임이 없다는 말을 이 책 '앞부분에서' 그리고 중간중간에 하는 것이다.

댄 페냐 프로필

댄 페냐는 1997년에 설립된 거스리그룹 창립자이자 회장이다. 거래 활성화를 특징으로 하는 투자 컨소시엄인 거스리그룹은 영국과 아시아에 지점을 두고 전 세계에 있는 회사와 기관에 자문과 투자 대행을 해주고 있다. 또한 페냐는 미국 휴스턴의 천연자원 회사로 런던 주식시장에 상장한 그레이트웨스턴 창업자로서 회장과 사장, CEO를 역임했다.

페냐가 은퇴를 결심할 당시 그레이트웨스턴은 미국, 멕시코만, 영국, 남아메리카에서 사업을 펼치고 있었고 회사 시가총액은 4억 5천만 달러에 달했다. 회사는 석탄과 석유, 가스 탐사 및 생산에 관심이 있었기 때문에 지속적으로 시추를 하며 파이프라인을 건설했다. 그러다 1997년 회사를 매각하면서 페냐는 개인 주주로는 최대 주주로 남게 되었다.

페냐는 820달러의 자본금으로 시작한 그레이트웨스턴을 8년 만에 4억 5천만 달러의 자산가치를 보유한 회사로 성장시켰다. 당시는 에너지 가격이 폭락하던 시기로 석유 가격이 배럴당 40달러에서 8달러로 급락했다. 미국에서만 1만 개가 넘는 에너지 회사가 문을 닫았다. 이러한 최악의 에너지 산업 침체기에 그레이트웨스턴은 54만 2천 퍼센트 성장했다. 1년마다 평균 6만 7천 퍼센트 이상 성장한 것이다!

그레이트웨스턴을 설립하기 전에 페냐는 JPK 인더스트리의 회장이었다. 석유업계에서 수직 통합된 이 회사는 석유와 가스를 시추, 운용, 생산하고 원유를 정제해 상품화했다. 공동 창업자였던 페냐는 3년 만에 회사의 자산가치를 5천만 달러로 끌어 올리는 데 기여했다. 그전에는 투자은행인 베어스턴스에서 미국과 전 세계에 있는 의뢰인들에게 투자 상담을 해주었다.

베어스턴스에서 근무한 뒤에는 케네디 인더스트리에서 사장 겸 CEO로 일했다. 이 회사의 주요 사업 분야는 부동산, 보험, 금융 서비스, 엔터테인먼트 산업이었다. 페냐는 대학교를 졸업하기 전부터 부동산 회사의 사장이 되어 부동산 열풍을 일으켰다.

월스트리트를 떠난 뒤 자신의 회사를 폭발적으로 성장시킨 기간에 페냐는 다국적기업, 4대 회계법인, 국제적 금융기관, 정부기관을 상대로 수많은 거래를 성공적으로 협상했다. 나아가 영국 국교회와 영국 중앙은행과도 성공적으로 거래했다.

페냐는 공인회계사를 대상으로 평생교육을 진행하고 있으며 자신의 모교인 캘리포니아 주립대학교에서 경영학을 공부하는 소수 인종을 위해 사업가 정신에 대한 강의를 1년 과정으로 무료로 진행한다. 또한 LA에 있는 자신의 고향 근처에서 폭동이 일어난 후에 LA 재건을 위한 자원봉사에 참여했으며 '더 안전한 LA를 위한 집행위원회'에 참여해달라는 시장의 요구에 응했다.

페냐는 강력한 울림을 주는 대단히 열정적인 연사이자 동기 부여가이다. 사업가로서는 이미 대가의 반열에 올랐다. 미국과 캐나다, 유럽에서 특히 그의 QLA 세미나에 대한 수요가 많다. 미국 및 전 세계에 있는 대학교, 델테크놀로지스 같은 기업, 미국 여성기업인협회가 페냐의 세미나를 후원하고 있다.

은퇴 이후 페냐는 대서양과 태평양을 오가며 학회에서 기조연설을 하고 워크숍과 세미나를 개최하고 있다. 그는 사업을 폭발적으로 성장시키는 비법을 전달하며 대성공을 돕는 비즈니스 코치이자 멘토로 인정받는다.

비약적 성공 전략가로서 페냐는 기업가경영센터에서 해마다 열리는 명망 있는 경영 과정 수업의 주요 연사로 연설했다. 또한 〈석세스 매거진Success Magazine〉의 초대 연례 콘퍼런스 연사이기도 했다. 거기서 그는 '성장과 다각화 관리' 및 '성장 전략'에 대한 방법론을 자세히 설명해달라는 요청을 받았다. 또 젊은기업가협회의 북아메리카와 남아메리카 인터내셔널 리소스 컨벤션에서 '폭발적인 성장을 이루는 법'에 대한 자신의 방법론을 전수하기도 했다. 또한 페냐는 〈아고라 퍼블리싱Agora Publishing〉에 폭발적 성장 전략이란 주제로 칼럼을 쓰고 있다. 〈아고라 퍼블리싱〉은 세계에서 가장 규모가 큰 금융 뉴스레터 중 하나로 '당신의 꿈에 투자한다'라는 교육용 칼럼을 만들어 독자의 경제적 성공을 돕는다. 이 칼럼을 통해 페냐는 당신의 꿈을 이루는 방법을 하나하나 알려준다.

페냐는 오스틴에 있는 텍사스대학교에서 주관하는 무트Moot사의 세계적 기업가 챌린지 주요 후원자다. 고인이 된 자신의 동료이자 텍사스대학교 졸업생인 찰리 솔라데이의 이름을 딴 찰리 솔라데이 장학금을 통해 후원하고 있다.

또한 그는 자신이 사는 거스리성 근처에 있는 스코틀랜드의 애버딘에서 그램피언기업협회가 이끄는 사업가클럽이 출범할 때 기조연사로 참가했다.

페냐는 암스테르담에 있는 암스텔클럽, 로테르담과 암스테르담 두 곳에 있는 세계무역센터클럽에서 기조연설을 했다. 이 명망 있는 모임에서 그가 한 연설의 주제는 '폭발적 성장'이었다. 또 런던에서 '21세기의 이사회와 폭발적 성장'을 주제로 한 최고경영자 프로그램을 시리즈로 운영했다. 페냐는 QLA 방법론을 전 세계 최상위 15개 회사에 전수하는 컨설턴트였다. 그 후 10년 동안 클라우스 클라인펠트에게 멘토링을 해주었는데 훗날 클라인펠트는 지멘스의 CEO가 되어 40만 명이 넘는 직원을 두고 950억 달러의 연수익을 올렸다.

페냐는 미국의 인명사전 '후즈후Who's Who'에 이름을 올렸고 1989년에는 〈잉크〉지의 올해의 기업가 후보 명단에 오르기도 했다. 또한 그는 석세스 디벨로프먼트Success Development의 회장이자 대주주였다. 이 회사는 1996년과 1997년에 〈잉크〉가 선정한 500대 기업 목록에 포함됐다. 미국에서 비공개회사로는 가장 빠른 성장을 기록한 회사로 한 번은 152위를, 한 번은 195위를 기록했다. 1998년 페냐가 회장으로 있을 때는 네덜란드의 경제부장관이 해마다 눈에 띄게 성장한 회사에 수여하는 '1998 MKB 혁신상'을 받았다. 같은 회사의 CEO는 '1999년 유럽의 올해의 사업가' 명단에 후보로 올랐다.

1991년에 페냐는 미국의 대통령직속위원회 위원으로 임명되었다.

그리고 자신이 1971년에 졸업한 캘리포니아 주립대학교 노스리지 동창회의 회원으로 역할을 다하고 있다. 또한 이 대학교에서 신탁자금위원회와 금융투자위원회, 대학설립위원회 위원으로도 일한다. 그는 뉴욕금융연구소 1972년 졸업생이다.

페냐는 교황청부터 LA 경찰보호연맹에 이르기까지 다양한 곳에 금융 상담을 해주었고, 많은 상을 받았다. 1981년에는 '라틴계의 탁월한 사업가' 상, 1994년에는 경영자관리협회가 주는 '존 레건' 상을 받았다. 그리고 2008년 아메리카 국제 부동산 엑스포 및 콘퍼런스에서 주는 '올해의 인물' 상을 받았고, 같은 해에 이 기관에서 '영감을 주는 리더십' 상을 받았다. 〈로스앤젤레스타임스Los Angeles Times〉와 미국의 수많은 언론에서 페냐의 기사를 특종으로 실었다. 또한 영국의 〈타임스The Times〉나 〈파이낸셜타임스〉 등 여러 영국 잡지사도 그의 소식을 집중적으로 다루었다. 네덜란드의 미디어 〈오브젝트OBJEKT〉와 〈부팀Bouwteam〉 〈림버그 백블래드Limburg Bagblad〉에서도 페냐의 수상 소식을 전했다. 미국과 영국, 독일의 텔레비전 방송에서도 페냐의 유명세는 거셌다.

페냐의 군 복무 이력도 독특하다. 그는 자원해서 들어간 장교후보학교를 졸업하고 조지아에 있는 포트 베닝에 소위로 임관해 1960년대 후반에 군사경찰로 복무했다. 동시에 나토 본부에서 정보장교 및 보안 책임자로 복무했다.

페냐는 열정적인 스포츠맨이기도 하다. 1976년에 로스앤젤레스 체육클럽에서 동상을 받았고, 1977년에는 〈스포츠 일러스트레이티드Sports Illustrated〉에서 메리트상을 받았다. 조셉 와프너Joseph Wapner의 책

《판사의 관점A View from the Bench》에는 페냐의 이야기가 조셉의 30년 판사 생활에서 가장 용기 있는 판결로 등장한다.

페냐는 LA에 있는 조나단클럽, 런던캐피털클럽, 클레몬트클럽, 런던의 모시만클럽, 마닐라 골프앤컨트리클럽의 회원이다.

지금도 페냐는 미국과 아시아, 유럽을 광범위하게 오가며 사업을 하는 한편 종종 시간을 내서 자녀들과 함께 휴가를 즐긴다. 성인이 된 세 자녀 켈리, 데릭, 대니는 동화책에 나오는 15세기 풍경을 자랑하는 거스리성에 살고 있다. 페냐는 자녀들을 데리고 마닐라와 몬테카를로, 영국 등으로 가서 여름휴가를 함께 보낸다. 페냐와 아들들은 개인 골프장에서 골프를 치고 모든 시설을 완벽하게 갖춘 전용 헬스장에서 몸을 단련한다.

페냐는 현재 미국과 영국, 아시아의 다양한 산업 분야에서 사업을 펼치는 자신의 회사를 이끌며 동시에 다른 기업들의 회장직도 맡고 있다.

이처럼 바쁜 일정 속에서도 페냐는 거의 날마다 헬스장에 들러 근력운동을 하며 최근에는 여가활동으로 골프를 다시 시작했다.

아이디어를 실행에 옮기는 11단계

1. **아이디어 확인하기**

2. **기본 내용 조사하기**

3. **세부 내용 조사하기**

4. **아이디어에 집중하기**

5. **예비 결정 내리기**

    a) 몰입하라.

    b) 완전히 매달려라.

6. **계속 조사하기**

7. **실행 계획 만들기**

    a) 다른 사람이 몰입하게 하라.

    b) 당신이 한 말을 실천하라. (결코 의심하지 마라.)

8. **핵심 경로 설정하기**

    a) 시간표를 자세하게 검토하라.

    b) 지속적으로 평가하라.

9. **이행과 후속 조치**

a) 다음 단계의 후속 행동에 집중하라.

b) 의사결정 단계의 후속 행동에 집중하라.

10. 실행하기

a) 레이저 광선처럼 한곳에 집중적으로 초점을 맞춰라.

b) 적극적으로 앞장서라. (자신이나 남에 대해 뒤늦게 비판하지 마라.)

11. 검토하고 재평가하기

단축된 4단계 행동 계획

1. 결과

- 바람직한 완료

2. 전념

- 행동하기 위한 대가 지급

3. 평가

- 주기적 평가

4. 수정

- 필요한 경우 계획 변경
- 수정된 계획 평가

퀀텀 리프의 유익을 얻기 위한 작전

어떤 프로젝트나 사업에 착수하는 데 '1달러 또는 1분을 쓰기 전에' 먼저 다음의 질문에 답을 적어보라. 어떤 거래가 현시점에서 당신과 당신 사업에 유리한 결정인지 차분하게 앉아서 분석하는 시간 없이 무모하게 서둘러 모험에 나서기가 매우 쉽기 때문이다.

1. 이 거래가 정말로 비약적인 성장을 안겨줄 것인가? 그렇다면 그 이유를 설명하라.

_____

_____

_____

2. 투자하기 전에 '조사'할 준비가 되었는가? (조사 체크 리스트를 말한다.)
   이 거래에서 '누가, 무엇을, 언제, 어디서, 어떻게' 할 것인지 정리하라.

_____

_____

3. 필요한 자격증을 보유하고 있는가? 자격증 목록을 작성하라.

   자격증이 없다면, 굳이 자격증이 없는 분야에서 거래를 추진하려는 이유가

   무엇인가?

   _____

   _____

   _____

4. 이 거래는 현재의 퀀텀 리프 계획과 조화를 이루는가? 그 방법을 설명하라.

   _____

   _____

   _____

5. 이 거래에 착수할 자격을 갖추었는가? 이에 관해 설명하라.

   _____

   _____

   _____

   그리고 해당 분야에서 유능한 사람을 알고 있는가? 그들의 이름을 적어라.

   _____

   _____

   _____

6. 이 계획을 성공시키기 위해 전념하고 있는가? 증명해보라. 새로운 목표에 나 자신은 어떻게 투신할 것이며 어떻게 직원들도 전념할 수 있게 이끌 것인가?

_____

_____

_____

7. 이 거래 한 가지에만 집중적으로 초점을 맞출 수 있는가? 이 일의 성공을 위해 기꺼이 포기할 수 있는 일(행동하려면 대가를 치러야 한다)을 적어라.

_____

_____

_____

8. 이 거래에 자금을 조달할 수 있는가? 방법을 설명하라.

_____

_____

_____

9. 이 일을 꿈꿔왔는가? 얼마나 오랫동안, 얼마나 자주 꿈꿨는가?

_____

_____

_____

10. 이 일의 성공을 머릿속으로 생생하게 그려보았는가? 머릿속에 그려본 장면이 다채로운 색상의 이미지였는가 아니면 흑백의 이미지였는가? 성공을 이룬 당신은 어떤 모습이었는가? (구체적으로 적어라.)

위 질문에 답을 했다면 '아이디어를 실행으로' 옮기는 11단계와 '행동 계획' 4단계를 밟아라.

답하지 못한 질문이 있는가? 답을 적으면서 고민이 많았는가?

그렇다면 '이 계획은 잊고 당장 포기하라'! 다른 거래를 찾아라. 그러지 않으면 위험을 각오해야 할 것이다.

사업 투자의 '위험 신호' 체크 리스트

투자를 통해 사업과 삶을 비약적으로 성장시키길 바라는가? 당신의 사업과 투자, 인생에 높은 수준의 성공을 가져다줄 가능성을 합리적인 수준으로 끌어올리려면 사전에 검토해야 하는 체크 리스트가 있다.

☐ **투자하기 전에 조사하라.**

누가, 무엇을, 언제, 어디서, 어떻게 할 것인지 모든 사항을 세세하게 파악하라. 처음부터 끝까지 계속 조사하며 정보를 수정하라. 질문을 제기하라. 합리적인 답변과 즉각적인 답변, 올바른 답변을 얻지 못한다면 '지금 바로' 철수하라.

☐ **얼간이 테스트**

관련된 사람들이 성공을 위해 기꺼이 대가를 치를 것인가? 한밤중에, 연휴 기간에, 생일에, 교통 체증이 가장 심한 시간에 회의 일정을 잡아보라.

☐ **하던 일을 계속하라.**

"팔방미인이 뭐 하나 완벽하게 하는 게 없다"라는 말에서 '완벽하게 하는 게 없다'는 대목에 주의하라. 이것저것 다 하려는 사람은 평균적인 수준에만 머무른다. 그들이 이루는 성과 역시 그저 그렇다. 이런 상태는 퀀텀 리프와 비약적인 성장에 어울리지 않는다. 폭발적인 성공 가능성을 가장 높여줄 만한 곳에 당신의 자산을 효율적으로 사용해야 한다. 당신과 당신의 팀이 잘 알고 있는 분야에 집중하라.

☐ **한곳에 집중적으로 초점을 맞춰라.**

산만함은 가난한 사람들의 사치일 뿐이다. 새로운 사업에 투자할 때만 초점을 다른 곳으로 돌려볼 수 있다.

☐ **잘 계획하라. 그리고 행동하고 실행하라.**

들춰보지도 않고 수북하게 쌓여 있는 '서류'는 사업 실패를 알리는 냉혹한 증거물이다. 시간 때문이든 다른 무엇 때문이든 어떤 일을 시작하지 않을 거라는 사실을 알고 있다면, '정말로 알고 있다면', 자원 배치를 계획하느라 시간과 에너지를 낭비하지 마라. 당신과 직원들만 기진맥진하게 할 뿐이다.

☐ **피할 수 있는 실수는 피하라.**

"살다 보면 별의별 일들이 일어난다"라는 말을 자주 듣는다. 그렇지만 성공한 사람의 인생은 좀 다르다. 성공한 사람에게는 어떤 일이든 계획에 의해 일어나지 아무 일이나 우연히 생기지 않는다. 따라서 피할 수 있는 실수는 피하도록 계획해야 한다. 반드시 항상 그렇게 하라.

□ 바꿀 수 없는 일은 잊어라.

'~라면 좋을 텐데' '한 번만' '어쩌면'이라는 생각이 드는가? '잊어라!' 상황을 있는 그대로 받아들여야 한다. 거래에서 어려운 조건을 수용할 수 없다면 그러한 조건을 빼고 거래를 시도하라. 어려운 조건을 뺄 수 없다면 다른 조건을 내세워 불리한 국면을 상쇄하라. 그렇게 할 수 없다면 즉각 철수하라.

□ 존경하는 사람에게 조언을 구하라.

당신은 생각만큼 똑똑하지 않다. 따라서 조언을 구해야 한다. 하지만 불필요하게 시간과 돈을 낭비하지는 마라. 꼭 사용할 정보만 모아야 한다.

□ 투신하라.

완전히 전념해야 한다! 투자나 아이디어와 관련 없는 모든 것과 거리를 둘 준비를 해라. 성공을 위해 모든 것을 뒤로 미룰 준비가 되어 있어야 한다.

잠재적 사업 관계자 조사 체크 리스트

☐ **알고 있는 정보를 바탕으로 조사를 시작하라.**

먼저 알고 있는 것을 확인하라.

- 이름
- 외모
- 직업

- 주소
- 대략적인 나이
- 회사명

☐ **유권자 기록**

당신이 조사하려는 사람이 선거권을 갖고 있다면 선거인 명부(전화번호는 전화번호부에서 찾을 수 있다)를 통해 확인할 수 있을 것이다. 선거인 명부에는 선거인의 이름과 주소, 생년월일이 기록되어 있다. 영국에서도 유권자 명부를 참고하면 된다.

☐ **소송**

조사하려는 사람이 거주하거나 근무하는 지역에서 소송이 진행 중인지 확인하라. 법원에 전화를 걸어 그 사람과 관련된 소송이 있는지 알고 싶다고 말하라. 그러면 전화나 이메일로 내용을 알려주거나 아니면 직접 알아볼 방법을 가르쳐줄 것이다.

미국의 연방법원은 지역 여러 곳을 관할권에 둔다. 미국 정부기관 전화번호부에서 지방법원의 목록을 찾아라. 그리고 전화를 해서 관련 내용을 물어보라. 수수료 15달러를 내면 메일을 통해 내용을 받아볼 수 있다.

☐ **전과기록**

소송을 조사하는 과정과 기본적으로 비슷하다. 이때는 형사법원 목록을 찾아라.

대개 전과기록은 확인할 수 있지만 징역을 선고받았는지는 알 수 없다. 이 정보는 지역 및 정부 차원에서 알 수 있다. 차선의 방법으로 개인의 이름과 회사명을 모두 확인해 조사하라.

☐ **회사**

해당 주의 법인 부서에서 확인하라. 관리자들의 이름도 물어보라. 영국에서는 컴퍼니스하우스Companies House에서 그러한 정보를 모두 알려준다.

회사가 법인은 아니지만 운영 중인 회사Doing Business As: DBA일 수 있다. 아니면 유령 회사인 경우도 있다. 이러한 정보는 지역 차원에서 관리한다. 해당 지역의 전화번호부를 조사하라. 지역에 따라 사업자등록증을 요구할 수 있다. 궁금한 지역의 전화번호부를 찾아보라.

'도서관'은 엄청난 정보의 보고다. 사서에게 연락해 필요한 정보를 설명하라. 그런 정보를 어떻게 찾는지 알려주거나 아니면 직접 찾아줄 것이다. 또한 신문이나 마이크로피시도 검토할 수 있는지 물어보라. 기사 발췌 서비스를 구독하고 있다면 그것을 이용해 검색할 수도 있다. 구글 검색도 해보자. 인터넷에 얼마나 훌륭한 검색엔진이 등장하고 있는지 놀라울 따름이다.

기업인 성명록도 많이 있다. 예를 들어 스탠더드앤드푸어스의 기업인 성명록은 많은 회사의 기업인을 정리해서 알려준다. 회사 임원 목록을 담은 성명록도 있다.

□ 특별 면허

당신이 조사하려는 사람이 어떤 면허, 예를 들어 부동산중개인, 변호사, 건축사 등의 자격증을 갖고 있다고 주장한다면 정부에 확인해볼 수 있다. 공공기관에 전화를 걸어 그 사람이 자신의 주장대로 자격증을 소지하고 있는지 물어보라.

□ 학교

당신이 접촉하고 있는 사람이 어떤 학교를 졸업했다고 말하면 그 학교 행정 부서에 전화해서 학적부를 요청하라. 대개 학교에서는 그 사람이 학교를 졸업했는지, 무슨 학위를 취득했는지 알려줄 것이다.

□ 부동산

세무서 기록을 통해 부동산 소유 여부를 확인할 수 있다.

□ 양도양수 기록

일반적으로 지역 관공서에서 부동산에 대해 유치권, 부동산 증서, 근저당권 등의 정보를 보관하고 있다. 따라서 해당 공공기관의 전화번호를 찾아 전화를 걸어 관련 내용을 물어보라. 보통 직접 가서 확인해야 할 것이다. 간혹 전화상으로 기록을 찾아주기도 한다.

타고난 당신의 성공 재능

다음에 소개하는 내 연설은 1991년 캘리포니아 주립대학교 노스리지 캠퍼스 졸업식에 초대받아 한 연설이다.

───────○───────

클리어리 총장님, 호세크 학과장님, 이제 경영대학을 졸업하는 학생들과 학부모님! 이 자리에서 졸업 연설을 하게 되어 매우 기쁘고 영광스럽습니다. 여러분도 들으셨다시피 나도 약 20년 전에 이 학교를 졸업했습니다.

호세크 학과장님으로부터 졸업 연설을 해달라는 요청을 받고 매우 영광이라는 생각이 들었지만 다소 당황스럽기도 했습니다. 어떤 내용을 말해야 할까, 지금 졸업하는 학생들과 나의 연결점이 있을까 하는 생각이 들더군요. 한마디로 지난 20년 동안 엄청난 변화가 있었으니까요. 하지만 학생들은 변하지 않았습니다.

나는 여러분의 평균 나이가 1971년 내가 졸업할 당시와 크게 달라지지 않았다는 것을 알고 놀랐습니다! 또한 여러분 대부분이 내가 그랬던 것처럼 자기 힘으로 학교에 다니기 위해 일을 해야 했다는 것을 알고도 놀랐습니다.

여러분은 베트남전쟁 중에 태어났고 나는 제2차 세계대전 후반에 태어났습니다. 여러분은 걸프전쟁이 끝날 무렵 대학교를 졸업하고 나는 베트남전쟁 중에 졸업했습니다. 여러분은 우리 세대가 겪은 모든 일을 똑같이 겪었습니다. 고등교육이 필수가 되면서 대학교를 졸업한 세대는 모두 똑같은 일을 경험합니다.

우리는 모두 궁금하게 여겼습니다. 수업은 잘 들은 걸까? 부전공 선택은 적절했나? 전공을 바꿔야 했나? 혹은 바꾸지 말아야 했나? 통계학 수업을 더 많이 들어야 했나? 이런 질문이 끝도 없이 이어집니다! 몇 세대가 지나도 이런 질문은 그치지 않습니다. 하지만 졸업생의 진짜 딜레마는 정말 중요한 문제를 저버린다는 겁니다.

양피지 한 장을 얻기 위해 들인 수년간의 노동이 '진짜 세상'에 진정한 변화를 가져올까요? 우리는 행복해질까요? 우리가 이 세상에 기여를 하게 될까요? 우리는 확신과 만족을 얻을까요? 우리는 성공하게 될까요? 과연 우리 가운데 얼마 정도가 부유해지고 유명해질까요?

이 모든 질문에 대한 답을 내가 알고 있어서 졸업 연설의 첫 번째 연사로 초대되었다고 말할 수 있으면 좋겠습니다.

하지만 그래서 내가 이 자리에 있는 건 아닙니다. 나는 여러분 속을 시원하게 해줄 만병통치약을 줄 수 없습니다. 그런 건

이 세상에 존재하지 않습니다. 안타깝게도 내게는 그런 질문에 답을 해줄 만한 지혜가 없습니다. 하지만 어떤 역경에서도 목표를 이루는 방법은 알고 있습니다. 그것은 여러분에게 나눠 주고 싶은 나의 열정이고 그 열정 덕분에 내가 지금 이 자리에 있는 겁니다. 사업에서만이 아니라 인생에서 성공을 거두는 방법에 대한 지혜를 여러분에게 알려드리려고 합니다.

여러분이 내가 말하는 방법을 사용하기로 결정만 한다면 엄청난 유익을 얻으리라 믿습니다. 이 방법은 분명히 효과가 입증된 것입니다. 내게 효과적이었으니 여러분에게 효과가 없을 리 없습니다.

그 방법 중 일부는 이해하기 쉽지만 어떤 방법은 좀 머리가 아프기도 할 겁니다. 그리고 여러분, 내가 말하는 것 중에는 여러분이 무조건 믿고 따라야 하는 것도 많습니다. 나는 여러분이 있는 바로 그 자리에 있었습니다. 오늘날 비즈니스 세계에서 살아남으려면 그 어떤 것보다도 강력한 확신이 필요합니다. 그러한 내 확신을 근거로 나는 여러분에게 다음의 이야기를 들려주고 싶습니다.

1) 여러분의 대학 교육과 여러분이 진정으로 이룬 것
2) 이제 막 대학을 졸업한 사람을 바라보는 기업의 시각과 여러분에게 거는 기대
3) 여러분이 배운 것을 가장 효율적으로 사용하는 방법
4) 여러분에게 아직 없는 지식을 습득하는 방법

5) 여러분이 배운 것이 여러분 자신에게 도움이 되게 만드는 방법. 그리고 마지막으로⋯⋯

6) 진정한 인생의 구체적인 사례입니다.

많은 분이 알다시피 나는 캘리포니아 주립대학교 노스리지에 다니기 전에 여기서 몇 킬로미터 떨어진 곳에서 성장하고 교육을 받았습니다. 1963년 이 학교에 입학했을 때는 나의 미래가 어떨지 전혀 몰랐습니다.

나는 대학을 다니며 파티나 참석하고 술을 마시는 일탈 행위를 일삼았습니다. 하지만 베트남전쟁이 나의 대학생활에 영향을 미쳤습니다. 나는 1966년에 군에 입대해 3년 넘게 복무했습니다. 군 복무 기간 나는 장교후보학교에 들어가 소위로 임관했습니다.

내 밑에는 부하들이 많았습니다. 내 명령을 따라야 하는 사람들이 많았다는 거죠. 나와 나이가 같은 사람들도 있었지만 대부분 나보다 나이가 많았습니다. 이 기간에 삶에 대한 관점이 달라졌습니다. 나는 나의 안위만이 아니라 부하들의 안위에도 책임이 있었습니다. 내가 사람들의 가치와 그들의 진실성 및 행동의 중요성을 배운 건 이 시기였습니다.

1969년 다시 대학교로 돌아왔을 때 나는 더 이상 미숙한 젊은이가 아니었습니다. 나는 인생에서 무엇을 원하는지 아는 사람이 되었습니다. 나는 그동안 못 한 공부를 만회하려고 학기마다 평균 20학점을 수강하고 여름 학기에는 15학점을 수강해

1971년 1월 우등생으로 졸업했습니다. 그리고 성공했습니다.

나는 교수님들이 내 목표를 지원해주는 다른 사람과 다르지 않다고 생각했습니다. 나는 여러분이 들었던 수업을 똑같이 들었습니다. 맞아요, 그때 가르치시던 교수님들 중 일부도 그대로 계십니다.

이제 여러분이 대학교에서 받은 것을 생각해봅시다. 무엇보다 나는 여러분이 다른 대학교 졸업생과의 경쟁에서 분명히 유리한 점이 있다고 생각합니다.

여러분은 훌륭한 명성을 지닌 학교에서 학위를 받았습니다. 특정 전공에 대해서는 국가적 인정을 받기도 하지요. 학교에는 아주 탁월한 강의가 많습니다. 상대가 몇 개의 최상위권 경영대 졸업생만 아니라면 여러분은 앞으로 사회에 나가 여러분과 경쟁할 사람들과 대등하게, 아니 더 훌륭하게 평가받을 것입니다. 여러분이 사회에 나가 일을 하기 시작하면 자신이 경쟁자보다 못하지 않고 오히려 더 뛰어나다는 사실을 인식하게 될 것입니다.

하지만 시간이 흘러야만 자신의 능력을 분명히 깨달을 수 있습니다!

지금까지 여러분이 학교에서 배운 것은 지식이었습니다. 지식적인 면에서 여러분은 현실에서 경쟁자로 만날 사람들과 동등한 수준이거나 아니면 조금 더 낮습니다. 여러분이 우위를 갖게 된 것은 학교에 다니면서 비즈니스 현장에도 몸담고 있었기 때문입니다. 아니면 뛰어난 성적으로 졸업하는 것도 우위에 서는 것이죠. 브라보! 여러분의 사업적 강점이 무엇이든 그것을 믿고 잘 활용하십시오. 기억하세요. 작은 이점 하나만 있어도 충분히 성공할 수 있습니다. 라스베이거스가 적절한 사례이겠군요. 카지노에서는 한 끗 차이가 승부를 가릅니다!

이제 기업이 여러분에게 기대하는 것이 무엇인지 생각해봅시다.

내 경험에 비추어보면 기업은 직원이 다양한 업무에 두루 유능하고 몇 개의 특정 업무에서는 특히 더 뛰어나기를 기대합니다! 여러분이 어떤 분야에 뛰어난 자질이 있다면 그 분야가 앞으로 여러분을 궁극적인 성공으로 이끌어줄 길입니다! 그 길은 단 몇 개입니다. 절대 많지 않습니다!

여러분이 모든 분야에서 전문가가 되길 기대하는 사람은 없습니다. 하지만 대부분의 경험 많은 관리자들은 직원이 특정한 분야에서 남보다 뛰어나도록 훈련하려고 합니다. 통계에 뛰어난 사람이 인사과에 배치되는 일은 없다는 말이 아닙니다. 관리자는 조직에 도움이 되는 전반적인 우수함을 지닌 직원을 찾습니다. 그리고 조직의 전략에 맞게 직원을 배치하죠. 여러분의 전략은 상관없습니다!

그 정도 수준의 우수함을 달성하려면 어떻게 해야 할까요? 여러분은 이 질문을 반드시 해야 합니다. 미국 경제계는 여러분이 자신의 시스템을 발전시켜주길 원합니다. 여러분이 우리의 선조보다 더 나은 시스템을 고안할 것 같지는 않습니다. 그러니 기존의 시스템을 잘 숙지하고 그 시스템 안에서 더 나은 성과를 이루십시오.

이제 대학교에서 배운 것을 검토해봅시다. 졸업한 지 20년이 흐른 지금에서야 나는 여러분이 경영대학교에서 왜 그렇게 많은 분야의 수업을 듣는지 알게 됐습니다. 일부 과정은 별로 재미있지도 않은데 말입니다. 하지만 누가 하는 말을 알아들으려면 최소한 그 정도의 수업은 들어야 합니다. 회사에 들어가면 직장 내 훈련이 엄청나게 많다는 것을 알게 될 것입니다! 여러분이 다양한 분야의 수업을 들었기 때문에 여러분 뇌의 깊숙한 곳에 있는 지식의 파편들이 최고의 타이밍에 빛을 발할 것입니다. 그러면 틀림없이 여러분의 사장은 여러분이 회사의 귀중한 자산이라고 생각할 것입니다.

예를 들어 여러분이 금융을 주요 분야로 공부했지만 마케팅에 잠재력이 있다고 해봅시다. 그러면 마케팅에 관련된 지식도 쌓았겠죠. 그래서 여러분이 입사 초기에 업무에서 제외되거나 승진에 제약을 받는 일은 없습니다. 핵심은 이것입니다. 기회가 생기면 그 기회를 잡을 수 있도록 준비하십시오! 용기를 내십시오! 기회를 잡으십시오! 그러면 보상을 받을 것입니다.

여러분은 성공을 위한 예선전을 무사히 마쳤습니다. 이제는 여러분의 경력 설계에서 가장 어려운 부분에 초점을 맞춰봅시다. 여러분은 여러분의 전공 분야와 관련된 모든 정보를 잘 알고 있어야 할 뿐 아니라 특정 분야에서는 탁월함을 발휘할 수 있어야 합니다. 관리자는 어떤 직원이 다른 분야에 능숙해지려면 시간과 노력이 필요함을 알고 있습니다. 그러면 여러분은 이런 질문을 할지 모릅니다.

"이 일만 해내면 더 이상 어려운 일은 없는 걸까?"

신사 숙녀 여러분, 여러분이 직장에서 일하는 동안 추가적인 교육은 계속 받아야 합니다. 여러분의 여가 대부분 혹은 전부를 교육을 받는 데 써야 할 수도 있습니다. 여러분의 공식 교육은 끝났지만 진짜 교육은 이제 시작된 것입니다.

어떤 사람은 이렇게 어려움을 겪으며 발전하는 과정을 '역경의 학교'라고 부르지만 꼭 어려움만 있는 것도 아닙니다. 어려움 때문에 실망할 수도 있지만 인내심을 갖고 꾸준하게 해나가면 그러한 실망감은 여러분이 거두는 성공과 성취에 비해 크기가 점점 줄어들 것입니다.

내가 말하는 인내심은 여러분이 오늘날 이 자리에 오기까지 보여준 인내심과 똑같은 것입니다. 경영학과 졸업생 여러분, 그 인내심은 여러분을 다수의 직장인과 구별시켜줍니다. 여러분은 좋은 시기에 잘 인내했지만 숱한 역경에 직면해도 인내했습니다. 우리는 역경을 함께 직면했기 때문에 그러한 역경을 모두 잘 알고 있습니다.

이제 마지막으로 가장 어려울 수 있는 지침을 살펴보겠습니다. 여러분이 받은 교육으로 자신이 원하는 것을 어떻게 얻느냐와 관련된 문제입니다. 이 점과 관련해 나는 많은 생각을 했습니다. 맞는 방법을 이야기해주고 싶지만 너무 비현실적으로 들리는 이야기는 하고 싶지 않습니다. 여러분의 흥미를 떨어뜨릴 게 뻔하니까요.

성공을 이루려면, 그것이 여러분 각자에게 어떤 의미이든 전념이 필요합니다. 여러분 자신과 여러분이 사랑하는 사람에 대한 전념이지요! 어린 시절부터 들어온 진부한 이야기일 겁니다.

태초부터 우리는 위대한 남자와 여자에 관한 이야기를 많이 들어보았죠. 잔 다르크Jeanne d'Arc, 에이브러햄 링컨, 골다 메이어Golda Meir, 마틴 루서 킹Martin Luther King, 마거릿 대처Margaret Thatcher 같은 사람들 말입니다. 유명한 이들에게는 모두 한 가지 공통점이 있습니다. 원칙에 전념하기로 한 사람들이라는 겁니다. 에이브러햄은 노예 해방, 골다 메이어는 신생 이스라엘 건국, 마틴 루서 킹은 평등한 세상, 마거릿 대처는 새로운 영국 경제 건설에 전념했습니다.

하지만 전념의 사례를 보려고 그렇게 멀리 갈 필요는 없습니다. 우리와 가까이 있는 캘리포니아 주립대학교 노스리지와 여러분의 경영대학교에서도 그러한 전념의 사례를 볼 수 있습니다. 여기 이 자리에서도 볼 수 있죠. 클리어리 총장님이 바로 전념의 사나이입니다.

1969년 9월 내가 군 복무를 마치고 학교에 복학했을 때 클리어리 교수님은 새로운 직책을 맡았습니다. 나는 이 학교가 어떻게 무수히 많은 방법으로 더 나은 변화를 이뤄냈는지 알고 있습니다. 클리어리 총장님과 수많은 교직원이 목적을 갖고 전념하지 않았다면 우리가 대학을 다니면서 얻은 유익은 단지 지적인 훈련에 지나지 않았을 겁니다. 클리어리 총장님은 분명히 전념하는 게 무엇인지 잘 아는 사람 중 한 분입니다. 총장님은 이 학교의 발전을 꿈꾸었습니다. 그의 끈질긴 인내가 없었다면 이 학교는 지금처럼 훌륭한 대학이 되지 못했을 겁니다.

현재의 학과장인 호세크 학과장님을 비롯해 내가 알고 있는 과거의 일부 학과장님들도 전념의 사례입니다. 그들은 모두 학교의 미래에 대한 꿈을 갖고 있었습니다. 그 꿈 중 일부는 실현됐고 일부는 머지않은 미래에 실현될 것입니다. 경영대학교는 곧 근사한 모습을 갖출 것입니다. 재정적 문제는 말할 것도 없고 각종 위원회 설립과 예산 처리, 법적 절차 등의 문제를 해결하며 여기까지 오는 게 쉬웠을까요? 여러 해 동안 목적에 전념하고 끈질기게 인내했기에 가능한 일이었습니다.

이제 내게 매우 중요한 주제를 이야기하겠습니다. 자기 자신에 대한 전념과 다른 사람에 대한 전념을 생각해보겠습니다. 대부분의 사람은 자신의 배우자나 부모, 자녀에 대해서는 자연스럽게 마음을 씁니다. 하지만 나는 배우자와 부모 자식 관계를 초월하는 다른 종류의 유대감을 말하려고 합니다. 살면서 나는 운이 매우 좋았습니다. 이 학교에서 한 학과장님은 대부분의 사람이 나를 믿지 않던 때에도 나를 믿어주었습니다. 그리고 내가 한 학기에 26학점을 듣는 것을 허락했습니다. 다른 사람은 모두 나를 말렸는데 말입니다. 이 기회를 빌려 감사를 전합니다.

짐 베넷Jim Bennett 교수님. 당신은 교육 시스템과 학생에게 전념한 사람이었습니다. 감사합니다.

또한 내 꿈을 진정으로 이해해준 사람이 있었습니다. 찰리 솔라데이입니다. 우리는 함께 천연자원 회사를 세울 꿈을 꾸었습니다. 그리고 현재 그 꿈을 이루었습니다. 찰리와 나는 온갖 역경에 부딪혔습니다. 하지만 그는 나를 믿었습니다. 불행히도 찰리는 40세라는 너무 이른 나이에 사망해 결실을 보지 못했습니다. 나의 성공에는 나의 전념만이 아니라 그의 전념도 도움이 되었습니다. 목적에 전념하는 그들의 특별한 행동을 나는 결코 잊지 못합니다. 베넷 교수님과 솔라데이가 없었더라면 꿈을 이루지 못했을 겁니다.

내가 이 자리에서 성공에 대한 조언을 아무리 쏟아내더라도 사실 여러분은 자신이 성취하겠다고 세운 모든 목표를 다 이루지 못할 것입니다. 하지만 장담하건대 여러분이 일찍 목표를 세우지 않는다면 인생에서 가장 기초적인 것조차 이룰 가능성이 낮습니다.

마케팅부 부서장이나 인사부 부서장, CFO, CEO 등을 꿈꾸는 사람이라면 아직 그 자리에 이르지 않았을 때 연습을 해야 합니다.

이 말은 다양한 상황에서 여러분이 마치 이미 그 자리에 앉은 것처럼 머릿속으로 시뮬레이션을 해보라는 겁니다.

여러분의 꿈이 현실이 되었을 때 마치 '데자뷔'처럼 느껴져 놀라게 될 것입니다! 여러분은 이미 전에 그 자리에 있었고 그런 행동을 했을 거라고 느끼게 됩니다.

우리는 어린 시절에 이미 비슷한 것을 연습했습니다. 부모님께 무언가를 사달라고 할 때 얼마나 미리 연습했습니까? 마음에 드는 상대에게 첫 데이트를 신청하거나 파티에 초대할 때 모두 미리 연습해보지 않았습니까? 내 말을 믿으십시오. 분명히 효과가 있습니다! 그게 얼마나 효과적인지 곧 알게 될 겁니다.

쓸데없는 일로 시간을 낭비하라는 말이 아닙니다. 여러분의 시야를 확장하고 나를 포함해 많은 사람에게 효과가 입증된 방법을 쓰라는 것입니다.

이밖에 가장 어렵지만 엄청나게 효과적인 방법 2가지를 소개하겠습니다. 한 가지는 '자신의 능력에 한계가 없는 것처럼 행동하라'입니다. 그리고 또 한 가지는 오늘 내가 말한 것 중 가장 주목해야 할 방법인데 '자신이 하는 모든 일에 큰 열정을 갖고 행동하라'입니다.

여러분도 돌이켜 생각해보면 '할 수 있다'는 긍정적이고 열정적인 태도를 보여준 사람이 선택되어 기회를 얻은 상황을 떠올릴 수 있을 것입니다. 그리고 여러분, 여러분이 직장생활을 하면 바로 깨닫게 될 텐데 '탁월해질 기회를 잡아야 합니다'. 그러면 나머지는 저절로 따라옵니다!

하고 싶은 일을 하지 못하고 나중에 그 결정을 후회한 경우가 얼마나 많습니까? 실제로 우리 모두가 그런 경험이 있습니다. 그런 일을 줄이기만 해도 여러분의 목표는 더 쉽게 실현될 것입니다.

이제 '해야 할 일을 하라'는 개념을 잘 보여주는 예를 말하겠습니다. 나 자신과 관련된 이야기인데요, 9년 전에 내가 공동으로 창업한 천연자원 회사에 관한 것입니다. 현실적이고 이해하기 쉬운 사례일 겁니다. 나는 회사에서 지금도 회장이자 CEO로 근무하고 있습니다. 공동 창업자인 다른 2명은 나의 드림팀 구성원이었습니다. 우리가 회사를 세우고 나서 첫 5년 동안 에너지 업계에 50년 만에 가장 강력한 위기가 닥쳤습니다. 그 시기에 우리는 어떻게 행동했을까요?

당시 상황에 대해 전반적으로 이야기하겠습니다.

1979년 2차 석유 파동 이후 1980년대 초 석유 가격은 배럴당 40달러로 올랐습니다. 그리고 1986년 중반에는 배럴당 8달러로 곤두박질쳤습니다. 우리는 1982년 7월 13일 금요일에 자본금 820달러와 전화기 한 대, 임대한 팩스 한 대를 가지고 회사를 설립했습니다. 우리 중 누구도 석유나 에너지에 대해 뭐라고 말할 만한 경험이 없었습니다! 특히 내가 그랬습니다!

1987년에 나는 런던의 한 신문사와 인터뷰를 했습니다. 내가 받은 질문은 에너지 업계에서 가장 어려운 시기에 어떻게 그레이트웨스턴이 미국에서 가장 빨리 성장하는 천연자원 회사가 되어 3억 달러에 가까운 자산을 달성했느냐는 질문이었습니다. 여러분도 알다시피 1982년에서 1987년은 침체기 5년이라고도 불릴 정도였습니다.

질문에 대한 대답이 순간적으로 떠올라 나는 최대한 열정적으로 말했습니다. "언제나 우리는 우리의 능력에 한계가 없는 것처럼 행동했습니다. 그리고 에너지 위기에 참여하지 않기로 했죠."

나는 인터뷰에서 최악의 시기라는 걸 몰랐어도 상관없다고 말했습니다. 좋든 나쁘든 우리에게는 경험이 없었으니까요. 하지만 정말 중요한 것은 우리가 긍정적인 상황을 항상 머릿속으로 시뮬레이션했다는 겁니다! 성공하지 못하는 게 놀랄 일이죠! 기자는 놀라는 표정으로 질문을 이어갔습니다.

　내가 이 이야기를 하는 이유는 성공과 성취를 이루기 위해 쏟는 엄청난 노력을 경시해서는 안 된다는 말을 하고 싶기 때문입니다. 결코 쉬운 일이 아닙니다. 하지만 성공을 위한 진정한 갈망 아래 소매를 걷어붙이고 적극적으로 행동한다면 여러분도 성공을 이룰 수 있습니다. 마치 아이를 키우는 것과 비슷합니다. 포기하지 않겠다는 용기를 가지고 역경에 처해도 긍정적이고 열정적인 태도로 계속 앞으로 나아가겠다는 의지가 있다면 여러분은 성공할 것입니다.

　내가 보증합니다!

　이 연설을 통해 나는 꿈을 가지라고 이야기했습니다. 사례를 하나 말씀드리죠. 나는 오늘 이 자리에서 졸업 연설을 하기를 꿈꿨습니다. 왜 그런 꿈을 꾸었을까요? 내가 여기서 졸업 연설을 한다는 것은 여러분에게 나눠 줄 것이 있다는 뜻이기 때문입니다. 그리고 나는 졸업생이 미래를 위해 길을 닦는 데 도움을 줄 기회를 얻기 바랐습니다.

　오늘 내가 말한 모든 방법은 틀림없이 효과가 있습니다. 이론에 불과하거나 미사여구에 그치는 말이 아닙니다. 어떤 경우에는 믿음을 가져야 한다고 나는 말했습니다. 죽은 뒤 천국에 갈 거라는 믿음이 아닙니다. '지금 이 세상에서' 보상을 받을 거라는 믿음을 가져야 한다는 것입니다. 그래서 여러분은 우선 대학을 졸업하는 것 아닙니까.

내게 의심이라고는 전혀 없습니다. 여러분도 그래야 합니다.

우리에게는 다른 사람들이 따라 하지 못하는 경험이 있습니다. 기억하십시오. 우리는 하나입니다! 나와 여러분은 같습니다! 우리는 캘리포니아 주립대학교 노스리지 경영대학교 졸업생입니다!

오늘 아침 여러분 졸업식에서 첫 번째 연사로 연설을 하게 되어 대단히 기쁘고 영광스럽습니다.

내가 이 학교에 다니기 오래전에 아버지가 주신 편지를 읽으며 연설을 마치겠습니다.

"미래는 너의 것이다. 인류의 권리를 위해 싸우겠다는 의지와 포부를 갖고 정직하게 나아가라. 개인의 권리와 사회의 권리 사이에서 언제나 균형을 잡아야 한다. 너 자신에 대한 믿음을 가져라. 사람들에 대한 믿음도 가져야 한다. 네가 아무도 믿지 못한다면 너 자신도 믿지 못할 것이다!"

인생에는 한두 번의 기회가 있다:
두드려라! 또 두드려라!

앞서 나는 사업을 하면서 그냥 홈런이 아니라 '만루 홈런'을 쳐야 한다고 말했다! 야구처럼 사업에서도 '만루 홈런'을 치는 데는 대단히 많은 요소가 관련되어 있다. 운이 좋게도 나는 만루 홈런을 칠 기회를 세 번이나 얻었다. 1984년, 1986년 12월, 1993년이었다.

나는 최적의 타이밍에 홈런을 칠 수 있었다. 첫 번째 기회에서는 첫 타석에 나가 홈런을 쳤다. 두 번째에는 1회 3 대 2로 지고 있는 상황에서 그레이트웨스턴을 침체기에서 되살려냄으로써 1점이 아닌 4점 홈런을 쳤다. 세 번째 기회는 9회 말 3 대 2 상황이었다. 무서웠냐고? 당연하다. 불안했냐고? 물론이다. 준비는 됐었냐고? 절대 아니다! 그런데 그렇게 극도의 긴장감이 도는 상황이 편안했냐고? 정확하게 맞혔다. 9회 말 우리 팀이 지고 있는 상황에서 나는 편안했다!

우리가 거래를 얼마나 간절하게 원했는지는 나와 동업자들 말고는 아무도 몰랐다. (우리는 각각 만루 홈런을 치기도 했고 삼진 아웃을 당하기도 했다.) 우리 상대로는 살인적인 강속구를 던지는 투수가 있는 팀도 있었고 돈으로 실력 있는 구원투수를 영입할 수 있는 팀도 있었다. 우리는 분명히 열세에 있었고 인원도 적었다. 나는 타석에서 비록 경험이 많은 사람으로 보이지는 않더라도 전에 그 자리에 서본 적이 있는 것처럼 행동했다. 그리고 홈런왕 베이브 루스처럼 배트를 휘둘렀다. 3번의 기회에서 모두 그렇게 했다. 이렇게 말한 것이다. "야, 우익수 이 멍청이야! 네 머리 위로 날아가잖아. 이 한심한 놈아!"

당신도 이제 알겠지만 나는 그저 내 능력에 한계가 없는 것처럼 '행동'한 것이다. 시작도 하기 전에 대기업에 짓밟히는 사업가가 있다. 이런 사업가들에게는 일단 배트로 공을 치는 한 방이 필요하다고 생각한다.

규모가 작은 그레이트웨스턴이 미국의 거대 기업 보우밸리를 인수한 사건은 누구도 예측하지 못한 1980년대의 대형 거래였다. 그런데 인수 후 30일도 되기 전에 나의 가장 친한 친구이자 동업자가 사망했다. 이 두 사건이 내 삶을 완전히 바꿔놓았다. 회사의 사활이 걸린 싸움에서 이기면서 내 삶은 더욱 변화했다.

이 이야기의 요점은 4년 4개월 동안 내 타율이 극적으로 높아졌다는 것이다. 내가 그레이트웨스턴을 설립한 때인 1982년 7월 전에는 홈런을 쳐본 적이 없지만 결국에는 두 번의 만루 홈런을 치고 몇 번의 홈런을 더 쳤다. 나는 820달러의 자본금으로 회사를 설립했지만 얼마 안 가 3억 달러 자산가치를 지닌 대형 회사로 성장시켰다. 그리고 1993년 9월 내가 훈련한 예전 팀과의 경쟁에서 이겼을 때 또 한 번 만루 상태에서 장외 홈런을 쳤다.

그 시기에 내 경험이 얼마나 늘었을까? 틀림없이 엄청나게 늘어났다! 하지만 나는 복잡한 대기업의 CEO가 될 준비는 전혀 되어 있지 않았다. 급격한 성장인 퀀텀 리프나 실질적 성장을 추구하는 사업가가 준비된 상태에 있는 경우는 없다. 장담하건대 준비됐다고 느낄 때까지 기다리고 있으면 폭발적 성장은커녕 실질적 성장도 이룰 수 없다. 문제는 '대부분의 사업가가 자신을 헐값에 팔아버린다는 것이다'!

QLA 세미나에서는 '당신이 현재 준비가 안 되어 있어도 성장을 경험할 수 있다'는 내용을 다룬다. 나는 참석자에게 그러한 성장이 가능한 도구를 제공하고 틀을 잡아준다. 또한 우리가 가진 도구가 얼마나 효과적인지 보여주어 참석자를 안심시킨다. QLA 세미나는 성공의 위치에 '편안하게' 도달하는 방법을 다루며 진정한 성공을 이루기 위해 당신의 잠재력을 편안하게 끌어내는 방법을 알려준다. 비약적인 성공의 열쇠는 통제권을 더 많이 얻는 게 아니다. 오히려 통제권을 놓아버리는 것이다.

이는 9회 말 투아웃 만루 상황에서 타석에 섰을 때 편안한 마음을 갖는 것과 관련이 있다. '만루 홈런을 칠 수 있는 완벽한 준비를 갖춘 타자는 없다.' 타자가 할 수 있는 건 그처럼 영광스러운 자리에 선 자신을 믿고 편안하게 잠재력을 발휘하는 것이다. 타석에 선 타자가 충분한 시간을 갖고 마음을 편안하게 추스르기란 어렵다. 하지만 상황을 약간만 다르게 보면 가능하다. 나는 그 방법을 알려주어 최소한 당신이 '편안하게' 배트를 휘두를 기회를 얻도록 돕는다.

탁월한 실행력으로 대성공을 거두는 사람은 자기 자신에 대해서만 편안하게 느끼는 것이 아니라 성공에 수반되는 난관에 직면해도 편안함을 느낀다. 당신은 성공을 이루는 각종 도구를 가지고 있을지 모른다. 하지만 새로운 사회경제적 환경을 받아들이지 못하거나 적응하지 못하면 폭발적인 성장을 이어갈 수 없다.

이것을 어떤 사람은 '마음가짐'과 관련된 문제로 볼지 모르지만 나는 그보다는 감정의 문제라고 생각한다. '특별한 감정'을 포착하는 일은 성공학 세미나에서 다루어야 하는 주제다. 당신이 어떤 감정을 일단 포착하고 나면 다른 사람들이 그 감정을 뺏어갈 수 없다! 의심하지 마라. 그게 무슨 일이든 당신은 그 일을 '할 수 있다'!

'크게 성공한' 적이 있는 사람은 자신의 능력을 의심하지 않기에 실패하더라도 다시 성공을 이룬다. 심지어 전보다 더 크게 성공한다. 당신이 다양한 주제의 QLA 세미나에 참석해 유익을 얻기를 바란다. 그 경험의 가치는 헤아릴 수 없다.

찰리 솔라데이에 대한 추도사

오늘 이 자리에 있는 여러분처럼 나도 무겁고 힘겨운 마음으로 여기에 섰습니다.

신디, 캐시, 에릭, 카일, 심스 부부, 사랑하는 친구 여러분, 찰리도 이러한 순간을 원하지 않았을 것입니다.

내가 찰리를 알게 된 건 6년밖에 안 되었지만 신디 말고 찰리를 가장 잘 아는 사람은 나라고 생각합니다. 6년 동안 나는 찰리와 마크 해리슨과 함께 동료애와 우정을 뛰어넘는 관계를 맺었습니다. 우리의 관계가 지난 몇 년 동안 찰리의 인생에도 큰 영향을 미쳤기 때문에 추도사 대신 내가 그를 어떻게 만났는지 이야기하면서 그의 탁월함에 찬사를 보내도 찰리는 괜찮다고 할 것입니다.

우리는 애정 어린 마음으로 찰리를 '빅 찰리'라고 불렀습니다. 몸집이 커서가 아니라 그의 성격과 충성심 때문에 그렇게 부른 겁니다. 찰리는 언제 어디서든 의지가 되는 사람이었습니다.

지브롤터 암벽처럼 늘 그 자리에 버티고 있는 사람이었고 사시사철 진실한 사람이었습니다!

찰리를 텍사스의 그레이엄에서 만난 게 마치 어제 같지만 정확히 6년 전 일이군요. 찰리와 그의 대학교 룸메이트였던 마이크 베일러는 쿠퍼스앤라이브랜드에서 함께 근무하는 동료가 되었습니다. 찰리는 포트워스 지역으로 파견되어 당시 내가 운영하던 회사의 인수 회계를 진행했습니다. 회사의 인수 거래가 진행되는 동안 나는 찰리의 능력에 깊은 인상을 받았지만 무엇보다 그의 탁월한 도덕심에 더욱 감탄했습니다. 찰리가 특히 다른 사람과 다른 건 이 도덕심이었습니다. 농담 삼아 우리는 그를 서부 텍사스의 도덕 선생님이라고 불렀습니다! 찰리에게 옳은 건 옳은 거였습니다! 타협은 없었죠.

우리는 대부분 살면서 너무 자주 쉬운 길을 선택합니다. 최대한 불편을 피하고 남들이 다 가는 길을 가려고 하죠. 찰리는 그렇지 않았습니다. 조금은 자기 마음에 드는 방식으로 편하게 처리해도 되는 일을 꿋꿋이 자신이 옳다고 생각하는 대로 했습니다. 이러한 도덕심은 절대 사라지지 않았습니다. 그리고 현재 내게도 큰 영향을 주었습니다!

그레이엄에서 만난 후 얼마 지나지 않아 찰리는 나와 내가 전에 운영하던 회사를 사이에 두고 어느 쪽을 변호할지 선택해야 하는 불편한 상황에 부딪혔습니다. 찰리는 나를 선택했습니다. 수많은 난관에도 불구하고 그렇게 했습니다. 무엇보다 회사는 거액의 돈을 지급하는 고객이었던 반면 나는 돈도 회사도 없이 꿈만 가진 사람이었습니다! 하지만 이러한 악조건에도 불구하고 찰리는 나의 회계사가 되기로 선택하고 결국 내 꿈을 이루는 과정에 참여했습니다. 7개월 뒤 우리는 그레이트웨스턴을 설립했습니다.

찰리는 무엇 때문에 거액의 돈을 포기하고 내 꿈을 선택한 걸까요? 내가 인간적인 대우를 받지 못하는 상황을 찰리의 도덕심이 용납하지 못한 것입니다.

18개월 정도가 지났을 때 찰리는 나와 함께 일하기 위해 쿠퍼스앤라이브랜드를 떠났습니다. 찰리와 마크, 나는 신뢰와 상호존중을 기반으로 한 동료애를 쌓았습니다.

첫 5개월 동안 나는 찰리에게 월급을 주지 못했습니다. 찰리와 그의 가족은 그전에 저축해둔 돈과 쿠퍼스앤라이브랜드에서 받은 휴가 수당으로 생계를 이어갔습니다. 그 기간 중 첫 달에 찰리는 팔로스 베르데스에 있는 우리 집에서 나와 나의 아내 린다, 18개월 된 내 아들 대니, 초대형견 그레이트데인 3마리와 함께 살면서 한 달에 두세 번만 가족을 만나러 텍사스로 갔습니다. 그레이트데인 중 몸집이 가장 큰 녀석이 츄이인데, 츄이는 찰리가 자고 있는 방에 문을 열고 들어가 찰리가 눈을 뜰 때까지 그의 얼굴을 들여다보는 걸 좋아했나 봅니다. 찰리가 깜짝 놀라 잠에서 깬 적이 한두 번이 아니었다는군요.

어떤 사람이 세계에서 가장 큰 회계법인에서 평생 안정적으로 일하는 걸 포기하겠습니까? 단지 지켜질지 모를 약속과 공통의 꿈만 믿고 그럴 수 있겠습니까? 목적의식이 있어야 그렇게 할 수 있습니다. 목적을 모르는 사람은 만리장성을 세울 수 없습니다. 꿈이 없다면 꿈을 이룰 수 없다고 굳게 믿는 사람만이 꿈을 꾸고 그것을 이룹니다!

몇 개월이 지난 1984년 초에 찰리와 그의 가족의 삶은 말 그대로 소용돌이치기 시작했습니다. 찰리의 가족이 캘리포니아로 와서 처음으로 집세를 내고 머문 곳이 홀리데이 인이었는데 그곳은 마치 사창가처럼 꾸며져 있었습니다. 하지만 찰리는 신디에게 이 정도면 얼마나 멋지냐고 말하며 신디의 마음을 달래려고 노력했습니다. 이때 나는 찰리에게 위대한 강인함을 부여하는 게 무엇인지 발견했습니다. 그건 바로 매우 특별한 여성 그 자체인 아내 신디와의 관계였습니다. 그 어떤 시련에도 신디는 찰리에게 필요한 모든 도움을 주겠다는 의지를 드러냈습니다. 신디가 자기 삶이 얼마나 더 힘겨워질지 짐작이나 했을까요? 아마도 거의 알지 못했을 겁니다!

얼마 안 있어 찰리와 마크와 나는 런던으로 가서 우리의 소중한 꿈인 회사를 설립했습니다. 우리 셋은 몇 주 동안 계속 가족을 떠나 있었습니다. 하지만 포트워스를 떠나 오즈의 나라처럼 낯선 장소에 머물고 있는 신디는 이런 모든 상황에서도 인간으로서 보여줄 수 있는 최대한의 지지를 해주었습니다. 찰리가 성공을 믿었기에 신디도 그것을 믿었습니다. 찰리는 자신에 대한 믿음이 있었고 신디는 그런 찰리를 신뢰했습니다. 찰리의 갈망과 믿음이 전염된 것입니다.

사람들은 우리 회사가 강력해진 근본적인 이유가 나라고 생각하는데, 정말 얼토당토않은 생각입니다. 내가 어떤 문제를 다시 검토하며 고민하고 있을 때 찰리의 굳은 의지는 흔들리지 않았고 그 덕분에 고민 같은 건 바로 사라졌습니다.

찰리는 탁월한 사람, 진실한 친구, 훌륭한 인간의 표본입니다. 이건 앞으로도 달라지지 않을 겁니다.

런던에서 회사를 설립할 때 업무가 순조롭게 진행된 것도 '빅찰리'의 탁월함 덕분이었습니다. 우리가 상대하는 전문가들조차 찰리의 전문성과 진실성에 경이로워했습니다. 까다로운 상황에서 극도로 어려운 업무를 처리해야 할 때도 찰리가 단지 그레이트웨스턴의 사장이라는 이유로 다 해결되었습니다.

우리가 기업공개를 한 뒤에 많은 일이 일어났습니다. 대부분 나쁜 것이었죠! 석유 가격이 배럴당 30달러에서 10달러 아래로 떨어졌습니다. 각종 소송에 휘말렸고, 시추를 해도 석유를 얻지 못하는 일이 비일비재했습니다. 결국 주요 부서가 통폐합되며 사무실 문을 닫게 되었습니다. 우리는 급여를 줄이고 회사를 휴스턴으로 옮겼습니다. 그래서 찰리와 마크는 주말에만 집에 갈 수 있었습니다.

하지만 이러한 역경의 시기에도 찰리는 단 한마디 불평도 하지 않았습니다. 오히려 이렇게 말했죠. "페냐, 내가 무슨 일을 하면 되는 거야? 어디에 내 도움이 필요하지? 이 일을 어떻게 긍정적으로 만들까? 걱정하지 마, 페냐. 필요하면 생길 거야!"

찰리와 마크와 나는 종종 한 팀으로서 우리가 성장하는 석유시장에서 무엇을 이룰 수 있을지에 관해 즐거운 대화를 나누었습니다. 우리가 이루는 것을 찰리는 볼 수 없겠죠. 하지만 찰리 덕분에 신디와 그의 아이들, 우리는 성공을 이루는 모습을 볼 기회를 얻을 것입니다.

찰리, 당신은 이 땅에 남아 있는 사람에게 가치 있는 유산을 남겼습니다. 그뿐 아니라 현재 성장을 이루었고 앞으로도 수십 년 동안 성장할 그레이트웨스턴도 남겨주었습니다. 당신은 케시, 에릭, 카일의 아버지였지만 그에 못지않게 우리가 공유한 꿈의 아버지이기도 했습니다.

찰리는 종종 내가 자신의 삶을 바꿨다고 말했습니다. 아마 사실일 겁니다. 하지만 찰리는 자신이 만나는 모든 사람을 변화시켰습니다. 찰리를 만난 모든 사람은 이 우주에서 그를 스쳐 지나간 덕분에 더 나은 사람이 되었습니다. 어느 누가 찰리보다 더 좋은 묘비명을 얻겠습니까. '찰리, 당신이 내 곁에 잠시 다녀간 것만으로도 내 삶은 훨씬 나아졌습니다.'

나의 아들 댄 주니어도 찰리에게 많은 것을 배웠습니다. '후쿠 엠 혼즈Hook 'em horns'(텍사스대학교에서 응원할 때 사용하던 구호로, 헤어질 때 또는 편지를 마무리할 때 쓰는 말이다—옮긴이), 진정한 친구여, 신의 은총을 빕니다!

<hr>

넌 할 수 없어!

사회적 통념의 전파자들은 수년 동안 내게 "넌 이것(또는 저것)을 할 수 없어"라고 말했다. 하지만 나는 했다.

내가 '할 수 없었지만' 해낸 것의 목록을 적어보았다.

따라서 당연히 당신도 할 수 있다!

'할 수 없는 것' 95가지: 하지만 내가 해낸 것

1. 한 학기에 26학점을 수강할 수 없다!

2. 대학교 두 곳에서 여름 학기에 15학점을 수강할 수 없다!

3. 베어스턴스를 떠나 관련 지식이 전혀 없는 업계인 석유회사에 갈 수 없다!

4. 골프를 하면서 하루에 73홀을 칠 수 없다!

5. 한 달에 1천609킬로미터를 달릴 수 없다!

6. 하루에 160킬로미터를 달릴 수 없다!

7. 38번째 생일에 61킬로미터를 달릴 수 없다!

8. 아무 준비 없이 처음부터 시작해서는 상위 50위 석유탐사 및 생산기업을 세울 수 없다!

9. 성을 살 수 없다!

10. 50년 만에 최악의 에너지 산업 침체기에서 가장 **빠른** 성장률을 기록하는 천연자원 회사를 세울 수 없다. (그레이트웨스턴은 8년 동안 해마다 6만 7천 퍼센트 성장했다.)

11. 런던의 금융 중심지인 더 시티에서 거래가 가능한 구조조정을 하도록 쿠웨이트인들을 설득할 수 없다.

12. 쿠웨이트 투자청의 중개업체를 고용하고 그 회사를 중재기관으로 활용해 쿠웨이트 투자청의 구조조정을 협상할 수 없다!

13. 천연자원 회사를 설립하는 장기적인 계획을 지지하도록 쿠웨이트 투자청을 설득할 수 없다!

14. 소유하지도 않은 재산에 6만 달러의 옵션을 만들어 회사의 주식을 상장할 수 없고 그 회사의 가치를 5천만 달러로 높일 수 없다!

15. 보우밸리 USA를 매입할 수 없다. 규모가 너무 크다!

16. 그렇게 단기간(7주)에 보우밸리를 매입할 자금을 구할 수 없다!

17. 〈파이낸셜타임스〉 기자에게 머리에 똥이 가득하다고 말할 수 없다!

18. 숫처녀와 결혼할 수 없다!

19. 미국을 떠나서는 아이를 잘 키울 수 없다!

20. 당신의 사회경제적 환경을 바꿀 수 없다!

21. 대학에 갈 수 없다!

22. 1년 6개월 만에 대학의 3년 과정을 끝낼 수 없다!

23. 전공을 반복적으로 바꾸다가는 졸업을 할 수 없다!

24. 그렇게 별나게 굴다가는 아무것도 이룰 수 없다!

25. 스물한 살…… 서른 살…… 마흔 살…… 쉰 살이 될 수 없다!

26. 월급도 많이 못 주고 근로계약도 하지 않은 상황에서 유능한 사람이 다니던 직장을 그만두고 자신의 비용을 들여 새로운 회사로 옮겨 오게 할 수 없다!

27. 단 한 명의 직원(나였다)으로 사업 1년 만에 5천만 달러의 수익을 올릴 수 없다!

28. 직원이나 사무실, 돈도 없이 고작 전화기 한 대와 임대한 팩스 한 대만 가지고 연방정부와의 거래에서 대규모 계약을 성사시킬 수 없다!

29. 2년 6개월이 넘도록 결혼생활을 유지할 수 없다!

30. 당신이 만나는 여성의 부모가 당신을 혐오하면 그 여성과 결혼할 수도, 결혼생활을 유지할 수도 없다!

31. 1980년에 서구권에서 공산주의 국가를 전복하는 모의를 할 수 없다!

32. 그레이트웨스턴에서 대대적인 구조조정을 감행한 뒤 대규모 자금을 조달할 수 없다!

33. 쿠웨이트 투자청이 보유 지분에 비례해 구조조정에 참여하도록 할 수 없다!

34. 이라크의 침공에서 쿠웨이트를 해방하는 연합군의 '사막의 폭풍' 작전이 끝난 지 1주일 만에 쿠웨이트 투자청이 보유 지분에 비례해 자금을 내놓도록 설득할 수 없다!

35. 유별난 사람이라는 이미지가 생기면 그레이트웨스턴의 성장을 위한 런던 금융가의 투자를 받을 수 없다!

36. 에너지 업계의 경험이 없다면 그레이트웨스턴을 주식시장에 상장할 수 없다!

37. 영국에서 가장 유명한 법률회사가 당신 회사의 공모를 진행하도록 할 수 없다!

38. 이스라엘에서 석유를 시추하는 주요 기업으로 그레이트웨스턴을 선택하도록 이스라엘 정부를 설득할 수 없다!

39. 그레이트웨스턴에 불리한 규제가 있는 상황에서 1982년 말에 최초 시추 펀드를 판매할 수 없다!

40. 알려지지 않은 신생 업체가 이미 포화 상태인 시추 펀드 시장에 뛰어들 수 없다!

41. 당신의 시추 펀드를 지원하도록 뉴욕 증권거래소의 증권회사를 설득할 수 없다!

42. 시추 펀드를 판매해 '포천 200'에 오를 규모로 성장할 수 없다!

43. 공학기술 경험도 없이 노동조합과 싸우면서 정유공장을 세울 수 없다!

44. 아무리 정부 관련 사업이라도 이스라엘에서는 안식일에 정통 유대교인의 사인을 받을 수 없다!

45. 보우밸리 협상단이 협상 테이블을 떠나 캐나다로 돌아갔다면 그들을 다시 불러올 수 없다!

46. 보우밸리에 당신의 실행력을 확신시킬 수 없다!

47. 석탄산업 경험이 없는 상태에서 보우밸리의 석탄기업을 매입하기 위한 자금으로 8천500만 달러를 은행에서 대출받을 수 없다!

48. 씨티그룹은행과 거래를 해본 적이 없는 상황에서 그 은행의 지원을 받을 수 없다!

49. 그린웰스앤코퍼레이션이 보우밸리와의 거래를 보증하게 할 수 없다!

50. 쿠웨이트 투자청이 보우밸리와의 거래를 보증하게 할 수 없다!

51. 쿠웨이트 투자청이 그레이트웨스턴의 지분을 인수하게 할 수 없다!

52. 대형 회계 및 법률회사가 그레이트웨스턴을 성장세에 있는 은행처럼 대우하게 만들 수 없다!

53. 3천만 달러 가치의 그레이트웨스턴 주식을 거부할 수 없다(1989년 인수 시도 당시의 일이다)!

54. 미국의 에너지 산업에서 가장 높은 연봉을 받은 경영자 중 한 명이 될 수 없다 (1986~1988년에 연봉 서열 상위 5위 안에 들었다)!

55. 당신의 회사가 지금도 '마이너리그'에 있다면 임대료가 수백만 달러에 달하는 휴스턴의 사무실을 무료로 임대할 수 없다!

56. 거래가 이미 중단됐다면 100만 달러를 추가로 지급해도 인수할 수 없다!

57. 자금을 확보하기 전에 석유 가격이 폭락해 반 토막이 난 경우 인수 계약의 조건을 이행할 수 없다!

58. 쿠웨이트 투자청에 당신이 심어놓은 첩자가 떠난 뒤에는 쿠웨이트 투자청의 지원을 받을 수 없다!

59. 로스앤젤레스 체육클럽의 10월 마라톤 대회에서 가짜 우승자에게 1등 상 수여를 중지하라는 법원명령을 요청할 수 없다!

60. 런던 금융가 더 시티에서는 명문가 출신의 상담가를 만날 수 없다!

61. 당신과 당신의 부인은 할렘에 있는 코튼 클럽(백인만을 대상으로 한 사교클럽)에 참여할 수 없다!

62. 더 시티에서 최고의 주량을 자랑하는 사람보다 더 많은 술을 마실 수 없다!

63. 자녀 양육방식에 대한 자기 생각을 바꿀 수 없다!

64. 남편의 역할에 대한 자기 생각을 바꿀 수 없다!

65. 베트남전쟁이 절정에 치달을 때 군에 자원할 수 없다!

66. 어깨 인대가 찢어지고 탈장된 상태에서는 근력운동을 계속할 수 없다!

67. 영국 정부가 지분을 소유한 재규어와 같은 날 상장할 수 없다!

68. 공모 투자 설명을 하고 자금을 모은 다음에 바로 투자 방향을 바꿀 수 없다!

69. 공모를 한 후 90일 만에 경비 삭감(월급 40퍼센트 삭감이나 수당 삭감 등)을 할 수 없다!

70. 당신의 회사를 영국에서 상장할 수 없다!

71. 새해가 되기 하루 전 전화로 외국 회사를 매입할 수 없다!

72. 외국 회사를 그 회사가 은행에 맡겨놓은 돈보다 더 적은 돈을 주고 살 수 없다!

73. 당신은 꿈을 이룰 수 없다!

74. 1년 안에 거스리성을 리노베이션할 수 없다!

75. 하급 장교의 한 사람으로서 군 규정에 어긋나는 자세로 살 수는 없다!

76. 마피아와 붙어서 이길 수 없다!

77. 매각 협상 논의 중인 그레이트웨스턴의 증권을 매수할 사람을 찾을 수 없다!

78. 1985년 12월에 그레이트웨스턴을 거래하기 위해 몇 주 만에 회사의 주가를 2배로 올릴 수 없다!

79. 통제력을 포기하지 않고 그레이트웨스턴을 성장시킬 수 없다!

80. 당신이 인수 거래에 직접 나서지 않으면 주요 에너지 회사를 거래에서 밀어낼 수 없다!

81. 거스리성에서 그레이트웨스턴을 경영할 수 없다!

82. 쿠웨이트 투자청과의 거래에서 계속 눈먼 돈을 벌 수 없다!

83. 4개월 안에 세미나 설명서를 작성할 수 없다!

84. '당신은 할 수 없다'라는 주제로 세미나를 할 수 없다!

85. 월스트리트 재정 계획 세미나를 아예 처음부터 시작할 수는 없다(1975년)!

86. '당신은 할 수 없어'에 담긴 철학에 사람들의 관심을 끌어모을 수 없다!

87. 그레이트웨스턴의 주가를 기업공개 4개월 만에 2배로 올릴 수 없다!

88. 100일도 안 되는 기간에 3부작 책의 1부를 쓸 수 없다!

89. 건축 허가를 받지 않고 거스리성에 골프장을 지을 수 없다!

90. 〈파이낸셜타임스〉(단연코 세계에서 가장 영향력 있는 경제지다)를 고소해서 승소할 수 없다!

91. 순진한 초보자들에게 독립적으로 경쟁하는 소규모 회사들을 인수해 통합하

는 방법을 전수할 수 없다!

92. 세계적인 회계 및 법률회사와 상대할 금융 감각이 없는 사람들이 오로지 '성공을 안겨주는' 조언에 수수료를 지급하고 그 근거로만 행동하게 교육할 수 없다!

93. 똑똑한 '초보자'에게 거래 자금으로 대출이나 지분금융, 다른 사람의 돈을 100퍼센트 활용하라고 가르칠 수 없다!

94. 당신의 퀀텀 리프 방법을 영국과 유럽에 널리 전파할 수 없다!

95. 당신의 50번째 생일에 글래미스성(엘리자베스 여왕이 어린 시절을 보낸 곳)을 빌릴 수 없다!

댄 페냐의 자랑스러웠던 순간 & 슬펐던 순간

자랑스러웠던 순간

1. 1967년 7월 1일 소위 계급장을 차고 선 날.

2. 처음에는 낙제생이었다가 수업료 특별 면제로 복학해 첫 학기에 23학점을 수강하고 3.6학점으로 우수생 명단에 오른 것.

3. 결혼 10주년과 18주년에 아내와 결혼 서약을 다시 맹세한 것.

4. 사랑스러운 세 자녀의 탄생.

5. 그레이트웨스턴을 설립한 첫해에 연방정부와 2천만 달러의 거래를 성사시킨 것.

6. 1981년 라틴계 기업가협회의 '올해의 기업가'로 선정된 것.

7. 1984년 8월 9일 그레이트웨스턴을 런던 증권거래소에 6만 달러의 옵션을 만들어 상장한 뒤 4개월 만에 회사의 가치를 5천만 달러로 만든 것.

8. 나의 40번째 생일에 거스리성에서 축제를 벌인 것.

9. 회사 가치가 '폭락하고' 회사의 모든 관계자, 이를테면 동업자, 변호사, 은행, 이사회 등이 '사망' 선고를 내린 그레이트웨스턴을 1억 5천만 달러를 받고 매각한 것.

10. 1989년 12월, 거의 2년에 걸쳐 쿠웨이트 투자청과 협상한 끝에 그레이트웨스턴의 구조조정을 마무리한 것.

11. 사막의 폭풍 작전이 시작하고 한 달 만에 쿠웨이트 투자청의 지분이 30퍼센트 있는 회사의 순수 가치를 7천만 달러 상승시킨 것.

12. 1991년 5월 모교인 캘리포니아 주립대학교 노스리지에서 졸업 연설을 하고 경영대학교에서 가장 성공한 동문으로 인정받은 것.

13. 1987년 10월 런던 금융가에서 주식시장 붕괴가 시작된 후인 11월에 처음으로 런던 금융권의 투자를 끌어낸 것.

14. 거스리성을 사들여 리노베이션한 것.

15. 퓰리처상을 수상한 〈로스앤젤레스타임스〉의 표지 기사에 실린 것.

16. 아내에게 결혼 17주년 기념 선물로 엑손의 창업자 패리시의 땅을 매입해준 것.

17. 내가 설립한 그레이트웨스턴을 상대로 한 소송에서 7주에 걸친 재판 끝에 승소한 것.

18. 글래미스성에서 50번째 생일을 기념한 것.

19. 50번째 생일에 두 아들과 함께 거스리성에 있는 나의 개인 골프장에서 골프를 친 것.

슬펐던 순간

20. 1987년 1월 나의 가장 친한 친구이자 동업자인 찰리 솔라데이를 추모하는 연설을 한 것.

21. 내가 그레이트웨스턴을 떠날 때 회사의 부사장과 이사들이 내게 등을 돌린 것을 알게 된 순간.

22. 1992년 6월 27일 나의 충직한 개 드릴러가 내 품에서 죽었을 때.

23. 나이가 들어가면서 나의 기대는 계속 높아지는데 다른 사람의 기대는 낮아진
다는 것을 알게 됐을 때.

24. 정말로 마음이 찢어지는 사실은 어떤 대가를 치르더라도 반드시 성공하겠다
고 결심하는 사람이 극히 드물다는 것.

25. 함께 늙어가면서 남은 인생을 같이 보내려고 했던 아내가 결혼 30주년 기념
일에 이혼 소송을 제기했을 때.

26. 2003년 크리스마스이브에 어머니가 돌아가신 것. 어머니가 나와 함께 살기
위해 거스리성으로 이사 온 지 얼마 되지 않아서였다. 어머니는 언제나 나를
믿어주었다. 내가 평생 해온 모든 일에 대해 전폭적인 지지를 보냈다. 그런 훌
륭한 어머니에게 나는 좋은 아들이 되지 못했다는 것을 인정할 수밖에 없었
다. 어머니가 돌아가셨던 때만큼 내 인생을 되돌아보며 생각에 잠긴 적은 없
었다. 지금도 후회막심한 슬픈 순간이다! 용서해주세요, 엄마!

댄 페냐에 대한 찬사

"내가 지금까지 참석한 세미나 중 최고의 세미나이다. 세미나에서 아이디어 1개만 건져도 그 세미나의 가치는 충분하다고 한다. 나는 위대한 연사의 마음과 정신을 통해 돈을 벌 수 있는 103개의 아이디어를 얻었다." - 테드 니콜라스(베스트셀러 작가)

"당신이 성공을 극대화하는 길을 찾고 싶다면 이미 그 길에 들어선 페냐의 프로그램을 추천한다. 돈이 얼마가 들든 그 이상의 가치가 있다. 내가 그동안 찾아 헤매던 답을 그에게서 들었다."

- 스탠리 데이비스Stanley Davis

"페냐의 세미나에 참석한 결과 우리 회사는 현금 유동성이 50만 달러 증가했다." - 조지와 디앤 베르디에 부부

"휴스턴에서 들은 퀀텀 리프 세미나는 편견을 부수고 새로운 깨달음을 얻는 순간이었다. 페냐는 내게 필요한 것을 정확하게 알려주었다.

나는 성공을 새롭게 정의하고, 새로운 곳에 초점을 맞추고, 새롭게 힘을 얻어 세미나장을 떠났다." - 존 앨런 초크John Allen Chalk(건디미체너스윈들앤드휘터커Gandy Michener Swindle & Whitaker 변호사)

"페냐의 퀀텀 리프 세미나는 내가 지금껏 참석한 세미나 중 최고의 프로그램이었다. 제이 에이브러햄Jay Abraham의 세미나에 1번, 토니 로빈스Tony Robbins의 세미나에 3번 갔지만 거기서 얻은 정보보다 페냐의 세미나에서 첫 2시간 동안 얻은 정보가 더 많았다! 페냐의 프로그램은 세미나의 '미래'다." - 베릴 헨더슨(도베르카 컨트랙터스Doberca Contractors 공동 창립자)

"1989년부터 나는 젊은기업가협회 행사에 참가해 세계 최고의 사업가를 많이 만나고 많은 프레젠테이션을 보았다. 하지만 페냐의 세미나는 그것보다 더 큰 '가치'가 있다." - 크레이그 호프만Craig Hofman(호프스 허트Hof's Hut 사장)

"나는 댈러스와 휴스턴에서 페냐의 퀀텀 리프 세미나에 참석했다. 그렇게 열정적이고 강렬한 인상을 주는 연사는 처음 보았다. 페냐는 참석자가 긍정적인 행동을 하도록 효과적으로 동기를 부여한다. 페냐의 방법은 내가 거래에서 협상하는 데 도움이 됐다." - 리베카 리처드슨Rebecca Richardson(리처드슨 애드버타이징Richardson Advertising 사장)

"브라보, 퀀텀 리프! '당신도 그것을 할 수 있다'라는 주제의 세미나는 사업을 새로운 단계로 끌어올려 성공하는 방법을 알려준다. 나는 많은 사람의 강연을 들었지만(나는 매일 새로운 아이디어를 얻기 위해 세미나를 쫓아다닌다) 연사가 말하는 것을 연사 자신이 실천하는 경우는 보지 못했다. 하지만 페냐는 다르다. 그리고 보너스까지 준다. 토니 로빈스도 열정적이어서 많은 찬사를 받지만 페냐의 열정은 그 누구도 쫓아오지 못한다. 나는 오랫동안 텔레비전 뉴스 진행자와 기자, 로널드 레이건의 커뮤니케이션팀 팀원 등 전문적인 의사 소통자로 일해왔다. 그런 내 관점에서 볼 때 페냐의 열정은 타의 추종을 불허한다." - 밥 맥카퍼티Bob McCafferty(맥카퍼티 커뮤니케이션McCafferty & Co. Communications 대표)

"당신은 자신의 능력으로 어느 정도까지 성공할 수 있다고 생각하는가? 당신이 어떤 수준의 성공을 생각하든 그 이상의 비약적 성공을 이루는 놀라운 여정을 페냐가 안내한다. 그의 세미나는 시대를 4~5년 앞서간다. 페냐의 독특한 스타일과 진실함, 청중을 향한 몰입 때문에 세미나가 진행되는 17시간 내내 나는 심장이 쿵쾅거리고 손에 땀을 쥐었다(맞다, 17시간이다). 페냐의 세미나에서 가장 강력한 요소를 하나 꼽으라면 단연 페냐다. 페냐는 사업으로 진정한 성공을 이룬 세계에서 '유일한' 세미나 연사다. 그야말로 '위대한' 페냐다."

- 앤드루 해리스Andrew Harris(아메리칸 올림픽 가라테American Olympic Karate 창립자)

"페냐의 에너지는 활활 타오르고, 태도는 정력적이다. 마치 비장하게 투우장으로 들어가는 투우사 같다." - 알 마르티네즈Al Martinez, 〈로스앤젤레스 타임스〉

"나는 놀라운 업적을 이룬 사람의 생생한 이야기를 들을 기회를 얻었다. 바로 빈손으로 시작해 자산가치 4억 달러의 회사를 일군 페냐의 이야기다. 페냐의 이야기는 이론이 아니다. 그가 직접 그런 일을 해냈고, 우리에게 그러한 성장을 이루는 방법을 알려준다. 페냐의 강력한 퀀텀 리프 세미나는 그가 어렵게 알아낸 비밀을 밝혀준다. 페냐는 정말로 강력하다. 당신에게 위험 부담은 전혀 없다! 장담하건대 틀림없이 만족할 것이다. '자산가치 20배 올리기'에 당신도 동참하리라 믿는다. 이처럼 엄청난 배움의 경험을 당신도 맛보기 바란다."

– 데일 C. 벌로Dale C. Bullough(데일벌로앤드어소시에이츠Dale C. Bullough & Associates 창립자)

"페냐는 현실 속의 J. R. 유잉J. R. Ewing(미국 텔레비전 시리즈의 인기 있는 악당 주인공)이다." – 크리스 멀링거Chris Mullinger, 〈선데이메일Sunday Mail〉

"페냐는 약 800달러로 4억 달러를 만들었다. 미국에서 가장 위대한 성공을 거둔 기업가 스토리 중 하나다." – 조 맨커소Joe Mancuso(기업가경영센터Center for Entrepreneurial Management 창립자)

"이 프로그램에 참가하면 당신의 결정 능력은 강화될 것이다. 자기 몫을 다하는 사람이라면 페냐의 원칙을 적용해 발전해나갈 것이고 그렇지 않다면 현실을 회피하는 데 급급할 것이다."

– 빈스 아이졸트Vince Eysoldt(빈스아이졸트사 사장)

"페냐의 지식은 불도저 같다." - 조 팔리시Joe Polish(기업가이자 세미나 강연자)

"사업 성공에는 진통이 따른다. 댄 페냐는 이때 효과적인 처방약이 되어준다." - 케빈 파슈케Kevin Paschke(너어처 마케팅 인스티튜트The Nurture Marketing Institute)

"페냐는 전형적인 미국 스타일의 사업가다." - 도미니크 로손Dominic Lawson, 〈파이낸셜타임스〉

"이 세미나를 통해 나는 문제를 해결하는 다양한 방식에 눈을 떴다. 행동 계획을 세우는 일과 관련해서 매우 확실한 방법을 알게 됐다. 이 세미나는 실용적이고 적용할 수 있는 경험을 다루며 교과서에서 중단된 지점부터 다시 시작한다. 세미나의 내용은 실제적이고 믿을 수 있다. 절대 '구호'에 그치지 않는다." - 다이애나 게린Diana Guerin(B&G어소시에이츠B&G associates 사장)

"1980년대 런던 금융가 더 시티에 발을 들여놓은 미국 사업가 중 가장 논란이 많았던 사람……." - 짐 레비Jim Levi, 〈선데이텔레그래프Sunday Telegraph〉

"대부분 사업가는 전통적인 사업방식에서 벗어나는 방법을 배워야 한다. 페냐는 나에게 사업을 바라보는 새로운 관점을 알려주었다. 그동안 내가 배워왔던 모든 것을 창의적으로 바라보는 방법을 가르쳐준 것이다. 무엇보다 그는 자신의 생생한 경험을 통해 가르친다. 당신은 어떤 책이나 이론을 통해 배우는 것보다 더 많은 것을 페냐의 실제 경험을 통해 배울 수 있을 것이다." - 바버라 바데(프로세스 워크스Process Works CEO)

거스리성에 대해 사람들이 하는 말

"거스리성은 그레이트브리튼에서 가장 멋진 곳 중 하나다." - 런던 로이즈Lloyds of London

"사람들이 이렇게 사는 줄 몰랐다." - 키스 크레치머Keith Kretschmer(오펜하이머Oppenheimer & Co. 전무)

"얼마나 숨 막히게 아름다운 곳인가……. 방마다 경매로 사들인 골동품 가구가 가득하고 3미터 높이의 벽에는 기가 막힌 그림이 걸려 있다. 곳곳에 값을 매길 수 없는 물건이 장식되어 있다. 하지만 거스리성은 왕조시대의 궁전도 아니고 박물관도 아니다. 그곳은 진짜 집이다."

– 크리스 멀링거, 〈선데이메일〉

"미국의 억만장자 페냐는 이 역사적인 성을 복원하는 데 수백만 달러를 썼다. 50만 제곱미터의 드넓은 부지에 거대한 벽으로 둘러싸인 정원에는 송어가 가득한 호수, 테니스장, 사격장, 승마장이 있다."

– 존 베틀리John Betley, 〈더 뉴 에이지The New Age〉

페냐, 당신 말이 맞아요. 정말 효과적이에요!

사람들이 사업을 시작해 성공하도록 동기를 부여하는 방법에는 2가지가 있다. 한 가지는 이른바 전문가라고 불리는 사람들이 세미나를 다니며 사용하는 방법인데, '듣기 좋은' 판에 박힌 말로 사람들의 감정에 불을 지피는 것이다. 이러한 세미나는 기본적으로 고가의 입장료를 받는다. 그러면서 노골적인 구호를 외치는 궐기대회 같은 인상만 준다. 세미나 연사들이 지핀 불은 현실 속에서 삶과 사업에 차가운 바람이 불어닥치면 한순간에 꺼져버린다.

다른 한 가지 방법은 사람들에게 진짜 정보를 주는 것이다. 물론 나는 나의 세미나에 참석한 사람들에게 아이디어를 제공한다. 대개 전략을 제시하고 구체적인 단계와 특정한 방법을 알려준다. 나는 그러한 방법이 효과적이라는 사실을 알고 있다. 그런 방법 덕분에 내가 백만장자가 되었고 나아가 세미나 참석자들도 부자가 되었기 때문이다. 그들도 지금은 엄청난 부자다!

나는 '와, 페냐. 이 방법이 정말 효과적이군요!'라고 놀라움을 표현한 편지를 받으면 기분이 정말 좋다. 물론 속으로는 그 얼간이에게 이

렇게 말한다. '효과가 없는 방법을 배울 생각으로 그 돈을 내고 내 세미나에 참석했소?'

이제 몇 가지 성공 스토리를 소개하려 한다. 대부분 최근 사례로, 이 책을 마무리하던 시기에 나의 새로운 '제자'가 된 사람들 이야기다. 그들의 이야기를 들어보자. 어느 날 갑자기 놀라운 성공을 거둔 자기 모습에 놀라는 목소리를 듣게 될 것이다. 그들은 아침에 조금이라도 더 빨리 일어나 더 많은 돈을 벌기 시작한다. 그들을 아주 잘 알고 있는 나로서는 그들의 성공 스토리를 듣고 무척 기뻤다. 그 이야기를 쓰는 지금도 즐겁다.

'페냐의 제자'라는 큰 부대를 '성공한 사업가 부대'라는 명칭으로 바꾸고 싶다. 거기에는 당신도 포함된다. 당신이 이 책을 다 읽었으리라 기대한다. 이제 이미 경기장에서 뛰고 있는 사람들이 전하는 짜릿한 말들을 들어보라. 그런 다음 자리를 박차고 일어나 세상으로 나가 당신만의 경기를 펼쳐라!

◆ "페냐의 정보는 명중했다. 과거 우리의 성장은 점진적인 성장이었다. 극적인 성장은 없었다. 매년 꾸준하게 10퍼센트의 성장률을 유지했던 우리 회사가 페냐의 세미나에 참석한 다음 첫해에 50퍼센트의 성장률을 달성했다. 올해에는 상반기에만 이미 70퍼센트의 성장률을 기록하고 있다. 오늘 나는 우리 회사가 이미 뛰어든 분야와 관련 있는 회사 2개를 새로 창업하려고 서류에 서명을 했다.

다른 세미나를 통해서 평생에 걸쳐 1천만~2천만 달러의 사업을 성공시키는 방법을 배울 수 있을지 모른다. 하지만 5년에서 10년 안에 1억~2억 달러를 버는 방법을 알려주는 사람은 페냐 말고는 없다. 페냐의 방식이 완전히 다르기 때문에 가능한 일이다. 페냐가 가르치는 것처럼 퀀텀 리프를 달성하면 대성공을 이룬다.

예를 들어 페냐의 설명처럼 20만 달러의 거래를 하는 데 드는 시간만으로도 2천만 달러의 거래를 할 수 있다.

페냐는 책임지고 내가 훨씬 더 많은 돈을 벌게 해주었다. 내게 전화하면 다 말해주겠다."

- 조지 베르디에

◆ "나는 한계를 넘어섰다. 페냐는 내가 많은 제약에서 벗어날 수 있게 도왔다.

페냐는 나에게 사업을 바라보는 새로운 관점을 알려주었다. 그동안 내가 배워왔던 모든 것을 창의적으로 바라보는 방법을 가르쳐준 것이다. 무엇보다 그는 자신의 생생한 경험을 통해 가르친다. 한낱 이론에 불과한 논리나 남에게서 들은 말 따위를 전해주는 게 아니다.

나는 특히 협상에 관한 페냐의 가르침을 좋아한다. 예전부터 나는 나 자신을 훌륭한 협상가라고 생각했다. 하지만 더 영리한 사업가를 상대할 때는 그들에게 주도권을 뺏기곤 했다. 페냐의 방식은 나를 새로운 경지로 이끌었다. 이제 나는 유리한 입장에서 협상한다. 누구를 상대하든 언제나 한결같은 위치에서 통제력을 발휘한다.

페냐는 거칠고 난폭한 사업가로 알려졌지만 그에게는 따뜻한 마음이 있다. 그가 망치로 못을 두드리는 것처럼 난폭하게 구는 것도 다 사람에게 관심이 있어서다. 그렇지 않다면 자신처럼 하라고 우리를 몰아붙이지도 않을 것이다. 나의 목표는 아주 큰 성공을 이루는 것이다. 페냐가 나에게 그 목표를 이룰 도구를 주었다."

– 바버라 바데

◆ "내가 사업을 운영하는 방식은 좀 다르다. 나는 직원을 한 명도 고용하지 않고 집에서 일한다. 페냐가 가르쳐준 방식으로 거래를 하면서 돈을 벌고 있다. 그리고 나의 순자산은 3년도 안 돼서 2천만 달러로 치솟았다. 내가 진행하던 첫 거래에서 나는 100만 달러를 제안받았다. 그런데 페냐가 그 거래는 그보다 훨씬 더 큰 가치가 있으니 그 가격으로 거래하지 말라고 조언해주었다. 그래서 페냐의 말대로 거래를 하지 않았다. 나중에 나는 1천800만 달러를 다시 제안받았다. 페냐가 옳았다.

내가 아직 가능성의 언저리도 건드리지 않았다는 게 제일 마음에 든다. 나는 지금 대부분의 사람에게는 꿈에 불과한 큰돈을 벌고 있다. 사업방식을 아주 조금 바꿨을 뿐인데 어떻게 그런 이익을 단기간에 얻었는지 놀라울 따름이다.

여성이 페냐의 방식으로 사업을 하다 보면 종종 어려움을 겪게 마련이다. 하지만 나는 이렇게 말하고 싶다. '타석에 서지 않으면 배트를 휘두를 기회조차 얻지 못한다.'"

– 베릴 헨더슨

◆ "페냐의 전략을 사용해 나는 내 회사보다 규모가 2.5배나 더 큰 회사를 매입했다. 심지어 팔려고 하지 않았던 사업자에게서!

그 보석 매장은 캘리포니아에서 가장 유서 깊은 가족경영 매장이었다. 하지만 사업주는 팔 생각이 전혀 없었다. 거래는 난관에 봉착했다. 그때 페냐가 한 가지 간단한 조언을 해주었고 그 덕분에 나는 거래를 성사시킬 수 있었다.

내가 매입한 회사의 수익이 한순간에 250퍼센트 상승했다. 앞으로 3년 동안 500퍼센트의 상승을 기록하리라 믿어 의심치 않는다. 나는 예전과 똑같은 시간 동안 일하면서 페냐가 가르쳐준 것처럼 다르게 일할 뿐이다. 그런데 정말 효과가 있다!"

- 케이시 스티븐슨(케이시 쥬얼러스Casey Jewelers 대표)

◆ "'수익성이 있거나 없거나'는 내가 들은 말 중 최고의 명언이다.

페냐의 세미나는 내 정신을 번쩍 들게 하고 내가 새롭게 집중할 수 있게 해주었다. 이제 우리 회사는 한 번에 한 단계씩 성장하는 것 말고 폭발적으로 발전하는 방법을 찾고 있다. 헬스클럽을 홍보할 사이트를 2개 더 알아보고 있으며 많은 영상을 촬영하는 일을 마쳤고 광고도 다 만들었다.

대성공을 거두려면 페냐의 전략이 필수적이다. 나는 쓰라린 인생 경험을 통해 배울 만큼 배웠다. 이제는 퀀텀 리프식 성장을 해야 할 때다. 그렇게 하는 유일한 방법은 페냐와 같은 사람과 함께하는 것이다.

페냐의 영상을 회사 전 직원에게 보여주고 있다. 모든 관리자가 퀀텀 리프 프로그램에 세뇌당하고 있다. 좋은 현상이다!"

- 린 브리크Lynne Brick(브리크보디 피트니스 서비스Brick Bodies Fitness Service 공동
창립자)

◆ "내 수입은 하루에 800달러에서 1만 달러로 1천200퍼센트 급증
했다. 페냐의 세미나에 참석하기 전에 나는 사업을 3개 운영하고
있었다. 하지만 페냐의 강연을 듣고 나서 즉시 2개를 정리하고 독
서 향상 세미나인 리딩 지니어스에 집중했다. 지금 나는 내 분야
에서 세계 최고가 됐다. 하루 수입이 1만 달러이며 1시간 30분 개
인 지도를 하면서 2천500달러를 받는다. 나는 미국의 장교후보학
교 두 곳을 포함해 영국, 이스라엘, 오스트레일리아, 뉴질랜드에서
강의를 하며 광고도 만든다. 페냐가 내게 초점을 한군데 맞춰야 하
며 폭발적인 힘으로 그렇게 해야 한다고 조언하지 않았다면 이 모
든 일은 불가능했을 것이다. 페냐의 메시지가 달콤할 거라고 기대
하지 마라. 현실 감각이 없고 뜬구름만 잡는 사람에게는 페냐의 전
략이 맞지 않는다. 세미나 강사 및 전 회사에서 교육자로 일한 경
험이 있는 내가 해줄 말은 페냐는 인정사정 봐주지 않는다는 것이
다. 당신이 기대하는 방식이 아니라 페냐의 방식을 그대로 경험하
게 될 것이다. '페냐의 처방'을 받는 데 쓴 돈과 시간은 전혀 아깝
지 않다."

- 에드 스트래차Ed Strachar(《리딩 지니어스Reading Genius》 저자)

◆ "1년 안에 내 사업 규모는 5만 달러에서 25만 달러로 성장했다. 5

배 증가한 것이다! 페냐는 사업으로 크게 성공한 유일한 세미나 연사다. 페냐야말로 '진정한' 사업가다. 페냐는 수십 년간 거의 매일 은행 및 증권회사의 변호사와 직원들을 상대해왔다. 의심의 여지 없이 그의 말을 신뢰할 수 있다.

나의 평생 목표 중 하나는 글로벌 사업을 하는 회사를 세우는 것이었다. 이제 그 목표는 현실이 되고 있다. 예전에는 은행 관계자나 회계사를 상대할 때 두려움이 앞섰지만 지금은 그렇지 않다. 이제는 그들에게 부탁한다고 생각하지 않는다. 오히려 그 반대라고 생각한다. 페냐의 가르침을 실천한 결과 12개월 동안 사업 규모가 5배 성장했다. 페냐는 비즈니스 세계의 람보 같다."

– 앤드루 해리스

◆ "페냐를 만나기 전에 나는 공예품 전시회를 진행하고 있었다. 집에서 보는 전시회를 주로 진행하며 남편과 함께 광고대행업도 했다. 페냐를 만난 후 우리는 가정용 전시사업을 매각하고 당시 돈벌이가 되었던 광고대행업도 그만두었다.

우리는 이전에 8개 지역에서 공예품 전시회를 진행했다. 그런데 지금은 최대한 신속하게 이동하면서 전국 20개 도시에서 전시회를 2배 더 많이 진행하고 있다. 올해는 12회 개최하며 내년에는 16회를 계획하고 있다.

페냐는 내가 자신감도 키울 수 있게 도와주었다. 나는 결정을 내리는 일이 두려웠다. 거래를 하면서 숨이 막힐 지경이었다. 지금은 더 큰 위험을 감수하며 신나게 도전하고 있다. 전에는 사람들과 협상을 하는 일에 겁을 먹었지만 이제 내게 협상은 게임이다. 무척 재미있다. 정말 놀라운 일이다. 페냐의 방법은 효과가 있다. 나는 새로 산 벤츠에 시동을 켤 때마다 이렇게 되새긴다. 페냐의 방법은 정말 효과가 있다!"

- 디앤 베르디에

예시 편지

인수 목표로 삼은 회사의 이사에게 쓰는 편지

주소:

친애하는 _____

당신에게 우리 계획을 이야기할 수 있어서 기뻤습니다.(날
짜) 나는 당신과 만나기를 고대하고 있습니다. 논의한 대로
우리 회사의 계획과 회사 임원진 프로필을 함께 보냅니다.

우리의 전략적 계획은 이렇습니다. _____산업은
현재 통폐합이 진행되고 있습니다. 대형 기업들이 지역의
소규모 회사를 인수하면서 시장 점유율을 확보하려는 것입
니다. 이러한 혼란 속에서 비약적인 성장을 이룰 놀라운 기
회를 우리는 알고 있습니다.

우리의 목표는 몇 개의 회사를 인수하고 통합해서 불필

요한 인력을 줄인 뒤 기업공개를 통해 주식시장에 상장하는 것입니다.

우리는 몇 군데 회사와 인수 협상에 들어갔습니다. 당신을 만나 이러한 내용을 상세하게 알려드리고 싶습니다. 우리가 인수한 회사의 가치는 20__년 안에 __ 달러/파운드를 넘어설 것으로 예측됩니다. 당연히 이사회의 임원도 지분을 받을 것입니다.

곧 전화를 드려 간단한 회의를 위한 일정을 잡도록 하겠습니다.

_____ 배상

인수 편지 예시

주소:

친애하는 _____

나는 _____사에 대한 매각 가능성을 당신과 논의하고 싶습니다.

나는 사업중개인이 아님을 알려드립니다.

당신처럼 나도 성공한 사업가입니다. 지금은 특별한 종류의 _____사를 설립하려고 추진하고 있습니다. 나와 동료들은 귀사가 우리 조직과 매우 긍정적인 방식으로 조화를 이룰 수 있다고 생각합니다.

우리 회사가 계획대로 성장하려면 당신처럼 성공한 사업가를 미래의 동반자로 만들어야 한다고 생각했습니다. 따라서 당신이 _____사에서 은퇴할 의향이 없다면 정말 좋은 일입니다! 설레고 보람찬 미래가 보장된 계획에서 큰 역할을 맡을 기회를 잡으십시오.

_____ 번호로 전화를 걸어주십시오. 당신에게 불리한 것은 전혀 없습니다. 2분 정도만 통화하면 우리의 실행력에 대한 궁금증이 해소될 것이고 이 거래를 계속 추진할 가치가 있는지 양쪽 모두 잘 알게 될 것입니다. 물론 깊이 있는 논의는 확실한 신뢰가 생겼을 때 이루어질 것입니다.

_____ 배상

추신. 제품 인수 가능성에 관한 논의에도 관심 있습니다. 전화 문의 부탁드립니다.

한 가지 더 말씀드리면, 당신이 이 편지 내용에 관심이 없는 경우 당신의 동료에게 이 편지를 전달해주시면 감사하겠습니다.

인수를 목표로 한 회사에 보내는 편지

주소:

친애하는 _____

전화로 당신과 이야기할 수 있어서 기뻤습니다. 곧 직접 만나 뵙고 논의를 이어나가길 기대합니다.

　말씀드린 대로 우리 회사 임원진 프로필을 동봉합니다. 나는 _____사의 CEO이며 지난 ___년 동안 이 회사에 몸담아왔습니다.

　당신이 이 편지와 동봉된 내용을 검토하면 우리의 전문적인 경영진과 능력 있는 인재들에 대해 깊은 인상을 받으리라 확신합니다.

　전화로 말씀드렸듯이 우리는 귀사의 인수 논의에 진지한 관심이 있습니다. 또한 우리는 모든 거래에 상호 이익이 전제되어야 한다는 점도 잘 알고 있습니다. 당신을 만나뵙기를 고대합니다. _____에 있는 귀사를 방문할 편리한 시간을 계획하기 위해 전화를 드리겠습니다.

_____ 배상

동봉 서류: 이사회 임원 프로필

인수 후보 회사에 보내는 편지

주소:

친애하는 ＿＿＿＿＿＿＿＿＿＿

＿＿＿＿＿(변호사)가 귀사에 보낸 비밀 협정 사본을 받아보았습니다.

협상이 잘 진행되길 기대하며 아래에 정리한 구체적인 자료를 협상 초기에 받고 싶습니다. 아래의 자료는 소수의 분석 인원만 검토할 것이며 비밀 협정 조건은 이 자료에 따라 결정될 것입니다.

요구 항목　　a. 최근 5년간 재무제표

　　　　　　b. 예측 및 전망치

　　　　　　c. 고용계약서 사본 또는 정리본

　　　　　　d. 주요 임대계약서 사본 또는 정리본

　　　　　　e. 소송 자료

위 자료를 검토한 후 의향서를 받고 기업실사를 진행하면서 실질적인 협상에 착수하도록 하겠습니다. 자료를 받은 후 협의가 이어지길 바랍니다.

＿＿＿＿＿＿ 배상

사명 선언 예시

이동식 주택촌 전문 회사(영국의 카라반 파크caravan parks)

아틀라스 글로벌 엔터프라이즈Atlas Global Enterprises사

우리의 기본 전제는 매우 단순합니다. 지금부터 20＿년까지 급격한 성장률로 회사를 키우는 것입니다.

우리 회사는 50개 이상의 이동식 주택촌을 적극적으로 인수함으로써 대규모 성장을 이루고 있습니다. 또한 20＿년까지 408만 4천400달러의 자산가치가 있는 이동식 주택촌을 최소한 20개 인수할 것입니다.

우리는 기존 2~4성급 이동식 주택촌을 인수하려고 모든 노력을 쏟고 있습니다. 이러한 주택으로 자산가치 30~75퍼센트의 현금 유동성을 확보할 수 있습니다. 우리는 이 분야에서 사업을 통합하고 있으며 향후 영국에서 50~100곳의 주택촌을 인수할 계획입니다. 20＿년까지 지속적으로 주택촌을 인수할 것이며 20＿년 봄에 회사를 주식시장에 상장할 계획입니다.

아틀라스 글로벌 엔터프라이즈에는 금융과 부동산, 인수 및 합병을 전문으로 하는 뛰어난 인재들이 많습니다. 이들의 프로필 사본을 동봉합니다.

페냐 회장은 기업을 설립한 후 상장하거나 매각하는 일

을 많이 해왔습니다. 2~4성급 이동식 주택촌을 적극적으로 인수할 수 있는 사람으로는 현재 페냐 회장이 유일합니다. 재정적 능력이 있는 기업은 대부분의 경우 더 새로운 시장인 '별장'에 관심을 두고 있습니다. 하지만 이러한 별장은 사람들이 구입하기에는 너무 고가이며 공사 기간이 오래 걸립니다. 그리고 공실을 채우려면 수년은 걸릴 것입니다. 50~100곳의 이동식 주택촌을 보유한 회사를 설립한 후 상장할 목적으로 주택촌을 적극적으로 인수하기에는 지금이 적기입니다.

_____ 배상

회계법인과의 면담(메모 사항)

대형 회계법인과 면담할 때 활용할 수 있는 메모를 몇 가지 예로 제시하려 한다. 먼저 그들과 만나기 전에 사명 선언과 프로필을 보내야 한다. 그들을 만나러 갈 때 가져가서는 '안 된다'. 그들이 사전에 당신이 작성한 자료를 읽으면 당신은 훨씬 더 유리한 입장에서 설 수 있다. 프레젠테이션은 15분 정도가 적당하다. 반드시 '열정적'으로 말하라. 회의실 가장 앞자리에 앉아라. 매우 효과적인 방법이다. 그리고 이렇게 시작하면 좋다.

"어렵게 시간을 내주셔서 감사합니다. 이번 면담에서 몇 가지 사항을 말씀드리고 싶습니다."

1. 장기 계획
2. 단기 계획 및 실행 방안
3. 귀사가 미래 우리 회사의 성공에 결정적 역할을 할 수 있는 방법. 우리의 요구 조건을 충족시켜줄 다른 회사들과도 면담하고 있음.

여기까지 말하고 회사의 사명 선언을 언급하며 그 내용을 요약해주어라. 그런 다음 이렇게 말하라. (이동식 주택촌 합병을 예로 들어보자.)

1. 이동식 주택촌 산업은 주로 '소규모' 회사로 이루어져 있다. 이들 회사는 마케팅이나 금융에 취약하며 경영 능력도 별로 없다.
2. 최근 이 분야의 산업이 합병되는 추세이며 특히 (현재 사례 언급) 산업의 합병은 수익성이 대단히 좋다.
3. 나의 마케팅 및 경영 분야의 경험은 다음과 같다. 나는 이 분야에서 판매 관리자로 5년간 일해왔다. 20_년에 공실률이 38퍼센트인 플로리다의 주택촌을 맡아 운영방식을 바꾸고 새롭게 홍보했다. 그 결과 1년도 안 돼서 공실률을 줄이면서 주택촌 자산가치를 35퍼센트 상승시켰다. 비용은 거의 그대로 유지됐기 때문에 마지막 25퍼센트의 공실을 채울 때는 매출이 거의 다 순이익으로 돌아섰다. 우리 회사는 주택촌의 공실을 없앨 전략을 갖고 있다. 우리의 방법은 증명되었으며 효과가 있다.
4. 우리 회사는 전문적인 합병 팀을 꾸리고 있으며 합병을 통해 _____백만

달러 이상의 자산을 만들 것이다.

5. 거래는 지주회사와 유한책임회사의 형태로 진행된다.

6. 우리 회사의 출구전략은 이동식 주택촌을 매입해 거주환경을 개선하고, 효율적인 경영을 통해 공실을 채우고 임대수를 늘린 다음 매각 또는 상장하는 것이다.

7. 나는 금융, 회계, 부동산, 마케팅에 오랜 경험을 쌓은 조직의 대표다. 나의 동업자 페냐는 합병 및 인수 분야에 40년 넘는 경력이 있다.

8. 우리는 적극적으로 회계감사를 하며 재무 예측 및 인수 회계감사를 추진하고 있다.

그런 다음 이제 상대에게 질문하라. "당신 회사가 다른 대형 회계법인과 다른 점은 무엇입니까? 어떤 특별한 서비스를 제공할 수 있습니까?" 그리고 입을 다물어라!

상대의 설명이 끝나면 이렇게 말하라. "이 일은 서비스업입니다. 그래서 우리는 변호사나 금융기관 등을 추천해줄 회계법인을 찾고 있습니다. 함께하시겠습니까?"

변호사나 금융기관에 프레젠테이션할 때도 위의 내용을 다양하게 수정해 사용하라. 대형 회계법인 중 한 곳과 거래를 해야 한다. 그래야 그들이 당신을 다른 전문가에게 소개해준다. 이렇게 하면 당신의 업무는 무척 수월해질 것이다.

전화 면담 예시

회계사:

우리는 새로운 회사 _____의 회계를 담당할 회계사들을 찾고 있습니다.

우리 회사는 피닉스 지역의 부동산 몇 곳을 매입할 예정입니다. 그래서 새로운 회계사를 찾고 싶습니다. 우리 회사의 회장은 댄 페냐 씨입니다. 페냐 회장은 천연자원 회사 그레이트웨스턴을 설립하고 상장시켰습니다.

댄 페냐 회장은 CEO에서 은퇴할 당시 그레이트웨스턴의 시가총액은 4억 4천500만 달러에 달했습니다.

나는 _____의 CEO이며 _____ 분야에 경력이 있습니다.

현재 나는 제조 주택촌을 운영하고 있으며 더욱 효율적인 경영과 마케팅으로 12개월 만에 주택촌의 자산가치를 매입 당시보다 35퍼센트 상승시켰습니다.

아직 확신이 서지 않으십니까?

당신과 간단한 면접을 진행해보고 싶습니다. _____에 하면 좋겠습니다.

우리 회사와 지사들, 이사회와 관련된 정보를 더 보내드리고 싶습니다. 어디로 보내드리면 되겠습니까?

은행 및 금융기관과의 면담

은행 및 금융기관과 약속을 잡을 때는 대출 담당자나 은행 지점장 등 대출 권한을 가진 사람 중 가장 직급이 높은 사람을 상대하라.

해야 할 일 3가지

1. 구체적인 사항에 얽매이지 말고 포괄적으로 이야기하라.
2. 마법의 말을 사용하라. 이를테면 "새로운 금융기관과의 거래를 시도하고 있다"라는 식의 말을 하라.
3. 금융기관과 장기적인 관계를 맺기 위해 여러 금융기관과 면담하고 있다고 언급하라.

하지 '말아야' 할 일

1. "돈을 빌릴 방법을 찾고 있습니다"라고 말하지 마라. 마법의 말은 위의 3번에 나와 있다.
2. 머리를 조아리며 부탁하지 마라. 운전석에 앉은 사람은 당신이다.
3. 긴장감을 내비치지 마라. 자신감을 뿜어내라.

다음의 질문을 하여 당신 요구의 타당성을 은행에 입증하라.

1. 개인대출한도는 얼마입니까?
2. 담보대출한도와 무담보대출한도는 얼마입니까?
3. 우리 회사 규모로는 신용한도가 얼마입니까?
4. 1천만 달러 정도의 대출을 받으려면 누구에게 이야기해야 합니까?

5. 당신이 가장 최근에 거절한 대출은 무엇이었습니까? 이유는 무엇입니까?

6. 대출액에 대한 최소 수익률이 있습니까? 있다면 어느 정도입니까?

7. 당신이 500만 달러 이상을 대출해준 채무자는 누구였습니까?

8. 그런 대출은 누구의 승인이 필요합니까?

9. 지금 대출을 늘리는 분위기입니까, 아니면 줄이는 분위기입니까? 당신 은행은 연방예금보험공사에 가입했습니까, 아니면 다른 규제를 받고 있습니까?

10. 대출 거래가 일원화되어 있습니까, 아니면 각 지점에서 대출 업무를 담당합니까? 대출을 본사에서 합니까, 아니면 지점에서 합니까? (은행으로부터 당신의 대출 신청을 면밀하게 검토하겠다는 약속을 받아야 한다.)

11. 어느 업종(기술, 의료, 농업, 제조 등)에 대출하는 것을 선호합니까?

12. 당신의 은행은 현금만 대출합니까, 아니면 자산도 대여합니까?

13. 2차 지급원은 얼마나 중요합니까?

14. 내가 수익성을 증명해 보여도 대출을 해주지 못할 이유가 있습니까?

대형 법률회사가 보낸 편지

거래하는 회사로부터 받고 싶은 편지는 이런 종류의 편지다. 다음의 예시는 나의 멘티 중 한 명이 로스앤젤레스에 있는 대형 회사에 자신의 요구 사항을 설명한 후에 그 회사로부터 받은 편지다.

친애하는 톰

계약 서한의 내용을 보완하기 위해 이 편지를 보냅니다. 이 편지를 통해 원더풀북스사에 제시한 대금 청구 절차에 관한 몇 가지 사항을 확인하려 합니다.

우리 양측은 현재 일련의 인수 절차를 밟고 있습니다. 모든 거래가 완료되면 좋겠습니다만 일부 거래에서는 지연될 가능성이 있습니다.

귀사는 종결되지 않은 거래에 대해서는 대금 청산을 연기할 것을 요청했습니다. 그리고 모든 거래가 성공적으로 타결되는 시기에 최종적으로 결산하자고 요청했습니다. 이에 당사는 동의하기로 했습니다.

하지만 미납 대금의 액수가 너무 크거나 채무불이행이 생긴다면 당사는 이 문제를 다시 검토하겠습니다. 물론 상호 논의 후 결정할 것이고 양측에 이익이 되는 방식으로 할 것입니다.

당사의 답변에 동의하는지 알려주시기 바랍니다.

_____ 배상

이렇게 하라: 거래제안서 예시

1. 검토: 미국의 이동식 주택촌을 합병해 효율적으로 경영한다. 공실률을 낮춘 다음 보험사나 연금펀드에 매각하거나 주식시장에 상장한다. 제로 수익일 경우 틈새시장을 노린다. 노령 인구와 저소득층을 대상으로 한다.

2. 유리한 점: 첫 번째로 나다! 나는 이 거래를 성공시키기 위해 인간으로서 할 수 있는 모든 일을 할 것이다. 무슨 일이 있어도 그렇게 할 것이다. 다른 이점은 훨씬 효율적인 마케팅과 경영이다. 이동식 주택은 수리할 필요도 없고 진행 중인 소송도 없다. 게다가 당신은 토지를 가지고 있으니 성공적인 사업이 될 것이다.

3. 나와 나의 동료 데이비드가 사업을 성공시키기 위해 많은 시간을 쏟고 있다. 우리는 이미 첫 번째 동업자로 억만장자 프레드 스미스를 만났다. 그는 마케팅과 담보권 매입에 많은 경험이 있다. ABC사의 CEO 존 도우의 영입을 위해 다음 주에 그를 만날 것이다. 그에게 수익의 2퍼센트를 줄 것이다. 데이비드 존스(그를 만나려고 노력 중이다. 아마 2주 안에 만나게 될 것이다)도 영입해 수익의 2퍼센트를 줄 것이다. 그리고 뛰어난 인재 2명을 더 찾을 것이다. 회계사를 영입해 수익의 5~10퍼센트를 줄 것이다. 딜로이트에서 10년간 일한 경력이 있

는 회계사가 우리에게 관심을 보여 만나봤지만 창의성
이 부족해 적합한 사람이 아니라고 생각한다. 다른 유
능한 회계사를 찾고 있다. 직원들을 교육할 경험 많은
관리자도 영입할 것이다. 상당히 많은 지원서를 검토하
고 있으며 관리자에게는 수익의 5퍼센트를 줄 것이다.

4. 주요 대상: 1순위, 유나이티드 인더스트리가 소유한 애
크미 내셔널와이드 이동 주택촌 32곳, 자산가치 약 1억
3천600만 5천 달러. 2순위, 아람 레저의 26곳.

업계 동향: 통계청에 따르면 2000년도의 휴가 중 28
퍼센트가 이동식 주택에서의 휴가였다. 영국인 16명 중
1명이 이동식 주택을 사용한 것이다. 또한 이론대로라
면 중산층이 사라지고 있다. 이 말은 곧 점점 더 많은
사람이 호텔 숙박 비용의 반값인 이동식 주택에서 휴가
를 보내게 될 것이라는 뜻이다. 이 분야는 고수익 사업
이다. 비용은 매출의 25~45퍼센트로 유지되며 나머지
는 모두 수익이 되어 부채를 감당하고도 남는다.

5. 기회: 우리는 마케팅 전략과 공실을 없애는 방법을 알
고 있다. 공실률에도 불구하고 비용이 안정적으로 유지
되고 있기 때문에 마지막 25퍼센트의 공실을 채울 때
는 매출이 거의 다 순이익이다. 이 분야는 베이비부머
세대가 나이가 들어가면서 점점 시장이 커지고 있다.

또 다른 기회는 대형 회사들이 규모가 작은 리조트나 부지에서 관심을 돌리고 있다는 것이다. 우리는 작은 리조트를 대상으로 부지를 사들인 다음 대여료를 올릴 수 있다.

6. 위험 요소는 상당히 줄어든다. 이동식 주택이 한꺼번에 공실이 될 가능성은 없기 때문이다. 경기가 어려울 때 사람들은 해외여행을 가거나 호텔에서 숙박하는 것보다 이동식 주택에서 저렴한 비용으로 휴가를 보내려는 경향이 있다.

7. 공격적인 마케팅: 사람들은 자신의 이동식 주택을 거의 바꾸지 않는다. 너무 비싸고 번거로운 일이기 때문이다. 그들에게 2가지 방법으로 이동식 주택을 팔 수 있다. 한 가지는 대출기관을 소개해주면서 정말로 근사한 신형 이동식 주택을 사게 하는 것이다. 또 한 가지는 회사가 오래된 이동식 주택 여러 대를 사서 구입 증서를 보유하는 것이다. 그러면 손쉽게 70퍼센트의 수익을 올릴 수 있다. 나는 이동식 주택을 현금 _____ 달러에 매입해 원래 가격보다 _____달러 할인된 가격에 30개월 할부로 월 _____달러를 받고 팔았다. 그러면서 구입 증서도 넘길 수 있었다. 구매자는 두 번째 방법을 선택하기 쉽다. 하지만 이동식 주택의

실제 가치보다 평가절상된 증서를 사려고 하는 투자자는 없기 때문에 다소 어려운 방법이기도 하다. 또한 콘도미니엄 소유자를 타깃으로 삼아 공격적인 마케팅을 할 수 있다. 그들에게 더 적은 돈으로 자신만의 이동식 주택을 소유할 수 있다고 말하는 것이다. 그들은 이동식 주택에 대한 소유권이 자신에게만 있다는 사실이 만족스러울 것이다. 자기가 돈 주고 산 것을 아무 때나 이용할 수 있으니 마음의 평화도 얻을 수 있다. 정말로 집이라고 부를 수 있는 것을 사는 것이다. 근로자에게 낮은 임금을 주는 고용주도 타깃이다. 회사의 인사부와 계속 접촉하면 이동식 주택을 팔 수 있는 단서를 많이 얻을 것이다. 또한 이동식 주택 대여자에게 이동식 주택을 친구나 동료들에게 추천해달라고 하는 것도 좋은 방법이다. 이 방법은 이동식 주택이 '직접 할 수 없는' 간단한 마케팅이다.

8. 사업을 최대한 빠르게 성장시켜 다른 회사나 연금펀드에 매각하거나 주식시장에 상장한다. 12개월 안에 1억 3천600만 5천 달러의 자산가치를 지닌 애크미를 쉽게 능가할 수 있을 것이다.

9. 가능한 모든 자원을 활용하며 수익을 낼 수 있다.

10. 최상의 상황: 이동식 주택 또는 주택촌 1만 개(부지마다

이동식 주택의 수는 다르다)를 매입 후 주식시장에 상장
해 큰 수익을 올린다. 또는 1만 곳의 모든 부지를 각각
_____달러의 프리미엄을 받고 매각한다. 매매가
원활하게 진행된다면 어렵지 않은 계획이다. B. 웨인
휴즈B. Wayne Hughes(《포브스》가 선정한 억만장자)가 개인용
창고인 퍼블릭 스토리지Public Storage를 운영하면서 썼던
방법을 활용한다. 최악의 상황: 은행과 투자자에게 배
당금을 지급한 후 남는 돈이 거의 없을 수 있다.

11. 대부분의 조직은 매출의 45퍼센트를 각종 경비로 쓴
다. 하지만 이동식 주택촌의 규모가 크면 클수록 경비
가 줄어들어 35퍼센트까지 낮추거나 45퍼센트 수준으
로 유지할 수 있다. 또한 효과적인 마케팅 공세를 퍼부
어 공실률 감소 및 대여료 상승을 통해 약 25퍼센트의
수익을 증가시킬 수 있다. 많은 이동 주택촌에서 자산
관리자에게 수익의 10퍼센트를 지급하고 그 이상의 금
액을 현장관리비로 지불한다. 이러한 비용은 현장관리
자를 고용해 수익의 1퍼센트를 지급함으로 없앨 수 있
다. 현장 경험이 4~5년 이상 되거나 별도의 관리회사
를 운영하는 관리자에게는 0.5~1퍼센트를 추가로 지
급할 수 있다.

12. 페냐 당신은 지금부터 매달 자문료와 각종 비용으로 수

익의 25퍼센트를 받을 것이다.

13. 세인트 피츠버그에 있는 이동 주택촌 매입 건. 매도인
이 비교적 수월한 조건에 동의한 매물이 있다. 규모는
작지만 60개의 부지와 4개의 아파트와 주택이 있다.
_____달러 떨어진 가격인 _____ 달러를 요
구하고 있으며 나머지는 향후 15년 동안 _____
달러 내려간 가격으로 8퍼센트씩 지급하는 조건으로
협의했다. 나머지 조건은 동일하며 다만 거래 후 90
일 안에 _____달러만 지급하면 된다. 이후 총
_____달러를 지급한다. _____달러는 투자
자를 통해 조달하고 _____달러는 거래가 마무리
되는 시점에 지급한다. 투자자에게 17퍼센트의 수익을
지급하며 추가로 주식첨가제(투자자에게 지분가치 증가
에 대한 참여를 허용하도록 고정수익증권에 부가된 권리-
옮긴이) 20퍼센트를 지급한다(내가 이렇게 빨리 배운다).
우리에게는 한 달에 _____달러의 현금 유동성이
생긴다. 또한 각각 _____달러의 대여료 증가를
통해 유동성을 2배 증가시킬 수 있다. 이 이동 주택촌
말고 다른 부지도 탐색해보았지만 위의 조건처럼 유리
한 조건으로는 찾을 수 없었다. 세인트 피츠버그에 있
는 이동 주택촌을 모두 조사하면서 그 위치와 수, 소유

자, 매입 시기, 매입 가격을 알 수 있었다. 매우 매력적인 투자 대상 23곳(비용을 많이 들이지 않은 곳)을 골라 이번 주에 메일을 보내고 있다. 다음 주에 2~3곳을 검토할 것이다.

14. 나는 이 거래에서 최고의 능력을 발휘할 것이다. 해야 하는 일은 무엇이든 할 것이다. 나는 맡은 일은 완수하며 정보를 매우 신속하게 습득한다. 일을 망치는 건 절대 참지 못한다. 그래서 얼간이들이 나를 미워한다. 나는 거래 대상을 매우 잘 선정하지만 소소한 것까지는 챙기지 않는다. 나는 큰 그림을 보며 창의적으로 생각한다. 그리고 내 능력에 한계가 없다고 확신한다. 거래에 대한 내 집착(집착은 해야 할 것 같다) 때문에 당신을 '밀어붙일' 생각은 없다. 다만 당신의 대답은 듣고 싶다. 로스와 스테이시에게도 이 거래에 참여하라고 했지만 그들 둘 다 지금 진행 중인 프로젝트만 아니라면 꼭 했을 것이라고 말했다. 나는 판매에 유능한 사람이다.

나는 이와 유사한 A4 한 장짜리 팩스를 많이 받는다. 위의 예시는 일관성 있게 한 가지 목표에 초점을 맞추며 의욕과 열정을 보여준다. 이러한 방식으로 거래를 제안해야 한다.

이렇게 '하지 마라': 거래제안서 예시

친애하는 페냐

당신의 세미나에 대해 축하 인사를 전합니다. 나는 당신의 오디오 테이프 '자금 확보'의 첫 부분을 들었습니다. 격려했습니다!

나는 나의 약점을 강점으로 만들어야 한다고 생각했습니다. 그렇게 하고 싶습니다.

수익성이 있는 거래를 하나 소개합니다.

사업: 텍사스에 있는 ABC사는 창립한 지 13년 된 기업이며 TV 프로그래밍과 인터넷 브로드캐스팅 테크놀로지 Internet Broadcasting Technology: IBT라는 2개의 주력 사업을 펼치고 있습니다. TV 프로그래밍은 자산 580만 달러에 매출 420만 달러 사업으로, 지난해 90만 달러의 수익을 발생시켰으며 20_년에도 동일한 수준의 매출을 예측합니다.

IBT에 관해 언급하자면, 이 분야는 폭발적인 성장을 하고 있습니다. 지난 5월에 사업을 시작해 자체 개발한 인터넷 네트워크 기술을 판매합니다. 이 기술로 웹사이트에 신속한 접속이 가능해져 많은 사용자의 주요 불만을 해결하고 있습니다. 현재 시장 규모는 1억 명이며 앞으로 4년간 잠재적인 사용자 수는 10억 명에 달할 것으로 예상합니다.

거래: IBT를 창업한 후 작년에 ABC사를 인수한 현 사업주는 신제품 출시를 위한 자금을 구하고 있습니다. 그들은 500만 달러를 확보해 주식시장에 상장하려고 합니다. 나스닥이 인정하는 '얼간이' 회계사를 2만 달러에 고용해 회계감사를 맡겼습니다. (그들은 4대 회계법인을 통해 기업공개를 하는 게 얼마나 더 수월하고 유리한지 알지도 못한 채 5만 달러의 비용이 너무 비싸다고만 생각했습니다. 대형 회계법인을 통한 감사는 나중에 하겠습니다.) 현재 그들이 조달해야 하는 자금은 100만 달러입니다. (거래를 하는 은행이 전혀 없는데 말입니다!) 그래서 지분 거래를 계획하고 있습니다. 이 거래는 수익성이 좋아 보입니다. 내게는 첫 번째 인수 회사가 됩니다. 당신이 도와주시면 대단히 감사하겠습니다.

_____ 배상

이러한 제안은 잘못된 방식이다. 이 사람은 현금이 필요한 회사의 지분 일부만 매입하려고 하기 때문이다. 이건 내가 가르치는 방식이 아니다. 위의 제안은 영국의 최대 통신회사 브리티시 텔레콤 주식을 1만 주 매입하겠다는 계획과 다를 바 없다. 이런 방식은 인수가 아니다. 이 사람은 퀀텀 리프를 완전히 잘못 이해하고 있다.

통합 전략: 폭발적인 성장의 비밀

아예 처음부터 시작하는 회사가 성장하려면 내적 성장을 성공적으로 이루어야 한다. 그렇게 하는 데는 대개 수년간의 노력이 들게 마련이다. 이 시기의 성공은 흔히 이윤 폭으로 측정된다. 3퍼센트, 5퍼센트, 또는 그 이상의 수치로 성공 여부를 판단한다. 사업가는 그저 그런 수익을 계산하면서 시간을 보내며 다음 달 임대료를 지급할 수 있을지 염려한다. 하지만 내적 성장에 고민하는 시간을 외적 성장에 집중하는 데 기울이면 더욱 효율적으로 시간을 쓸 수 있다. 기억하는가? 다양한 사업체를 조사하며 진주를 찾으라고 한 말을? 기회를 찾아야 한다.

인수를 통해 사업 조직을 확장하는 것은 외적 성장이나 마찬가지다. 그리고 그러한 성장은 비교적 단기간, 아마 3~5년 안에 믿을 수 없을 정도로 엄청난 경제적 보상을 가져다준다.

퀀텀 리프를 실천하는 사람은 '회사가 각자 독립적으로 경쟁을 벌이는 산업'에서 목표물을 찾는다. 거기서 괜찮은 회사를 찾았다면 가치를 평가하고 인수 대상으로 삼는다. 즉 하나의 시장에서 총수익을 놓고 독립적으로 경쟁하는 여러 개 또는 수십 수백 개의 회사 중 하나를 골라 인수하는 것이다.

이러한 회사를 '통합'한다는 것은 하나의 틈새시장에 진입한 회사 일부 또는 전부를 매입해 인수하고 새로운 '조직'으로 합치는 과정이다. '통합의 목적은 총결산에 표시되는 순이익을 개별 회사의 순이익보다 훨씬 더 커지게 해 시너지 효과를 만들고 조직의 가치를 하나로 합치는 데 있다.'

이러한 통합의 멋진 사례를 소개한다. 이 기업들이 통합을 통해 새롭게 창출한 가치는 회사를 인수하면서 들인 비용에 비해 수백만 달러 더 많다.

잠시 다음에 나오는 회사를 생각해보자.

- 버진그룹The Virgin Group
- 유니레버Unilever
- 그랜드 메트로폴리탄Grand Metropolitan
- 아메리칸항공American Airlines
- 손 이엠아이Thorn EMI
- 엑손모빌
- 제너럴모터스
- 프록터앤드갬블Procter & Gamble
- 월트디즈니
- 뱅크오브아메리카Bank of America
- 셰브론Chevron
- US 스틸US Steel
- 다임러Daimler
- 아이비엠

위 회사들의 가장 중요한 공통점 한 가지는 의지가 강한 개인의 꿈이 출발점이 됐다는 것이다. 결심을 꺾지 않고 끝까지 꿈을 좇은 이들은 회사를 사고팔며 통합하는 과정을 통해 엄청난 규모로 회사를 키웠다. (버진그룹의 리처드 브랜슨이 특히 그렇다.)

핵심을 이해했는가? 진정한 부는 반복적인 인수를 통해 창출된다. 회사를 사고팔거나 주식시장에 상장해야 한다.

다음은 페냐와 함께하는 사업가들이 주력하는 분야로, 지금도 다양한 수준으로 합병이 이루어지고 있다.

- 실버타운
- 유흥시설 및 주류 판매점
- 물리치료
- 부동산
- 디지털 비디오
- 이동식 주택촌
- 정신건강 서비스
- 무인 세탁소
- 안경업
- 개별 자산관리 서비스
- 미용업
- 공예품 전시
- 정보기술
- 조경
- 출판사
- 보안
- 비디오점
- 기업 정보 서비스

당신이 펜과 종이를 갖고 자리에 앉아서 잠시 머릿속 생각을 뒤적거렸다면 3분 안에 이러한 목록을 2배는 더 많이 적을 수 있을 것이다. 핵심은 이렇다. 각자 독립적으로 경쟁을 벌이는 산업에 진입해 있는 회사를 인수해 통합하면 폭발적인 자본 성장을 이룰 무한한 가능성이 생긴다. 그런데 어째서 당신은 한 푼 두 푼 돈을 세는 일에 에너지를 낭비하고 있는가? 퀀텀 리프를 달성해 돈을 저울에 달아볼 생각은 없는가? 잘 생각해보라!